AF177647

Alexander Barthel

Betriebssteuern als Lenkungsinstrument
in sozialistischen Planwirtschaften:
Zur »wirtschaftlichen Rechnungsführung« in der DDR

Schriften zum Vergleich von Wirtschaftsordnungen

Herausgegeben von

Prof. Dr. G. Gutmann, Köln
Dr. H. Hamel, Marburg
Prof. Dr. K. Pleyer, Köln
Prof. Dr. A. Schüller, Marburg

Unter Mitwirkung von

Prof. Dr. D. Cassel, Duisburg
Prof. Dr. H.-G. Krüsselberg, Marburg
Prof. Dr. H. J. Thieme, Bochum
Prof. Dr. U. Wagner, Pforzheim

Redaktion: Dr. Hannelore Hamel

Band 42: Betriebssteuern als Lenkungsinstrument
in sozialistischen Planwirtschaften:
Zur »wirtschaftlichen Rechnungsführung« der DDR

Gustav Fischer Verlag · Stuttgart · New York · 1990

Betriebssteuern als Lenkungsinstrument in sozialistischen Planwirtschaften: Zur »wirtschaftlichen Rechnungsführung« der DDR

Von
Alexander Barthel

20 Abbildungen, 19 Tabellen und 6 Übersichten

Gustav Fischer Verlag · Stuttgart · New York · 1990

Anschrift des Verfassers:

Dr. Alexander Barthel
Basteistraße 63
D-5300 Bonn 2 (Bad Godesberg)

Anschrift der Redaktion der
»Schriften zum Vergleich von Wirtschaftsordnungen«:

Dr. Hannelore Hamel
Forschungsstelle zum Vergleich
wirtschaftlicher Lenkungssysteme
Barfüßertor 2
D-3550 Marburg 1

Für Petra

CIP-Titelaufnahme der Deutschen Bibliothek

Barthel, Alexander:
Betriebssteuern als Lenkungsinstrument in sozialistischen Planwirtschaften:
zur wirtschaftlichen Rechnungsführung« der DDR /
von Alexander Barthel. – Stuttgart; New York: Fischer, 1990.
  (Schriften zum Vergleich von Wirtschaftsordnungen; Bd. 42)
  Zugl.: Diss.
  ISBN 3-437-50337-5
NE: GT

© Gustav Fischer Verlag · Stuttgart · New York · 1990
Wollgrasweg 49 · D 7000 Stuttgart 70 (Hohenheim)
Das Werk einschließlich aller seiner Teile ist urheberrechtlich
geschützt. Jede Verwertung außerhalb der engen Grenzen des
Urheberrechtsgesetzes ist ohne Zustimmung des Verlags
unzulässig und strafbar. Das gilt insbesondere für Verviel-
fältigungen, Übersetzungen, Mikroverfilmung und die
Einspeicherung und Verarbeitung in elektronischen Systemen.
Druck und Einband: S & W Druckerei und Verlag GmbH, Marburg
Printed in West Germany

ISBN 3-437-50337-5
ISSN 0582-0243

Vorwort

Betriebssteuern sind in sozialistischen Planwirtschaften ein Instrument der zentralen Planungs- und Leitungsinstanzen, um die betrieblichen Prozesse im Interesse der Planrealisierung zu steuern. Von dieser ordnungspolitischen Aufgabenstellung her bietet es sich an, Fragen der Ausgestaltung und Wirkungsweise der Betriebssteuern zu untersuchen. Dies geschieht in der vorliegenden Arbeit. Mit ihrem ordnungstheoretischen Ansatz geht sie über frühere Beiträge zum Themenkreis "Steuern im Sozialismus" hinaus.

In der Arbeit wird das gesamte Spektrum der betrieblichen Pflichtzahlungen (Abführungen, Abgaben, Beiträge etc. im Sinne von Steuern) im Funktionszusammenhang mit den übrigen monetären Lenkungsinstrumenten der "wirtschaftlichen Rechnungsführung" (Güter und Faktorpreise, Kreditzinsen sowie Gewinnverwendungs- und Prämienvorschriften) untersucht. Die zentrale Bedeutung dieses monetären Lenkungsinstrumentariums zeigt die seit 1982 in der DDR gebräuchliche Bezeichnung der sozialistischen Planwirtschaft als "System der Leitung, Planung und wirtschaftlichen Rechnungsführung". Dies war in dem Maße folgerichtig, wie die Kombinate und Betriebe bei der Aufschlüsselung der zentralen güterwirtschaftlichen Pläne größere Entscheidungsspielräume erhielten. Deshalb wurden ergänzende betriebsbezogene Lenkungsinstrumente erforderlich, um die Erfüllung der zentralen Planziele zu sichern. Die "wirtschaftliche Rechnungsführung" entwickelte sich so - zumindest von der ordnungspolitischen Intention her - zu einem wichtigen Hilfsverfahren der zentral-administrativen Plankoordination. Inwieweit die Betriebsteuern im Zusammenwirken mit den übrigen "ökonomischen Hebeln" geeignet sind, dieser Aufgabe zu genügen, ist eine Kernfrage der Arbeit.

Eine weitere Besonderheit dieser Untersuchung besteht darin, daß die Betriebssteuern nicht nur als betriebsbezogenes

Lenkungsinstrument, sondern auch als Bestandteil des gesamten "Finanzsystems" behandelt werden. In diesem Zusammenhang werden die vielfältigen Wechselwirkungen zwischen den verschiedenen betrieblichen "Abführungen" an den Staatshaushalt und den "Zuführungen" aus diesem an die Betriebe (Subventionen) einschließlich der staatlichen Kreditgewährung sowie die Beziehungen zwischen der "Besteuerung" der Privathaushalte und den ihnen zufließenden Sozialtransfers aufgezeigt. Die mangelhafte Abstimmung zwischen diesen Instrumenten des "Finanzsystems" ist eine entscheidende Ursache des chronischen Geldüberhangs und der daraus resultierenden planwidrigen betrieblichen Aktivitäten.

Die ordnungstheoretische Analyse der Betriebssteuern eröffnet somit interessante Einblicke in die gesamtwirtschaftlichen Funktionszusammenhänge und Instabilitäten einer sozialistischen Planwirtschaft. Auch wiederholte prozeßpolitische Reformen konnten die fundamentalen Informations- und Motivationsmängel dieser Ordnung nicht beheben. Diese Schlußfolgerung des Autors ist durch die aktuellen politischen Ereignisse in der DDR und anderen sozialistischen Ländern eindrucksvoll bestätigt worden. Die beabsichtigte Transformation der sozialistischen Planwirtschaft in eine soziale Marktwirtschaft ist im Lichte der Ergebnisse der vorliegenden Arbeit nur als konsequent zu bezeichnen. Auf dem Weg des Übergangs sind jedoch Kenntnisse über die bestehenden Ordnungsbedingungen und -probleme unverzichtbar, zumal starke Bestrebungen zur Aufrechterhaltung einer weitgehenden staatlichen Regulierung zu erwarten sind.

Die Arbeit wurde im September 1989 abgeschlossen und vom Fachbereich Wirtschaftswissenschaften der Philipps-Universität Marburg als Dissertation angenommen.

Marburg, im Februar 1990   Alfred Schüller

Inhalt

IX

Verzeichnis der Tabellen

Verzeichnis der Übersichten

Seite

Verzeichnis der Abkürzungen und Symbole

XIV

Ind.	Industrie
Jhrg.	Jahrgang
k.A.	keine Angaben
$K_{i\,p}$	planmäßige Höhe der iten prämienrelevanten Kennziffer
$K_{i\,t}$	tatsächliche Höhe der iten prämienrelevanten Kennziffer
$K_{i\,\ddot{u}}$	Überbietungshöhe der iten prämienrelevanten Kennziffer
L	betriebliche Lohnkosten
L_B	Lohnsumme der Betriebsbeschäftigten
L_{ST}	Lohnsumme der Staatsbeschäftigten
Mass.	Massachusetts
Mio.	Million(en)
Mrd.	Milliarde(n)
neubearb.	neubearbeitet(e)
N.F.	Neue Folge
NGA	Nettogewinnabführung
NL	Nettolohnsumme
No.	number
NÖSPL	Neues Ökonomisches System der Planung und Leitung
Nr.	Nummer
NZZ	Neue Zürcher Zeitung
o.a.	oben angegeben
ÖSS	Ökonomisches System des Sozialismus
o.V.	ohne Verfasserangaben
p.a.	pro anno
PA	Produktionsabgabe
PADB	Produktionsabgaben-Durchführungsbestimmung
PAVO	Produktionsabgaben-Verordnung
PDA	Produktions- und Dienstleistungsabgabe
PF	Produktionsfonds
PFA	Produktionsfondsabgabe
pgA	produktgebundene Abgabe
pgZ	produktgebundene Zuführung
Pr	Prämieneinkommen der Beschäftigten
S.	Seite(n)
SBZ	Sowjetische Besatzungszone
Sdr.	Sonderdruck
SED	Sozialistische Einheitspartei Deutschlands
sEz	staatlicher Erlöszuschlag
SMAD	Sowjetische Militäradministration in Deutschland
Sp.	Spalte
St	Staatsverbrauch
StPK	Staatliche Plankommission
T	(direkte) Steuern der Privathaushalte
Tab.	Tabelle
Tsd.	Tausend
überarb.	überarbeitet(e)
Übers.	Übersicht
u.	und
u.a.	unter anderem/ und andere
u.ä.	und ähnliche(s)
UK	Vereinigtes Königreich (United Kingdom)
u.U.	unter Umständen
usw.	und so weiter
v	variables Kapital
VA	Verbrauchsabgabe

VAVO	Verbrauchsabgaben-Verordnung
VEB	volkseigener Betrieb
veW	volkseigene Wirtschaft
vgl.	vergleiche
VL	Vorleistungen
v.H.	von Hundert
Vol.	Volume
VVB	Vereinigung Volkseigener Betriebe
VWR	Volkswirtschaftsrat
W	Wert
z	prämienrelevantes Zuwachsnormativ
z.B.	zum Beispiel
Zbl.	Zentralblatt
z.T.	zum Teil
ZVoBl.	Zentralverordnungsblatt

1. Gegenstand, Ziele und Gang der Untersuchung

Die Untersuchung behandelt die Pflichtzahlungen ("Steuern"), die in sozialistischen Planwirtschaften von den staats- bzw. volkseigenen Produktionseinheiten (Betrieben) an die ihnen jeweils übergeordneten wirtschaftsleitenden Instanzen, insbesondere aber an den Staatshaushalt, zu entrichten sind. Die Faktendarstellung orientiert sich an den bis 1989 gültigen Gegebenheiten in der DDR.

Im Titel der Untersuchung werden die Pflichtzahlungen als "Steuern" bezeichnet. Dies dient dem Zweck, dem Leser den Zugang zum behandelten Gegenstand zu erleichtern. Die in der Fachliteratur wiederholt behandelte Frage, ob es sich bei den Abgaben staats- oder volkseigener Betriebe tatsächlich um "Steuern" handelt oder nicht, ist im Grunde ein unfruchtbarer Streit um Begriffe. Um gleichwohl vordergründige Analogien zu den Steuern und ihren Funktionen innerhalb einer Verkehrswirtschaft zu vermeiden, wird der Steuerbegriff hier im weiteren nicht verwandt. Statt dessen werden folgende Termini benutzt: "Pflichtzahlungen" als Oberbegriff sowie im Kontext mit den einzelnen Pflichtzahlungen und in Anlehnung an ihre offizielle Bezeichnung in der DDR "Abführungen", "Abgaben", "Beiträge" und "Gebühren".

Benutzt man die derzeit in der DDR gängige Terminologie, so entrichten die Betriebe dort folgende Pflichtzahlungen:

1. Die **Nettogewinnabführung**, mit der den Betrieben ein Teil des Betriebsgewinnes entzogen wird.
2. Die **produktgebundene Abgabe**, die die Betriebe beim Verkauf bestimmter Güter, insbesondere solcher des privaten Konsums, zu entrichten haben (bis einschließlich 1971 wurde sie **Produktions- und Dienstleistungsabgabe** genannt; ihr entsprechen auch die früher erhobenen **Verbrauchsabgaben** und **HO-Akzisen**).
3. Die **Produktionsfondsabgabe** in Höhe eines staatlich festgelegten Prozentsatzes auf das Produktivvermögen (die

1

Produktionsfonds), das den Industriebetrieben zur Verfügung gestellt wird. Analog wird von den Handelsbetrieben eine **Handelsfondsabgabe** erhoben.

4. Der **Beitrag für gesellschaftliche Fonds** in Höhe eines bestimmten Prozentsatzes der betrieblichen Lohnsumme.

5. Die **Bodennutzungsgebühr**, die Industrie- oder Bergbaubetriebe entrichten müssen, wenn sie zuvor landwirtschaftlich genutzten Boden in Anspruch nehmen.

6. Die **Amortisationsabführung**, durch die den Betrieben nicht für interne Finanzierungszwecke vorgesehene Abschreibungserlöse ganz oder teilweise entzogen werden.

7. Die **Umlaufmittelabführung**, die der (teilweisen) Abschöpfung derjenigen Einnahmenüberschüsse dient, die den Betrieben aus dem Abbau von Lagerbeständen oder aus einer Erhöhung der anteiligen Kreditfinanzierung dieser Lagerbestände zufließen. Dadurch soll der Einsatz dieser Mittel für anderweitige interne Finanzierungsaufgaben unterbunden werden.[1]

Die gesamtwirtschaftliche Bedeutung dieser betrieblichen Pflichtzahlungen läßt sich daran ermessen, daß sie derzeit ca. 75 v.H. der Staatshaushaltseinnahmen der DDR ausmachen.

Ältere Arbeiten der "westlichen" Wirtschaftstheorie behandeln "Steuern im Sozialismus" zumeist vor dem Hintergrund idealtypischer Modellüberlegungen. Dabei wird vorrangig entweder im Rahmen eines *Konkurrenzsozialismus* Langescher Prägung oder in der Gedankenwelt einer *güterwirtschaftlich geplanten*, ebenfalls *idealtypischen* Zentralverwaltungswirt-

---

1) Hinzu kommen noch einige quantitativ weniger bedeutende Pflichtzahlungen, auf die jeweils im Zusammenhang näher eingegangen wird. Auch zahlen die Betriebe für ihre Beschäftigten Lohnsteuern und Sozialversicherungsabgaben. Die Funktion dieser beiden Zahlungen liegt jedoch nicht in der Lenkung der betrieblichen Aktivitäten, sondern in der Beeinflussung des individuellen Verhaltens der Privatpersonen unter Einbeziehung sozialpolitischer Zielsetzungen. Daher werden die Lohnsteuer und die Sozialversicherungsabgaben hier nicht berücksichtigt.

schaft, wie sie erstmalig Hensel konzipiert hat, argumentiert.[1] Sofern die Pflichtzahlungen der Betriebe und die sonstigen Staatshaushaltseinnahmen, die in den *realtypischen* sozialistischen Zentralverwaltungswirtschaften erhoben werden, in neueren Untersuchungen thematisiert werden, so sind diese Arbeiten meist nicht an prinzipiellen lenkungswirtschaftlichen Fragen ausgerichtet.[2]

Wird der Versuch einer Funktionsanalyse unternommen, geschieht dies in der Regel zeitpunktbezogen: Gefragt wird danach, ob die zu einem bestimmten Zeitpunkt vorhandenen

---

1) So behandeln Timm (1953) und Haller (1981, S. 425 ff.) sowohl eine konkurrenzsozialistische als auch eine zentraladministrative sozialistische Wirtschaftsordnung im idealtypischen Sinne. Unter konkurrenzsozialistischen Modellbedingungen dienen Steuern bei ihnen in erster Linie zur Deckung des staatlichen Finanzierungsbedarfs für die Bereitstellung öffentlicher Güter. Für eine zentraladministrative sozialistische Wirtschaftsordnung kommen beide Autoren zu dem Ergebnis, daß in diesem Modell keine, allenfalls "verkrüppelte", Steuern notwendig sind. Auch Weber und Seidl (1971) argumentieren vor dem Hintergrund dieser beiden Modellvarianten, beschränken sich dabei jedoch auf die Frage, wie durch die Besteuerung der Arbeitseinkünfte und der Konsumgüter das Verhalten der Individuen als Faktoranbieter und als Konsumenten beeinflußt werden kann. "Betriebssteuern" spielen in ihrer Argumentation keine Rolle. Im Zusammenhang mit der monetären Planung in einer Zentralverwaltungswirtschaft behandelt Gutmann (1965) auch die betrieblichen Pflichtzahlungen. Den analytischen Hintergrund bildet hier Hensels Modell einer idealtypischen Zentralverwaltungswirtschaft (Hensel 1954:1979).

2) Im allgemeinen werden die betrieblichen Pflichtzahlungen von diesen Autoren im Zusammenhang mit dem gesamtwirtschaftlichen Haushalts- und Steuerwesen behandelt.
Als Gesamtdarstellungen des sowjetischen Haushalts- und Steuerwesens sind aus der Reihe der "westlichen" Wirtschaftswissenschaftler (in Auswahl) zu nennen: Holzman 1955; Davies 1958; Hedtkamp 1959/1960 und 1965a; Menz 1960; Holzman, Pettibone 1972; Hutchings 1983; Hedtkamp, Czuganow-Schmitt 1983; Newcity 1986, Czuganow-Schmitt 1988.
Das Haushalts- und Steuerwesen der SBZ bzw. DDR behandeln aus "westlicher" Sicht u.a.: Kitsche 1960; Meier 1960; Hedtkamp 1965b; Moock 1969; Hedtkamp, Brodbeck 1981; Haase 1977a, 1978, 1980a und 1983b; Buck 1985; Töben 1985.

3

Pflichtzahlungsregelungen die vom jeweiligen Autor genannten "Besteuerungsfunktionen" erfüllen können.[1] Indem dabei Erklärungsmuster übernommen werden, wie sie aus der "westlichen" Finanzwissenschaft bekannt sind, kann den Spezifika einer realtypischen sozialistischen Zentralverwaltungswirtschaft nicht Rechnung getragen werden. Bei diesen Spezifika handelt es sich beispielsweise um die staatliche Preissetzung und um das Planerfüllungsprinzip als betriebliches Formalziel. Wer z.B. die betrieblichen Pflichtzahlungen zutreffend als "ökonomische Hebel der wirtschaftlichen Rechnungsführung" erkennt, es gleichzeitig jedoch unterläßt, die Funktionslogik dieser "Hebel" vor dem Hintergrund der beiden erwähnten Spezifika zu analysieren, wird keine tieferen Einsichten in die Wirkungszusammenhänge gewinnen können.[2]

Daß die betrieblichen Pflichtzahlungen bisher kaum im Funktionszusammenhang der Wirtschaftsordnung thematisiert worden sind, dürfte daran liegen, daß die genannten Analysen in der Regel im Rahmen makroökonomisch-kreislauftheoretischer Modelle erfolgen, bei denen die Wirtschaftsordnung, in die diese monetären Kreisläufe eingebettet sind, ausgeblendet bleibt. Auf dieser Betrachtungsebene kann der institutionelle Rahmen, innerhalb dessen der einzelne Betrieb agiert und innerhalb dessen er mittels der Pflichtzahlungen staatlicherseits beeinflußt werden soll, nicht erfaßt werden. So wie die neoklassische Gleichgewichtstheorie sind auch diese Ansätze dem Verdacht ausgesetzt, daß sie in der

---

1) Z.B. Heidborn 1970; W.-D. Schmidt 1973.

2) Beispielsweise erörtern Heidborn (1970) und W.-D. Schmidt (1973) die Frage, ob mittels der Produktionsfondsabgabe die Effizienz der betrieblichen Kapitalnutzung gesteigert werden könne; hierbei dient die "Kapitalrentabilität" als Indikator. Übersehen wird, daß die "Kapitalrentabilität" in sozialistischen Zentralverwaltungswirtschaften durch staatliche Preissetzung in beliebiger Höhe "festgelegt" werden und deshalb über die Effizienz der Kapitalnutzung nichts aussagen kann.

Art eines "Nirvana-approach" den Kreislauf im Zustand der Körperlosigkeit analysieren.

Soweit in der Literatur der institutionelle Ordnungsrahmen thematisiert wird, geschieht dies unter der Annahme, daß in jedem realisierten Wirtschaftssystem "Plan" und "Markt" zwei gleichwertige Instrumente der gesamtwirtschaftlichen Koordination sind. Bei diesem Verständnis einer "mixed economy"[1] wird jedoch übersehen, daß der spezifische Charakter einer Wirtschaftsordnung durch die jeweils vorherrschende Form der Wirtschafrechnung determiniert ist: Diese kann entweder auf der Grundlage spontaner Marktpreisbildung im Rahmen eines verkehrswirtschaftlichen Systems dezentraler Planung erfolgen, oder aber die Wirtschaftsrechnung beruht auf güterwirtschaftlicher Bilanzierung, die ein hierarchisch-administratives System zentraler Planung erfordert. Eine Kernaussage der Ordnungtheorie lautet, daß beide Formen der Wirtschaftsrechnung innerhalb einer Wirtschaftsordnung nicht in beliebiger Weise miteinander kombiniert werden können, ohne daß dies zu Dysfunktionalitäten gesamtwirtschaftlichen Ausmaßes führt.

Ziel der vorliegenden Arbeit ist daher eine *ordnungstheoretische* Analyse der betrieblichen Pflichtzahlungen als prozeßpolitische Instrumente innerhalb einer staatssozialistischen Zentralverwaltungswirtschaft. Hierunter wird eine realtypische Wirtschaftsordnung verstanden, in der die Wirtschaftskoordination bei dominierendem Staatseigentum an den Produktionsmitteln auf der güterwirtschaftlichen Bilanzierung und damit der zentralen Wirtschaftsplanung durch eine hierarchisch gegliederte Lenkungsbürokratie beruht. Ausgangspunkt der Analyse ist die These, daß aus der realtypi-

---

1) Vgl. etwa Haase (1983a, S. 72), der als "Ausgangspunkt der Betrachtung (der öffentlichen Finanzwirtschaft, d. Verf.) ... das Verständnis des DDR-Wirtschaftssystems als einer spezifischen Form der 'mixed economy'" wählt; vgl. auch Musgrave 1968 und 1969, S. 45 ff. sowie Wanless 1985.

5

schen Ausgestaltung einer solchen Wirtschaftsordnung ganz
bestimmte Funktions- und Ausgestaltungsanforderungen an das
Pflichtzahlungsinstrumentarium erwachsen. Dementsprechend
stehen folgende Fragen im Vordergrund:

- Warum ist der Einsatz betrieblicher Pflichtzahlungen als
  prozeßpolitisches Instrumentarium notwendig?
- Welcher Einfluß geht von den realtypischen Ordnungsbedingungen auf die Ausgestaltung und Wirkungslogik der
  betrieblichen Pflichtzahlungen aus?
- Können die wirtschaftsleitenden Zentralinstanzen unter
  diesen Ordnungsbedingungen mit Hilfe der betrieblichen
  Pflichtzahlungen die angestrebten Ziele realisieren?
  Welche Konsequenzen ergeben sich bei Dysfunktionalitäten
  dieses Instrumentariums für den ordnungs- und prozeßpo-
  litischen Handlungsbedarf der Lenkungszentrale?

Da annahmegemäß der einzelne Betrieb durch die Pflichtzahlungen zu bestimmten Verhaltensweisen gebracht werden soll,
liegt es nahe, die ordnungstheoretische Analyse von einem
mikroökonomischen Blickwinkel aus vorzunehmen. Weiterhin
ist davon auszugehen, daß in der Praxis realtypischer Zentralverwaltungswirtschaften ein spezifisches betriebsbezogenes Instrumentarium entwickelt worden ist, um die Betriebe bei der Planaufstellung und Plandurchführung in die
staatlicherseits gewünschten Bahnen zu lenken. In der Politischen Ökonomie des Sozialismus steht hierfür die wirtschaftliche Rechnungsführung, die in Ausgestaltung und
Funktionen keinerlei Entsprechung mit dem Rechnungswesen
von Unternehmungen in Marktwirtschaften hat. Neben Vorschriften über die Kostenermittlung und Preiskalkulation,
die Finanzierung sowie die Prämiierung zählen auch die betrieblichen Pflichtzahlungen zum Instrumentarium dieser
wirtschaftlichen Rechnungsführung. Dementsprechend behandelt die Untersuchung die Funktionalität der Pflichtzahlungen vorrangig im Zusammenhang mit der wirtschaftlichen
Rechnungsführung. Diese Analyse bietet damit auch die Mög-

lichkeit, Erkenntnisse über die generelle Funktionalität der wirtschaftlichen Rechnungsführung zu gewinnen.

Die Analyse kann sich, soll sie grundlegende, invariante Zusammenhänge aufzeigen, nicht auf die Darstellung und Untersuchung der zu einem bestimmten Zeitpunkt realisierten Ausprägung der Wirtschaftsordnung und des Pflichtzahlungsinstrumentariums beschränken. Als Vorarbeit für die Funktionsanalyse ist es vielmehr notwendig, zunächst die zahlreichen, im Zeitverlauf wiederholt geänderten Rechtsvorschriften über die betrieblichen Pflichtzahlungen zu ermitteln; denn nur bei Kenntnis der Entwicklung dieser Vorschriften können aus der beobachtbaren Vielfalt die grundsätzlichen Charakteristika dieses Instrumentariums abgeleitet werden. Dementsprechend wird in Abschnitt 2. der Untersuchung zunächst die Entwicklung der einschlägigen Rechtsvorschriften nachgezeichnet. Da Zweck und Ausgestaltung der einzelnen Regelungen nicht aus sich selbst heraus verstanden werden können, ist bei dieser Darstellung auch darauf einzugehen, wie und mit welcher Zielsetzung die betrieblichen Pflichtzahlungen bisher in die sonstigen Regelungen der wirtschaftlichen Rechnungsführung eingebettet wurden. Berücksichtigt wird dabei der Zeitraum zwischen 1948 als dem Jahr der Institutionalisierung des volkseigenen Wirtschaftssektors in der damaligen SBZ und Mitte 1989. Um dem Leser einen Eindruck von der relativen Bedeutung der einzelnen Abführungen und ihrer quantitativen Entwicklung zu geben, werden in Abschnitt 2.8. auch Daten über Volumen und Struktur der betrieblichen Pflichtzahlungen an den Staatshaushalt zusammengestellt.

Im Anschluß an diese Faktendarstellung, die der eher an grundsätzlichen Fragen interessierte Leser zunächst übergehen kann, werden in Abschnitt 3. die grundlegenden Ordnungsspezifika einer realtypischen Zentralverwaltungswirtschaft sowie der hieraus resultierende Handlungsbedarf der wirtschaftspolitischen Entscheidungsträger dargelegt: An-

ders als in den Modellen idealtypischer Zentralverwaltungswirtschaften sehen sich die wirtschaftspolitischen Entscheidungsträger unter realtypischen Ordnungsbedingungen
zwei grundlegenden Problemen gegenübergestellt, von deren
Lösung die Effizienz der gesamtwirtschaftlichen Koordination abhängt: dem **Informationsproblem** und dem **Interessenproblem**. Das Informationsproblem besteht darin, daß die
Zentralinstanzen nicht über sämtliche Informationen verfügen können, die sie zur Aufstellung eines detaillierten,
in sich geschlossenen Gesamtwirtschaftsplanes benötigen.
Das Interessenproblem basiert auf dem Umstand, daß jedes
Element der zentraladministrativen Wirtschaftsorganisation
eigene Interessen verfolgt, die allenfalls zufällig mit
denen der Zentralinstanz deckungsgleich sind.

Diese beiden Problemfelder bilden den Hintergrund der wei-
tergehenden Analyse: Zum einen begründen sie den wirtschaftspolitischen Handlungsbedarf der staatlichen Zentralinstanzen und damit die Notwendigkeit zur Anwendung des Instrumentariums der wirtschaftlichen Rechnungsführung, d.h.
auch der betrieblichen Pflichtzahlungen. Das Instrumentarium der wirtschaftlichen Rechnungsführung ist somit ein
"Hilfsverfahren der Koordination", um die genannten Problembereiche zu entschärfen. Zum anderen stellen diese beiden Problemfelder die ordnungsspezifischen Restriktionen
dar, von denen die Funktionalität der wirtschaftlichen
Rechnungsführung einschließlich des Pflichtzahlungsinstrumentariums abhängt.

In Abschnitt 4. wird dargelegt, welche Funktionen die wirtschaftliche Rechnungsführung im einzelnen erfüllen muß,
soll sie zur Lösung des Informations- und des Interessenproblems beitragen, und auf welche Weise die betrieblichen
Pflichtzahlungen in die wirtschaftliche Rechnungsführung
eingefügt sind: Die Betriebe sind über das staatlicherseits
gewünschte Verhalten zu informieren (**Informationsfunktion**);
sie müssen daran interessiert werden, sich in Übereinstim-

mung mit den staatlichen Erwartungen zu verhalten (**Motivationsfunktion**); das betriebliche Verhalten muß von den
staatlichen Lenkungsinstanzen auf seine Plankonformität und
Effizienz hin kontrolliert werden (**Kontrollfunktion**);
schließlich müssen die Betriebe in Übereinstimmung mit ihren Planaufgaben über Zahlungsmittel verfügen, woraus in
Abhängigkeit von der staatlichen Preissetzung ein mehr oder
weniger großer Bedarf an finanziellen Umverteilungsmaßnahmen innerhalb des Finanzsystems resultiert (**Funktion der
Liquiditätssteuerung**).

Die der Untersuchung zugrundeliegenden Annahmen über die
Interdependenzen zwischen dem Interessen- und dem Informationsproblem einerseits sowie den Funktionsanforderungen an
die wirtschaftliche Rechnungsführung und damit auch an die
betrieblichen Pflichtzahlungen andererseits sind in Abbildung 1 dargestellt.

Abbildung 1:
Interdependenzen zwischen dem Interessen- und dem Informationsproblem einerseits sowie den Funktionserfordernissen
der wirtschaftlichen Rechnungsführung andererseits

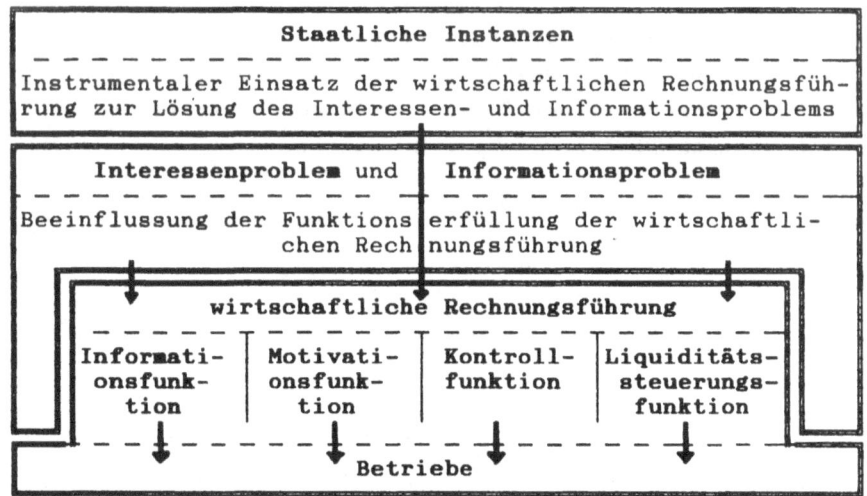

In Abschnitt 5., der neben dem historischen Abriß den zweiten Hauptteil der Arbeit darstellt, wird im einzelnen untersucht, ob die betrieblichen Pflichtzahlungen die an sie gestellten Funktionsanforderungen unter realtypischen Ordnungsbedingungen erfüllen können. Dabei wird insbesondere auf die Bedeutung der staatlichen Preissetzung sowie auf die Auswirkungen, die sich aus der spezifischen Ausgestaltung der betrieblichen Ergebnisrechnung auf das Entscheidungskalkül der Betriebsangehörigen ergeben, eingegangen.

Realtypische Zentralverwaltungswirtschaften sind Geldwirtschaften, und über die Pflichtzahlungen sind die Betriebe mit dem gesamtwirtschaftlichen Finanzsystem[1] verbunden. Damit ist auch die Frage nach den Ausgestaltungsanforderungen verbunden, die sich hieraus für das betriebsbezogene Pflichtzahlungsinstrumentarium ergeben. Hierauf wird im Zusammenhang mit der Funktion der Liquiditätssteuerung eingegangen. Dieser makroökonomische Aspekt kann erst an dieser Stelle der Untersuchung aufgegriffen werden, nachdem die Grundzüge und Problemfelder der staatlichen Preissetzung dargestellt worden sind.

In Abschnitt 6. werden die Untersuchungsergebnisse zusammengefaßt und vor diesem Hintergrund die realen Chancen für die Durchführung einer funktionsfähigen zentraladministrativen Wirtschaftskoordination beurteilt.

---

1) Unter dem Finanzsystem wird in der Politischen Ökonomie des Sozialismus die Gesamtheit aller staatlichen Vorkehrungen und Institutionen verstanden, mit deren Hilfe der Staat monetäre Ströme und Bestände sowie Geldschöpfung und -vernichtung in den Dienst der zentraladministrativen Wirtschaftskoordination stellt.

10

2. Die Entwicklung des Instrumentariums der betrieblichen Pflichtzahlungen in der DDR

Die Darstellung der abführungsrechtlichen Vorschriften der DDR beschränkt sich auf die eingangs erwähnten Pflichtzahlungen: Von 1948 bis 1954/1955 mußten die volkseigenen Betriebe u.a. Körperschaft-, Gewerbe- und Umsatzsteuern zahlen. Wegen ihrer befristeten Geltung bleiben sie unberücksichtigt.[1] Darüber hinaus werden nur die Vorschriften behandelt, die gegenüber den *zentralgeleiteten* volkseigenen Betrieben galten bzw. gelten. Nicht berücksichtigt werden dagegen die Sonderregelungen gegenüber der sogenannten "örtlich geleiteten Wirtschaft", d.h. gegenüber den Betrieben, die den nachgeordneten Gebietskörperschaften (Bezirke, Kreise, Städte und Gemeinden) unterstellt sind. Diese Sonderregelungen betrafen bisher fast ausschließlich Fragen der technischen Durchführung der Pflichtzahlungserhebung; diese sind für das Verständnis der wirtschaftspolitischen Funktionalität dieser Pflichtzahlungen von nachrangiger Bedeutung. Da es *das* System der wirtschaftlichen Rechnungsführung oder *die* Wirtschaftsordnung der DDR nicht gibt, wird dann, wenn es für das Verständnis der jeweiligen Vorschriften notwendig ist, auch auf jeweils relevante Vorschriften zur wirtschaftlichen Rechnungsführung sowie auf den jeweils relevanten ordnungspolitische Rahmen eingegangen.

2.1. Die Nettogewinnabführung

Seit 1948 müssen die im gleichen Jahr aus enteigneten oder zwangsverwalteten Privatunternehmen hervorgegangenen volkseigenen Wirtschaftseinheiten denjenigen Teil ihres Gewinns

---

1) Einen Überblick über das traditionelle Steuersystem und seine Umwandlung zu einem Instrument der zentraladministrativen Planung und Leitung in der DDR bieten Kaemmel 1958 und Kitsche 1960.

an den Staatshaushalt entrichten, den sie nicht für innerbetriebliche Finanzierungsaufgaben benötigen. Welcher Anteil des Gewinns intern zu verwenden ist, richtet sich
seither nach den im Einzelfall sehr detaillierten staatlichen Vorschriften. Diese bestimmen, welche betrieblichen
Aktivitäten aus Gewinn, welche aus betriebsexternen Quellen
zu finanzieren sind und welche der beiden Finanzierungsquellen jeweils Vorrang hat. Externe Finanzierungsquellen
sind Bankkredite und Zuschüsse ("Subventionen") aus dem
Staatshaushalt.

Schon dies zeigt, daß die Gewinnabführung ein Instrument
ist, um das betriebliche Finanzaufkommen dem staatlicherseits determinierten Finanzbedarf anzupassen. Abgesehen von
den erwähnten detaillierten Finanzierungsvorschriften richtet sich der Finanzierungsbedarf nach zentral festgelegten
Planaufgaben der Betriebe beispielsweise über den Umfang
der betrieblichen Investitionen. Weil die Gewinnabführung
somit in erster Linie ein Instrument ist, um betriebsbezogene Finanzierungsvorgänge zu steuern, sind die Zahlungs-
modalitäten grundsätzlich betriebsindividuell festzulegen;
hierbei sind die sonstigen Finanzierungsvorschriften mitzuberücksichtigen. Deshalb ist die Entwicklung der Vorschriften über die Gewinnabgabe im Zusammenhang mit den
komplementären Regelungen über die Gewinnverwendung darzustellen.

Gleichsam als Residualgröße soll die Gewinnabführung Differenzen zwischen jeweils planmäßigem internen Finanzierungsbedarf und Finanzierungsaufkommen der Betriebe ausgleichen.
Hieran hat sich mit kurzer Unterbrechung zum Ende der 60er
Jahre (vgl. weiter unten) bis heute nichts geändert. Davon
zu unterscheiden ist, wie sich Planabweichungen auf die Höhe der Gewinnabführung im Verhältnis zur betriebsinternen
Gewinnverwendung auswirken, ob diese Pflichtzahlung also
beispielsweise auch bei Untererfüllung des Gewinnplans in
ihrer geplanten Höhe und damit zu Lasten der internen Ge-

winnverwendung geleistet werden muß. Die einschlägigen Vorschriften über die abführungsrechtliche Behandlung von
Planabweichungen sind, wie die weiteren Ausführungen zeigen
werden, wiederholt geändert worden.

Von Anfang an wird die zulässige interne Gewinnverwendung
für "Fondszuführungen" an den Grad der Erfüllung der Ge-
winn- oder anderer Planvorgaben gebunden. Damit haben seither Planabweichungen über Effekte auf den internen Finanzierungsbedarf auch die Höhe der Gewinnabführung beeinflußt. Die Vorschriften über die Höhe der jeweiligen Mehr-
oder Minderzuführungen bei Planabweichungen sind ebenfalls
fast jährlich geändert worden; dem hier im einzelnen nach-
zugehen, würde den Rahmen dieser Untersuchung sprengen.

Die Abführung ist aus dem sogenannten Nettogewinn zu entrichten. Anfänglich war damit der Gesamtgewinn (Bruttogewinn)[1] abzüglich der weiterhin erhobenen Körperschaftsteuer gemeint. Nachdem diese Steuer Mitte der 50er Jahre abgeschafft wurde, bezeichnete man als Nettogewinn zunächst den
Gesamtgewinn abzüglich der Zuführungen zu den innerbetrieblichen Prämien- und Sozialfonds; seit Mitte der 60er Jahre
steht er für den Bruttogewinn (das einheitliche Betriebsergebnis) abzüglich der damals neu eingeführten Produktionsfondsabgabe (vgl. Abschnitt 2.3).

Zwischen 1948 und 1952 waren Volkseigene Betriebe (VEB) ju-
ristisch und ökonomisch unselbständige Betriebsteile der
1948 gegründeten Vereinigungen Volkseigener Betriebe (VVB).
Sie führten in den Anfangsjahren ihren gesamten Gewinn ab-

---

1) Als Bruttogewinn wird das Betriebsergebnis bezeichnet,
   das der einzelne Betrieb bei der Durchführung seiner
   binnenwirtschaftlichen Produktions- und Absatzpläne erzielt. Seitdem Ende der 60er/Anfang der 70er Jahre die
   Betriebe ihren Gewinn aus Außenhandelsgeschäften nicht
   mehr in voller Höhe abführen müssen, wird er dem betrieblichen Gesamtergebnis hinzugerechnet. Der Bruttogewinn zuzüglich des Außenhandelsgewinns wird seither
   als "einheitliches Betriebsergebnis" bezeichnet.

züglich der eigenen Steuerschuld insbesondere aus Gewerbe-, Umsatz- und Verbrauchsbesteuerung sowie der gesetzlich zulässigen internen Gewinnverwendung an die übergeordnete VVB ab.[1]

Aus dem Gewinn durften die Betriebe anfänglich Lagerhaltungsinvestitionen ("Umlaufmittelfondszuführungen"), kleinere Rationalisierungsinvestitionen und Zuführungen zu dem betrieblichen "Stimulierungsfonds"[2] finanzieren. Sowohl Ersatz- als auch Erweiterungsinvestitionen wurden, abgesehen von einer kurzfristigen Episode im Jahr 1948, bis 1954 ausschließlich über den Staatshaushalt finanziert. Dabei bediente sich die Wirtschaftsadministration anfänglich der "Deutschen Investitionsbank", die zur Deckung ihres Finanzierungsbedarfs die Amortisationsabführungen der Betriebe sowie Staatshaushaltszuschüsse erhielt (vgl. Abschnitt 2.6.). Da die interne betriebliche Gewinnverwendung äußerst beschränkt war, mußte der größte Teil der Gewinne abgeführt werden.

Die einzelne VVB finanzierte aus den betrieblichen Gewinnüberweisungen zunächst Stützungszahlungen an unterstellte Betriebe, die mit einem Verlust abschlossen, sowie die Körperschaftsteuer; diese wurde auf den um Verluste anderer Betriebe bereinigten Gesamtgewinn der VVB erhoben. Den verbleibenden Nettogewinn konnte die VVB in gleicher Weise wie die Betriebe für Zuführungen zu ihren Stimulierungsfonds verwenden. Darüber hinaus beteiligte sie sich an Lagerinvestitionen in denjenigen Betrieben, deren eigenes Gewinn-

---

1) Zu folgendem vgl. die Verordnung über die Finanzwirtschaft der volkseigenen Betriebe vom 12.5.1948, ZVoBl. SBZ, Nr. 15, S. 148.

2) Hierbei handelte es sich anfänglich um den "Fonds zur Verbesserung der Lebenslage der Arbeiter und Angestellten". Dieser wurde 1950 mit dem Rationalisierungsfonds zum sogenannten Direktorfonds zusammengefaßt. Im Jahr 1957 wurde der Direktorfonds in den Rationalisierungsfonds, den Betriebsprämien- sowie den Kultur- und Sozialfonds aufgeteilt.

aufkommen geringer als der geplante Finanzierungsbedarf war. Der Rest mußte über das zuständige Industrieministerium[1] an den Staatshaushalt überwiesen werden.

Die Entrichtung der Pflichtzahlungen an den Staatshaushalt über den Instanzenweg der branchenmäßig strukturierten Wirtschaftsadministration wird in der DDR-Terminologie als "Produktionsprinzip" bezeichnet. Wird die Pflichtzahlung an die den zentralen Staatsorganen nachgeordneten Gebietskörperschaften (Bezirke, Kreise, Städte und Gemeinden) geleistet, spricht man von dem "Territorialprinzip". Beide Verfahren wurden in der Folgezeit wiederholt gegeneinander ausgetauscht.

Der internen Gewinnverwendung wurde gegenüber der Gewinnabführung anfänglich Priorität beigemessen. Dieser Grundsatz war insbesondere im Zusammenhang mit der finanzierungstechnischen Behandlung von Planabweichungen von Bedeutung: Die Nettogewinnabführungsverpflichtung bemaß sich in den ersten Jahren nach dem tatsächlichen Jahresgewinn abzüglich der gesetzlich zulässigen interen Gewinnverwendung. Unterschritt ein Betrieb seinen Gewinnplan, ging dies grundsätzlich zu Lasten der Gewinnabführung, wobei der gegenüber dem Planansatz fehlende Betrag endgültig. erlassen wurde (Fischer 1950). Ein etwaiger Überplangewinn konnte im Rahmen der einschlägigen Detailvorschriften betriebsintern verwendet werden. Nur der Rest war abzuführen.

---

1) Bis zur Gründung der DDR im Jahr 1949 waren dies die branchenspezifisch organisierten Fachabteilungen der Deutschen Wirtschaftskommission (DWK). Bei letzterer handelte es sich um die von der Sowjetischen Militäradministration in Deutschland (SMAD) 1947/1948 eingesetzte deutsche Zentralverwaltung der Sowjetischen Besatzungszone (SBZ), die mit dem Recht ausgestattet wurde, für den gesamten Bereich der SBZ-Wirtschaft verbindliche Vorschriften zu erlassen. In der DWK wurden die von sowjetischer Seite 1945 eingesetzten Fachverwaltungen für Industrie, Verkehr, Post, Handel und Versorgung, Land- und Forstwirtschaft, Brennstoff und Energie sowie Finanzen organisatorisch zusammengefaßt.

Im Jahr 1952 wurde in der DDR die wirtschaftliche Rechnungsführung eingeführt.[1] Durch die damit erfolgte Ausweitung der operativen Selbständigkeit der VEBs und den verstärkten Einsatz monetärer Steuerungsinstrumente wollte die Wirtschaftsadministration Ineffizienzen, die sich bei der zuvor primär güterwirtschaftlich ausgerichteten und stark zentralisierten Planung gezeigt hatten, überwinden. Die Vereinigungen wurden zugunsten von Verwaltungen Volkseigener Betriebe aufgelöst, deren Weisungsbefugnisse gegenüber den Betrieben im Gegensatz zu den bisherigen Vereinigungen eingeschränkt waren.

Mit Einführung der wirtschaftlichen Rechnungsführung wurde der einzelne VEB sowohl hinsichtlich der Körperschaftsteuer als auch der Nettogewinnabführung unmittelbar zahlungspflichtig. Die nunmehr betriebsindividuell ermittelte Gewinnabführung floß weiterhin entsprechend dem Produktionsprinzip über die neugegründeten Verwaltungen an den Staatshaushalt. Auch wenn nun der einzelne Betrieb unmittelbar gegenüber dem Staatshaushalt zahlungspflichtig wurde, änderte sich am grundsätzlichen Charakter dieser Pflichtzahlung nichts: Weiterhin bemaß sich die Zahlungsverpflichtung nach dem Umfang des Betriebsgewinns, der entsprechend den einschlägigen Vorschriften nicht für interne Finanzierungsaufgaben benötigt wurde. Dadurch, daß Gewinne und Verluste innerhalb der Verwaltung Volkseigener Betriebe nicht mehr miteinander verrechnet werden durften, konnten die zentralen Lenkungsinstanzen nun jedoch aus der tatsächlichen Höhe der Gewinnabführung ersehen, in welchem Ausmaß der einzelne

---

1) Zu folgendem vgl. die Verordnung über Maßnahmen zur Einführung des Prinzips der wirtschaftlichen Rechnungsführung in den Betrieben der volkseigenen Wirtschaft vom 20.2.1952, Gbl. DDR, Nr. 38, S. 225 sowie die Zweite Durchführungsbestimmung zur Verordnung über Maßnahmen zur Einführung des Prinzips der wirtschaftlichen Rechnungsführung in den Betrieben der volkseigenen Wirtschaft - Finanzbestimmungen - vom 7.4.1952, Gbl. DDR, Nr. 45, S. 288.

Betrieb seinen Gewinnplan erfüllte. Die Einführung des
"Prinzips der dezentralisierten Besteuerung" sollte daher
vorrangig zu einer Verbesserung der betriebsbezogenen Kontrolle durch die Pflichtzahlungen führen (Kaemmel 1954, S.
405).

Weiterhin dienten die Abführungszahlungen der Betriebe an
die unmittelbar übergeordnete Leitungsinstanz, d.h. nun die
Verwaltungen Volkseigener Betriebe, dazu, Stützungszahlungen an diejenigen Betriebe innerhalb des jeweiligen Verwaltungsbereichs zu finanzieren, die mit einem Verlust abschlossen. Der Rest wurde an die der Verwaltung übergeordnete Hauptverwaltung des zuständigen Industrieministeriums
gezahlt.[1] Diese branchenmäßig strukturierten Hauptverwaltungen glichen mit ihren Einnahmen aus den Gewinnabgaben
Verlusten in anderen ihnen unterstellten Verwaltungen aus;
der nach dieser Umverteilung verbleibende Rest wurde in den
zentralen Haushalt eingestellt (J. Schmidt 1953, S. 117).

1954 erfolgte die Gewinnabführung erstmalig nach dem Territorialprinzip: Die Nettogewinnabführung mußte vom VEB nun
an die Gebietskörperschaft entrichtet werden, an die auch
die Steuern zu zahlen waren, d.h. vorrangig an die Kreise.[2]

Die zuvor hochgradig zentralisierte Investitionsfinanzierung wurde erstmalig 1954 etwas dekonzentriert: Die Be-

---

1) Zweite Durchführungsbestimmung zur Verordnung über Maßnahmen zur Einführung des Prinzips der wirtschaftlichen
   Rechnungsführung in den Betrieben der volkseigenen Wirtschaft - Finanzbestimmungen - vom 7.4.1952, Gbl. DDR,
   Nr. 45, S. 288.

2) Verordnung zur Änderung des Verfahrens der Abführung des
   Nettogewinns der Betriebe der volkseigenen Wirtschaft
   vom 18.3.1954, Gbl. DDR, Nr. 53, S. 521 und Erste Durchführungsbestimmung hierzu vom 20.5.1954, Gbl. DDR, Nr.
   53, S. 522. Bei diesen Steuern handelte es sich um die
   Körperschaft-, die Gewerbe- und Umsatzsteuer, die jedoch
   im darauffolgenden Jahr abgeschafft wurden.

triebe durften 15 v.H. ihres Überplangewinns einem sogenannten Betriebsfonds zuführen. Aus diesem Fonds sowie in
engen Grenzen auch aus Plangewinn konnten erstmalig Investitionsprojekte intern finanziert werden, ohne daß - wie
bisher - der Gewinn zunächst abgeschöpft und anschließend
wieder als "Subvention" zugeführt wurde. Die einzelnen Investitionen durften jedoch grundsätzlich nur teilweise aus
Gewinn finanziert werden.[1]

Diese zunächst sehr wenig spezifizierten Vorschriften über
die interne Gewinnverwendung und damit auch über die Gewinnabführung wurden 1955 detailliert:[2] Für jeden Betrieb
sollte seitens der übergeordneten Lenkungsinstanz festgelegt werden, zu welchem Teil seine Investition aus Gewinn
und zu welchem Teil sie aus Zuschüssen der Deutschen Investitionsbank zu finanzieren sei. Die Kreditfinanzierung war
weiterhin ausgeschlossen. Als Gewinnabführung mußte derjenige Teil des Gewinns gezahlt werden, der nicht für die
planmäßigen Anlagen- und Lagerinvestitionen sowie für Zuführungen zum Direktorfonds bestimmt worden war. Grundsätzlich mußten jedoch mindestens 20 v.H. des Nettogewinns
abgeführt werden. Ziel dieser Vorschrift war es, die Betriebe auch zukünftig anhand ihrer Gewinnabführung kontrollieren zu können (Rohde, Fengler 1959, S. 69).

Erzielte der einzelne Betrieb einen überplanmäßigen Gewinn,
konnte er entsprechend den einschlägigen Vorschriften dem
Direktorfonds hiervon nur noch einen Teil zuweisen; der

---

1) Instruktionen zur Durchführung des Investitionsplanes
   und des Generalreparaturplanes - Investitionsplan - vom
   30.12.1952, Gbl. DDR 1953, Nr. 2, S. 32; Anweisung über
   Investitionen aus überplanmäßigem Gewinn vom 29.12.1953,
   Zbl. DDR 1954, Nr. 2, S. 21; Anordnung zur Durchführung
   des Investitionsplanes und des Generalreparaturplanes
   - sowie Lizenzen - vom 15.2.1954, Gbl. DDR, Nr. 22, S.
   184.

2) Verordnung über die Verwendung der Gewinne in den Betrieben der volkseigenen Wirtschaft vom 6.1.1955, Gbl.
   DDR I, Nr. 6, S. 23.

Rest mußte abgeführt werden. Anders als im Jahr zuvor konnten Überplangewinne nicht mehr zur Finanzierung überplanmäßiger Investitionen verwendet werden. Auch wenn die Gewinnabführung im Vergleich zur internen Gewinnverwendung weiterhin grundsätzlich eine Residualgröße war, erhielt sie im Zusammenhang mit Planabweichungen zumindest ansatzweise erstmals Priorität: Bei Unterschreitungen des Gewinnplans mußten die Zuführung zum Direktorfonds auf das gesetzlich vorgeschriebene Mindestmaß beschränkt und die Finanzierung der Lagerinvestitionen sowie die Pflichtzahlung an den Staatshaushalt entsprechend der prozentualen Gewinnplanuntererfüllung anteilig gekürzt werden. Nur wenn nach Kürzung der Gewinnabführungsverpflichtung noch ein Gewinnrest verblieb, konnte dieser für die innerbetriebliche Investitionsfinanzierung verwendet werden. Durch die Verknüpfung von Investitionsfinanzierung und planmäßiger Gewinnerwirtschaftung erhoffte man sich damals, die Betriebsangehörigen stärker als bisher an der Gewinnplanerfüllung interessieren zu können (Kaiser 1955, S. 1029).[1]

Bis 1958 wurden diese Vorschriften nur geringfügig modifiziert. Dies betraf in erster Linie die Frage, wer die Gewinnabführung vereinnahmen solle: 1955 wurde das Territorial- wieder durch das Produktionsprinzip ersetzt; die Betriebe entrichteten die Nettogewinnabführung erneut an die übergeordnete Verwaltung Volkseigener Betriebe, die die Zahlungen an das zuständige Ministerium weiterleitete. Dessen Hauptverwaltung finanzierte damit Stützungszahlungen an diejenigen Betriebe, deren Einnahmen nicht zur Eigenfinanzierung der Umlaufmittel und zusätzlich nun auch der Anlageninvestitionen im jeweils gesetzlich vorgeschriebenen Ausmaß ausreichten. Der verbleibende Rest wurde in den

---

1) Daß dieser Maßnahme wenig Erfolg beschieden war, zeigt sich daran, daß die Betriebe der volkseigenen Wirtschaft ihren Gewinnplan 1957 im Durchschnitt nur zu 84,7 v.H. erfüllten; vgl. die Erläuterungen zur Haushaltsrechnung der DDR für das Jahr 1957, Volkskammerdrucksache Nr. 9 (2. Wahlperiode), Anlage 1, S. 1.

Staatshaushalt eingestellt. Bereits 1956 wurde das Produktions- erneut durch das Territorialprinzip der Abführungserhebung ersetzt.[1] 1957 galt wiederum das Produktionsprinzip und 1958 aufs neue das Territorialprinzip.[2]

1958 wurden die Vorschriften über die interne Gewinnverwendung und damit ebenfalls die über die Nettogewinnabführung geändert:[3] Erstmalig wurde den Betrieben in diesem Jahr gestattet, in engen Grenzen Kredite für überplanmäßige Rationalisierungsvorhaben aufzunehmen. Zuvor durfen Kredite nur für Lagerhaltungsinvestitionen sowie als Liquiditätskredite zum Ausgleich vorübergehender Finanzierungslücken ausgereicht werden. Der planmäßige Betriebsgewinn durfte weiterhin für Zuführungen zu den betrieblichen "Stimulierungsfonds" sowie zur Finanzierung der planmäßigen Anlagen- und Lagerinvestitionen verwendet werden.

Geändert wurden insbesondere die Vorschriften über die finanzierungstechnische Behandlung von Gewinnplanabweichungen: Wie bisher mußten mindestens 20 v.H. des Nettogewinns planmäßig abgeführt werden. Aus Überplangewinn durften neben Mehrzuführungen zum Direktorfonds nun auch die Rationalisierungskredite getilgt werden. Bei Unterschreitung des Gewinnplans wurden die Investitions- und Umlaufmittelfinanzierung sowie die Nettogewinnabführung weiterhin anteilig gekürzt. Die Betriebe wurden 1958 jedoch erstmalig dazu verpflichtet, die Minderabführung nach Maßgabe eines be-

---

1) Zweite Durchführungsbestimmung zur Verordnung über die Verwendung der Gewinne in den Betrieben der volkseigenen Wirtschaft vom 20.10.1956, Gbl. DDR I, Nr. 97, S. 1167.

2) Anordnung über die Abführung der Gewinne und Umlaufmittel sowie die Zuführung von Stützungen, sonstigen Ausgaben und Umlaufmitteln in der volkseigenen Wirtschaft vom 31.3.1958, Gbl. DDR II, Nr. 7, S. 45. Mit der Erhebung der betrieblichen Pflichtzahlungen wurden die Kreise betraut.

3) Anordnung über die Verwendung der Gewinne in den Betrieben der volkseigenen Wirtschaft vom 31.3.1958, Gbl. DDR II, Nr. 6, S. 41.

triebsindividuell festzulegenden "Aufholplans" in der Folgezeit nachzuzahlen.[1] Bei vorübergehenden Zahlungsschwierigkeiten auf Grund einer Gewinnplanuntererfüllung konnte der jeweilige Betrieb einen Liquiditätskredit erhalten, aus dem die planmäßige Fondsbildung gesichert werden sollte. Die Laufzeit dieser Kredite war in der Regel auf ein Jahr begrenzt, konnte jedoch in Ausnahmefällen um ein weiteres Jahr verlängert werden. Welche konkreten Maßnahmen zur Nachholung der unterplanmäßigen Gewinnabführung sowie zur Tilgung der Liquiditätsdarlehen zu ergreifen waren, wurde in der genannten Vorschrift allerdings nicht näher erläutert.

1958 wurden die bisherigen Verwaltungen aufgelöst. An ihre Stelle traten wieder Vereinigungen Volkseigener Betriebe, die gegenüber den Betrieben erneut mit größeren Weisungsbefugnissen ausgestattet waren. Sie sollten dabei in erster Linie administrative Funktionen erfüllen und gegenüber den VEBs die zentralen Plankennziffern aufschlüsseln sowie deren Erfüllung kontrollieren. Die Gewinnabführung wurde trotz dieser organisatorischen Umgestaltung weiterhin betriebsindividuell erhoben. Da die Pflichtzahlungen damals entsprechend dem Territorialprinzip an den Staatshaushalt gezahlt wurden, spielten die neuen VVBs bei deren Erhebung und bei der Umverteilung dieser Geldmittel an Betriebe mit entsprechendem Finanzierungsbedarf bis einschließlich 1962 keine Rolle.

Eine Präzisierung der Vorschriften über die abführungsrechtliche Behandlung von Gewinnplanabweichungen erfolgte

---

1) Verordnung über die Behandlung von Mindergewinnen bzw. außerplanmäßigen Verlusten in der volkseigenen Wirtschaft und die Gewährung von Liquidationsdarlehen an volkseigene Betriebe vom 5.4.1958, Gbl. DDR I, Nr. 25, S. 313 (Berichtigung Gbl. DDR I, Nr. 26, S. 350) sowie Erste Durchführungsbestimmung hierzu vom 9.7.1958, Gbl. DDR I, Nr. 52, S. 611.

1959:[1] Dabei wurde bestimmt, daß dann, wenn ein Betrieb seinen Gewinnplan nicht erfüllte, die betriebsinternen Zuführungen zum Investitions- und Umlaufmittelfonds nicht mehr wie bisher gekürzt werden durften, sondern diesem Fonds die planmäßig vorgesehenen Mittel in voller Höhe zugeführt werden mußten und die Gewinnabführung entsprechend zu kürzen war. Das deutet darauf hin, daß die mit den Vorschriften des Jahres 1955 intendierte Motivationswirkung nicht eingetreten war, d.h. die Betriebsangehörigen nicht an der Gewinnplanerfüllung interessiert werden konnten.

Die für die planmäßigen Fondszuführungen fehlenden Finanzierungsmittel wurden dem Betrieb als Überbrückungskredit zur Verfügung gestellt. Der Minderabführungsbetrag wurde nun jedoch von der zuständigen Finanzverwaltung ausdrücklich nur noch gestundet und nicht mehr wie bisher erlassen. Überbrückungskredit und gestundete Gewinnabführung machten die sogenannte Finanzschuld des Betriebes aus. Sie sollte in der Regel im folgenden Planjahr aus Überplangewinn getilgt werden. "In begründeten Fällen" konnte sie jedoch erlassen werden.

Diese Vorschriften blieben bis einschließlich 1962 unverändert. Zusätzlich zu der regulären Nettogewinnabführung müssen die Betriebe seit 1962 unter bestimmten Bedingungen einen Teil ihrer Erlöse zu Lasten des Gewinnes abführen: Sogenannte Gewinnabschläge werden dann fällig, wenn ein Betrieb veraltete Erzeugnisse produziert, die Qualitätsvorschriften nicht erfüllt, später als geplant die Produktion neuer Güter aufnimmt oder sonstige Vorgaben nicht erfüllt, die seitens der übergeordneten Instanz mit dem Ziel gemacht werden, den wissenschaftlich-technischen Fortschritt möglichst schnell in den Produktionsprozeß zu implementieren.

---

1) Verordnung über die Behandlung und Finanzierung von Mindergewinnen bzw. außerplanmäßigen Verlusten in der volkseigenen Wirtschaft vom 23.7.1959, Gbl. DDR I, Nr. 47, S. 645.

Der Gewinnabschlag konnte bis zu 100 v.H. des geplanten Gewinns bzw. 10 v.H. des Betriebspreises des jeweiligen Gutes, bei dessen Produktion die Planwidrigkeit auftrat, betragen.[1]

1963 begann in der DDR mit dem "Neuen Ökonomischen System der Planung und Leitung" (NÖSPL) nach der Einführung der wirtschaftlichen Rechnungsführung im Jahr 1952 ein erneuter Versuch, die bisherigen Ineffizienzen der Wirtschaftskoordination durch eine Neugestaltung des wirtschaftspolitischen Instrumentariums zu beheben (vgl. Thalheim 1964, S. 72 ff.; Beyer 1973, S. 127 ff.): Die zuvor stark zentralisierten Entscheidungskompetenzen wurden zumindest teilweise auf die nachgeordneten Wirtschaftseinheiten, insbesondere die VVBs, verlagert. Bei weiterhin zentraler Festlegung der grundsätzlichen Entscheidungen, beispielsweise über die Struktur- und Wachstumspolitik, sollten die VVBs bzw. die VEBs ihren erweiterten Handlungsspielraum dazu nutzen, diese zentralen Zielvorstellungen zum einen in möglichst effiziente Planvorschläge umzusetzen und zum anderen die auf deren Basis erstellten Betriebspläne optimal zu erfüllen. Um die volkseigenen Wirtschaftseinheiten entsprechend den zentralen Zielvorstellungen beeinflussen zu können, wurde das prozeßpolitische monetäre Instrumentarium, zu dem neben den Preisen und Prämiierungsvorschriften auch die Pflichtzahlungen zu rechnen sind, in den Folgejahren modifiziert und ausgeweitet.

Die Reformmaßnahmen des NÖSPL betrafen die Gewinnabführung zunächst dahingehend, daß in der "Richtline" des Jahres 1963 festgelegt wurde, daß nicht mehr wie bisher mindestens 20 v.H. des Gewinns zu entrichten waren, sondern daß diese

---

1) Anordnung über die Abführung von Gewinnabschlägen zur weiteren Durchsetzung des wissenschaftlich-technischen Fortschritts vom 18.12.1961, Gbl. DDR III, Nr. 34, S. 399. Diese Vorschriften wurden in ihrem Grundsatz auch in die späteren einschlägigen Gesetze übernommen.

Pflichtzahlung statt dessen je Betrieb nach Maßgabe seines geplanten Finanzbedarfs individuell festzulegen war.[1] Mit Einführung der wirtschaftlichen Rechnungsführung auch in den Vereinigungen wurden diese gegenüber dem Staatshaushalt zahlungspflichtig; sie repartierten ihre eigene Abführungsvorgabe auf die ihnen unterstellten Betriebe. Die Gewinnabführungen der Betriebe sollten von den VVBs entsprechend dem Produktionsprinzip eingezogen und zunächst in einem neu geschaffenen Gewinnverwendungsfonds gesammelt werden. Nur derjenige Teil der gesamten betrieblichen Gewinnabführungen, der nicht zur Deckung des zulässigen internen Finanzierungsbedarfs der einzelnen VVB benötigt wurde, war an den Staatshaushalt abzuführen. Wesentliches Element dieser Neuregelung ist, daß die bisherige Umverteilung finanzieller Mittel zwischen den Betrieben nicht mehr über den Staatshaushalt, sondern über das Gewinnverwendungskonto der VVBs vorgenommen wurde, und daß die betrieblichen Gewinnabführungen somit nicht mehr unmittelbar an den Staatshaushalt flossen.

Diese eher allgemein gehaltenen Grundsätze wurden kurz darauf präzisiert:[2] Die einzelne VVB erhielt von der ihr übergeordneten Leitungsinstanz sowohl eine Gewinn- als auch eine Nettogewinnabführungsauflage, die sich nach dem staatlicherseits determinierten Finanzierungsbedarf der VVB bemaß und die die VVB auf die ihr unterstellten VEBs aufteilte. Bei dieser Repartierung der Abführungsverpflichtung war zu berücksichtigen, welche Gewinnanteile der einzelne Be-

---

1) Richtlinie für das neue ökonomische System der Planung und Leitung der Volkswirtschaft vom 11.7.1963, Gbl. DDR II, Nr. 64, S. 453.

2) Anordnung über die Verwendung der Gewinne in den dem Volkswirtschaftsrat unterstehenden Vereinigungen Volkseigener Betriebe und deren volkseigene Betriebe vom 11.9.1963, Gbl. DDR II, Nr. 84, S. 655; Verordnung über die Neuregelung der Finanzierung der dem Volkswirtschaftsrat unterstehenden Vereinigungen Volkseigener Betriebe und deren volkseigene Betriebe vom 5.9.1963, Gbl. DDR II, Nr. 84, S. 651.

trieb zur Tilgung und Verzinsung von Rationalisierungskrediten sowie zur Investitions- und Umlaufmittelfinanzierung benötigte.[1] Der Rest wurde als Abführungsauflage des Betriebes gegenüber der VVB fixiert. Da die VVB einen Teil der betrieblichen Gewinnabführungen intern verwenden konnte, überstieg deren Summe in der Regel den planmäßigen Pflichtzahlungsbetrag, den die VVB selbst an den Staatshaushalt zu entrichten hatte.

Unterschritt ein VEB seinen Plangewinn, mußten außer der Tilgung von Rationalisierungskrediten sämtliche sonstigen planmäßigen Gewinnverwendungspositionen, also auch die Gewinnabführung an die VVB, anteilig gekürzt werden. Bei Übererfüllung des Gewinnplans wurden aus dem überplanmäßigen Gewinnbetrag die außerplanmäßigen Rationalisierungskredite getilgt und Zuführungen zum Prämienfonds sowie zu den sonstigen betrieblichen Fonds entsprechend den einschlägigen Spezialvorschriften finanziert. Der Rest floß an den Gewinnverwendungsfonds der VVB. Die VVB finanzierte aus diesem Gewinnverwendungsfonds einerseits Stützungszahlungen zum Ausgleich betrieblicher Finanzierungsdefizite und andererseits eigene Investitionsvorhaben. Der Rest, mindestens jedoch die planmäßige Höhe der VVB-Abführung, mußte an den Staatshaushalt überwiesen werden. Mehrabführungen einzelner Betriebe konnten mit Mindergewinnabführungen anderer Betriebe verrechnet werden.

---

1) 1962 wurde (vorübergehend) festgelegt, daß die Zuführungen zu den "Stimulierungsfonds" nicht mehr aus Gewinn, sondern aus Kosten zu finanzieren waren; vgl. Verordnung über die Planung und Abrechnung der Selbstkosten der Betriebe und Erzeugnisse - Selbstkostenverordnung - vom 12.7.1962, Gbl. DDR II, Nr. 51, S. 445; bereits 1951 und 1952 waren schon einmal analoge Regelungen erlassen worden; vgl. Siebzehnte Durchführungsbestimmung zur Verordnung über die Finanzwirtschaft der volkseigenen Betriebe - Direktorfonds 1950 - vom 6.10.1950, Gbl. DDR, Nr. 120, S. 1099, Verordnung über den Direktorfonds vom 4.10. 1951, Gbl. DDR, Nr. 142, S. 1115.

Spielte der Betriebsgewinn in den Jahren zuvor als Kennziffer der Planung und Prämiierung allenfalls eine untergeordnete Rolle, wurde er im Jahr 1964 zur Hauptkennziffer aufgewertet.[1] Dabei wurde er als sogenannte Orientierungskennziffer ausgestaltet: Überbot der Betrieb die Plankennziffer Gewinn bereits bei der Planabstimmung, konnte er einen größeren Teil des Gewinns dem Prämienfonds zuführen, als wenn er die Gewinnkennziffer nachträglich in gleicher Höhe übererfüllt hätte. Mittels dieser Neuregelung wurde angestrebt, daß die betrieblichen Leistungsreserven bereits bei der Planaufstellung offenbart wurden und damit in den gesamtwirtschaftlichen Planungszusammenhang einbezogen werden konnten (vgl. Wagner 1972, S. 55 ff). Diese Prämienfondsmehrzuführungen gingen zu Lasten der Gewinnabführung.

Gewinnplanunterschreitungen, die während der Plandurchführung auftraten, sollten von den Betrieben nach Möglichkeit während der laufenden Periode aufgeholt werden. Zur Überbrückung von Liquiditätsengpässen gewährte die VVB an die Betriebe Kredite. Konnte der Gewinnplan auch bis zum Ende des Planjahres nicht aufgeholt werden, entstand eine Finanzschuld des VEB gegenüber der VVB. Diese Finanzschuld konnte seitens der VVB dann erlassen werden, wenn die Minderabführungen durch Mehrabführungen anderer Betriebe kompensiert wurden, so daß die VVB ihre planmäßige Pflichtzahlung in voller Höhe leisten konnte. Ließen sich Mindergewinne einzelner Betriebe nicht durch Mehrgewinne anderer Betriebe kompensieren und war die VVB daher nicht in der Lage, ihre planmäßige Gewinnabführung zu leisten, entstand eine Finanzschuld der VVB gegenüber dem Staatshaushalt. Diese sollte im folgenden Planjahr aus Übererfüllungs- und Überbietungsgewinnen getilgt werden. Wenn im einzelnen

---

1) Beschluß über die Bildung und Verwendung des einheitlichen Prämienfonds in den volkseigenen und ihnen gleichgestellten Betrieben der Industrie und des Bauwesens und in den VVB im Jahre 1964 - Auszug - vom 30.1.1964, Gbl. DDR II, Nr. 10, S. 80.

festzulegende Kennziffern z.B. über die Produktqualität
oder die Ausnutzung der Produktionsanlagen erfüllt wurden,
konnte der VVB die Finanzschuld jedoch erlassen werden.[1]

Die Vorschriften über Gewinnabschläge aus dem Jahr 1962
wurden 1964 dahingehend abgeändert, daß nun auch der Gewinnabschlag von der VVB eingezogen und dem Gewinnverwendungsfonds zugeführt werden mußte. Die VVB leitete die
Pflichtzahlungen der Betriebe nur dann an den Staatshaushalt weiter, wenn sie diese Mittel nicht zum Ausgleich von
Mindergewinnen einzelner ihrer Betriebe verwenden konnte.[2]
Bis auf den heutigen Tag ist das Produktionsprinzip bei der
Erhebung der Gewinnabführung beibehalten worden.

1963/1964 wurde mit einer umfassenden Industriepreisreform
begonnen, deren Ziel darin bestand, die Güterpreise an die
für das Jahr 1967 vorausgeschätzten Produktionskosten anzupassen (vgl. Melzer 1983, S. 54 f.). Wenn sich im Zusammenhang mit der Preisneufestsetzung der Betriebsgewinn gegenüber seinem ursprünglich geplanten Betrag erhöhte und wenn
dieser Mehrbetrag nicht zur innerbetrieblichen Finanzierung
benötigt wurde, mußte er abgeführt werden.[3] Der Grundsatz,
daß Mehr- oder Mindergewinne als Folge ungeplanter Preisänderungen durch Zu- oder Abführungen zu kompensieren sind,
blieb seither unverändert.

---

1) Verordnung über die Behandlung und Finanzierung von Mindergewinnen bzw. außerplanmäßigen Verlusten in den dem
   Volkswirtschaftsrat unterstehenden Vereinigungen Volkseigener Betriebe und deren volkseigene Betriebe vom
   16.3.1964, Gbl. DDR II, Nr. 27, S. 223.

2) Anordnung über die Gewährung von Gewinnzuschlägen und
   über die Beauflagung von Gewinnabschlägen vom 11.2.1964,
   Gbl. DDR III, Nr. 15, S. 158.

3) Anordnung über die Quartalskassenplanung für das I.
   Quartal 1965 vom 2.12.1964, Gbl. DDR II, Nr. 121, S.
   984.

1964 wurden die Vorschriften über die Investitionsfinanzierung neu gefaßt:[1] Erstmalig wurde dabei das "Prinzip der
Eigenerwirtschaftung" als Grundsatz der Investitionsfinanzierung genannt. Unter diesem bis heute mehr oder weniger
durchgängig betonten Grundsatz ist zu verstehen, daß die
Betriebe und VVBs (bzw. heutzutage die Kombinate) ihre Investitionen nicht mehr vorrangig durch staatliche Zuschüsse, sondern aus eigenen Einnahmen finanzieren sollen. Der
Finanzierungsbedarf, der nicht durch Gewinne und Abschreibungserlöse gedeckt werden kann, soll in erster Linie durch
verzinsliche Bankkredite ausgeglichen werden. Diese Kredite
müssen in den Folgejahren aus Gewinnen und Abschreibungserlösen getilgt werden. Investitionen, die seitens der Wirtschaftsadministration als besonders wichtig angesehen werden, werden jedoch weiterhin durch staatliche Zuschüsse finanziert.[2]

Im Zusammenhang mit der Einführung der "Eigenerwirtschaftung" war vorgesehen, daß die Betriebe u.a. einen "Prozentanteil vom Nettogewinn" als längerfristig konstantes Nor-

---

1) Verordnung über die Vorbereitung und Durchführung von
   Investitionen - Investitionsverordnung - vom 25.9.1964,
   Gbl. DDR II, Nr. 95, S. 785.
2) Der Anteil der Staatshaushaltszuschüsse am betrieblichen
   Investitionsaufwand betrug 1961 71,7 v.H., 1968 24,2
   v.H., Mitte der 80er Jahre beläuft er sich weiterhin auf
   ca. 25 v.H.; vgl. Mülhaupt, Fox 1971, S. 114; DDR-Handbuch 1985a, S. 675.
   Auch die Staatshaushaltszuschüsse werden zunächst als
   (unverzinsliche) Kredite an die Betriebe ausgereicht.
   Sofern der Betrieb die bei der Investitionsplanung vorgegebenen Leistungsparameter erfüllt, wird der Kredit
   aus Staatshaushaltsmitteln getilgt. Nur dann, wenn die
   Leistungsparameter nicht erfüllt werden, wird die Tilgung vorübergehend ausgesetzt, und in diesem Fall muß
   der Betrieb einen Strafzins auf die Mindertilgung entrichten. Sobald die Planstörung überwunden ist, wird die
   Tilgung staatlicherseits wieder aufgenommen bzw. abgeschlossen; vgl. Jasinski, Sturm, Wolf 1983, S. 152 f.

mativ[1] für ihre Investitionen erhalten sollten. Die globalen Vorschriften über die Investitionsfinanzierung des Jahres 1964 wurden 1965 spezifiziert.[2] Wenn dabei auch der Grundsatz der "Eigenerwirtschaftung" beibehalten wurde, war allerdings von einer längerfristig konstanten Festlegung des Gewinnanteils für die interne Investitionsfinanzierung nun keine Rede mehr. Statt dessen sollte die VVB jeweils jährlich für den einzelnen Betrieb bestimmen, welchen Anteil seines Gewinns er für Erweiterungsinvestitionen einzusetzen und damit auch, welchen Teil er abzuführen hatte. Damit blieb die Gewinnabführung zunächst weiterhin eine Residualgröße in Abhängigkeit vom innerbetrieblichen Finanzierungsbedarf.

Zum 1.1.1967 wurde eine neue Rechtsvorschrift zur "Eigenerwirtschaftung" erlassen.[3] Sie hatte zum Ziel, das notwen-

---

1) Normative sind staatliche Vorgaben, die nicht in absoluter Höhe, sondern als Prozentsatz der jeweiligen Bemessungsgrundlage festgelegt werden.
   Anfänglich ging man in der DDR davon aus, diese Normative für alle VEBs und VVBs einheitlich festlegen zu können: Ein Normativ wurde damals definiert als "vorgegebene Größe bzw. Kennziffer, die wirtschaftliche Bedingungen, Zusammenhänge oder Ergebnisse *ungeachtet der individuellen Besonderheiten des einzelnen Vorgangs einheitlich* quantifizieren..." (Ökonomisches Lexikon 1967b, S. 269; Hervorhebung d. Verf.). Da jedoch Finanzierungsaufkommen und -bedarf grundsätzlich betriebsindividuell abgestimmt werden müssen, konnte diese Zielsetzung nicht realisiert werden. Bereits kurze Zeit darauf wurden die Normative daher neu definiert. Sie sollten nicht mehr gesamtwirtschaftlich einheitlich festgelegt werden und stehen seither für "Planungsgrößen, die als verbindliche Entscheidungen der zentralen staatlichen Planung und Leitung Rahmenbedingungen sowie Maßstäbe für die eigenverantwortliche Planung und Wirtschaftstätigkeit der volkseigenen Betriebe, Kombinate und VVB schaffen" (Lexikon der Wirtschaft 1970, S. 571).

2) Anordnung über die vorläufige Regelung der Finanzierung der Vorbereitung und Durchführung der Investitionen vom 17.3.1965, Gbl. DDR II, Nr. 38, S. 277.

3) Beschluß über die Vorläufige Richtlinie für die Durchsetzung des Prinzips der Eigenerwirtschaftung der Mittel für die erweiterte Reproduktion vom 7.4.1966 (Auszug),

dige Ausmaß der staatlichen Investitionszuschüsse zu verringern und damit das "Prinzip der Eigenerwirtschaftung" stärker zur Geltung zu bringen. Zu diesem Zweck wurde den VVBs das Recht eingeräumt, über den Betrag hinaus, den sie zur Deckung ihrer eigenen Abführungsverpflichtung gegenüber dem Staatshaushalt benötigten, bei den Betrieben, deren Finanzaufkommen höher als der Finanzierungsbedarf war, zusätzliche Gewinne abzuschöpfen und über den Gewinnverwendungsfonds an diejenigen Betriebe weiterleiten, deren eigene Finanzierungsquellen nicht zur Bezahlung der geplanten Investitionen ausreichten. Darüber hinaus konnten die VVBs eigene Fonds bilden, die sie aus Pflichtzahlungen der ihnen unterstellten Betriebe finanzierten. Diese Möglichkeit zur "zentralisierten Fondsbildung" auf Ebene der Betriebsvereinigung haben heutzutage auch die zwischenzeitlich an die Stelle der VVBs getretenen Kombinate.

Auch die den VVBs übergeordneten Instanzen konnten Gewinne zwischen den ihnen unterstellten VVBs umverteilen: Die einzelnen Ministerien erhielten von der Staatlichen Plankommission eine von ihrem Wirtschaftszweig insgesamt zu erfüllende Gewinnabführungsvorgabe, die sie auf die ihnen unterstellten VVBs repartierten. Daneben konnten sie, analog zu den VVB-internen Vorschriften, von denjenigen VVBs, deren Finanzaufkommen insgesamt den jeweiligen Finanzbedarf überstieg, eine zusätzliche Nettogewinnabführung erheben und diese ohne Verbuchung als Staatshaushaltseinnahme an diejenigen VVBs weiterleiten, deren Finanzierungsbedarf größer als das -aufkommen war.

In dem Beschluß zur Eigenerwirtschaftung wurde daneben festgelegt, daß in jedem Fall 20 v.H. des von den VEBs überbotenen Gewinnbetrages über die jeweilige VVB an den Staatshaushalt abzuführen war; gleichfalls mußten die VVBs

---

Gbl. DDR II, Nr. 49, S. 301.

generell 20 v.H. ihres Überplangewinns abführen. Bei Unterschreitungen des Gewinnplans entstand keine Finanzschuld
mehr, denn die planmäßig festgelegte Nettogewinnabführung
mußte von den VEBs bzw. VVBs nun auch bei Planunterschreitungen in vollem Umfang an die jeweils übergeordnete Instanz geleistet werden. Damit wirkten sich Planabweichungen
ausschließlich auf die innerbetriebliche Gewinnverwendung
aus. Dies kann als Indiz dafür gewertet werden, daß die
vorangegangenen Regelungen zur Finanzschuld nicht die an
sie gestellten Erwartungen erfüllt hatten.

Zum 1.1.1968 wurden die Eigenerwirtschaftungsvorschriften
neu gefaßt:[1) Die geplante Gewinnabführung mußte zwar weiterhin auch bei Planunterschreitungen in voller Höhe geleistet werden, sie konnte jedoch dann gekürzt werden, wenn
der tatsächlich erwirtschaftete Gesamtgewinn geringer als
die beauflagte Gewinnabführung war. Unterschritt der tatsächliche den geplanten Nettogewinn, überstieg er jedoch
die Abführungsverpflichtung, wirkte sich diese Unplanmäßigkeit ausschließlich auf die innerbetriebliche Gewinnverwendung aus. Der Betrieb war verpflichtet, eine Minderabführung gegenüber der VVB in den Folgejahren aus überbotenem und/oder übererfülltem Gewinn nachzuzahlen. Dies galt
auch für die VVB bezüglich ihrer eigenen Gewinnabführungsverpflichtung gegenüber dem Staatshaushalt, sofern Minderabführungen einzelner Betriebe nicht durch andere Mittel
der VVB kompensiert werden konnten. Bei diesen "anderen
Mitteln" handelte es sich um Mittel des sogenannten Reservefonds, in den die betriebliche Pflichtzahlung aus Über-
bietungs- und Übererfüllungsgewinnen floß.

Eine weitere Neuregelung zum 1.1.1968 bestimmte, daß, anders als zuvor, die VEBs die ihnen zustehenden Preisstüt-

---

1) Beschluß über die Grundsätze für weitere Schritte bei
   der Anwendung des Prinzips der Eigenerwirtschaftung der
   Mittel für die erweiterte Reproduktion im Jahre 1968 vom
   15.6.1967 - Auszug -, Gbl. DDR II, Nr. 68, S. 459.

zungen u.a. von ihren Gewinnabführungsverpflichtungen ab-
ziehen konnten und nur den saldierten Betrag abführen mußten.[1] Dabei hatten sie die einzelnen Zahlungsströme aus
Kontrollgründen jedoch jeweils für sich brutto zu erfassen,
abzurechnen und nachzuweisen, so daß diese Vorschrift lediglich finanzierungstechnischer Natur war.

Standen in den Jahren zwischen 1963 und 1968 prozeßpolitische Umgestaltungen im Vordergrund der Wirtschaftsreformen
des NÖSPL, wurde das Wirtschaftssystem der DDR 1968/1969
auch in ordnungspolitischer Hinsicht grundlegend verändert
(vgl. Hensel 1973b; Hamel 1975). Die damals unter dem Sig-
num des "Ökonomischen Systems des Sozialismus" (ÖSS) durchgeführten Reformen betrafen vorrangig die Planungsordnung:[2] Die staatliche Wirtschaftsplanung und -leitung
sollte sich vorrangig auf die Realisierung einer wachstums-
optimalen Strukturpolitik konzentrieren, wobei der bisher
dominierende jährliche Planungszeitraum durch eine längerfristige Perspektivplanung ersetzt werden sollte.

Die volkseigenen Wirtschaftseinheiten erhielten einen erweiterten Entscheidungsspielraum, der mit Hilfe konkurrenz-
wirtschaftlicher Verfahren gesamtwirtschaftlich koordiniert
werden sollte. Ziel dieser Verfahren war, die durch staatliche Instanzen festgelegten strukturpolitischen Ziele mög-

---

1) Anordnung über die Fälligkeit und Abrechnung der Zahlungen der VEB, Kombinate und VVB an den Staatshaushalt vom
   20.11.1967, Gbl. DDR III, Nr. 14, S. 93. Preisstützungen
   werden dann ausgezahlt, wenn der Verkaufspreis geringer
   als die Summe der kalkulierten Produktionskosten ist.
   Diese Preisstützungen sind somit gleichsam "negative
   produktgebundene Abgaben"; vgl. Abschnitt 5.4.1.3.

2) Zu folgendem vgl. den Beschluß des Staatsrates der Deutschen Demokratischen Republik über weitere Maßnahmen zur
   Gestaltung des ökonomischen Systems des Sozialismus vom
   22.4.1968, Gbl. DDR I, Nr. 9, S. 223 sowie den Beschluß
   über die Grundsatzregelung für komplexe Maßnahmen zur
   weiteren Gestaltung des ökonomischen Systems des Sozialismus in der Planung und Wirtschaftsführung für die
   Jahre 1969 und 1970 vom 26.6.1968, Gbl. DDR II, Nr. 66,
   S. 433.

lichst effizient zu realisieren sowie auf den Märkten, vorrangig auf den Konsumgütermärkten, das durch die staatliche Rahmenplanung determinierte Güterangebot mit der kaufkräftigen Nachfrage abzustimmen.

Zur Beeinflussung der volkseigenen Wirtschaftseinheiten im Sinne der staatlichen Perspektivplanung diente weiterhin das monetäre wirtschaftspolitische Instrumentarium. Im Unterschied zu den vorausgegangenen Reformbemühungen sollten jedoch sowohl die staatliche Perspektivplanung als auch das prozeßpolitische Instrumentarium über einen längeren Zeitraum hinweg konstant gehalten werden, um den Vereinigungen und Betrieben eine größere Planungssicherheit zu geben. Insbesondere unter dem Aspekt der Wirkungslogik des Pflichtzahlungsinstrumentariums (vgl. Abschnitt 5.) von Interesse ist dabei der Umstand, daß während des ÖSS das bisherige betriebliche Formalziel der Planerfüllung durch ein rudimentäres Gewinnprinzip ersetzt wurde (Wagner 1972, S. 64 ff.): Die Prämiierung der Betriebsangehörigen richtete sich nun vorrangig nicht mehr nach der Erfüllung staatlicher Planvorgaben, sondern nach der Höhe des jährlichen Gewinnzuwachses.

Die Bemühungen um eine Effektivierung und Verstetigung der zentralen Struktur- und der betrieblichen Detailplanung wirkten sich auf die Ausgestaltung der Nettogewinnabführung in mehrfacher Hinsicht aus:

Bis einschließlich 1968 mußten die bis zum Jahresende von den Betrieben bzw. Vereinigungen noch nicht in Anspruch genommenen (zweckgebundenen) Finanzierungsmittel abgeführt werden. Dieser Grundsatz wurde damals durchbrochen: Nur diejenigen Mittel, die sich am Jahresende im Gewinnverwendungsfonds der einzelnen VVB angesammelt hatten und die nicht für im Rahmen des Perspektivplanes vorgesehen Investitionen bestimmt waren, mußten an den Staatshaushalt ab-

geführt werden.[1] Ungeachtet konkreter Planfestlegungen
verblieben dagegen die betrieblichen Investitionsmittel
auch nach Ende der Plandurchführungsphase prinzipiell in
den Betrieben und konnten in der Folgeperiode zur Investitionsfinanzierung entsprechend dem Perspektivplan eingesetzt werden. Nur dann, wenn sich aufgrund einer Änderung
("Präzisierung") des Perspektivplanes ergab, daß bestimmte
ursprünglich vorgesehene Investitionsvorhaben nicht durchgeführt werden sollten, konnte die VVB die Abführung der
entsprechenden Finanzmittel verlangen.

Während in den Jahren bis einschließlich 1968 je VVB und
VEB die jährliche Gewinnabführungsverpflichtung eine in absoluter Höhe vorgegebene Planauflage war, sollte sie nun,
wie dies bereits 1964 implizit gefordert worden war, in
Form eines längerfristig konstanten Prozentanteils (Normativs) vom tatsächlich erwirtschafteten Nettogewinn[2] erhoben werden. Für 1969 und 1970 erhielten die VVBs ein zwar
jeweils differenziert festgelegtes, jedoch grundsätzlich
für zwei Jahre gültiges Pflichtzahlungsnormativ; auch hatten sie gegenüber den ihnen unterstellten Betrieben einen
für die beiden Jahre konstanten Abführungsanteil an deren
Gewinn festzulegen. Ungeachtet dieses Normativs wurde je-

---

1) Vgl. die Anordnung über die Abrechnung und Abgrenzung
   der finanziellen Fonds zum Jahresabschluß 1969 vom
   20.11.1969, Gbl. DDR III, Nr. 6, S. 25 sowie die Anordnung über die Abrechnung und Abgrenzung der finanziellen
   Fonds zum Jahresabschluß 1970 vom 26.10.1970, Gbl. DDR
   III, Nr. 6, S. 19.

2) 1968 wurde der Nettogewinn neu definiert: Während zuvor
   die Betriebe ihren jeweiligen Außenhandelsgewinn direkt
   abführen mußten, ging dieser nun, zunächst jedoch nur in
   einigen ausgewählten Branchen und Betrieben, in das sogenannte "einheitliche Betriebsergebnis" ein. Abzüglich
   der Produktionsfondsabgabe ergab sich hieraus der Nettogewinn. Eingeführt wurde das einheitliche Betriebsergebnis zunächst in den Bereichen Schwermaschinen-, Anla-
   gen-, Verarbeitungsmaschinen- und Fahrzeugbau, Elektro-
   technik und Elektronik sowie zusätzlich in einigen weiteren ausgewählten Betrieben.

doch je Wirtschaftseinheit auch - ein in absoluter Höhe definierter Mindestabführungsbetrag vorgegeben.

Durch diese Neuregelungen wandelte sich der Charakter der Nettogewinnabführung grundlegend: Handelte es sich bei ihr in den Jahren zuvor um ein Residuum, dessen planmäßige Höhe unter Berücksichtigung des internen Finanzierungsbedarf ermittelt wurde, erhielt sie nun gegenüber der betriebsinternen Gewinnverwendung Vorrang. Damit bemaß sich umgekehrt die Höhe des intern verwendbaren Gewinns als Residuum nach Zahlung der normativen Gewinnabführung. Differenzen zwischen Finanzierungsbedarf und betrieblichem Gewinndispositiv sollten durch Bankkredite ausgeglichen werden.

Das Normativ der Gewinnabführung sollte entsprechend der längerfristigen strukturpolitischen Konzeption so festgelegt werden, daß den VVBs mit großer strukturpolitischer Bedeutung[1] relativ viel Gewinn, denjenigen mit geringer und/oder sinkender Bedeutung dagegen relativ wenig Gewinn verblieb.[2] Nach dem gleichen Prinzip hatten die VVBs für die ihnen unterstellten Betriebe individuelle Normen festzulegen. Bei der Festlegung der Pflichtzahlungsnormative war auch das voraussichtliche Finanzierungsaufkommen aus Abschreibungserlösen und Krediten mitzuberücksichtigen. Mindest- oder Höchstgrenzen für die Normative waren nicht vorgeschrieben, jedoch sollte gewährleistet sein, daß den Betrieben zumindest 30 v.H. des über den Mindestabführungsbetrag hinausgehenden Gewinns zur Finanzierung des Prämienfonds verblieben. Geändert werden durften die solchermaßen ermittelten Normative nur dann, wenn sich die strukturpolitischen Zielstellung des Staates bzw. der VVBs wandelten.

---

1) Im Zuge der damals forcierten "Chemisierung" handelte es sich hierbei insbesondere um die VVBs der Chemiebranche.

2) Vgl. das Gesetz über die Staatshaushaltsordnung der Deutschen Demokratischen Republik vom 13.12.1968, Gbl. DDR I, Nr. 23, S. 383.

War der erwirtschaftete Nettogewinn eines Betriebes geringer als sein Mindestabführungsbetrag, mußte nur der tatsächliche Nettogewinn abgeführt werden. In Höhe des Fehlbetrages entstand eine Finanzschuld des betreffenden VEB gegenüber der VVB, die mit 3,6 Prozent p.a. zu verzinsen und in den Folgejahren aus Gewinn zu tilgen war. Die Höhe der Tilgungsraten wurde vom Generaldirektor der VVB verbindlich festgelegt. In Ausnahmefällen konnten auch andere Fondsmittel zur Begleichung der Finanzschuld herangezogen werden. Ausgenommen hiervon waren jedoch der Fonds Technik, der Rationalisierungs- und der Amortisationsfonds. Zusätzlich konnten die Betriebe auch aus Vorjahren angesammelte und noch nicht anderweitig verwendete Gewinne zur Tilgung einsetzen.

Unterschritt die Summe der Gewinnabführungen aller VEBs einer VVB deren Gewinnabgabenverpflichtung, entstand eine Finanzschuld der VVB gegenüber dem Staatshaushalt. Auch sie war mit 3,6 Prozent p.a. zu verzinsen und mußte in den Folgejahren aus Mitteln des Gewinn- sowie des Reservefonds getilgt werden.[1] Die Verlängerung des Tilgungszeitraums deutet darauf hin, daß es den Betrieben und Vereinigungen zuvor nicht gelungen war, ihre Finanzschuld innerhalb eines Jahres zu begleichen.

Daneben wurde im Zuge des ÖSS ein sogenanntes Industriepreisregelsystem eingeführt. Ihm zufolge mußten die Betriebe die Preise ihrer Güter dann senken, wenn die produktspezifische Rentabilität durch Selbstkostensenkungen über eine

---

1) Anordnung über die Behandlung von Rückständen in der Abführung von Nettogewinn der volkseigenen Betriebe, Kombinate und Vereinigungen Volkseigener Betriebe vom 28.3. 1968, Gbl. DDR II, Nr. 53, S. 279 und Anordnung über die Bildung und Verwendung von Fonds aus der Anwendung von Normativen der Nettogewinnabführung und der Amortisationsabführung in den Jahren 1969 und 1970 vom 26.6.1968, Gbl. DDR II, Nr. 67, S.494.

staatlicherseits festgelegte Marge anstieg.[1] Um zu verhindern, daß hierdurch verursachte Gewinnminderungen sich negativ auf die innerbetriebliche Finanzierung und das Prämieninteresse der Beschäftigten auswirkten, konnten sie mit der Gewinnabführung verrechnet werden.

Geplant war, den Festlegungszeitraum des Gewinnabführungsnormativs ab 1971 auf 5 Jahre zu verlängern.[2] Diese Pläne wurden jedoch nicht realisiert; vielmehr erfolgte zum Jahreswechsel 1970/1971 ein abrupter Kurswechsel der Wirtschaftspolitik zurück zu den Methoden zentraladministrativdirigistischer Planung und Wirtschaftslenkung. Dabei wurde das Gewinnabführungsnormativ wieder durch einen in absoluter Höhe jeweils jährlich vorgegebenen Abführungspflichtbetrag ersetzt.[3] Er wurde erneut in Abhängigkeit von dem Finanzierungsbedarf der Betriebe für Investitionen ermittelt, so daß es sich bei der Gewinnabführung wieder um eine Residualgröße handelte.

Lediglich für den Überplangewinn wurde ein Abführungsnormativ beibehalten, das für alle VEBs einheitlich 50 v.H. betrug. Die abführungsrechtliche Behandlung etwaiger Planüberbietungen wurde zunächst nicht geregelt. Als Grund dafür, daß man wieder zu einer jährlichen Festlegung der

---

1) Richtlinie zur Einführung des fondsbezogenen Industriepreises und der staatlichen normativen Regelung für die planmäßige Senkung von Industriepreisen in den Jahren 1969/1970 vom 26.6.1968, Gbl. DDR II, Nr. 67, S. 497; Anordnung über die Berechnung planmäßiger Industriepreisänderungen bei der Durchführung des Jahresvolkswirtschaftsplanes und des Staatshaushaltsplanes für das Jahr 1970 vom 10.12.1969, Gbl. DDR II, Nr. 98, S. 621.

2) Vgl. den Entwurf der Grundsatzregelung für die Gestaltung des ökonomischen Systems des Sozialismus in der Deutschen Demokratischen Republik im Zeitraum 1971 bis 1975; abgedruckt als Beilage Nr. 14 der Zeitschrift "Die Wirtschaft", Ausgabe Nr. 18 vom 29.4.1970.

3) Beschluß über die Durchführung des ökonomischen Systems des Sozialismus im Jahre 1971 vom 1.12.1970, Gbl. DDR II, Nr. 100, S. 731.

planmäßigen Gewinnabführung in absoluter Höhe zurückkehrte, wurde die mangelnde Fähigkeit der wirtschaftsleitenden Instanzen angeführt, den Gewinn der Betriebe und Vereinigungen über einen längeren Zeitraum hinweg mit ausreichender Genauigkeit vorherbestimmen zu können (Holluba, Nordhaus 1972).

Kurz darauf wurde eine Finanzierungsrichtlinie erlassen, in der die Fragen der Gewinnverwendung und -abführung detailliert geregelt wurden:[1] Aus dem tatsächlichen Nettogewinn war vorrangig der festgelegte Abführungsbetrag sowie gegebenenfalls der normative Überplangewinnanteil zu entrichten. Nur der verbleibende Rest durfte entsprechend den Planvorgaben den betrieblichen Fonds, insbesondere dem Investitions-, dem Umlaufmittel- und dem Prämienfonds[2], zugeführt werden. Eventuelle Überplangewinne konnten zur vorfristigen Kredittilgung, zur Erhöhung des Eigenmittelanteils an der Grund- und Umlaufmittelfinanzierung, zur Eigenerstellung von Automatisierungs- und Rationalisierungsmitteln, für innerbetriebliche Sozialmaßnahmen sowie zur Bezahlung von Versicherungsprämien verwendet werden.

Erstmalig wurde in der Finanzierungsrichtlinie des Jahres 1971 die abführungsrechtliche Behandlung von Gewinnen geregelt, die nach Auffassung der Leitungsinstanzen nicht auf "eigenen ökonomischen Leistungen" der Betriebe beruhten. Unter derartigen Gewinnen verstand man:

---

1) Finanzierungsrichtlinie für 1971 vom 31.12.1970, Gbl. DDR (1971) II, Nr. 6, S. 41.

2) Die damals neu erlassene Prämienfondsverordnung bestimmte ausdrücklich, daß die Fondsbildung nur aus dem Gewinn zu erfolgen habe, der nach der Entrichtung der Nettogewinnabführung verblieb; vgl. die Verordnung über die Planung, Bildung und Verwendung des Prämienfonds und des Kultur- und Sozialfonds für das Jahr 1971 vom 20.1.1971, Gbl. DDR II, Nr. 16, S. 105.
Nach dem Abbruch der Wirtschaftsreformen wurde die Prämiierung der Betriebsangehörigen wieder in Abhängigkeit von der Erfüllung staatlicher Kennziffern vorgenommen.

"a) Gewinne auf Grund der Auswirkungen solcher Rechtsvorschriften, die nach Festlegung der Normative der Nettogewinnabführung an den Staat veröffentlicht werden, wie z.B. Gewinne aus der Veränderung der Abrech-
nungsmethoden ...,
  b) Gewinne, die aus der Nichteinhaltung staatlicher Auflagen resultieren, insbesondere Gewinne aus der Nichteinhaltung der staatlichen Auflage Export...,
  c) Gewinne, die aus der Verletzung von Rechtsvorschriften
entstehen, wie
     - Gewinne aus falscher Bewertung von Beständen,
     - Gewinne aus der Nichteinhaltung vorgeschriebener Ab-
rechnungsmethoden,
     - Gewinne, die im Vorjahr resultieren, aber erst im
Planjahr ausgewiesen werden (falsche zeitliche Abgrenzung der Kosten und Erlöse),
     - Gewinne, die aus nicht gerechtfertigter Inanspruch-
nahme finanzieller Mittel wie Preisstützungen und Ex-
portstimulierungsmittel entstehen."[1]

Diese Gewinne durften nicht zur Bildung der Betriebsfonds
benutzt, sondern mußten vorab zu Lasten des einheitlichen
Betriebsergebnisses an den Staatshaushalt abgeführt werden.

Betriebsgewinn und Nettogewinnabführung wurden weiterhin
zusätzlich um die Auswirkungen von Preisänderungen bereinigt, die während der Plandurchführungsphase erfolgten und
bei der Planaufstellung noch nicht berücksichtigt worden
waren: Sank (stieg) der tatsächliche Gewinn gegenüber dem
geplanten dadurch, daß die Preise der Lieferbetriebe geringer (stärker) als geplant sanken und/oder die eigenen Verkaufspreise stärker (geringer) als geplant sanken, wurde
die Nettogewinnabführung entsprechend herabgesetzt (angehoben).[2] Aktuell wurde diese Vorschrift vor allem durch den
zum 1.12.1971 verfügten Preisstopp, durch den gleichzeitig

---

1) § 2 Abs. 4 der Anordnung über die Abrechnung und Abgrenzung der finanziellen Fonds zum Jahresabschluß vom
26.10.1970, Gbl. DDR III, Nr. 6, S. 19.

2) Anordnung über die Behandlung der finanziellen Auswirkungen der Industriepreisänderungen in bestimmten Bereichen der Volkswirtschaft bei der Durchführung des
Volkswirtschaftsplanes und des Staatshaushaltsplanes für
das Jahr 1971 vom 14.6.1971, Gbl. DDR II; Nr. 53, S.
458.

die Vorschriften zur Bildung fondsbezogener Preise (hierzu vgl. Abschnitt 5.1.2.) sowie das Industriepreisregelsystem außer Kraft gesetzt wurden, so daß die der Planung zugrundegelegten Preisänderungen nach diesem Stichtag nicht mehr erfolgten.[1]

Während in den ersten Jahren seit Einführung des "einheitlichen Betriebsergebnisses" (EBE) zunächst der gesamte Exportgewinn in das EBE einging, floß nun in den Betrieben, deren Exporterlös mehr als 60 v.H. des Gesamtumsatzes betrug, nur noch ein normativer Anteil des Exportgewinns unmittelbar in das EBE, zum Teil mußte er direkt an den Staatshaushalt überwiesen werden:[2] Dem EBE wurden zunächst lediglich 60 v.H. des Exportgewinns zugeführt. Von den restlichen 40 v.H. mußten 80 v.H. an den Staatshaushalt abgeführt werden, und die verbleibenden 20 v.H. konnten erst nach dieser Abgabenzahlung in das EBE eingestellt werden.[3]

Diese Vorschrift bezog sich lediglich auf die Produktionsbetriebe. Den Außenhandelsbetrieben (AHB) als denjenigen Betrieben, die die unmittelbaren Außenhandelstransaktionen vornehmen, wurde eine in absoluter Höhe festgelegte Nettogewinnabführungsverpflichtung vorgegeben, und sie konnten den verbleibenden Rest sowie 40 v.H. ihres Überplangewinns zur innerbetrieblichen Fondsbildung einbehalten. Die Gewinnabführung der AHBs floß an das Außenwirtschaftsministerium. Ein Jahr später wurde bestimmt, daß auch die Produktionsbetriebe, sofern sie Außenhandelsfunktionen erfüllten, d.h. ohne Zwischenschaltung eines AHB direkte Vertragsbeziehungen mit ausländischen Partnern unterhielten, bezüg-

---

1) Beschluß über Maßnahmen auf dem Gebiet der Leitung, Planung und Entwicklung der Industriepreise vom 17.11.1971, Gbl. DDR II, Nr. 77, S. 669.

2) Zu den Auswirkungen der Einführung des Normativs "Exportgewinnanteil des Betriebs" auf die Außenwirtschaftstätigkeit der VEBs vgl. Frank 1973, S. 301 ff.

3) Anordnung zur weiteren Arbeit am Volkswirtschaftsplan 1971 vom 17.12.1970, Gbl. DDR II, Nr. 101, S. 747.

lich ihres Exportgewinns finanzrechtlich wie ein AHB behandelt werden konnten.[1]

Die VEBs mußten ihre Nettogewinnabführung an die übergeordnete VVB entrichten.[2] Die Vereinigung bildete wie in den Jahren zuvor einen Gewinnfonds, in den die Abführungszahlungen der unterstellten Wirtschaftseinheiten flossen. Vorrangig mußte aus diesem Fonds die Gewinnabführungsverpflichtung der Vereinigung gegenüber dem Staatshaushalt erfüllt werden. Sie hatte mithin auch auf der Ebene der VVBs Priorität vor der internen Gewinnverwendung für Anlagen- und Lagerinvestitionen einschließlich der Umverteilung an diejenigen unterstellten VEBs, deren Finanzbedarf für Investitionen das eigene Gewinn- und Amortisationsaufkommen überstieg, sowie für Zuführungen zum Ansammlungs-[3], Prämien- und Verfügungsfonds[4]. Die danach noch vorhandenen Mittel flossen in den Reservefonds der jeweiligen VVB.

Konnte ein Betrieb seine Gewinnabführungsverpflichtung nicht erfüllen, d.h. war der tatsächliche Gewinn geringer

---

1) Anordnung über die Bildung und Verwendung des Betriebsergebnisses aus der Außenhandelstätigkeit und der finanziellen Fonds der Außenhandelsbetriebe und der Dienstleistungsbetriebe der Außenwirtschaft im Jahre 1971 vom 11.2.1971, Gbl. DDR II, Nr. 27, S. 233; Anordnung über die Bildung und Verwendung des Betriebsergebnisses aus der Außenhandelstätigkeit und der finanziellen Fonds der Außenhandelsbetriebe und der Dienstleistungsbetriebe der Außenwirtschaft vom 18. 2.1972, Gbl. DDR II, Nr. 15, S. 174.

2) Die folgend skizzierten Vorschriften zur Fondswirtschaft der VVBs galten grundsätzlich auch für die Kombinate.

3) Dieser Ansammlungsfonds diente ebenfalls der Finanzierung von Investitionsvorhaben, die in der folgenden Planperiode vorgesehen waren. Gebildet wurde er neben Gewinnanteilen aus dem Verkaufserlös für gebrauchte Grundmittel sowie aus Abschreibungserlösen.

4) Der Verfügungsfonds in VVBs und Kombinaten diente der Prämiierung hervorragender Leistungen im Rahmen des "sozialistischen Wettbewerbs"; vgl. die Anordnung über die Bildung und Verwendung des Verfügungsfonds vom 8.5. 1970, Gbl. DDR II, Nr. 49, S. 355.

als das Abführungssoll, mußte der gesamte Gewinn abgeführt werden. In Höhe des Fehlbetrags entstand eine Finanzschuld des Betriebes gegenüber "seiner" VVB, die mit 3,6 Prozent p.a. zu verzinsen und von den Betrieben in den Folgejahren aus Überplangewinn zu tilgen war. Überplanmäßige Nettogewinnabführungen wurden mit der Finanzschuld verrechnet. Der Betrieb konnte zur Tilgung auch freie Mittel seines Investitionsfonds einsetzen, sofern dies die planmäßige Investitionsfinanzierung nicht beeinträchtigte. Die Tilgungszahlungen flossen wie die reguläre Gewinnabführung in den Gewinnfonds der VVB.

Reichten die Mittel des Gewinnfonds insgesamt nicht aus, um die Abführungsverpflichtung der einzelnen VVB zu erfüllen, mußten der Reservefonds sowie ggf. darüber hinaus weitere VVB-Fonds herangezogen werden. Hierdurch durfte die vorschriftsmäßige Plandurchführung jedoch nicht gestört werden. Konnte die Zahlungsverpflichtung auch nach Einsatz dieser zusätzlichen Mittel nicht gänzlich erfüllt werden, entstand eine Finanzschuld der VVB gegenüber dem Staatshaushalt. Sie mußte in den Folgejahren aus Überplangewinnen und Reservefondsmitteln getilgt werden, wobei ebenfalls überplanmäßige Nettogewinnabführungen mit der Finanzschuld verrechnet wurden.

Da von den VEBs und VVBs auch bei Planunterschreitung die Gewinnabführung grundsätzlich in der festgelegten Höhe zu leisten war, führten Mindergewinne in der Regel zu Liquiditätsengpässen. In diesem Fall mußten Überbrückungskredite, die gegenüber den planmäßigen Krediten höher zu verzinsen waren, in Anspruch genommen werden.[1] Die Unplanmäßigkeit erhöhte so die finanzielle Belastung der Betriebe in

---

1) Gegenüber dem regulären Zinssatz von 5 v.H. mußten die Überbrückungskredite mit bis zu 15 v.H. verzinst werden; vgl. die Verordnung über die Durchführung der Kredit- und Zinspolitik in der volkseigenen Wirtschaft und den konsumgenossenschaftlichen Betrieben vom 20.1.1971, Gbl. DDR I, Nr. 13, S. 87.

den Folgejahren, woraus sich die wirtschaftsleitenden Instanzen einen positiven Effekt auf das betriebliche Plan-
erfüllungsverhalten versprachen (vgl. Abschnitt 5.2.1.4.).

Bereits für das Jahr 1972 wurde eine neue Finanzierungsrichtlinie erlassen. Damit wurde die planmäßige Abgabe von
der jeweils übergeordneten Leitungsinstanz weiterhin in absoluter Höhe vorgegeben; die Überplangewinne waren zu 50
v.H. abzuführen.[1] Diese Zahlung hatte wie zuvor gegenüber
der betriebs- und vereinigungsinternen Gewinnverwendung absoluten Vorrang.

Neu gefaßt wurden die Regelungen über die finanzrechtliche
Behandlung von Unterplangewinnen: Unterschritten ein Betrieb oder eine Vereinigung während der Plandurchführung
den Gewinnplan, wurde die jeweils zu zahlende Rate der Nettogewinnabführung nun um 30 v.H. des Differenzbetrages zwischen Plan- und Istgewinn gekürzt, d.h. die Abführung erfolgte nun nicht mehr zu 100 v.H. des Plansatzes. Dies
deutet darauf hin, daß die bei voller Abführung auftretenden Liquiditätsengpässe und damit zusätzlichen Kreditschöp-
fungen staatlicherseits unerwünschte Effekte hervorgerufen
hatten.

Eine Finanzschuld entstand nun dann, wenn der tatsächlich
erwirtschaftete Nettogewinn geringer als die planmäßige
Nettogewinnzahlung abzüglich dieser 30prozentigen Minderung
der Abführungsverpflichtung war. Wie bisher mußte der erwirtschaftete Nettogewinn dann in volle Höhe abgeführt werden. Gegebenenfalls war die planmäßige interne Fondsbildung
durch Überbrückungskredite zu finanzieren.[2] Der Tilgungs-

---

1) Finanzierungsrichtlinie 1972 vom 29.11.1971, Gbl. DDR
   II, Nr. 78, S. 685.
2) 1972 wurde die Verzinsung der von den Banken ausgereichten Überbrückungskredite auf 10 v.H. ermäßigt. Die Bank
   konnte eine Kreditgewährung jedoch von bestimmten Voraussetzungen, z.B. einer Bürgschaftserklärung der über-

zeitraum der Finanzschuld wurde wieder auf ein Jahr verkürzt, ihre Verzinsung auf 5,0 v.H. angehoben. Die Betriebe
konnten zur Tilgung nur noch den nach Abführungszahlung
verbleibenden Teil ihres Nettogewinns, nicht mehr jedoch
Mittel anderer Fonds einsetzen. Die Pflichtzahlung aus
Überplangewinn wurde weiterhin als Tilgung verrechnet. Die
VVBs durften zur Tilgung ihrer Finanzschuld keine Mittel
ihres Investitionsfonds mehr verwenden.

Auch die nicht auf "eigenen ökonomischen Leistungen" beruhenden Gewinne, die ergebniswirksam abzuführen waren, wurden in der Finanzierungsrichtline 1972 neu definiert. Es
handelte sich nun um Gewinne aus:

- Verstößen gegen Vorschriften zur Preisbildung, Bewertung, Planungs- und Abrechnungsmethodik und Inanspruchnahme finanzieller Stützungszahlungen,
- Nichteinhaltung des planmäßig festgelegten Sortiments
  und der staatlichen Exportauflagen,
- zeitlich falscher Abgrenzung von Erlösen und Kosten sowie
- Abweichungen zwischen den planmäßig vorgesehenen Auswirkungen von Preisänderungen zu den tatsächlichen auf die
  Gewinnhöhe.(Durch ungeplante Preisänderungen verursachte
  Gewinnminderungen wurden im Gegenzug mit der Nettogewinnabführung verrechnet.)

---

geordneten Wirtschaftseinheit, abhängig machen. War aus
Sicht der Bank keine Gewähr dafür gegeben, daß die Betriebe ihre Kredit- und Abführungsverpflichtungen in Zukunft planmäßig erfüllten, konnte sie den betreffenden
Betrieb für kreditunwürdig erklären, woraufhin ein sogenanntes Stabilisierungsverfahren zur Wiederherstellung
der Zahlungsfähigkeit in die Wege geleitet wurde. Dieses
Verfahren mündete ggf. in einem Erlaß der ausstehenden
Zahlungsverpflichtungen; vgl. die Verordnung über die
Durchführung der Kredit- und Zinspolitik gegenüber
volkseigenen Betrieben, konsumgenossenschaftlichen Betrieben und sozialistischen Wohnungsbaugenossenschaften
- Kreditverordnung sozialistische Betriebe - vom 22.12.
1971, Gbl. DDR (1972) II, Nr. 4, S. 41. Bei Kombinaten
wurde ein Stabilisierungsverfahren nur dann eingeleitet,
wenn das Kombinat *insgesamt* illiquide war. Kombinat und
Kombinatsbetriebe wurden somit als finanzwirtschaftliche
Einheit betrachtet; vgl. Graf, Jellinek 1970, S. 610.

Die gesonderte Erhebung eines staatlichen Exportgewinnanteils wurde durch eine neue, zum 1.1.1973 erlassene, Finanzierungsrichtlinie[1] aufgehoben: Die Exportgewinne gingen nun wieder in voller Höhe in das einheitliche Betriebsergebnis ein und unterlagen damit der allgemeinen Nettogewinnabführung. Daneben wurde erneut auch die Planüberbietung bei der Ermittlung der planmäßigen Gewinnabführung berücksichtigt: Sowohl vom überplanmäßigen als auch vom überbotenen Gewinn mußten nun 50 v.H. als Pflichtzahlung geplant werden.

Bei der Festsetzung des planmäßigen Pflichtzahlungsbetrages wurde zusätzlich die Bildung des seit Mitte 1972 in den Betrieben eingeführten Leistungsfonds berücksichtigt.[2] Überstieg die tatsächliche Zuführung zu diesem Fonds die geplante und standen zu ihrer Finanzierung nicht genügend Mittel aus Überplangewinnen zur Verfügung, konnte die Gewinnabführung um den Fehlbetrag gekürzt werden.

Erfüllten VEBs oder VVBs im Jahr 1973 den Gewinnplan nicht, wurde die Gewinnabführung um 50 v.H. des Mindergewinns gekürzt. Der Vorrang der Pflichtzahlung vor der internen Gewinnverwendung bei Planuntererfüllung wurde somit nochmals vermindert. War der tatsächliche Gewinn geringer als die so gekürzte Abführungsverpflichtung, entstand weiterhin am Jahresende eine Finanzschuld. Anders als zuvor wurden in der Finanzierungsrichtlinie für das Jahr 1973 jedoch keine

---

1) Finanzierungsrichtlinie für die volkseigene Wirtschaft vom 3.7.1972, Gbl. DDR II, Nr. 42, S. 469.

2) In diesen Fonds konnten Gewinnanteile eingestellt werden, wenn die Betriebe die Planauflagen Arbeitsproduktivität, Lohnfonds-, Energie-, Materialeinsparungen oder Selbskostensenkungen übererfüllten bzw. überboten oder Gewinne aus Qualitätsverbesserungen ihrer Produkte erzielten. Die Mittel des Leistungsfonds konnten verwendet werden für betriebliche Sozialaufwendungen, für Beteiligungen an überbetrieblichen Urlaubs- und Erholungseinrichtungen des FDGB sowie für außerplanmäßige Rationalisierungsvorhaben.

Angaben darüber gemacht, innerhalb welcher Frist sie getilgt werden mußte.

Zwischen 1976 und 1979 galt eine neue Finanzierungsrichtlinie,[1] durch die die bisherigen Vorschriften zur Finanzschuld aufgehoben wurden: Bei Untererfüllung der Gewinnkennziffer wurde die planmäßige Abführungsrate weiterhin um 50 v.H. des Minderbetrages gekürzt, so daß der jeweilige Betrieb während der Plandurchführung zur Aufnahme von Überbrückungskrediten gezwungen war. Unterschritt der kumulierte Istgewinn jedoch am Jahresende auch den verminderten Jahresabführungsbetrag, reduzierte sich die Zahlungsverpflichtung auf den tatsächlich erwirtschafteten Gewinn. Der Abführungsfehlbetrag brauchte somit in den Folgejahren nicht mehr aus Überplangewinnen nachgezahlt zu werden. Die VVBs sowie die zwischenzeitlich neugegründeten Kombinate mußten zur Begleichung ihrer Zahlungsverpflichtung weiterhin neben dem Gewinn auch Reservefondsmittel einsetzen.

Zusätzlich wurde festgelegt, daß die aus überbotenem Gewinn zu planende Pflichtzahlung nun *mindestens* 50 v.H. des Überbietungsbetrages erfassen mußte, mithin die in den Jahren zuvor fixierte Abführung von feststehend 50 v.H. übersteigen konnte. Auch die Regelungen über die finanzrechtliche Behandlung der betrieblichen Exportgewinne wurde erneut geändert: Der planmäßige Exportgewinn ging zwar weiterhin gänzlich in das EBE, der überplanmäßige Exportgewinn, der nicht "aus der materiellen Übererfüllung des Exportes zu Betriebspreisen" stammte, mußte jedoch teilweise abgeführt werden.[2] Dies betraf vor allem Exportgewinne, die aus unvorhergesehenen Preissteigerungen auf den Absatzmärkten resultierten.

---

1) Finanzierungsrichtlinie für die volkseigene Wirtschaft vom 15.5.1975, Gbl. DDR I, Nr. 23, S. 408.
2) Einschlägige Vorschriften hierzu wurden vom Finanzministerium gesondert festgelegt.

Die nicht auf "eigenen ökonomischen Leistungen" beruhenden
Gewinne wurden um die Gewinnabschläge, die bei nicht qualitätsgerechter Produktion vorzunehmen waren, ergänzt und unter Einschluß sonstiger Pflichtzahlungen unter der neuen
Bezeichnung "spezielle Abführungen" vereinheitlicht.[1]

Mit einer zum 1.1.1980 erlassenen neuen Finanzierungsrichtlinie wurde der Kombinatsreform Rechnung getragen,[2] indem
bestimmt wurde, daß seitdem die Kombinate bei Erhebung, Umverteilung und Weiterleitung der Gewinnabführung die Aufgaben der seit Ende der 70er Jahre aufgelösten Vereinigungen
übernehmen und aus betrieblichen Pflichtzahlungen eigene
Fonds bilden können. Die Vorschriften über die Gewinnverwendung blieben hiervon unberührt: Der Plangewinn war von
den Betrieben für die Gewinnabführung, zur Kredittilgung
und Bezahlung von Versicherungsbeiträgen und für Zuführungen zum Prämien-, Investitions-, Umlaufmittel- sowie zum
Leistungsfonds einzusetzen; die Kombinate konnten ihn zusätzlich für Verlust- und Fondsstützungen der unterstellten
Betriebe sowie für Zuführungen zum Reserve- und zum Verfügungsfonds verwenden. Von den Betrieben und Kombinaten waren die planmäßige Nettogewinnabführung in ihrer festgelegten Höhe sowie gegebenenfalls 50 v.H. des übererfüllten
bzw. überbotenen Gewinns zu zahlen.

Die Kombinate bilden seither ein "Abrechnungskonto Zentralisierter Nettogewinn", an das die unterstellten VEBs ihre

---

1) Daneben umfaßten die "speziellen Abführungen" die erwähnte Abführung außerplanmäßiger Exportgewinne sowie
zusätzlich die am Jahresende nicht verbrauchten Mittel
des Investitions- und des Gewinnfonds, des Amortisationsumverteilungskontos sowie die planmäßig vorgesehenen, jedoch nicht eingesetzten Kredittilgungsbeträge.
Vom Investitionsfonds mußten nicht alle freien Beträge,
sondern nur diejenigen abgeführt werden, die nicht als
"nichtverbrauchte Mittel des Investitionsfonds aus dem
vorausgegangenen Planjahr" bei der Planung für das Folgejahr berücksichtigt wurden.

2) Finanzierungsrichtlinie für die volkseigene Wirtschaft
vom 21.8.1979, Gbl. DDR I, Nr. 28, S. 253.

Gewinnabführung überweisen. Es ist bezüglich der Verwendungsmöglichkeiten mit dem früheren Gewinn(verwendungs-)fonds weitgehend identisch. Zusätzlich kann das Kombinat seither aus den Gewinnabführungen der Betriebe Zuführungen zum Reservefonds in Höhe von 50 v.H. des für diesen Fonds insgesamt planmäßig festgelegten Limits vornehmen.

Die nicht auf "eigenen ökonomischen Leistungen" beruhenden Gewinne wurden mit der neuen Finanzierungsrichtlinie um diejenigen ergänzt, die aus einer Überschreitung des Arbeitskräfteplans oder unbefugtem Einstellen von Arbeitskräften entstanden waren. Als Höchstgrenze dieser "speziellen Abführung" zu Lasten des einheitlichen Betriebsergebnisses wurden 5.000 Mark je Arbeitskraft festgelegt.

Eine weitere "spezielle Abführung" wurde im Zusammenhang mit der Investitionsfinanzierung eingeführt: In jedem Jahr war die Finanzierung der laufenden Investitionsprojekte durch staatliche Instanzen zu überprüfen, und von den Ergebnissen dieser Revision wurde die Freigabe der notwendigen Finanzierungsmittel für das laufende Planjahr abhängig gemacht. Zeigte sich, daß weniger als die ursprünglich geplanten Finanzmittel notwendig waren, mußte der überschüssige Betrag von den Betrieben über das jeweils zuständige Kombinat an den Staatshaushalt überwiesen werden.

Abgesehen von diesen Veränderungen verdient jedoch vor allem die erneute Revision der Vorschriften über die Behandlung von Mindergewinnen Beachtung: Wurde zuvor bei Plangewinnunterschreitungen bereits während der laufenden Planperiode die Abführungsrate um 50 v.H. gekürzt, mußte ab 1980 auch bei Planunterschreitungen das gesamte Jahr über in jedem Fall mindestens die im Kassenplan festgelegte Abführungszahlung geleistet werden. Das hatte zur Folge, daß die Betriebe bzw. Kombinate gegenüber den vorausgegangenen Regelungen stärker als zuvor zur Aufnahme von Überbrückungskrediten gezwungen wurden. Erst am Jahresende wurde

dann das planmäßige Abführungssoll um 50 v.H. des Mindergewinns gekürzt. Reichte der tatsächliche Gewinn nicht zur
Bezahlung dieser verminderten Abführungsverpflichtung aus,
wurde sie auf den tatsächlichen Istgewinn reduziert, so daß
weiterhin keine Finanzschuld mehr entstand.

Diese Vorschriften zur finanzrechtlichen Behandlung von Unterplangewinnen wurden in ihren Grundzügen durch den Erlaß
einer neuen Finanzierungsrichtlinie zum 28.1.1982[1] nicht
verändert: Mindergewinne gingen somit *während der Plandurchführungsphase* weiterhin voll zu Lasten der internen
Gewinnverwendung. Zur Sicherung der Lohn- und Prämienzah-
lung hatte das Kombinat gegebenenfalls Stützungszahlungen
aus seinem Reservefonds vorzunehmen, die sonstige planmäßige Fondsbildung mußte unter Umständen durch Überbrük-
kungskredite finanziert werden. Unterschritt der tatsächliche Jahresgewinn die planmäßige Gewinnabführung, waren
vorhandene Fonds heranzuziehen bzw. die interne Fondsbildung zu kürzen.

Sofern die zuständige Bank die Vergabe von Überbrückungskrediten verweigerte oder wenn die VEBs bzw. Kombinate zur
Zahlung der planmäßigen Nettogewinnabführung eigene Fondsmittel einsetzen mußten bzw. die interne Fondsbildung gegenüber dem Plan zu kürzen hatten, mußte die jeweils übergeordnete Lenkungsinstanz außerplanmäßig Rechenschaft ab-
legen.[2] Unter Hinzuziehung der zuständigen Bank sowie der
Staatlichen Plankommission war über folgende Punkte zu
entscheiden: Welche finanziellen Fonds sind endgültig für

---

1) Anordnung über die Finanzierungsrichtlinie für die
   volkseigene Wirtschaft vom 28.1.1982, Gbl. DDR I, Nr. 5,
   S. 113.

2) Zu den Vorschriften über diese Rechenschaftslegung vgl.
   § 20 der Verordnung über die weitere Vervollkommnung der
   wirtschaftlichen Rechnungsführung auf der Grundlage des
   Planes vom 28.1.1982, Gbl. DDR I, Nr. 3, S. 85. Sie
   weist große Ähnlichkeiten mit dem früheren Stabilisierungsverfahren auf.

die Abführungszahlung einzusetzen? Welche Überbrückungskredite sind zu tilgen? Ergebnis der Rechenschaftslegung war damit also auch eine Entscheidung darüber, in welcher Höhe die Abführung definitiv zu leisten war. Mithin wurde nun nicht mehr generell, sondern fallweise darüber befunden, welcher Anteil des tatsächlich erwirtschafteten Gewinns bei Planunterschreitungen abzuführen war. Eine Finanzschuld entstand jedoch weiterhin nicht.

Daneben sind zwei weitere Neuregelungen zu erwähnen: Erstens wurde in der o.a. Finanzierungsrichtlinie ausdrücklich vorgeschrieben, daß alle Gewinne, "die nicht für den geplanten Verwendungszweck eingesetzt werden", an den Staatshaushalt abzuführen waren. Diese Wortwahl impliziert, daß der Gesetzgeber damit nicht die am Jahresende unverbrauchten, sondern die während des Jahres planwidrig eingesetzten Gewinne meinte. Daß ein ausdrücklicher Regelungsbedarf bestand, deutet darauf hin, daß die planwidrige Gewinnverwendung der Betriebe den wirtschaftsleitenden Instanzen nicht unerhebliche Probleme bereitete. Zweitens wurde der Begriff des Nettogewinns erneut modifiziert: Der Nettogewinn des Kombinats umfaßte nun die Summe aller einheitlichen Betriebsergebnisse der unterstellten Betriebe einschließlich etwaiger Zuführungen aus dem Staatshaushalt abzüglich der Produktionsfondsabgabe, der "speziellen Abführungen"[1] und der Gewinnabführung der den Kombinaten un-

---

1) Sie umfaßten nun neben den "nicht auf eigenen ökonomischen Leistungen beruhenden" bzw. den aus Arbeitskräfteplanüberschreitungen stammenden Gewinnen solche aus ungeplanten Preisänderungen, am Jahresende nicht verbrauchte Mittel des Investitionsfonds, des Gewinn- und Amortisationsumverteilungskontos, überplanmäßige Erlöse aus dem Verkauf von Grundmitteln sowie erlassene Produktionsfondsabgabe, wenn diese nicht zur vorfristigen Kredittilgung eingesetzt wurde. 1981 wurde daneben ein sogenanntes Wagenstandgeld eingeführt, mit dem die Wirtschaftseinheiten an einer effizienten Nutzung des Transportraumes der Reichsbahn interessiert werden sollen; vgl. Anweisung zur Stimulierung der Beschleunigung des Güterwagenumlaufs der Deutschen Reichsbahn vom 27.10.

terstellten Außenhandelsbetriebe. Letztere erhalten ihre
Planauflagen zur Erwirtschaftung, internen Verwendung und
Abführung des Gewinns nicht vom Kombinat, sondern vom Außenhandelsministerium, an das sie auch die Gewinnabführung
entrichten.[1]

Bereits zum 1.1.1984 wurde eine neue Finanzierungsrichtlinie erlassen.[2] Die Betriebe und Kombinate erhielten nun
vom jeweils übergeordneten Lenkungsorgan ein Normativ,
durch das ihr Anteil an den Überbietungs- bzw. Übererfüllungsgewinnen für die interne Fondsbildung insgesamt festgelegt wurde. Es sollte für Betriebe höher als für Kombinate sein. Daneben wurden den Produktionsbetrieben nach
Wirtschaftsgebieten differenzierte Normative vorgegeben,
auf deren Grundlage bei Überbietung und Übererfüllung des
Exportgewinnplans zusätzliche Zuführungen zu den Betriebsfonds vorgenommen werden konnten. Damit war gleichzeitig
festgelegt, welchen normativen Anteil die Betriebe und Kombinate aus Überplan- und Überbietungsgewinn abzuführen hatten. Der planmäßige Pflichtzahlungsbetrag wurde weiterhin
in absoluter Höhe festgelegt. Darüber, in welcher Höhe bzw.
innerhalb welcher Grenzen die Normative festzulegen waren,
lassen sich in dieser Finanzierungsrichtlinie allerdings
keine Angaben finden. Demzufolge werden sie je Kombinat und
Betrieb differenziert festgelegt worden sein.

Zur Begleichung der planmäßigen Abführungsschuld bei Mindergewinnen durften nun während der Plandurchführungsperiode in der Regel keine sonstigen internen Fondsmittel mehr
eingesetzt werden. Die Betriebe wurden somit zum einen

1981, Tarif- und Verkehrsanzeiger Nr. 39 sowie Stobbe
1989.

1) Verordnung über die weitere Vervollkommnung der wirtschaftlichen Rechnungsführung auf der Grundlage des
Planes vom 28.1.1982, Gbl. DDR I, Nr. 3, S. 85.

2) Anordnung über die Finanzierungsrichtlinie für die
volkseigene Wirtschaft vom 14.4.1983, Gbl. DDR I, Nr.
11, S. 110.

stärker als zuvor "in die Bank gezwungen", zum anderen mußten die Fondszuführungen auf das jeweils gesetzlich vorgeschriebene Minimum gekürzt werden. Konnte die Gewinnplanuntererfüllung bis zum Jahresende nicht aufgeholt werden,
war nun bei der außerplanmäßigen Rechenschaftslegung "im
Einvernehmen mit dem Ministerium der Finanzen darüber zu
entscheiden, ob die Zahlungsrückstände vollständig oder
teilweise im Folgejahr zu erwirtschaften sind oder auf der
Grundlage von Festlegungen zur Erhöhung der Effektivität
und zur Sicherung einer stabilen Finanzwirtschaft erlassen
werden". Diese Regelungen sind zwar gegenüber den früheren
präziser und sehen erneut die Möglichkeit vor, daß eine
Finanzschuld entsteht,[1] jedoch wurden keine Spezialvorschriften darüber erlassen, unter welchen Modalitäten letztere gegebenenfalls zu tilgen war.

Zum 1.1.1988 sind diese Vorschriften über die normative Abführung überbotener bzw. übererfüllter Gewinne außer Kraft
gesetzt worden: Überbotene sowie übererfüllte Gewinne können nach der derzeit gültigen Finanzierungsrichtlinie[2] von
den Betrieben dem Prämienfonds, dem Leistungsfonds, dem
"Konto junger Sozialisten"[3] sowie dem "eigenverantwortlich

---

1) Mit Verweis auf den zitierten Gesetzestext muß daher der
   von Vortmann und Weißenburger (1986, S. 528) vertreten-
   den Auffassung widersprochen werden, daß seit 1982 "die
   geplante Nettogewinnabführung grundsätzlich in voller
   Höhe zu zahlen (ist)".

2) Anordnung über die Finanzierungsrichtlinie für die
   volkseigene Industrie vom 27.2.1987, Gbl. DDR I, Nr. 9,
   S. 107.

3) Seit 1972 bilden die Betriebe und Kombinate ein "Konto
   junger Sozialisten", dem dann Mittel aus den sonstigen
   eigenerwirtschafteten Fonds zuzuführen sind, wenn unter
   ursächlicher Mitwirkung der betrieblichen FDJ-Organisa-
   tion Kosteneinsparungen oder Effektivitätssteigerungen
   des Produktionsprozesses realisiert wurden. Finanziert
   werden aus diesem Fonds u.a. der Bau und die Inganghal-
   tung von Jugendeinrichtungen der Betriebe und Kreise
   sowie politisch-propagandistische "Masseninitiativen"
   der FDJ. 50 v.H. der betrieblichen Fondszuführungen müssen an das "zentrale Konto junger Sozialisten" des Amtes

zu erwirtschaftenden und zu verwendenden Investitionsfonds"[1] zugeführt werden. Diese Gewinnverwendungspositionen haben gegenüber der Gewinnabführung Vorrang. Da sie
alle normativ ausgestaltet sind, für die Gewinnabführung
aus Überbietung bzw. Übererfüllung jedoch kein Normativ
mehr festzulegen ist, wird sie demzufolge seit 1988 als
Restbetrag ermittelt und abgeführt. Die Abführung des Plangewinns wird weiterhin in absoluter Höhe fixiert. Dies gilt
ebenfalls für die Gewinnabführung der Kombinate an den
Staatshaushalt. Auch die Kombinate können ihren Überbie-
tungs- bzw. Übererfüllungsgewinn für normative Zuführungen

---

für Jugendfragen der DDR, weitere 25 v.H. an das "Konto
junger Sozialisten" des zuständigen Kreises abgeführt
werden; vgl. Anordnung über die Zuführung und Verwendung
der Mittel des "Kontos junger Sozialisten" vom 23.10.
1975, Gbl. DDR I, Nr. 42, S. 695.

1) Dieser Fonds dient ausschließlich zur Finanzierung von
Erneuerungs-, Modernisierungs- und Rationalisierungsinvestitionen, während der "Investitionsfonds gemäß den
§§ 17 bis 19 (der Finanzierungsrichtlinie von 1987)" für
Erweiterungsinvestitionen eingesetzt wird und u.a. aus
*Plan*gewinn gebildet wird; vgl. Anordnung über die Planung, Bildung und Verwendung des eigenverantwortlich zu
erwirtschaftenden und zu verwendenden Investitionsfonds
vom 29.1.1987, Gbl. DDR I, Nr. 3, S. 15. Der "eigenverantwortlich zu erwirtschaftende und zu verwendende Investitionsfonds" wird aus einem normativen Anteil des
tatsächlichen Gewinns und der Abschreibungserlöse (vgl.
Abschnitt 2.6.) gebildet. Planabweichungen wirken sich
so nur noch auf die Modernisierung, Erneuerung und Rationalisierung, nicht jedoch auf die Erweiterung der
vorhandenen Kapazitäten aus.
Seit 1989 wird neben dem "Investitionsfonds gemäß §§ 17
bis 19" und dem "eigenverantwortlich zu erwirtschaftenden Investitionsfonds" ein dritter Investitionsfonds gebildet. Aus dem "Investitionsfonds gemäß §§ 17 bis 19"
werden seither nur noch diejenigen kleineren Erweiterungsinvestitionen finanziert, die seitens der Kombinate
und Betriebe geplant werden. Der neue Investitionsfonds
dient der Finanzierung von Investitionen von gesamtwirtschaftlich herausragender Bedeutung, die auf der Grundlage eines Staatsplanes durchgeführt werden; vgl. Verordnung über die Planung, Bildung und Verwendung der Investitionsfonds vom 30.11.1988, Gbl. DDR I, Nr. 26, S.
279 und Anordnung Nr. 2 über die Finanzierungsrichtlinie
für die volkseigene Industrie und das Bauwesen vom
30.11.1988, Gbl. DDR I, Nr. 26, S. 286.

zu ihren eigenen Fonds verwenden; der danach verbleibende
Nettogewinn muß abgeführt werden.[1]

Die Vorschriften zur finanzrechtlichen Behandlung von Mindergewinnen einschließlich derjenigen über die Rechenschaftslegung wurden von dieser Neuregelung nicht berührt.
Damit hat die Zahlung der planmäßig festgelegten Gewinnabführung während der Plandurchführungsperiode weiterhin Vorrang. Dementsprechend müssen die Betriebe zum einen ihre
Fondszuführungen kürzen und zum anderen Kredite aufnehmen.
Am Jahresende wird wie bisher fallweise darüber entschie-
den, ob Minderabführungen im Folgejahr nachzuzahlen sind
oder nicht. Allerdings wird in der Fachliteratur der DDR
Klage geführt, daß es derzeit keine präzisen Rechtsvorschriften darüber gibt, nach welchen Kriterien diese Festlegung zu erfolgen hat (Möbius, Streich 1988b, S. 80).

---

1) Im Zuge der neuerlichen Betonung des "Eigenerwirtschaftungsprinzips" wird seit 1988 in derzeit 16 Kombinaten
   die interne Gewinnverwendung probeweise durch längerfristig - zunächst bis 1990 - konstant gehaltene Normative gesteuert. Für die Zeit nach 1990 ist derzeit geplant, daß in zwei nicht näher genannten Industrieministerien sämtliche und in den anderen Industrieministerien jeweils zumindest einige Kombinate längerfristig
   fixe Normative der internen Gewinnverwendung erhalten;
   vgl Lotze 1988, S. 8; Ehrensperger 1989, S. 504 f. und
   511.

2.2. Die produktgebundene Abgabe, die Produktions- und Dienstleistungsabgabe und sonstige preispolitisch bedingte Pflichtzahlungen

Bereits die Überschrift dieses Abschnitts deutet darauf hin, daß es sich bei der produktgebundenen Abgabe um eine preispolitisch bedingte Pflichtzahlung handelt. Hierunter ist zu verstehen, daß sie in Abhängigkeit von der staatlichen Preissetzung erhoben wird: In der DDR wird je Gut generell zwischen demjenigen Preis, der für die betriebliche Erfolgsrechnung anzuwenden ist ("Betriebspreis"), und demjenigen Preis, der dem Abnehmer in Rechnung zu stellen ist ("Abgabepreis"), unterschieden. Mittels der Ausgestaltung der Betriebspreise sollen die Einnahmen und Ausgaben und damit die betriebliche Finanzierung beeinflußt werden. Diese Betriebspreise werden grundsätzlich auf Basis der Marxschen Arbeitswertlehre gebildet (vgl. Abschnitt 5.1.2.). Hiervon abweichende Abgabepreise werden festgelegt, um zum einen das Nachfrageverhalten der Abnehmerbetriebe oder Konsumenten zu beeinflussen und um zum anderen im Bereich der Konsumgüter die Preissumme des staatlich reglementierten Angebots und die kaufkräftige Nachfrage einander anzugleichen (vgl. Abschnitt 5.4.1.).

Ist der Abgabepreis höher als der Betriebspreis, muß der Betrieb den Differenzbetrag an den Staatshaushalt abführen; ist er dagegen niedriger, so erhält der Betrieb eine Zuführung ("Subvention"). Seit 1972 wird die Pflichtzahlung, mit der die Preisdifferenz zwischen höherem Abgabepreis und niedrigerem Betriebspreis abgeschöpft wird, als produktgebundene Abgabe bezeichnet. Sie vereinigt die seit 1954 auf Güter erhobene Produktionsabgabe und die auf Leistungen erhobene Dienstleistungsabgabe. Als weitere preispolitisch bedingte Abgaben wurden früher neben der produktgebundenen bzw. Produktions- und Dienstleistungsabgabe sogenannte HO-Akzisen, Haushaltsaufschläge und Verbrauchsabgaben erhoben, die in den 50er Jahren in der Produktions- und Dienstleistungsabgabe aufgingen.

In diesem Abschnitt soll die Entwicklung dieses preispolitischen Pflichtzahlungsinstrumentariums nachgezeichnet werden. Mußten bei der Gewinnabführung die Vorschriften über die innerbetriebliche Gewinnverwendung berücksichtigt werden, so ist hier (in der gebotenen Kürze) auf die jeweils relevanten Preissetzungsvorschriften in der DDR einzugehen.

Die traditionellen Verbrauchsteuern auf Tabakwaren, Bier, Branntwein, Zucker, Salz, Zündwaren, Mineralöl, Spielkarten, Süßstoff, Leuchtmittel, Essigsäure und Schaumwein wurden in der SBZ bzw. DDR zunächst nach überkommenem Reichsrecht, jedoch bei Anwendung der durch Kontrollratsgesetzgebung erhöhten Tarife erhoben. Zahlungspflichtiger war dabei entweder der Herstellungs- oder der Handelsbetrieb. Seit Beginn des Jahres 1954 wurden diese Steuern ausschließlich in den Herstellungsbetrieben erhoben.[1] Kurze Zeit darauf gingen sie, sofern es sich bei den Zahlungspflichtigen um volkseigene Produktionsbetriebe handelte, in der Produktions- und Dienstleistungsabgabe (PDA) auf.

Neben den traditionellen Verbrauchsteuern wurden, z.T. auf die gleichen Güter, seit 1948 sogenannte Haushaltsaufschläge erhoben. Wie bei den Verbrauchsteuern handelte es sich dabei um an einzelne Güter gebundene differenzierte Abgaben. Der Einführung dieser neuen Abgabenart lagen zunächst primär fiskalische Überlegungen zugrunde: Nach dem Krieg lag die Ertragshoheit an allen überkommenen Steuern zunächst bei den Ländern der damaligen SBZ. Deshalb verfügte die 1947/1948 gebildete Deutsche Wirtschaftskommission (DWK) als neue Zentraladministration der SBZ anfänglich

---

1) Anordnung über die Erhebung von Verbrauchsabgaben in der Produktionsstufe vom 14.12.1953, Gbl. DDR, Nr. 132, S. 1276 sowie Erste Durchführungsbestimmung hierzu vom 15.12.1953, Gbl. DDR, Nr. 132, S. 1277. Diese Neuregelung bezog sich anfänglich nur auf den Bereich der Brau- und Malzindustrie, der Mineralwasser-, Tabakwaren-, Spiritus- und Spirituosenindustrie, d.h. auf die Industriezweige, in denen kurz darauf die Produktionsabgabe eingeführt wurde.

über keine eigenen Steuereinnahmen. Da Rechtsetzungskompetenz und Ertragshoheit in bezug auf diese Haushaltsaufschläge bei der DWK lagen, waren sie somit ein Instrument dieser zentralen Verwaltungsinstanz, auch ohne Änderung der bestehenden steuerrechtlichen Vorschriften eigene Haushaltseinnahmen zu erzielen.[1]

Mit der generellen Übertragung der Ertragshoheit auf die Zentralverwaltung (Republik) im Jahr 1950[2] wurde dieser Rechtfertigungsgrund hinfällig. Wenn die Haushaltsaufschläge dennoch bis Mitte der 50er Jahre erhoben wurden, so lag dies daran, daß sie neben der Mittelbeschaffungsfunktion von Anfang an auch preispolitische Funktionen, insbesondere im Rahmen der Konsum- und Produktionslenkung sowie zum gesamtwirtschaftlichen Ausgleich von Lohn- und Warenfonds, erfüllten. Daher können sie als Vorstufe der späteren Produktions- und Dienstleistungsabgaben bezeichnet werden (Wemmer 1953, S. 464). Auf Exporte wurden keine Verbrauchsteuern oder Haushaltsaufschläge erhoben, sie unterlagen ausschließlich der Umsatzbesteuerung (Kaiser 1952, S. 913). Festgelegt wurde der güterspezifische Haushaltsaufschlag durch Preisanordnungen und nicht durch den Erlaß von Steuergesetzen.[3]

Als weiteres Instrument der Mittelbeschaffung für die Zentraladministration wurden ebenfalls 1948 die sogenannten

---

1) Anfänglich wurden eine bestimmte Zigarettenmarke sowie Starkbier mit einem solchen Haushaltsaufschlag, der im Gesetzestext als Verbrauchsteuer bezeichnet wurde, belegt. Er betrug bei der Zigarette -,68 Mark je Stück und beim Bier 250 bzw. 453 Mark je Hektoliter; vgl. die Anordnung über Verbrauchsteuern vom 15.12.1948, ZVoBl. SBZ (1949), Nr. 1, S. 3 sowie erste Durchführungsbestimmung hierzu vom 31.1.1949, ZVoBl. SBZ, Nr. 7, S. 67.

2) Gesetz über die Abgaben der Republik und der übrigen Gebietskörperschaften sowie über die Errichtung einer Abgabenverwaltung der Republik (Abgabengesetz) vom 9.2. 1950, Gbl. DDR, Nr. 17, S. 130.

3) Anordnung über die Erhebung von Haushaltsaufschlägen vom 15.8.1949, ZVoBl. SBZ, Nr. 71, S. 635.

HO-Akzisen eingeführt. Dies geschah im Zusammenhang mit der Gründung der "freien Läden", die in der staatlichen "Handelsorganisation" (HO) zusammengefaßt waren. Wurden zur damaligen Zeit viele Konsumgüter durch die Ausgabe von Bezugskarten bei staatlicher Preisfixierung rationiert, konnten sie in den HO-Läden ohne Rationierungskarten zu einem höheren Preis gekauft werden. Diese Differenz zwischen dem niedrigeren Rationierungs- und dem höheren Freiverkaufspreis wurde als HO-Akzise bezeichnet und anfänglich bei den "freien Läden" abgeschöpft. Die HO-Akzise wurde unabhängig davon erhoben, ob das jeweilige Gut bereits mit einer Verbrauchsteuer oder einem Haushaltsaufschlag belastet war (Rzesnitzek 1959, S. 127). Neben ihrer fiskalischen Funktion waren auch die Akzisen von Anfang an ein Instrument der Preispolitik, indem sie staatlich reglementiertes Konsumgüterangebot und kaufkräftige Nachfrage anpassen bzw. den Kaufkraftüberhang abschöpfen sowie den privaten Verbrauch lenken sollten. Wie bei der Verbrauchsteuer wurde Anfang 1954 die Erhebung der Haushaltsaufschläge und der Akzisen ebenfalls von den Handels- in die Produktionsbetriebe verlagert.

Das Nebeneinander von traditionellen Verbrauchsteuern und Haushaltsaufschlägen wurde erst Mitte der 50er Jahre aufgehoben, als beide in der neuen Produktions- und Dienstleistungsabgabe aufgingen.[1] Die HO-Akzise hatte noch bis 1958 Bedeutung, da erst in diesem Jahr die Konsumgüterrationierung durch Lebensmittelkarten abgeschafft wurde.[2] Aller-

---

1) Vor Einführung der Produktions- und Dienstleistungsabgabe wurden erste Steuerzusammenfassungen bei Tabak und Mineralöl vorgenommen; vgl. die Verordnung über die Verwaltungsvereinfachung bei der Erhebung der Tabakwarenabgabe vom 4.10.1951, Gbl. DDR, Nr. 121, S. 905 und die Anweisung über die Neuregelung der Mineralölbesteuerung vom 4.1.1954, Zbl. DDR, Nr. 5, S. 49.

2) Letzteres galt allerdings nicht für Kartoffeln. Daneben mußten Anfang der 60er Jahre erneut wichtige Lebensmittel wie Butter und Milch rationiert werden, da die damals durchgeführte Zwangskollektivierung der Landwirt-

dings unterliegen Braunkohlenbriketts bis auf den heutigen Tag dann einem sogenannten Freiverkaufszuschlag, wenn sie an die Bevölkerung ohne Anrechnung auf das individuelle Bezugskontingent verkauft werden.[1]

1953 wurden erste Maßnahmen beschlossen, die zuvor äußerst unkoordinierte Preisfestlegung innerhalb der DDR zu vereinheitlichen.[2] Wie notwendig diese Maßnahmen waren, mag ein Blick auf das 1952 vorhandene "Preissystem" der DDR belegen: Die bei Kriegsende gültigen Preise waren durch die Sowjetische Militäradminstration in Deutschland (SMAD) zunächst zu Stopppreisen erklärt worden, die auch bei deutlichen Kostenerhöhungen nicht angepaßt werden durften.[3] Dies führte dazu, daß viele Betriebe mit Verlusten abschlossen, was wiederum einen erheblichen Stützungsbedarf durch den Staatshaushalt hervorrief. Erst ab 1947 wurden kostenbedingte Preiserhöhungen durch Einzelbewilligungen der staatlichen Preisorgane zugelassen,[4] wobei allerdings je nach Eigentumsform des antragstellenden Betriebes unterschiedliche Maßstäbe angelegt wurden, die vor allem die Privatbe-

schaft zu erheblichen Produktionsausfällen führte.

1) Anordnung über die Abführung und Kontrolle der Freiverkaufszuschläge für Braunkohlebriketts vom 22.2.1964, Gbl. DDR II, Nr. 19, S. 176.
Der Freiverkaufszuschlag wurde bis zu seiner formellen Einbeziehung in die Vorschriften zur produktgebundenen Abgabe zu Anfang der 70er Jahre formalrechtlich zu den Verbrauchsabgaben gerechnet. Während der Preis für bewirtschaftete Briketts seit 1950 konstant 1,70 Mark je Zentner beträgt, sank er im Freiverkauf zwischen 1950 und 1960 von 9,20 Mark auf 3,66 Mark und schwankt seitdem mit geringen Ausnahmen innerhalb einer Bandbreite von 3,50 und 3,70 Mark; vgl. Statistisches Jahrbuch der DDR 1964, S. 416 f.; 1968, S. 433; 1972, S. 347; 1986, S. 273.

2) Bekanntmachung des Beschlusses über die Grundsätze der Preispolitik vom 14.2.1953, Gbl. DDR, Nr. 22, S. 313.

3) SMAD-Befehl Nr. 9 vom 11.6.1945; SMAD-Befehl Nr. 63 vom 26.2.1946.

4) SMAD-Befehl Nr. 337 vom 6.12.1946, Preisverordnungsblatt für die Sowjetische Besatzungszone Deutschlands 1948, Nr. 16, S. 159.

triebe diskriminierten (Förster 1967, S. 64). Für neue Produkte konnten daneben sogenannte Kalkulationspreise festgelegt werden, die auf der Basis betriebsindividueller Kosten, normierter Gewinnzuschläge und detaillierter Kalkula-
tionsvorschriften zu ermitteln waren. In letzter Konsequenz
führte das damalige Preisrecht dazu, daß es für das einzelne Gut so viele Preise wie Herstellerbetriebe gab und sich
das "Preissystem" als "Preise im Gestrüpp" (Förster 1964)
entpuppte. Die relativ starre Preissetzung sowie restrik-
tive Kostendefinitionen führten dazu, daß viele Betriebe
auch nach Erhöhung der bisherigen Stoppreise mit Verlust
abschlossen.[1]

Als den Betrieben mit Einführung der wirtschaftlichen Rechnungsführung bewußt größere Dispositionsspielräume zuge-
standen wurden, erkannten die wirtschaftsleitenden Instanzen der DDR die Bedeutung der Preisbildung als Instrument
der Wirtschaftslenkung und die Vereinheitlichung der staatlichen Preissetzungsmethodik als Voraussetzung für die
Funktionsfähigkeit der wirtschaftlichen Rechnungsführung.
In dem weiter oben erwähnten "Beschluß über die Grundsätze
der Preispolitik" aus dem Jahr 1953 wurde daher gefordert,
daß für jedes Gut ein einheitlicher Festpreis auf der Basis
der durchschnittlichen Planselbstkosten bei Zugrundelegung
"fortschrittlicher" Verbrauchsnormen des jeweiligen Indu-
striezweiges sowie eines normierten Gewinnzuschlags ermittelt werden sollte.

Verbunden werden sollte diese Preisreform mit einer grundlegenden Umgestaltung des betrieblichen Pflichtzahlungssystems: Mit Ausnahme der Gewinnabführung sollten sämtliche
bisher erhobenen Betriebssteuern abgeschafft und durch eine
jeweils güterspezifisch festzulegende Produktionsabgabe ersetzt werden. Für dieses aus Gewinnabführung und Produk-

---

1) Beyer (1973, S. 118) zufolge handelte es sich dabei um
   27 v.H. aller VEBs.

tionsabgabe bestehende neue Pflichtzahlungssystem setzte sich in der Folgezeit die Bezeichnung "Zwei-Kanäle-System" durch.[1] Von dieser Vereinheitlichung und Vereinfachung der betrieblichen Pflichtzahlungen versprach man sich, daß diese besser als zuvor in den zentraladministrativen Planungsprozeß einbezogen und den Anforderungen der wirtschaftlichen Rechnungsführung dienstbar gemacht werden konnten. Unter letzterem ist zu verstehen, daß mittels der produktspezifischen Pflichtzahlung die betrieblichen Stückgewinne unabhängig vom Verkaufspreis auf einen "gesellschaftlich notwendigen Durchschnitt" abgesenkt werden sollten (Klapproth 1955). Einheitliche Gewinne wiederum sieht man in der DDR als Voraussetzung dafür an, die betriebliche Selbstfinanzierung aus Gewinnen staatlicherseits durch die Nettogewinnabführung ausreichend beeinflussen zu können.[2] Mit der Realisierung dieser Vorhaben begann man 1954.

Zum 1.1.1954 wurde die neue Produktionsabgabe in der staatlichen Getränke- und Tabakwarenindustrie eingeführt[3] (Rzesnitzek 1959, S. 137 ff.). Seit Anfang des Jahres 1955

---

1) Seit Einführung der Produktionsfondsabgabe Mitte der 60er Jahre sprach man zunächst vom "Drei-Kanäle-System", mit dem Beitrag für gesellschaftliche Fonds ist in den 80er Jahren ein vierter "Kanal" hinzugekommen.

2) In der Fachliteratur der DDR wurde damals auch vorgeschlagen, statt eines "Zwei-Kanäle-Systems" nur eine einzige Pflichtzahlung (ein "Einkanalsystem") zu institutionalisieren. Zu der Diskussion über das Für und Wider eines "Mehrkanäle-Systems" im Vergleich zu einem "Einkanal-System" vgl. Kaemmel 1950; Kaiser 1951; Klapproth 1952 und 1954; Koenig 1952; Friedel 1952; Institut für Finanzwesen der Wirtschaftswissenschaftlichen Fakultät der Humboldt-Universität zu Berlin 1952; Roth 1952; Rzesnitzek 1953; J. Schmidt 1953. Die Frage, ob die betrieblichen Pflichtzahlungen über einen oder mehrere "Kanäle" erhoben werden sollen, wird in Abschnitt 5.4.1.4. aufgegriffen.

3) Daß man die neue Pflichtzahlung zunächst in den konsumnahen Industriezweigen einführte, wurde damit begründet, daß die dort geplanten Gewinne überdurchschnittlich hoch waren und sie in den jeweiligen Betrieben nicht für Investitionen benötigt wurden; vgl. Wemmer 1953, S. 465.

unterlagen daneben zahlreiche staatliche Dienstleistungsbetriebe einer analog zur Produktionsabgabe ausgestalteten
Dienstleistungsabgabe.[1] Die Vorschriften über die zusam-
mengefaßte Produktions-und Dienstleistungsabgabe wurden
erstmalig im Jahr 1955 gesetzlich fixiert.[2] Gleichzeitig
wurde die Produktions- und Dienstleistungsabgabe in den Bereichen der Lebens- und Genußmittel-, Baustoff-, Schwer-
und Leichtindustrie sowie in den staatlichen Verkehrsbe-
trieben eingeführt.[3] Anfang des Jahres 1956 wurde der Geltungsbereich der neuen Vorschriften auch auf die bisher
noch nicht berücksichtigten volkseigenen Industrie- und
Dienstleistungsbetriebe sowie die staatliche Forstwirtschaft[4] und ab 1957 auch auf die volkseigene Landwirtschaft ausgedehnt.[5]

Nachdem somit der gesamte Bereich der volkseigenen Wirtschaft die neue Abgabe zu entrichten hatte, wurden durch
eine weitere Durchführungsbestimmung die bisher erlassenen
Regelungen zur Produktions- und Dienstleistungsabgabe und

---

1) In dieser Dienstleistungsabgabe ging insbesondere die
   frühere Beförderungssteuer auf.

2) Verordnung über die Produktionsabgabe und Dienstleistungsabgabe der volkseigenen Industrie und der volkseigenen Dienstleistungsbetriebe (PDAVO) vom 6.1.1955, Gbl.
   DDR, Nr. 8, S. 37 sowie Erste Durchführungsbestimmung
   hierzu - Allgemeine Vorschriften - vom 7.1.1955, Gbl.
   DDR, Nr. 8, S. 37.

3) Zweite Durchführungsbestimmung zur PDAVO vom 7.1.1955,
   Gbl. DDR, Nr. 8, S. 44; Dritte Durchführungsbestimmung
   zur PDAVO vom 7.1.1955, Gbl. DDR, Nr. 8, S. 46; Vierte
   Durchführungsbestimmung zur PDAVO vom 7.1.1955, Gbl.
   DDR, Nr. 8, S. 46.

4) Sechste Durchführungsbestimmung zur PDAVO vom 18.2.1956,
   Gbl. DDR I, Nr. 29, S. 255; Siebente Durchführungsbestimmung zur PDAVO vom 18.2.1956, Gbl. DDR I, Nr. 29, S.
   255.

5) Verordnung zur Änderung der Verordnung über die Produktionsabgabe und Dienstleistungsabgabe der volkseigenen
   Industrie und der volkseigenen Dienstleistungsbetriebe
   vom 14.12.1956, Gbl. DDR (1957) I, Nr. 15, S. 137.

deren zweigspezifischen Festlegungen als Zusammenfassung neu veröffentlicht.[1]

Mit Einführung der Produktions- und Dienstleistungsabgabe entfiel in den jeweiligen Betrieben die Erhebung der früheren Körperschaft-, Gewerbe- und Umsatzsteuer (Förster 1955). Die in den VEBs zuvor erhobenen Verbrauchsteuern bzw. -abgaben sowie Haushaltsaufschläge gingen ebenfalls in der neuen Produktions- und Dienstleistungsabgabe auf. Letzteres galt jedoch nicht für die HO-Akzise: Diese wurde bis zu ihrer Abschaffung im Jahr 1958 von den VEBs, die das akzisenpflichtige Gut herstellten, neben der Produktions- und Dienstleistungsabgabe auf der Grundlage einer gesonderten Rechtsvorschrift eingezogen.[2]

Erhoben wurde die Produktions- und Dienstleistungsabgabe je Gut nur einmal. Entstand durch Be- oder Verarbeitung dieses Gutes jedoch ein neues Produkt (z.B. Süßwaren aus Zucker), unterlag dieses erneut der Abgabenpflicht. Die Produktions-

---

1) Bekanntmachung der neuen Fassung der Verordnung über die Produktionsabgabe und Dienstleistungsabgabe der volkseigenen Industrie und der volkseigenen Dienstleistungsbetriebe (PDAVO) vom 8.2.1957, Gbl. DDR I, Nr. 15, S. 138; Achte Durchführungsbestimmung zur PDAVO vom 8.2. 1957, Gbl. DDR I, Nr. 15, S. 141.

2) Die Akzise und die in den Jahren zuvor unter verschiedenen Bezeichnungen kodifizierten güterbezogenen Abgaben (Haushaltsaufschläge, Verbrauchsteuern, Verbrauchsabgaben, Textilwarenabgabe, Tabakwarenabgabe) wurden im Jahr 1955 unter der Bezeichnung Verbrauchsabgaben zusammengefaßt und ihre Erhebung neu geregelt; vgl. die Verordnung über die Erhebung von Verbrauchsabgaben (VAVO) vom 14.10.1955, Gbl. DDR I, Nr. 95, S. 769; Erste Durchführungsbestimmung hierzu vom 14.10.1955, Gbl. DDR I, Nr. 95, S. 772. Für einzelne Güter (Bier, Tabak, Kaffee, Branntwein, Wein und Schaumwein, Leuchtmittel und Zündwaren) wurden daneben weitere 7 Durchführungsbestimmungen erlassen, die jeweils in dem o.a. Gesetzblatt veröffentlicht sind.
Abgesehen von der bis 1958 erhobenen HO-Akzise galten diese Vorschriften lediglich für die private Wirtschaft und waren durch vergleichsweise rigide steuer- und strafrechtliche Regelungen gekennzeichnet.

und Dienstleistungsabgabe war von demjenigen Betrieb zu zahlen, der das jeweilige Gut herstellte oder die abgabenpflichtige Leistung erbrachte. Festgelegt wurde die Abgabenhöhe entweder als Prozentsatz des Industrieabgabepreises, als fester Markbetrag je Mengeneinheit oder als sogenannter Unterschiedsbetrag zwischen Betriebspreis und Industrieabgabepreis, sofern beide jeweils unabhängig voneinander gebildet wurden. Die Dienstleistungsabgabe wurde in der Regel als Prozentsatz des Leistungspreises berechnet.

Die Abführung wurde im wesentlichen nach güterspezifischen Gesichtspunkten differenziert, um über den Abgabepreis das Nachfrageverhalten der Abnehmerbetriebe zu beeinflussen. So sollten die Industriebetriebe damals z.B. daran interessiert werden, den Einsatz von Holz zugunsten von Betonteilen einzuschränken, verstärkt Chemie- statt Naturfasern einzusetzen oder Buntmetalle durch Kunststoffe zu substituieren (Friedel 1958, S. S470; Moock 1969, S. 64). Daneben wurde der Abgabensatz auch nach dem jeweiligen Abnehmer differenziert: Beispielsweise werden bis auf den heutigen Tag keine Abgaben auf Lieferungen an die staatlichen Organe und Einrichtungen erhoben. Von der Produktions- und Dienstleistungsabgabe befreit waren eigenerstellte Rationalisierungsmittel, Deputate, Muster, Verkäufe in werkseigenen Läden, Werkskantinenessen und dergleichen mehr. Dieser Grundsatz ist im wesentlichen bis auf den heutigen Tag beibehalten worden.

Bis zur Vereinheitlichung des Preissystems während der Industriepreisreform der 60er Jahre wurden die Abgabensätze daneben auch betriebsindividuell festgelegt: Zwar wurde 1953 mit der Einführung gesamtwirtschaftlich einheitlicher Festpreise begonnen, die Durchführung des "Beschlusses über die Grundsätze der Preispolitik" erwies sich jedoch als schwierig und zeitaufwendig. So war 1957 erst ein Fünftel aller Preise neu festgelegt worden (O. Schneider 1957, S. 39). Die anderen Preise basierten weiterhin auf betriebsindividuellen Kosten und stark voneinander differierenden Gewinnen. Um die Betriebsgewinne dennoch zu vereinheitlichen, wurde anfänglich auch die jeweilige Gewinnhöhe bei der Festlegung der betriebsspezifischen Abgabensätze mitberücksichtigt: Je höher (niedriger) der betriebsindividuelle Gewinn war, um so höher (niedriger) wurde der Abgabensatz festgelegt. Hiervon versprach man sich gleichzeitig, die Betriebe einem ausreichenden Kostensenkungsdruck aussetzen zu können (Klapproth 1955).

Die Zahlung der Abgabe war anfänglich an den Außenumsatz gebunden. In der Fachliteratur der DDR wurde wiederholt beklagt (H. Schneider 1963; Lohse 1963a), daß dies viele Betriebe zu Ausweichstrategien veranlaßte: Sie versuchten, durch Angliederung vor- und nachgelagerter Produktionsstufen den abgabepflichtigen Außenumsatz zu verringern und hierdurch Produktions- und Dienstleistungsabgabe zugunsten ihres Gewinns einzusparen. Da hierin ein Verzicht auf Spezialisierungsvorteile gesehen wurde, ging man in der Folgezeit dazu über, auch die Innenumsätze zumindest teilweise der Produktions- und Dienstleistungsabgabe zu unterwerfen (Lohse 1963b). Dies schlug sich allerdings nicht in den offen zugänglichen Gesetzesvorschriften nieder.

Die Zahlungspflicht entstand mit der Ausstellung der Verkaufsrechnung unabhängig davon, wann der Käufer diese beglich (Zander 1956, S. 635). Die Betriebe mußten ein Sperrkonto bei der örtlichen Niederlassung der Deutschen Notenbank (Zentralbank) einrichten, auf das die anfallenden Pflichtzahlungsbeträge täglich einzuzahlen waren, die damit anderen Einsatzmöglichkeiten entzogen wurden.[1] Zu welchen Terminen die Abgabe von dem Sperrkonto an den Staatshaushalt zu überweisen war, richtete sich nach der Höhe des für das Jahr im voraus geplanten betrieblichen Pflichtzahlungs-

---

1) Anweisung über die Einrichtung von Sperrkonten für Produktionsabgabe und Dienstleistungsabgabe vom 20.6.1955, Gbl. DDR II, Nr. 34, S. 207.

aufkommens: Es wurde ein sogenannter Entstehungszeitraum
der Zahlungsverpflichtung definiert. Er betrug bei mehr als
3 Mio. Mark geplantem Abgabenaufkommen 10 Kalendertage, bei
100 Tsd. Mark 15 Kalendertage und bei weniger als 100 Tsd.
Mark einen Monat. In den ersten beiden Fällen mußte die Abgabe spätestens am 15. Tag, im letzten Fall spätestens am
10. Tag nach Ende des Entstehungszeitraums an die Abteilung
Finanzen des Rates der Stadt bzw. des Kreises entrichtet
werden, in der/dem der Betrieb seine Hauptniederlassung
hatte.[1]

Anfänglich mußte die Produktions- und Dienstleistungsabgabe
auch bei Außenhandelsgeschäften gezahlt werden. Sie wurde
den Betrieben jedoch anschließend im Zuge des Außenhandels-
preisausgleichs[2] wieder erstattet (o.V. 1956, S. 51). Ab
1956 waren die Güter, die die Produktionsbetriebe für den
Export an die Außenhandelsbetriebe weiterreichten, von der
Abgabenzahlung ausgenommen, und dem Preisausgleich wurde
der Betriebspreis zugrunde gelegt. Allerdings mußten die
Betriebe den auf das Exportvolumen entfallenden Abgabenbetrag aus Kontrollgründen rechnerisch ermitteln und an die

---

1) Erste Durchführungsbestimmung zur Verordnung über die
   Produktionsabgabe und Dienstleistungsabgabe der volksei-
   genen Industrie und der volkseigenen Dienstlei-
   stungsbetriebe - Allgemeine Vorschriften - vom 7.1.1955,
   Gbl. DDR I, Nr. 8, S. 40 sowie gleichlautend hiermit die
   Achte Durchführungsbestimmung vom 8.2.1957, Gbl. DDR I,
   Nr. 15, S. 141.

2) Gemessen wurde die Effizienz der Außenhandelstätigkeit
   damals daran, inwieweit (bei staatlich fixierten Wech-
   selkursen) der Valutagegenwert der Importaufwendungen
   (Exporterlöse) geringer (höher) war als der inländische
   Preis, welche Einsparungen (Mehrerlöse) unter den gegebenen Preisverhältnissen also durch die Außenhandelstätigkeit realisiert wurden. Unterschritt (überstieg) der Valutagegenwert der Importe (Exporte) den
   inländischen Preis, mußte der Betrieb diesen Differenzbetrag an das Außenhandelsministerium abführen (positiver Preisausgleich), war er beim Import (Export) höher
   (geringer) als der inländische Preis, erhielt der Betrieb von dorther eine entsprechende Stützung. Ziel dieses Preisausgleichverfahrens war es, die Betriebe vor
   Preisschwankungen auf den Weltmärkten abzuschirmen.

Abgabenbehörde melden.[1] Durch diese Neuregelung sollte der relativ hohe Verwaltungsaufwand des bisherigen Verfahrens gesenkt werden (Schöne 1957, S. 19). Dem Preisausgleich bei *Import*geschäften waren allerdings weiterhin die staatlich fixierten Industrieabgabepreise zugrunde zu legen, so daß die Betriebe für importierte Güter gegebenenfalls eine Produktions- und Dienstleistungsabgabe zahlen mußten. Da bei dieser Konstruktion die abgeführte Produktions- und Dienstleistungsabgabe entweder den positiven Preisausgleich um den Betrag der Pflichtzahlung verminderte oder den negativen Preisausgleich erhöhte, führte die Erhebung der Produktions- und Dienstleistungsabgabe bei Importen jedoch zu keinerlei budgetärem Nettoeffekt.[2] Auch dieses Verfahren wurde deshalb im Hinblick auf den Verwaltungsaufwand kritisiert (Koch 1957). Gleichwohl wurde es in der Folgezeit, wohl nicht zuletzt aus Kontrollgründen, beibehalten.

---

1) Anordnung über die Neuregelung der Erhebung der Produktionsabgabe und der Verbrauchsabgabe für Waren, die im innerdeutschen Handel und im Export geliefert werden, vom 3.1.1956, Gbl. DDR II, Nr. 3, S. 18 und Anordnung Nr. 2 über die Neuregelung der Erhebung der Produktionsabgabe und der Verbrauchsabgabe für Waren, die im innerdeutschen Handel und im Export geliefert werden, vom 13.1.1960, Gbl. DDR II, Nr. 6, S. 45.

2) Mußte die Produktions- und Dienstleistungsabgabe bei Importen gezahlt werden, verringerte sich hierdurch eine gegebene positive bzw. vergrößerte sich eine gegebene negative Preisdifferenz. Zur Verdeutlichung ein Beispiel (vgl. Koch 1957):

a)Positiver Preisausgleich ohne Erhebung der Produktions- und Dienstleistungsabgabe:
- Valutagegenwert   100,-
- Industrieabgabepreis   150,-
- abzuführen als Preisausgleich   50,-

b)Positiver Preisausgleich bei Erhebung der Produktions- und Dienstleistungsabgabe (10 v.H. des Abgabepreises):
- Valutagegenwert   100,-
- Industrieabgabepreis   150,-
- abzuführen als Abgabe   15,-
- abzuführen als Preisausgleich   35,-

In den Rechtsvorschriften wurde nichts darüber ausgesagt, in welchen Betrieben die Produktions- und Dienstleistungsabgabe erhoben werden sollte oder welche Industriezweige von der Zahlungspflicht gegebenenfalls ausgenommen werden sollten. Dessen ungeachtet wurde die Produktions- und Dienstleistungsabgabe von Anfang an schwerpunktmäßig in der Konsumgüterindustrie erhoben (Klapproth 1955, S. 186; W. Schulz 1956, S. 765; Langer 1957, S. 15). Die Schwerindustrie war größtenteils von dieser Zahlung befreit (Kaemmel 1958, S. 412 f.). Anfang der 50er Jahre flossen jedoch noch ca. 25 v.H. der gesamten Einnahmen des Staatshaushalts aus der Produktions- und Dienstleistungsabgabe aus dem Bereich der Produktionsmittelindustrie (Pryor 1963, S. 99). In den späteren Jahren wurde die Erhebung dabei zunehmend auf solche Produktionsmittelbetriebe beschränkt, die in relativ enger Beziehung zur Konsumgüterproduktion standen (Lohse 1967, S. 12).[1]

Seit 1962 werden qualitativ hochwertige Textil-, Leder- und sonstige Konsumwaren, die in besonderen Geschäften, den sogenannten Exquisitläden, verkauft werden, zusätzlich einer gesonderten, im Vergleich zu den gleichen Güterarten durchschnittlicher Qualität erheblich höheren Produktions- und Dienstleistungsabgabe unterworfen. Diese spezielle Pflicht-

---

[1] Daß in der DDR auch auf Produktionsmittel eine Produktions- und Dienstleistungsabgabe erhoben wurde, stand damals in auffälligem Gegensatz zu den Regelungen in der Sowjetunion: Dort war die Produktionsmittelindustrie im Jahr 1949, abgesehen von wenigen Ausnahmen (insbesondere der Erdölindustrie), gänzlich von dieser Zahlungsverpflichtung befreit worden, da die intendierte Kontrollfunktion durch die sowjetische "Umsatzsteuer" nicht erfüllt worden war (Holzman 1955, S. 137; Hedtkamp 1959/ 1960, S. 194). Abgesehen von der SBZ/DDR wurde diese Regelung in allen anderen Staaten des sowjetischen Machtbereichs übernommen (Bird 1964, S. 209).

zahlung wurde in den einschlägigen Vorschriften anfänglich
als Differenzbetrag bezeichnet.[1]

Mit Beginn der Wirtschaftsreformen des NÖSPL traten die
VVBs als Inkassoinstanz an die Stelle der Kreise und Städte. Die VVBs mußten ein Sonderkonto bei der zuständigen Filiale der Staatsbank eröffnen, auf das die ihnen unterstellten Betriebe ihre Abgabenzahlung zu überweisen hatten.
Anders als bei der Gewinnabführung wurden diese Überweisungen der VEBs nicht innerhalb der einzelnen VVB umverteilt,
sondern mußten in voller Höhe an den Staatshaushalt weitergeleitet werden.[2] Erst ab 1968 konnten die VVBs die Eingänge an Überweisungen der Betriebe aus der Produktions-
und Dienstleistungsabgabe zur Finanzierung produktgebundener Preisstützungen an die ihnen unterstellten VEBs verwenden; sie brauchten dann nur jeweils den danach verbleibenden Rest an den Staatshaushalt weiterzuleiten. Dabei mußten
allerdings für Kontrollzwecke sowohl die Zahlungsverpflichtungen der Betriebe als auch ihre Zuführungsansprüche jeweils getrennt ermittelt und an die übergeordnete Lenkungsinstanz gemeldet werden.[3] Die früher festgelegten Entste-
hungszeiträume und Überweisungsfristen blieben unverändert.

Ab 1963 wurde die Produktions- und Dienstleistungsabgabe
dazu benutzt, die damals durchgeführte Preisreform finanzierungstechnisch zu bewältigen, wobei das Instrumentarium

---

1) Preisanordnung Nr. 1984 - Exquisit-Erzeugnisse - vom
   5.3.1962, Gbl. DDR II, Nr. 17, S. 148; Preisanordnung
   Nr. 1984/1 - Exquisiterzeugnisse - vom 13.7.1962, Gbl.
   DDR II, Nr. 55, S. 478.

2) Verordnung über die Neuregelung der Finanzierung der dem
   Volkswirtschaftsrat unterstehenden Vereinigungen Volkseigener Betriebe und deren volkseigene Betriebe vom 5.9.
   1963, Gbl. DDR II, Nr. 84, S. 651; Anordnung über die
   Kontoführung der dem Volkswirtschaftsrat unterstehenden
   Vereinigungen Volkseigener Betriebe und deren volkseigene Betriebe vom 11.9.1963, Gbl. DDR II, Nr. 84, S. 657.

3) Anordnung über die Fälligkeit und Abrechnung der Zahlungen der VEB, Kombinate und VVB an den Staatshaushalt vom
   20.11.1967, Gbl. DDR III, Nr. 14, S. 93.

69

um die sogenannten Preisdifferenzen erweitert wurde:[1] Diese Preisreform war dahingehend konzipiert, daß die Güterpreise der einzelnen Produktionsstufen in jährlichen Etappen, beginnend mit der Urproduktion über die Halb- bis zu den Fertigprodukten, sukzessive den vorausgeschätzten Produktionskosten des Jahres 1967 angepaßt wurden. Die jährlichen Preisänderungen waren jeweils auf die Güter bestimmter Produktionsstufen begrenzt und die Konsumgüterpreise sollten insgesamt nicht verändert werden. Das konnte für einzelne Betriebe bedeuten, daß sich ihre Vorprodukte verteuerten, ohne daß die eigenen Verkaufspreise erhöht werden durften. Dies hätte jedoch die angestrebte Eigenfinanzierung der innerbetrieblichen Fondsbildung beeinträchtigt. Um dem zu begegnen, wurde den Betrieben gestattet, ihre Zahlungsverpflichtung aus der Produktions- und Dienstleistungsabgabe, wie auch diejenige aus der Nettogewinnabführung, mit einer durch die Preisänderungen verursachten Gewinnschmälerung zu verrechnen (o.V. 1964, S. 295). Da die Produktionsmittelpreise während der Industriepreisreform überwiegend erhöht wurden, mußte die auf Konsumgüter erhobene Produktions- und Dienstleistungsabgabe zur Gewährleistung konstanter Endverbraucherpreise damals nicht unerheblich verringert werden.

Des weiteren galten die neuen Preise nicht gegenüber allen Abnehmern gleichermaßen, so daß die Betriebe für einzelne Käufer die bisherigen Preise unverändert in Rechnung zu stellen hatten. Wurde somit der Industrieabgabepreis für ein bestimmtes Gut generell gesenkt, war dabei jedoch der bisherige höhere Preis für bestimmte Abnehmerbetriebe wei-

---

1) Anordnung über das Verfahren der Abrechnung, Finanzierung und Kontrolle von Preisdifferenzen im Zusammenhang mit der Industriepreisreform vom 2.12.1964, Gbl. DDR II, Nr. 123, S. 1022. Als Beispiel einer zweigspezifischen Regelung vgl. die Anordnung über die Zuführung und Abführung von Preisdifferenzen für Chemiefaserstoffe (Fasern und Seiden), Naturseide und Flockenbast durch Herstellungsbetriebe von Textilerzeugnissen vom 25.5.1964, Gbl. DDR II, Nr. 57, S. 517.

terhin in Rechnung zu stellen, hätten die Betriebe ohne ein ergänzendes wirtschaftspolitisches Instrument ein Interesse daran gehabt, zu Lasten der anderen Käufer insbesondere diese Abnehmerbetriebe zu beliefern, um so höhere Gewinne erzielen zu können. Um dies zu verhindern, wurde das Instrumentarium der Produktions- und Dienstleistungsabgabe um die sogenannten Preisdifferenzen erweitert: Der Verkäuferbetrieb mußte bei Lieferungen an bestimmte Abnehmer zu alten Preisen je Mengeneinheit dieses Umsatzes die Differenz zwischen dem bisherigen und dem für die sonstigen Abnehmer anzuwendenden neuen Preis abführen. War der neue Verkaufspreis dagegen höher als der für bestimmte Käufer weiterhin geltende alte Preis, wurden dem Verkäuferbetrieb auf Antrag entsprechende Preisdifferenzen als produktgebundene "Subvention" zugeführt.

Eine weitere Form der Produktions- und Dienstleistungsabgabe stellte in den 60er Jahren die sogenannte Egalisierungsabgabe dar (Gurtz, Burghardt 1965, S. 16). Diese Abgabe wurde dann auf bestimmte Materialien erhoben, wenn deren tatsächlicher Einstandspreis niedriger als der der normierten Preiskalkulation zugrundegelegte Bezugspreis war (Ökonomisches Lexikon 1970, S. 518). Derartige Preisunterschiede traten insbesondere dann auf, wenn die Vorprodukte von Betrieben unterschiedlicher Eigentumsformen bezogen wurden und dadurch differenzierten Preisbestimmungen unterlagen (Lohse 1967, S. 13, Fußn. 7). Diese Egalisierungsabgabe sollte jedoch im weiteren Verlauf der Industriepreisreform abgeschafft werden. Wann dies genau erfolgte, ist nicht ersichtlich.

Seit 1964 unterlagen die Exporte, d.h. die Lieferungen der Herstellerbetriebe an die Außenhandelsorganisationen, erneut der jeweils güterspezifisch festgelegten Produktions- und Dienstleistungsabgabe. Diese Verpflichtung bezog sich auf diejenigen Güter, für die im Zuge der Industriepreisreform bereits neue Preise festgelegt wurden und die ent-

sprechend der jeweiligen Preisanordnung zu ihrem Industrieabgabepreis in Rechnung zu stellen waren.[1] Da jedoch bei
der Umstellung des Preissystems die Erhebung der Produk-
tions- und Dienstleistungsabgabe schwerpunktmäßig vom Bereich der Produktionsgüter- auf den der Konsumgüterindustrie verlagert wurde, waren bei der Mehrzahl der Produk-
tionsgüter Industrieabgabepreis und Betriebspreis identisch. Die Verpflichtung zur Zahlung der Produktions- und
Dienstleistungsabgabe bestand somit fast ausschließlich nur
für den Konsumgüterexport. Diese Regelung wurde jedoch bereits zum Beginn des Jahres 1967 wieder rückgängig gemacht:
Seitdem wurden alle Exportlieferungen wieder ausschließlich
zu Betriebspreisen verkauft; und die Verkäuferbetriebe
brauchten hierfür keine Produktions- und Dienstleistungsabgabe zu entrichten. Sie mußten allerdings den Betrag der
Produktions- und Dienstleistungsabgabe, der bei Zugrundelegung der Industrieabgabepreise zu entrichten gewesen wäre, rechnerisch ermitteln und an die zuständigen Instanzen
melden.[2]

Importe wurden dann der Produktions- und Dienstleistungsabgabe unterworfen, wenn dies zur Anpassung an die inländischen Preise notwendig erschien: Unterschied sich der durch
Preisverordnungen für inländische Güter festgelegte Preis
von dem zum offiziellen Umrechnungskurs ermittelten Importaufwand gleicher oder ähnlicher Güter, wurde diese Differenz als Produktions- und Dienstleistungsabgabe abgeschöpft. Gab es im Inland auf Grund fehlender inländischer
Produktion des betreffenden Gutes keine Vergleichspreise,

---

1) Anordnung Nr. 5 über die Neuregelung der Erhebung der
   Produktionsabgabe und der Verbrauchsabgaben für Waren,
   die im Innerdeutschen Handel und im Export geliefert
   werden, vom 25.5.1964, Gbl. DDR II, Nr. 57, S. 524 sowie
   Anordnung Nr. 6 hierzu vom 2.12.1964, Gbl. DDR II, Nr.
   123, S. 1024.

2) Anordnung über die Abrechnung der Produktionsabgabe und
   der Verbrauchsabgabe für Exportumsätze vom 15.12.1966,
   Gbl. DDR II, Nr. 156, S. 1203.

richtete sich der Abgabepreis der importierten Güter nach dem Importaufwand.[1] Darüber, inwieweit und in welcher Höhe für die zuletzt genannten Waren eine Produktions- und Dienstleistungsabgabe erhoben wurde, lassen sich in der Fachliteratur und den Gesetzestexten bis 1969 keine eindeutigen Aussagen finden. Jedoch ist mit großer Sicherheit anzunehmen, daß die Produktions- und Dienstleistungsabgabe auch in diesen Fällen immer dann erhoben wurde, wenn dies aus wirtschaftspolitischen Gründen notwendig erschien: So wurde im Jahr 1969 ausdrücklich festgelegt, daß mit Hilfe der Erhebung der Produktions- und Dienstleistungsabgabe der Einsatz im Inland hergestellter zu Lasten importierter Produktionsmittel gefördert werden sollte.[2] Dies bedeutete wohl eine entsprechende Verteuerung der Importgüter durch Produktions- und Dienstleistungsabgaben. Moock (1969, S. 165) weist daneben darauf hin, daß im Bereich des volkseigenen Großhandels eine Abgabe auf bestimmte importierte Konsumwaren wie Südfrüchte und Gemüse erhoben wurde, um die inländischen Endverbraucherpreise von saisonalen Schwankungen auf den Weltmärkten abzukoppeln.

Im Zusammenhang mit den Wirtschaftsreformen des NÖSPL und ÖSS wurden ab 1967 u.a. auch die zuvor stark zentralisierten Preissetzungskompetenzen dezentralisiert (vgl. Knauff 1973, S. 229 ff. u. 256 ff.; Melzer 1985, S. 1035 ff.). In diesem Zusammenhang wurde im Jahr 1969 das Recht zur Festlegung der güterspezifischen Sätze der Produktions- und Dienstleistungsabgabe vom Ministerium der Finanzen auf diejenigen Instanzen verlagert, die auch die Bestätigung der betrieblichen Preisanträge vorzunehmen hatten. Das bedeutete, daß hierfür nun bei Produktionsmitteln die jeweilige

---

1) Zu den damals angewandten Methoden der Inlandspreisbildung für importierte Waren vgl. Majewski 1967a und 1967b.

2) Direktive über die Berücksichtigung der Produktions-, Verbrauchs- und Dienstleistungsabgabe bei der Ausarbeitung und Bestätigung der Industriepreise und Einzelhandelsverkaufspreise - PA/VA-Direktive - vom 24.3.1969, Gbl. DDR Sdr., Nr. 621.

VVB und bei Konsumgütern das Ministerium für Handel und Versorgung zuständig waren. Sofern es sich allerdings um Güter von gesamtwirtschaftlich herausragender Bedeutung handelte, wurden die Preise und damit auch die Sätze der Produktions- und Dienstleistungsabgabe durch den Ministerrat bestätigt.

In diesem Zusammenhang wurden detaillierte Verfahrensvorschriften erlassen. Durch sie sollte das bisherige Niveau der Staatshaushaltseinnahmen aus der Erhebung der Produktions- und Dienstleistungsabgabe sichergestellt werden.[1] Für die einzelnen Gütergruppen mußten 1969 von den Preisbestätigungsinstanzen sogenannte Richtwerte berechnet werden. Darunter verstand man das gewogene Mittel der bereits bestehenden Sätze der Produktions- und Dienstleistungsabgabe für alle Waren der jeweiligen Gütergruppe, die 1968 und 1969 von den Betrieben sämtlicher Eigentumsformen umgesetzt worden waren. Der einzelne Richtwert, der in der Regel vom Finanzministerium zu genehmigen war, bildete die Grundlage für die Festlegung der Produktions- und Dienstleistungsabgabe im Rahmen des Preisgenehmigungsverfahrens. Der jeweilige güterspezifische Abgabensatz konnte zwar unter Berücksichtigung bedarfsmäßiger, produktionsspezifischer oder sonstiger Besonderheiten des Einzelfalls von dem Richtsatz der Warengruppe, der dieses Gut jeweils zuzuordnen war, abweichen, dies durfte jedoch nicht zu einer Verringerung des genehmigten Richtwertes für die gesamte Warengruppe führen. Nur in Ausnahmefällen wurden vom Finanzministerium Sondergenehmigungen für eine Verminderung des Richtwertes erteilt. Zuvor mußten die Betriebe jedoch alle ihnen zur Verfügung stehenden Mittel der Rationalisierung des Produktionsablaufs, der Kostensenkung oder der Produktionsumstel-

---

1) Direktive über die Berücksichtigung der Produktions-, Verbrauchs- und Dienstleistungsabgabe bei der Ausarbeitung und Bestätigung der Industriepreise und Einzelhandelsverkaufspreise - PA/VA-Direktive - vom 24.3.1969, Gbl. DDR Sdr., Nr. 621.

lung hin zu absatzfähigeren Produkten ergreifen, um eine möglichst hohe Differenz zwischen Betriebs- und Abgabepreis zu realisieren.

Die weiterhin erhobene Produktions- und Dienstleistungsabgabe auf "Exquisiterzeugnisse"[1] ging nicht in die Berechnung der Durchschnittsbelastung ein. Sie wurde zentral festgelegt und für die betreffenden Güter dem auf Basis des allgemeinen Richtwertes ermittelten Abgabengrundbetrag hinzugerechnet.

Stellte sich bei nachträglicher Überprüfung der Preisbewilligungen heraus, daß die genehmigten Betriebspreise entgegen den Rechtsvorschriften zu hoch angesetzt waren, mußten sie entsprechend gekürzt werden. Der Differenzbetrag zwischen ursprünglichem und korrigiertem Betriebspreis muß seit 1970 ebenfalls als Produktions- und Dienstleistungsabgabe bzw. produktgebundene Abgabe an den Staatshaushalt abgeführt werden.[2]

Seit 1968 können die Betriebe neben den Festpreisen in begrenztem Umfang auch Höchst- und Vereinbarungspreise anwenden.[3] Dies darf jedoch ebenfalls nicht zu einer Kürzung des je Gut festgelegten Abführungsbetrags führen. Gleiches

---

1) Die Erhebung und Abführung des PDA-Differenzbetrages wurde im hier untersuchten Zeitraum in der Anordnung Nr. Pr.1984/3 - ausgewählte Spitzenerzeugnisse - vom 31.10. 1967, Gbl. DDR II, Nr. 110, S. 761 geregelt.

2) Die nachträgliche Korrektur des Abgabepreises dagegen wird als Abführung zu Lasten des Betriebsergebnisses, d.h. als (außerplanmäßige) Gewinnabführung, behandelt; vgl. Anordnung Nr. Pr.9/1 über die Rückerstattung und die Abführung von Mehrerlösen aus Preisüberschreitungen - Mehrerlös-Anordnung - vom 25.6.1970, Gbl. DDR II, Nr. 63, S. 459.

3) Anordnung Nr. Pr.12 über die Preisformen bei Industriepreisen vom 14.11.1968, Gbl. DDR II, Nr. 122, S. 971.

gilt auch für etwaige Preiszu- und Preisabschläge[1], damit sich diese ausschließlich im Betriebsergebnis niederschlagen. Von diesem Grundsatz gab es Ende der 60er Jahre allerdings zwei Ausnahmen: Bei Preisabschlägen auf Grund minderer Güterqualität wurde die Produktions- und Dienstleistungsabgabe in prozentual gleichem Verhältnis wie der Preisabschlag gekürzt; bei Preiszuschlägen (Preisabschlägen), die gegenüber den Endverbrauchern nicht wirksam werden sollten, wurde die Produktions- und Dienstleistungsabgabe um den vollen Betrag des Zuschlags (Abschlags) vermindert (erhöht).

Diese Ende der 60er Jahre gültigen Vorschriften und Grundprinzipien der Festlegung und Berechnung der Produktions- und Dienstleistungsabgabe blieben auch nach dem Abbruch der Wirtschaftsreformen zum Jahreswechsel 1970/1971 zunächst weiter in Kraft. Allerdings wurden zur Mitte des Jahres 1971 die Einsatzmöglichkeiten der Erhebung der Produktions- und Dienstleistungsabgabe im Produktionsmittelbereich wieder ausgeweitet:[2] Die Produktions- und Dienstleistungsabgabe konnte nun zusätzlich auch dann auf Produktionsmittel

---

1) Anordnung über Preiszuschläge und Preisabschläge vom 23.7.1966, Gbl. DDR II, Nr. 91, S. 584. Preiszuschläge wurden - und werden auch heute noch - bei der Produktion hochwertiger Produkte, kurzfristiger Lieferung, Überbietung wirtschaftlicher und technischer Vorgaben, Sonderanfertigungen usw. gewährt. Preisabschläge werden bei minderer Produktionsqualität, Überschreitung der Lieferfristen, Großserienfertigung usw. vorgenommen; vgl. Lexikon der Wirtschaft 1970, S. 621 u. 644. Als weitere Form der Preiszu- und Preisabschläge ist die Preisdegression bei veralteten Gütern zu nennen: Für neu entwickelte Produkte wird unter bestimmten Bedingungen ein Extragewinnzuschlag gewährt. Dieser wird, wie unter Umständen darüber hinaus auch der normative "Normalgewinn", in den Folgejahren teilweise oder gänzlich abgebaut.

2) Anordnung zur Änderung der Direktive über die Berücksichtigung der Produktions-, Verbrauchs- und Dienstleistungsabgabe bei der Ausarbeitung und Bestätigung der Industriepreise und Einzelhandelsverkaufspreise - PA/VA-Direktive - vom 2.4.1971, Gbl. DDR II, Nr. 38, S. 307.

erhoben werden, wenn dies einen wirksamen Druck auf die Betriebe zur Senkung der Selbstkosten erwarten ließ oder wenn
bei einheitlichem Abgabepreis jeweils unterschiedliche Betriebspreise für das jeweilige Gut angeglichen werden sollten.

Mit diesen Maßnahmen reagierte man auf die damaligen preispolitischen Probleme: Dezentralisierung und Flexibilisie-
rung der Preisbildung während des ÖSS hatten eine starke
Differenzierung des "Preissystems" verursacht. Dies führte
u.a. zu wachsenden Schwierigkeiten bei der gesamtwirtschaftlichen Finanzplanung; auch das Industriepreisregelsystem hatte nicht die erhofften Anreize zur Kostensenkung
erbracht, sondern wider Erwarten zu nicht unerheblichen
Preissteigerungen geführt (Melzer 1985, S. 1036 f.). Damit
stellte sich das "Preissystem" wiederum als betriebsspezifisch stark differenziert dar, und erneut wurden ergänzende
Maßnahmen zur Vereinheitlichung der Betriebsgewinne notwendig.

Die neuen Vorschriften reichten jedoch allem Anschein nach
nicht zur Lösung dieser Probleme aus, denn Ende des gleichen Jahres wurden die bisherigen preispolitischen Reformmaßnahmen rückgängig gemacht: Ein allgemeiner Preisstopp
wurde verfügt, die Bildung fondsbezogener Preise eingestellt und die Preisbildungskompetenzen wurden rezentralisiert. Letzteres war mit einem wesentlich stärker als zuvor
reglementierten Verfahren der Preisbewilligung für neue und
weiterentwickelte Güter verbunden.[1] Die Preisbestätigung

---

1) Beschluß über Maßnahmen auf dem Gebiet der Leitung, Planung und Entwicklung der Industriepreise vom 17.11.1971,
   Gbl. DDR II, Nr. 77, S. 669; Beschluß über die Bestätigung der Verbraucherpreise für Konsumgüter nach staatlichen Nomenklaturen und zur Erhöhung der Verantwortung
   des Amtes für Preise vom 17.11.1971, Gbl. DDR II, Nr.
   77, S. 674. Anordnung Nr. Pr.92 über das Verfahren bei
   der Ausarbeitung, Einreichung und Prüfung von Preisan-
   trägen sowie bei der Bestätigung, Einstufung und Be-
   kanntgabe von Preisen, Teilpreisnormativen und Kalku-

oblag nun ausschließlich dem Ministerrat und dem Amt für
Preise. Beide Instanzen legten für die Güter ihres jeweiligen Verantwortungsbereichs fallweise fest, welches Produkt
und dabei in welcher Höhe mit einer Produktionsabgabe belastet wurde. Somit wurden die Verfahrensregeln zur Ermittlung von Abgabenrichtwerten, nach denen die früher für die
Preisbewilligung überwiegend zuständigen VVBs die Sätze der
Produktions- und Dienstleistungsabgabe festzulegen hatten,
obsolet. Die Direktive über die Produktions- und Dienstleistungsabgabe wurde daher im Dezember 1971 außer Kraft gesetzt.[1]

An die Stelle der bisherigen Produktions- und Dienstleistungsabgabe ist seit Anfang 1972 die "produktgebundene Abgabe" getreten. Die hierzu erlassene Rechtsvorschrift[2]
führte zur Vereinheitlichung der bisherigen Einzelvor-
schriften einschließlich derjenigen über produktgebundene
Preisstützungen ("Subventionen"). Auch die für die nicht-
staatlichen, insbesondere privaten und genossenschaftlichen
Betriebe geltenden Regelungen über die Verbrauchsabgaben[3]
wurden dabei an die Vorschriften, die schon zuvor für den
staatlichen Wirtschaftssektor erlassen worden waren, angeglichen. Dies muß vor dem Hintergrund gesehen werden, daß
1972 die damals noch bestehenden halbstaatlichen Betriebe
gänzlich und die privaten Industriebetriebe größtenteils
verstaatlicht wurden. Daher bedurfte es keiner gesonderten

---

lationselementen - Preisantragsverfahren - vom 30.3.
1972, Gbl. DDR II, Nr. 24, S. 257.

1) Anordnung Nr. 19 zur Aufhebung finanzrechtlicher Bestimmungen vom 29.12.1971, Gbl. DDR (1972) II, Nr. 2, S. 23.

2) Verordnung über produktgebundene Abgaben und Subventionen - PAVO - vom 1.3.1972, Gbl. DDR II, Nr. 12, S. 137
sowie Erste Durchführungsbestimmung hierzu vom 1.3.1972,
Gbl. DDR II, Nr. 12, S. 141.

3) Als Verbrauchsabgaben wurden zuvor diejenigen produktgebundenen Abgaben bezeichnet, die von den nichtstaatli-
chen Betrieben an den Staatshaushalt entrichtet werden
mußten.

Gesetzgebung für die Verbrauchsabgabenerhebung und für die Subventionsgewährung an diese Betriebe mehr.[1]

Für die VEBs bedeuteten die neuen Vorschriften zur produktgebundenen Abgabe kaum Änderungen gegenüber denjenigen zur Produktions- und Dienstleistungsabgabe, die bis 1969 galten. Die neue war mit der bisherigen Abgabe trotz der Umbenennung weitgehend identisch: Die Vorschriften des Jahres 1972 über die Zahlungspflichtigen, die Berechnung, das Verfahren und die Zahlungsfrist der Abführung usw. deckten sich weitgehend mit den in den 50er und 60er Jahren erlassenen grundsätzlichen Festlegungen.

Die Unterschiede beschränkten sich auf folgende Punkte: Die produktgebundene Abgabe war nun auch auf den betrieblichen Eigenverbrauch, sofern er fallweise nicht zu Betriebs-, sondern zu Industrieabgabepreisen bewertet wurde, zu entrichten. Exporte unterlagen der produktgebundenen Abgabe dann, wenn dies im Ausnahmefall durch gesonderte preisrechtliche Vorschriften bestimmt wurde. Die bisherige allgemeine Abgabenbefreiung für Exporte wurde demzufolge aufgehoben. Für die Erhebung der produktgebundenen Abgabe auf importierte Güter erließ der Minister der Finanzen in Abstimmung mit dem Außenwirtschaftsminister nun jeweils ge-

---

1) Die Erhebung von Verbrauchsabgaben in der Privatwirtschaft unterschied sich in den Jahren zuvor von derjenigen der PDA in den VEBs insbesondere dadurch, daß bei ersterer strengere Strafbestimmungen und kürzere Zahlungsfristen verfügt worden waren; die Voraussetzungen für die Erlangung von Preisstützungen waren für Privatbetriebe schwieriger zu erfüllen als für Staatsbetriebe. Die Vereinheitlichung der Vorschriften schloß jedoch nicht aus, daß auch weiterhin bestimmte Abführungen der volkseigenen Wirtschaft als "Verbrauchsabgabe" bezeichnet wurden, wie z.B. der bereits erwähnte Freiverkaufszuschlag auf Braunkohlebriketts oder eine bis 1983 erhobene Abgabe auf Rohholz. Zu letzterer vgl. Anordnung über die Erhebung einer Verbrauchsabgabe für Rohholz vom 2.12.1964, Gbl. DDR II, Nr. 123, S. 1009 sowie Zweite Durchführungsbestimmung zur Verordnung über produktgebundene Abgaben und Preisstützungen vom 20.5.1983, Gbl. DDR I, Nr. 15, S. 165.

sonderte Vorschriften, die allerdings nicht offen zugänglich sind. Anders als zuvor durfte bei Preiszuschlägen und
-abschlägen der güterspezifische Abgabenbetrag verändert
werden: Sofern sie den Verkaufspreis betrafen, wurde der
Abgabenbetrag um den gleichen Prozentsatz wie der Preis
erhöht bzw. vermindert. Alles in allem wurden somit nur
Marginalien geändert.

Zunächst konnten die Betriebe ihre Abgabenverpflichtung wie
bisher mit Ansprüchen auf produktgebundene Preisstützungen
verrechnen. Den auf ihren Umsatz entfallenden Abgabenbetrag
hatten sie zunächst in voller Höhe auf einem Sonderkonto
stillzulegen und zum festgelegten Zeitpunkt abzüglich der
für Preisstützungen einzubehaltenden Beträge an ihre VVB zu
überweisen. Letztere zahlte aus diesen Mitteln sogenannte
Unterschiedsbeträge (Rückvergütungen) an diejenigen Betriebe, die zum regulären Preis, d.h. einschließlich der normalen produktgebundenen Abgabe, bezogene Vorprodukte zur Herstellung abgabenrechtlich begünstigter Güter weiterverar-
beiteten. Den danach verbleibenden Rest mußte die VVB in
voller Höhe an den Staatshaushalt entrichten. Seit 1979
durften die Betriebe die produktgebundene Abgabe nicht mehr
mit ihren Ansprüchen auf Preisstützungen verrechnen; beide
Zahlungen mußten wieder jeweils brutto abgewickelt werden.[1]

Zahlungspflichtiger der auf "Exquisiterzeugnisse" erhobenen
produktgebundenen Abgabe war nun nicht mehr der jeweilige
Herstellerbetrieb, sondern das staatliche Handelsunternehmen "Exquisit". Letzteres überwies die auf seinen Umsatz zu
entrichtende produktgebundene Abgabe an einen gesonderten
"Dispositionsfonds", über dessen Planung, Bildung und Verwendung das Finanzministerium spezielle Vorschriften er-

----

1) Dritte Durchführungsbestimmung zur Verordnung über produktgebundene Abgaben und Subventionen - 3. PADB - vom
   21.4.1979, Gbl. DDR I, Nr. 13, S. 95.

ließ, die nicht veröffentlicht wurden.[1] Ab 1975 wurde die
produktgebundene Abgabe auf Exquisiterzeugnisse erneut vom
jeweiligen Lieferbetrieb abgeführt. Das Handelsunternehmen
"Exquisit" bildete zwar weiterhin einen "Dispositionsfonds"; ob diesem Fonds die Zahlungen der Lieferbetriebe
aus der produktgebundenen Abgabe zugeflossen sind bzw. aus
welchen anderen Mitteln er gespeist wurde, läßt der Gesetzestext nicht erkennen.[2] In der derzeit gültigen Preisanordnung über Exquisiterzeugnisse lassen sich keinerlei Hinweise über das Verfahren der Zahlung der produktgebundenen
Abgabe finden.[3]

Mitte der 70er Jahre begann man in der DDR mit neuerlichen
Preisrevisionen, durch die die zwischenzeitliche Steigerung
der Weltmarktpreise für Rohstoffe und Energieträger in die
inländischen Preise einbezogen und die inländischen Preise
wieder vereinheitlicht werden sollten. Wie bereits bei der
Preisreform zwischen 1963 und 1967 sollten für einzelne Abnehmerbetriebe die neuen Abgabepreise nicht gelten. Zur finanzierungstechnischen Absicherung dieses doppelten Niveaus
der Abgabepreise mußten daher erneut Zu- und Abführungen
von Preisdifferenzen vorgenommen werden. Die entsprechende
Vorschrift aus dem Jahr 1975[4] enthielt für die volkseigenen Industriebetriebe die gleichen Regelungen wie die von
1964: Preisdifferenzen mußten vom Lieferbetrieb dann als
produktgebundene Abgabe abgeführt werden, wenn der neue
Preis niedriger als der bisherige war, der für einzelne Abnehmerbetriebe jedoch weiterhin galt; sie wurden ihm als

---

1) Anordnung Nr. Pr.91 über die Preisbildung für Exquisiterzeugnisse vom 17.3.1972, Gbl. DDR II, Nr. 16, S. 177.

2) Anordnung Nr. Pr.115 über die Preisbildung für Exquisiterzeugnisse vom 30.12.1974, Gbl. DDR (1975) I, Nr. 5, S.
   123.

3) Anordnung Nr. Pr.441 über die Preisbildung für Exquisiterzeugnisse vom 10.2.1984, Gbl. DDR I, Nr. 9, S. 106.

4) Anordnung über die Zuführung und Abführung von Preisdifferenzen im Zusammenhang mit planmäßigen Industriepreisänderungen vom 30.5.1975, Gbl. DDR I, Nr. 23, S. 424.

produktgebundene Preisstützung zugeführt, wenn der neue
Preis über dem bisherigen lag. Ab 1978 wurden derartige Zu-
und Abführungen zusätzlich auch bei denjenigen Abnehmerbetrieben vorgenommen, für deren Ergebnisrechnung die bisherigen Bezugs- und Verkaufspreise weitergelten sollten, wenn
für zwischenbetriebliche Verrechnungen jedoch die neuen
Preise anzuwenden waren. Preisausgleichsabführungen[1] erfolgten dann, wenn die neuen Bezugspreise höher oder die
Verkaufspreise niediger als die bisherigen Preise waren; im
entgegengesetzten Fall erfolgten Preisausgleichszuführungen.[2]

Seit 1982 ist eine neue Verordnung über die produktgebundenen Abgaben in Kraft.[3] Hierbei handelt es sich im wesentlichen um die Zusammenfassung der zwischenzeitlich
erlassenen Rechtsvorschriften. Geregelt werden dabei
hauptsächlich abführungstechnische Fragen: Zahlungspflichtig ist in der Regel der Betrieb, der ein Gut herstellt
bzw. eine Leistung erbringt. Durch besondere Vorschriften
kann jedoch auch der Abnehmerbetrieb bzw. Leistungsempfän-
ger zahlungspflichtig sein. Die Abführungsverpflichtung ist
weiterhin umsatzgebunden. Der jeweilige Betrag ist am Tag
der Rechnungsausstellung bzw. innerhalb von drei Tagen nach
der Leistungserbringung auf einem betrieblichen Sonderkonto

---

1) Zu beachten ist, daß seither der Terminus "Preisausgleich" für die Verrechnung binnenwirtschaftlicher
   Preisdifferenzen angewendet wird, während damit zuvor
   die Verrechnung der Unterschiede zwischen Inlandspreisen
   und Auslandspreisen zu Valutagegenwert bezeichnet wurde.

2) Zweite Durchführungsbestimmung zur Verordnung über
   produktgebundene Abgaben und Subventionen - 2.PADB
   Preisausgleichszuführungen und Preisausgleichsabführungen - vom 29.12.1977, Gbl. DDR (1978) I, Nr. 3, S. 54.
   In der Vierten Durchführungsbestimmung hierzu vom 7.2.
   1980, Gbl. DDR I, Nr. 8, S. 68 wurde das Verfahren der
   Abrechnung und Kontrolle des Preisausgleichs präzisiert.

3) Verordnung über produktgebundene Abgaben und Preisstüt-
   zungen vom 1.7.1982, Gbl. DDR I, Nr. 30, S. 547; Erste
   Durchführungsbestimmung hierzu vom 1.7.1982, Gbl. DDR I,
   Nr. 30, S. 550.

bei der zuständigen Staatsbankfiliale stillzulegen. In Ausnahmefällen können die Betriebe zur Verringerung des Arbeitsaufwandes gleichbleibende Abschlagszahlungen leisten, die im Folgemonat mit der Abgabenverpflichtung auf den tatsächlichen Umsatz verrechnet werden.[1] Die produktgebundene Abgabe auf Im- und Exporte wird in der Regel weiterhin nur rechnerisch ermittelt, nicht jedoch abgeführt. Ausnahmen hierzu werden durch spezielle preisrechtliche Vorschriften festgelegt.

Der Entstehungszeitraum der Abgabenverpflichtung ist unverändert beibehalten worden: Bei einer geplanten Zahlung produktgebundener Abgaben von jährlich mehr als 3 Mio. Mark beträgt er fünf und bei einer solchen zwischen 100 Tsd. und 3 Mio. Mark 10 Tage, für Betriebe mit weniger als 100 Tsd. Mark geplanter jährlicher produktgebundener Abgabe beläuft sich der Entstehungzeitraum weiterhin auf einen Monat.[2] Die innerhalb dieser Zeitspanne auf dem Sonderkonto stillgelegten Beträge müssen innerhalb von 15 Tagen an das übergeordnete Kombinat abgeführt werden. Dieses leitet sie am darauffolgenden Tag ungekürzt an den Staatshaushalt weiter. Heutzutage werden die Abgabenrückvergütungen auf Betriebsebene und nicht mehr wie zuvor auf der Ebene der übergeordneten Lenkungsinstanz mit der Zahlungsverpflichtung verrechnet. Eine Saldierung von produktgebundenen Abgaben und Preisstützungen ist für Betriebe und Kombinate weiterhin ausgeschlossen.

---

1) Diese Möglichkeit besteht seit 1979; vgl. Dritte Durchführungsbestimmung zur Verordnung über produktgebundene Abgaben und Subventionen - 3. PADB - vom 21.4.1979, Gbl. DDR I, Nr. 13, S. 95. Durch die Verordnung aus dem Jahr 1982 wurden die bisherigen Vorschriften um Verfahrensregularien bei falscher und unpünktlicher Abführung und Nachberechnung der Abschlagszahlungen erweitert.

2) Für Betriebe der Branntwein- und Tabakindustrie ist der Entstehungszeitraum auf einen Tag festgelegt worden.

In welcher Form die produktgebundene Abgabe jeweils festzulegen ist, wird in der neuen Verordnung, anders als in derjenigen aus dem Jahr 1972, nicht mehr vorgeschrieben. Ob
sie heutzutage weiterhin entweder als Prozentsatz vom Abgabepreis, als fester Mark- oder als Differenzbetrag zwischen
den nach unterschiedlichen Kriterien ermittelten Betriebs-
und Abgabepreisen festgelegt wird, ist demzufolge nicht
eindeutig ersichtlich. Allerdings ist zu vermuten, daß die
güterspezifische Abgabe heutzutage primär in Form von Dif-
ferenzbeträgen festgelegt wird: Die Preispolitik hat, so
wird neuerdings ausdrücklich hervorgehoben, gegenüber der
Abführungserhebung durch die produktgebundene Abgabe Vorrang (Lexikon der Wirtschaft 1986, S. 10). Dies kann dahingehend interpretiert werden, daß Betriebs- und Abgabepreise entsprechend den wirtschaftspolitischen Zielsetzungen nach jeweils unterschiedlichen Gesichtspunkten
festgelegt werden. Veränderungen der Betriebspreise dürfen
somit nicht automatisch auch zu Veränderungen der Abgabepreise führen. Andererseits dürfen sich Veränderungen der
Abgabepreise nicht automatisch auf die betriebliche Finanzwirtschaft auswirken. Entscheidungen hierüber behalten sich
die wirtschaftspolitischen Lenkungsinstanzen jeweils fallweise vor. Dieser Anforderung kann die produktgebundene Abgabe nur genügen, wenn sie als (variabler) Differenzbetrag
festgelegt wird. Nur ausnahmsweise wird die Abgabenbelastung in der DDR aus Vereinfachungsgründen noch für ganze
Gütergruppen in Form eines Prozentsatzes oder eines fest-
stehenden Abgabenbetrages pauschaliert (Hedtkamp 1987, S.
200).

2.3. Die Produktionsfondsabgabe

Bei der Produktionsfondsabgabe (PFA) handelt es sich um eine Pflichtzahlung an den Staatshaushalt, deren Höhe sich nach dem den Betrieben überlassenen Anlage- und Umlaufvermögen, den sogenannten Produktionsfonds, richtet. Mittels dieser Abgabe sollen die Betriebe an einer möglichst effizienten Nutzung der ihnen zur Verfügung gestellten Kapitalgüter interessiert werden (Goldschmidt, Langner 1965; Gurtz 1965; Lexikon der Wirtschaft 1986, S. 424).

Erstmals wurde die Produktionsfondsabgabe in der NÖSPL-Richtlinie des Jahres 1963 genannt:[1] Sie sollte von den Betrieben in Höhe eines bestimmten Prozentsatzes ihrer Produktionsfonds entrichtet und aus dem Bruttogewinn bezahlt werden. Seither versteht man in der DDR unter Nettogewinn den Bruttogewinn (bzw. das einheitliche Betriebsergebnis) abzüglich der Produktionsfondsabgabe. Damit von der neuen Pflichtzahlung ein Einfluß auf das Verhalten der Betriebsangehörigen ausgeht, sollte die Bildung des Prämienfonds und der anderen Betriebsfonds nicht mehr wie bisher vom Gesamtgewinn, sondern vom Nettogewinn abhängig gemacht werden.

Spezifische Festlegungen über die Modalitäten der Berechnung und Erhebung der neuen Abgabe wurden in der genannten Richtlinie nicht getroffen. Lediglich wurde gefordert, daß der Abgabensatz je Betrieb so differenziert werden sollte, daß er einerseits hoch genug war, um einen spürbaren Einfluß auf den Gewinn und die Prämienfondszuführungen zu haben, andererseits aber auch nicht so hoch, daß dies die sonstige gesetzlich vorgeschriebene Gewinnverwendung, d.h. innerbetriebliche Fondsbildung, Gewinnabführung und Kredittilgung, beeinträchtigte.

---

1) Richtlinie für das neue ökonomische System der Planung und Leitung der Volkswirtschaft vom 11.7.1963, Gbl. DDR II, Nr. 64, S. 453.

Um die zweckmäßigste Ausgestaltung der neuen Pflichtzahlung zu ermitteln, wurde sie zunächst probeweise zum 1.7.1964 in sechs Vereinigungen mit ca. zweihundert VEBs eingeführt (Goldschmidt, Langner 1965; Langner, Nick 1965). Über dieses Experiment und die daraus zu ziehenden Schlüsse wurde in der Fachliteratur der DDR ausführlich und z.T. sehr kontrovers diskutiert. Diese Diskussion soll nicht nachgezeichnet werden,[1] da hier vorrangig ihre Ergebnisse, die sich in Rechtsvorschriften niederschlugen, von Interesse sind: Aus den Erfahrungen bei der experimentellen Einführung der Produktionsfondsabgabe und als Ergebnis der Diskussion wurden drei Folgerungen über die zweckmäßigste Ausgestaltung des neuen Pflichtzahlungsinstruments gezogen:

- Sowohl die aus staatlichen Zuschüssen und Gewinn als auch die durch Bankkredite finanzierten Produktionsfonds sollten der Produktionsfondsabgabe unterliegen. Gegebenenfalls mußte der jeweilige Betrieb also für eine Investition sowohl Kreditzinsen als auch die neue Pflichtzahlung entrichten. Dieser Punkt wurde insbesondere im Zusammenhang mit der Einführung des "Prinzips der Eigenerwirtschaftung" relevant, da zuvor lediglich außerplanmäßige Rationalisierungsinvestitionen durch Kredite finanziert worden waren.

- Um die Betriebe am Einsatz neuer Maschinen zu interessieren, sollten die Anlagengüter nicht mit ihrem um die jährlichen Abschreibungen verminderten Netto-, sondern mit dem Bruttowert in die Bemessungsgrundlage der Produktionsfondsabgabe einbezogen werden. Die Argumentation, mit der dies begründet wurde, wird in Abschnitt 5.2.1.1. aufgegriffen.

---

1) Siehe hierzu Goldschmidt, Langner 1965; Langner, Nick 1965; Heidborn 1970. Vgl. auch W.-D. Schmidt 1973, S. 60 ff., der zwar primär die Diskussion in der Sowjetunion, wo damals ebenfalls die PFA neu eingeführt wurde, nachzeichnet, dabei jedoch z.T. auch auf Veröffentlichungen aus der DDR eingeht. Einzelne Argumente dieser Diskussion werden im Zusammenhang mit der Funktionsanalyse der Produktionsfondsabgabe in Abschnitt 5.2.1.1. aufgegriffen.

- Die Rate der Produktionsfondsabgabe sollte gesamtwirtschaftlich einheitlich fixiert werden, damit sich Einsparungen von Produktionsmitteln in allen Betrieben in
gleicher Weise auf den Nettogewinn und damit auf die
Prämiierung auswirkten (Nick 1963a, 1963b, 1965a, 1965b;
Oelschlägel, Seidel 1965; Goldschmidt, Langner 1965, S.
58 ff). Relevant war dieser Punkt deswegen, weil die
Prämiierung der Betriebsangehörigen zur damaligen Zeit
zunächst von der sogenannten Orientierungskennziffer Gewinn und 1969/1970 zumindest teilweise vom jährlichen
Gewinnwachstum abhängig gemacht wurde (vgl. Abschnitt
5.2.2.4.).

1966 wurden erste detaillierte Rechtsvorschriften zur Erhebung der Produktionsfondsabgabe erlassen[1] und man führte
die neue Pflichtzahlung in einer größeren Gruppe von Betrieben und VVBs allgemeinverbindlich ein: Sowohl die VEBs
als auch die VVB-Zentralen mußten eine Produktionsfondsabgabe entrichten. Die Abgabenzahlungen der VEBs wurden zunächst auf einem gesonderten Bankkonto der jeweiligen VVB
gesammelt und von dieser anschließend an den Staatshaushalt
weitergeleitet. Die VVB beglich ihre Abgabenverpflichtung
für die Produktionsmittel, die sie unmittelbar verwaltete,
aus dem Gewinnverwendungsfonds. Bei der Ermittlung der Bemessungsgrundlage waren auch die kreditfinanzierten Rationalisierungsinvestitionen zu ihrem jeweiligen Bruttowert zu
berücksichtigen. Somit waren die zwei ersten der drei oben
angeführten Forderungen an eine zweckmäßige Ausgestaltung
der Produktionsfondsabgabe berücksichtigt worden.

---

1) Beschluß über Grundsätze für die Einführung der Produktionsfondsabgabe in ausgewählten VVB der zentralgeleiteten volkseigenen Industrie vom 3.3.1966 - Auszug - nebst
Anlage vom 3.3.1966, Gbl. DDR II, Nr. 42, S. 261; Anordnung Nr. 1 zu den Grundsätzen für die Einführung der
Produktionsfondsabgabe in ausgewählten VVB der zentralgeleiteten volkseigenen Industrie vom 3.3.1966, Gbl. DDR
II, Nr. 42, S. 263.

Die dritte dagegen wurde nicht verwirklicht: Die Rate der Produktionsfondsabgabe sollte zwar als langfristiges und einheitliches Normativ festgelegt werden, jedoch wurde diese Rate anfangs je VVB individuell fixiert. Darüber hinaus erhielten die Generaldirektoren der Vereinigungen das Recht, die Abgabenrate zwischen den ihnen unterstellten Betrieben zu differenzieren, sofern hierdurch der für die einzelne VVB insgesamt geplante Abgabenbetrag nicht unterschritten wurde. Die Spanne der Abgabenrate lag dabei 1966 zwischen 1,4 und 6 v.H. (Buck 1969, S. 840). Dies war jedoch nur als Übergangsregelung gedacht; die Differenzierung wurde zeitlich zunächst auf maximal zwei Jahre begrenzt. Der jeweilige Satz der Produktionsfondsabgabe galt gleichermaßen sowohl für das Anlagevermögen (die Grundmittel) als auch für das Umlaufvermögen (die Umlaufmittel).

Um die Ursachen für die betriebsindividuelle Differenzierung des Abgabensatzes zu verstehen, muß erneut auf die seinerzeitige Preisbildung in der DDR eingegangen werden: Bei der damals gerade durchgeführten Industriepreisreform war der in den Güterpreisen berechnete kalkulatorische Gewinnzuschlag auf die Verarbeitungskosten bezogen worden. Zwischen der Höhe der Produktionsfonds und derjenigen des Gewinns bestand somit für den einzelnen Betrieb kein unmittelbarer Zusammenhang. Die Bezugsbasis der Gewinnkalkulation einerseits und die der Berechnung der Produktionsfondsabgabe andererseits waren somit nicht identisch. Daher hätte, wie Untersuchungen in den "Experimentierbetrieben" zeigten (Ambrée 1966a, S. 39 ff.), eine einheitliche Festlegung der Abgabenrate insbesondere bei den Betrieben mit sehr kapitalintensiver Produktion dazu geführt, daß dort der Gesamtgewinn geringer als der Betrag der abzuführenden Produktionsfondsabgabe gewesen wäre.

Dieser Umstand führte dazu, daß bereits während der Durchführung der Industriepreisreform in der Fachliteratur der DDR erste kritische Äußerungen über die Unzulänglichkeit der kostenbezogenen Preissetzung veröffentlicht wurden und man die Bildung fondsbezogener Preise forderte (Keller 1965; Ambrée 1965, 1966b): Nur dann, wenn sowohl die Gewinne als auch die Produktionsfondsabgabe unter Zugrundelegung der gleichen Bezugsbasis berechnet werden und wenn die Gewinnrate einheitlich und dabei höher als der Satz dieser Pflichtzahlung festgelegt wird, ist jeder Betrieb, auch der kapitalintensive, in der Lage, die Produktionsfondsabgabe zu einem gesamtwirtschaftlich einheitlichen Satz aus seinem Gewinn zu finanzieren.

Die Differenzierung des Abgabensatzes sollte bis zu einer neuerlichen Preisrevision, d.h. bis zur Umstellung der Gewinnkalkulation von der Kosten- auf die Fondsbasis und damit bis zur Vereinheitlichung der Fondsrentabilität[1], lediglich vorübergehenden Charakter haben (M. Schmidt 1964; Keller 1965; Goldschmidt, Langner 1965). Eine wesentliche Ursache für die Einführung fondsbezogener Preise ab 1969 (vgl. Knauff 1973) war somit das Ziel, den Satz dieser Pflichtzahlung einheitlich festlegen zu können (Hollicki, Stoller 1967; Buck 1973, S. 52).

Grundsätzlich muß bei der Produktionsfondsabgabe immer danach unterschieden werden, in welcher Höhe sie *geplant* wird und in welcher Höhe sie dann *tatsächlich* zu leisten ist. Auf dem Umstand, daß von der Differenz beider Beträge ein Einfluß auf die Prämiierung der Betriebsangehörigen ausgeht, beruht der mit diesem Instrumentarium bei Gültigkeit des Planerfüllungsprinzips intendierte Wirkungsmechanismus (vgl. Abschnitt 5.2.2.2.). Demzufolge werden in den Vorschriften zur Produktionsfondsabgabe seit deren Einführung immer detaillierte Angaben darüber gemacht, welche Produk-

---

1) Die Fondsrentabilität wird definiert als das Verhältnis von Gewinn zu eingesetzten Produktionsfonds. Die Fondsrentabilität der einzelnen VVBs streute damals zwischen 0,5 und 98,9 v.H.; vgl. Ebert, Matho, Milke 1968, S. 1774.

tionsfonds jeweils bei der Planung dieser Pflichtzahlung und welche bei der Ermittlung ihrer tatsächlich abzuführenden Höhe zu berücksichtigen sind.

1966 wurden stillgelegte Grundmittel bei der Ermittlung des planmäßigen Abgabenbetrages nicht berücksichtigt, gleichwohl mußte auf sie eine Abgabe geleistet werden. Investitionen wurden zum Zeitpunkt ihrer planmäßigen Inbetriebnahme sowohl in die planmäßige als auch in die tatsächliche Bemessungsgrundlage einbezogen. Für das betriebliche Umlaufvermögen wurde die Produktionsfondsabgabe in Höhe des planmäßigen Durchschnittsbestands geplant, zu zahlen war sie in Höhe des effektiven Durchschnittsbestands der Umlaufmittel. Generell befreit waren Grundmittel für Wissenschaft und Technik, für betriebliche Bildungs-, Sozial-, Kultur- und Wohnungsbaumaßnahmen sowie im Bereich der Umlaufmittel planmäßige Materialreserven, Bestände an freigelegten Mineralien und Vorleistungen für zukünftige Planperioden.

Um den Einfluß der Produktionsfondseinsparungen auf die Prämienfondszuführung zu verstärken, wurde für 1966 als Übergangsregelung festgelegt, daß eine positive (negative) Abweichung der tatsächlichen von der geplanten Produktionsfondsabgabe nicht über eine Veränderung des Ist- gegenüber dem Plangewinn wirken, sondern unmittelbar und in voller Höhe dieses Differenzbetrages zu einer Mehr- bzw. Minderzuführung zum Prämienfonds führen sollte.

Leisteten die Betriebe einer VVB zusammen weniger Produktionsfondsabgabe, als den planmäßigen Zahlungsverpflichtungen dieser VVB insgesamt entsprach, mußte der Differenzbetrag aus dem Gewinnverwendungsfonds der VVB gedeckt werden. Reichte der Gewinn eines Betriebes nicht zur Zahlung der Produktionsfondsabgabe aus, wurde auch dieser Fehlbetrag aus dem Gewinnverwendungsfonds beglichen. Bei Betrieben, die planmäßig mit Verlust abschlossen, erhöhte die Abgabenschuld die durch die VVB an diese Betriebe zu zahlenden Verluststützungen; in diesem Fall wurde die Produktionsfondsabgabe also durch eine vorangehende "Subvention" finanziert.

Zum 1.1.1967 wurden die Vorschriften zur Produktionsfondsabgabe neu gefaßt[1] und gleichzeitig in den Handelsbetrieben eine analoge Handelsfondsabgabe eingeführt:[2] Der Abgabensatz durfte nun grundsätzlich nur noch jeweils für Gruppen von Betrieben, die in etwa die gleiche Fondsintensität aufwiesen, insgesamt differenziert werden. Dies sollte "nur für einen begrenzten Zeitraum" erfolgen. Anders als zuvor wurde somit keine genaue Zeitbegrenzung mehr vorgeschrieben, innerhalb derer die Sätze zu vereinheitlichen waren. Durch gezielte Maßnahmen zur Kostensenkung sollten die betrieblichen Fondsrentabilitäten einander angeglichen werden.

Das Grundprinzip für die Ermittlung der planmäßigen wie der tatsächlich zu zahlenden Produktionsfondsabgabe blieb unverändert, wobei auch sämtliche kreditfinanzierten Produktionsmittel in die Berechnungsbasis einbezogen werden mußten. Deren Anteil war im Zuge der zunehmenden "Eigenerwirtschaftung" angestiegen. Daneben wurden weitere Grundmittel von der Planung und Erhebung der Produktionsfondsabgabe

---

1) Beschluß über die weitere Anwendung der Produktionsfondsabgabe im Bereich der volkseigenen Industrie und des volkseigenen Bauwesens vom 2.2.1967 - Auszug -, Gbl. DDR II, Nr. 19, S. 115; Verordnung über die weitere Anwendung der Produktionsfondsabgabe im Bereich der volkseigenen Industrie und des volkseigenen Bauwesens vom 2.2.1967, Gbl. DDR II, Nr. 19, S. 115; Erste Durchführungsbestimmung zur Verordnung über die weitere Anwendung der Produktionsfondsabgabe im Bereich der volkseigenen Industrie und des volkseigenen Bauwesens vom 2.2. 1967, Gbl. DDR II, Nr. 19, S. 117.

2) Verordnung über die Anwendung der Handelsfondsabgabe im Bereich des Ministeriums für Handel und Versorgung vom 24.8.1967, Gbl. DDR II, Nr. 93, S. 685.

ausgenommen.[1] Abgesehen von einigen geringfügigen Modifikationen bezüglich der generellen Abgabenbefreiung einzelner Produktionsmittel wurden an Stelle der stillgelegten
Grundmittel die planmäßig auszusondernden Grundmittel bei
der Berechnung der planmäßigen Produktionsfondsabgabe aus-
gespart; sie unterlagen allerdings dann der Produktionsfondsabgabe, wenn sie nicht planmäßig ausgesondert wurden.

Zum 1.1.1969 sollte mit der Einführung fondsbezogener Industriepreise eine für alle Betriebe einheitliche Abgabenrate
angewendet werden.[2] Deren Höhe wurde auf 6 v.H. festgelegt.[3] Auch die damals neu eingeführte Bodennutzungsgebühr
(vgl. Abschnitt 2.5.) muß seither in der betrieblichen Vermögensbilanz aktiviert werden und unterliegt damit ebenfalls der Produktionsfondsabgabe.

---

1) Zusätzlich zu den bereits befreiten wurden folgende Produktionsmittel aus der Berechnungsbasis der Produktionsfondsabgabe herausgenommen: Grundmittel für die Berufs-
   ausbildung und Erwachsenenqualifizierung; Arbeitsmittel
   mit einem Bruttowert bis zu 500 Mark; Grundmittel für
   lebensrettende Einrichtungen in der Hochseefischerei;
   Bestände an unvollendeter Bau- und Montageproduktion der
   zentralgeleiteten Baukombinate sowie an unvollendeter
   Ausrüstungsmontageproduktion des Maschinen- und Anlagen-
   baus der Investitionsauftragnehmer.

2) Dritte Durchführungsbestimmung zur Verordnung über die
   weitere Anwendung der Produktionsfondsabgabe im Bereich
   der volkseigenen Industrie und des volkseigenen Bauwesens vom 26.6.1968, Gbl. DDR II, Nr. 67, S. 493. Stenzel
   und Uebermuth (1978, S. 58) zufolge bestanden jedoch
   noch Ende der 70er Jahre für kapitalintensive Branchen
   wie die Energiewirtschaft und die Bauindustrie Ausnahmeregelungen. Dies wird auch heutzutage noch der Fall
   sein.

3) Abschnitt VI.3 des Beschlusses über die Grundsatzregelung für komplexe Maßnahmen zur weiteren Gestaltung des
   ökonomischen Systems des Sozialismus in der Planung und
   Wirtschaftsführung für die Jahre 1969 und 1970 vom 26.6.
   1968, Gbl. DDR II, Nr. 66, S. 433.

Die Gruppe der von der Abgabenpflicht befreiten Grundmittel wurde bei dieser Gelegenheit nicht unerheblich ausgeweitet.[1] Daneben mußten die Betriebe auch für alle bereits begonnenen, aber noch nicht abgeschlossenen Investitionsvorhaben die Produktionsfondsabgabe entrichten; sie war für diese Projekte jedoch weiterhin erst ab dem Zeitpunkt der voraussichtlichen Inbetriebnahme der Investitionsvorhaben zu planen. Dies waren die einzigen nennenswerten Modifikationen der Vorschriften zur Produktionsfondsabgabe während der Phase des ÖSS. Allerdings hatte der Umstand, daß damals das bisherige Planerfüllungs- durch ein (rudimentäres) Gewinnerfüllungsprinzip ersetzt wurde, erheblichen Einfluß auf die Wirkungslogik dieser betrieblichen Pflichtzahlung (vgl. Abschnitt 5.2.2.4.).

Auch nach Abbruch der Wirtschaftsreformen zum Jahreswechsel 1970/1971 wurde - trotz des Erlasses einer neuen Rechtsvorschrift[2] - das Grundprinzip der Erhebung der Produktionsfondsabgabe beibehalten. Durch die Wiedereinführung des Planerfüllungsprinzips änderte sich jedoch erneut ihre Wirkungsweise und entsprach erneut derjenigen vor Beginn des ÖSS.

Der Abgabensatz wurde ab 1971 unverändert mit 6 v.H. festgelegt und sollte für die einzelnen Betriebe bzw. Betriebsgruppen grundsätzlich nicht mehr differenziert werden. Allerdings konnte der Ministerrat bei der jährlichen Aufstellung des Volkswirtschaftsplanes für Betriebe oder Branchen mit sehr hoher Fondsintensität einen geringeren Abgabensatz festlegen. Die seit 1968 vom Gesetzgeber ausdrücklich angestrebte Vereinheitlichung der betrieblichen Abgabensätze

---

1) Von der Abführungsverpflichtung wurden zusätzlich ausgenommen: Anlagen zur Abwasserbehandlung und zur Luftreinhaltung sowie EDV-Anlagen, letztere befristet bis zum 31.12.1970.

2) Verordnung über die Produktionsfondsabgabe vom 16.12.1970, Gbl. DDR 1971 II, Nr. 4, S. 33.

war zu Beginn der 70er Jahre noch immer nicht realisiert worden. Dies zeigt sich darin, daß in der Ersten Durchführungsbestimmung zu der o.a. Rechtsvorschrift erneut gefordert wurde, "die bestehenden Differenzierungen der Rate der Produktionsfondsabgabe für Betriebe einzuschränken".[1] Dieser Vereinheitlichung stand der Umstand im Wege, daß nach dem Abbruch der Wirtschaftsreformen auch die Neufestlegung fondsbezogener Preise gestoppt wurde, so daß weiterhin Fondsintensität und Gewinnhöhe allenfalls zufällig miteinander korrespondierten.

Die früheren Festlegungen über die Grund- und Umlaufmittel, die von der Planung und Bezahlung der Abgabe ausgenommen waren, wurden größtenteils in die neue Verordnung übernommen. Gleiches galt für die abführungsrechtliche Behandlung der noch nicht abgeschlossenen Investitionen. Diese Vorschriften zur Produktionsfondsabgabe aus dem Jahr 1970 galten bis Anfang 1982 weitgehend unverändert und wurden lediglich durch zwei Vorschriften modifiziert, in denen die abgabenbefreiten Grundmittel neu abgegrenzt wurden.[2]

Um die Betriebe an der Aussonderung überalteter und unproduktiver Anlagen zu interessieren, wurden diese Grundmittel ab 1971 für den Zeitraum von drei Monaten vor dem planmäßigen Aussonderungstermin von der Produktionsfondsabgabe befreit. Der eingesparte Betrag war für Erweiterungsinvestitionen, betriebliche Sozialmaßnahmen sowie zur vorfristigen Kredittilgung einzusetzen.[3] Daß dieses Instrument versag-

---

1) Erste Durchführungsbestimmung zur Verordnung über die Produktionsfondsabgabe vom 16.12.1970, Gbl. DDR (1971) II, Nr. 4, S. 34.

2) Zweite Durchführungsbestimmung zur Verordnung über die Produktionsfondsabgabe vom 23.4.1971, Gbl. DDR II, Nr. 42, S. 326; Dritte Durchführungsbestimmung hierzu vom 30.1.1979, Gbl. DDR I, Nr. 5, S. 53.

3) Anordnung über die Aussonderung von Grundmitteln, die Anwendung von Sonderabschreibungen und die Bildung und Verwendung des Reparaturfonds vom 10.11.1971, Gbl. DDR

te, zeigt sich daran, daß noch in der zweiten Hälfte der 70er Jahre die Aussonderungsquote sehr gering war und die Überalterung der Produktionsanlagen zu erheblichen Reparaturaufwendungen führte (Melzer 1977; Erdmann 1978, S. 66). Durch die Finanzierungsrichtlinie des Jahres 1982[1] wurden die Verwendungsmöglichkeiten für die bei Aussonderung erlassene Produktionsfondsabgabe auf die vorfristige Kredittilgung beschränkt; der danach noch vorhandene Restbetrag muß seither als "spezielle Abführung" an den Staatshaushalt entrichtet werden.

1982 wurde sowohl für Investitionen, die später als geplant in Betrieb genommen wurden, als auch für überplanmäßige Umlaufmittelbestände eine *zusätzliche* Produktionsfondsabgabe eingeführt.[2] Für den Zeitraum zwischen geplanter und tatsächlicher Inbetriebnahme einer Investition bzw. für die Zeitspanne, in der ein überplanmäßiger Umlaufmittelbestand festgestellt wurde, mußte der jeweilige Betrieb zusätzlich zu der regulären Abgabe weitere 6 v.H. auf die entsprechenden Produktionsfonds zahlen. Da diese erhöhte Abgabe nicht planbar war, sollten hierdurch die negativen Wirkungen derartiger Planabweichungen auf die tatsächliche Erfüllung des Nettogewinnplans und damit auf die Prämienfondszuführungen verstärkt werden. Für Überplanbestände an Umlaufmitteln und für stillgelegte Grundmittel brauchte allerdings dann keine Zusatzabgabe entrichtet zu werden, wenn dies in volkswirtschaftlichem Interesse lag. Da jedoch das "volkswirtschaftliche Interesse" eine fallweise interpretationsbedürftige Voraussetzung ist, werden die Betriebe unter Berufung hierauf oftmals in der Lage gewesen sein, ihre unplanmäßigen

---

II, Nr. 78, S. 694 i.d.F. der Anordnung Nr. 2 hierzu vom 23.6.1975, Gbl. DDR I, Nr. 30, S. 574.

1) Anordnung über die Finanzierungsrichtlinie für die volkseigene Wirtschaft vom 28.1.1982, Gbl. DDR I, Nr. 5, S. 113.

2) Zweite Verordnung über die Produktionsfondsabgabe vom 28.1.1982, Gbl. DDR I, Nr. 6, S. 126.

Umlaufmittelbestände von der erhöhten Abgabenrate befreien
zu lassen.

Auch die abführungsrechtliche Behandlung der Investitionen
wurde modifiziert:[1] Zum ersten durfte die Produktionsfondsabgabe nun nur noch für den planmäßigen Bestand an un-
vollendeten Investitionen geplant werden. Dies kann als Reaktion darauf gewertet werden, daß von den Betrieben neben
den geplanten auch zahlreiche ungeplante Investitionen in
Milliardenhöhe durchgeführt wurden (Melzer 1980, S. 369),
die, wenn sie sich durch das vorhandene investitionspoliti-
sche Instrumentarium schon nicht verhindern ließen, wenigstens möglichst schnell realisiert werden sollten. Zum
zweiten wurde festgelegt, daß dann, wenn Investitionen früher als geplant in Betrieb genommen wurden, für den Zeitraum zwischen tatsächlicher und geplanter Inbetriebnahme
keine Produktionsfondsabgabe zu entrichten sei. Auch hier
wurde also eine möglichst vorfristige Durchführung der Investitionsvorhaben angestrebt.

Bereits 1983 wurde eine neue Rechtsvorschrift zur Produktionsfondsabgabe erlassen,[2] die im wesentlichen jedoch nur
eine Zusammenfassung der vorherigen zwei Verordnungen und
der hierzu erlassenen Durchführungsbestimmungen darstellte.
Neu an ihr war lediglich, daß eine erhöhte Abgabe auch auf
solche Produktionsanlagen zu zahlen war, bei denen das jeweilige mit dem Jahresplan festgelegte Normativ ihrer zeit-
lichen Auslastung nicht eingehalten wurde.[3] Dies ist vor

---

1) Vierte Durchführungsbestimmung zur Verordnung über die
   Produktionsfondsabgabe vom 28.1.1982, Gbl. DDR I, Nr. 6,
   S. 126.

2) Verordnung über die Produktionsfondsabgabe vom 14.4.
   1983, Gbl. DDR I, Nr. 11, S. 106 und Erste Durchführungsbestimmung zur Verordnung über die Produktionsfondsabgabe vom 14.4.1983, Gbl. DDR I, Nr. 11, S. 107.

3) Erstmalig mit dem Volkswirtschaftsplan des Jahres 1984
   erhielten die Kombinate für ihre Produktionsanlagen Aus-
   lastungsnormative in Stunden pro Tag vorgegeben; vgl.

allem vor dem Hintergrund der Bemühungen zu sehen, zwecks Intensivierung des Wirtschaftswachstums die bestehenden Anlagen besser als zuvor zu nutzen. Diese erhöhte Abgabe wurde ebenfalls auf zusätzliche 6 v.H. festgelegt. Nur dann, wenn das Auslastungsnormativ im Jahresdurchschnitt um weniger als 10 v.H. unterschritten wurde, betrug sie 3 v.H.

Die Vorschriften zur Produktionsfondsabgabe blieben somit seit 1970 im Grundsatz unverändert. Erst 1985 wurden in einer neuen, auch derzeit gültigen Vorschrift zwei grundlegende Änderungen vorgenommen:[1] Seither werden zum einen die Grundmittel nicht mehr mit ihrem *Brutto-*, sondern mit ihrem *Netto*wert in die Berechnungsbasis einbezogen. Zum anderen gilt der Abgabensatz von feststehend 6 v.H. nur noch für die Umlaufmittel sowie für die zusätzliche und erhöhte Produktionsfondsabgabe bei verspäteter Inbetriebnahme von Investitionen, Unterschreitung des Auslastungsnormativs und überplanmäßigen Umlaufmittelbeständen. Für die Grundmittel dagegen ist in dieser Verordnung kein konkreter Abgabensatz mehr vorgeschrieben. Dieser soll seither jeweils jährlich mit dem Volkswirtschaftsplan festgelegt werden.

Warum den wirtschaftspolitischen Instanzen in der DDR der Übergang vom Brutto- zum Nettoprinzip wohl zweckmäßig erscheint, wird in Abschnitt 5.2.1.1. erläutert. Eine mögliche Ursache für den Verzicht auf ein längerfristig konstantes Abgabennormativ soll jedoch bereits hier aufgezeigt werden. Hierbei handelt es sich um die in den Jahren 1985 und 1986 durchgeführten Umbewertung der Grundmittel, durch die die Vermögensbilanz-Werte der Grundfonds den aktuellen

---

Rose 1986, S. 37. Zu den Bestrebungen in der DDR, eine ansteigende Schichtauslastung der Produktionsanlagen zu realisieren vgl. G. Schneider 1987, S. 403 ff.

1) Verordnung über die Produktionsfondsabgabe vom 9.5.1985, Gbl. DDR I, Nr. 13, S. 157; Erste Durchführungsbestimmung hierzu vom 9.5.1985, Gbl. DDR I, Nr. 13, S. 159.

Industriepreisen angepaßt wurden.[1] Welchen Einfluß dies
auf die wertmäßige Fondsstruktur und damit auch auf die
Fondsrentabilität der volkseigenen Betriebe hatte, ließ
sich zu dem Zeitpunkt des Erlasses der neuen Verordnung nur
vage abschätzen. Erschwert wurde diese Vorausermittlung
auch dadurch, daß seit 1983 die normative Nutzungsdauer der
Grundmittel und damit auch die Abschreibungssätze neu festgelegt wurden.[2] Erst nach deren Neufixierung lassen sich
die für die Planung und Zahlung der Produktionsfondsabgabe
relevanten Nettowerte berechnen. Wahrscheinlich sollen erst
diese Einflüsse genau ermittelt werden, bevor die Rate der
Produktionsfondsabgabe wieder für einen längeren Zeitraum
neu festgelegt wird.

Über die beiden genannten grundlegenden Veränderungen hinaus wurden die Vorschriften zur Produktionsfondsabgabe in
weiteren Details modifiziert. So wurde die Berechnungsbasis
der Abgabenverpflichtung bei noch nicht abgeschlossenen
Investitionsvorhaben geändert. Seither wird nicht mehr der
geplante, sondern der tatsächliche Durchschnittsbestand
dieser Investitionen für die Ermittlung der tatsächlich abzuführenden Produktionsfondsabgabe herangezogen. Damit soll
erreicht werden, daß bereits bei der Investitionsdurchfüh-

---

1) Anordnung über die Umbewertung der Grundmittel vom
14.12.1984, Gbl. DDR I, Nr. 37, S. 450; Anordnung Nr. 2
über die Umbewertung der Grundmittel vom 15.11.1985,
Gbl. DDR I, Nr. 31, S. 359. Die Umbewertung erfaßte
nicht jedes einzelne Anlagegut, sondern erfolgte jeweils
für ganze Inventar-, Alters- und Baujahresgruppen mittels globaler Umbewertungskoeffizienten; vgl. Lexikon
der Wirtschaft 1986, S. 528.

2) Anordnung zur Überprüfung und Überarbeitung der normativen Nutzungsdauer und der Abschreibungssätze für Grundmittel vom 2.8.1983, Gbl. DDR I, Nr. 23, S. 236. Eine
erste Zusammenstellung der neuen Abschreibungssätze wurde 1985 veröffentlicht; vgl. Anordnung über die Abschreibung der Grundmittel vom 3.10.1984, Gbl. DDR
(1985) Sdr., Nr. 1124. Diese wurde jedoch zum Teil bereits 1986 wieder überarbeitet; vgl. Anordnung Nr. 2
über die Abschreibung der Grundmittel vom 10.4.1986,
Gbl. DDR Sdr., Nr. 1124/1.

rung eine Überschreitung des planmäßigen Investitionsaufwands eine gegenüber dem Planansatz höhere Abgabenverpflichtung der Betriebe hervorruft (Krause 1985, S. 2). Um die Betriebe daneben an der Eigenerstellung von Rationalisierungsmitteln zu interessieren, wurden diese durch die neue Verordnung für das Jahr ihrer Fertigstellung sowie für die beiden nachfolgenden Jahre von der Abgabenverpflichtung befreit.

Seit 1988 werden in derzeit 16 Kombinaten Experimente im Zusammenhang mit der neuerlichen Betonung des "Eigenerwirtschaftungsprinzips" unternommen. Die betreffenden Betriebe müssen nun ihre Forschungs- und Entwicklungsaufwendungen aus Gewinn "eigenerwirtschaften", während diese Aufwendungen in den übrigen Kombinaten und deren Betrieben weiterhin aus Kosten und Budgetzuweisungen finanziert werden. Allem Anschein nach reicht der Betriebsgewinn nicht zur Finanzierung sowohl der Produktionsfondsabgabe als auch der Forschungs- und Entwicklungsaufwendungen aus, so daß die Betriebe der "Experimentierkombinate" ihre Produktionsfondsabgabe nicht mehr aus Gewinn finanzieren, sondern sie als Kosten kalkulieren (Lotze 1988, S. 7; Cornelsen 1989, S. 56 f.). Interessanterweise verspricht man sich davon, daß die Produktionsfondsabgabe in den "Experimentierkombinaten" nun nicht mehr aus Gewinn, sondern aus Kosten finanziert wird, eine stärkere Wirksamkeit dieser Abgabe in Richtung auf Kapitaleinsparungen als bisher (Ehrensperger 1989, S. 505). Zum einen wird damit eingestanden, daß die Produktionsfondsabgabe bisher nicht wie erwartet gewirkt hat; zum anderen steht diese Argumentation in diametralem Gegensatz zur Diskussion bei Einführung dieser Pflichtzahlung, als man in deren Finanzierung aus Gewinn die Voraussetzung für ihre Wirksamkeit sah. Ob diese Neuregelung auch für die übrigen Kombinate übernommen wird, bleibt abzuwarten.

2.4. Der Beitrag für gesellschaftliche Fonds

Seit Anfang 1984 müssen die Betriebe der zentralgeleiteten Industrie und seit Anfang 1985 auch diejenigen der Bauwirtschaft eine als Beitrag für gesellschaftliche Fonds (BfgF) bezeichnete neue Pflichtzahlung an den Staatshaushalt entrichten.[1] Deren Höhe bemißt sich nach der betrieblichen Lohnsumme, dem sogenannten Lohnfonds. Mittels des Beitrags für gesellschaftliche Fonds sollen die Betriebe an einer effizienten Nutzung des ihnen zur Verfügung stehenden Arbeitskräftepotentials interessiert werden (Erdmann 1983; Barthel 1986a).

Bereits in den sechziger Jahren wurde in der DDR von einigen Ökonomen gefordert, in Analogie zu der damals neu eingeführten Produktionsfondsabgabe in den VEBs auch eine Lohnfondsabgabe einzuführen, um so die Arbeitskosten in der betrieblichen Ergebnisrechnung zu verteuern und hierdurch den Arbeitseinsatz zu rationalisieren (Richter 1966; Nick 1966).[2] Dieser Vorschlag wurde jedoch nicht realisiert, da man befürchtete, daß durch die Einführung einer weiteren Pflichtzahlung das Abführungssystem zu stark differenziert und damit für die wirtschaftsleitenden Instanzen nicht mehr

---

1) Verordnung über den Beitrag für gesellschaftliche Fonds vom 14.4.1983, Gbl. DDR I, Nr. 11, S. 105. Zwischenzeitlich wurde der Geltungsbereich auf die bezirksgeleitete Industrie, den Produktionsmittelhandel, das Verkehrswesen, die volkseigene Forstwirtschaft sowie weitere, namentlich genannte VEB ausgedehnt, ohne daß sich hierdurch an dem im folgenden skizzierten Wirkungsmechanismus des BfgF etwas änderte; vgl. Zweite Verordnung über den Beitrag für gesellschaftliche Fonds vom 14.6.1984, Gbl. DDR I, Nr. 18, S. 238 sowie Dritte Verordnung über den Beitrag für gesellschaftliche Fonds vom 24.5.1985, Gbl. DDR I, Nr. 14, S.178.

2) Zusätzlich wurde damals auch die Erhebung einer an den Umfang der Bodennutzung anknüpfenden "Territorialabgabe" gefordert, um die Betriebe an einer Optimierung ihrer Standortwahl zu interessieren; vgl. Schützenmeister 1971, S. 116 ff. Dieser Vorschlag wurde in begrenztem Umfang durch die Einführung der Bodennutzungsgebühr in die Tat umgesetzt; vgl. Abschnitt 2.5.

ausreichend beherrschbar sei (Gurtz 1967, S. S7; Bielig, Gurtz 1973, S. 1639).

Während der 70er Jahre war die Lohnfondsabgabe kaum Thema der wissenschaftlichen Diskussion. Im Zuge der forcierten Bemühungen um eine Intensivierung des Wirtschaftsprozesses seit Ende der 70er Jahre erhielt das Ziel der Arbeitskräfteeinsparung jedoch erneutes Gewicht. Daher überrascht es nicht, daß 1979 in der DDR erneut Vorschläge zur Einführung einer Lohnfondsabgabe veröffentlicht wurden (Meßbauer, Hollicki 1979, S. 343 f.; D. Schulz 1979, S. 478 ff.).

Das Lohnkostenelement ließe sich in der betrieblichen Ergebnisrechnung im Prinzip durch eine Lohnerhöhung verstärken. Dies bedeutete jedoch eine Zunahme der kaufkräftigen Nachfrage ohne gleichzeitige Ausdehnung des realen Güterangebots; dies verstärkte die in der DDR ohnehin beobachtbare Kassenhaltungsinflation (vgl. Thieme 1980, S. 66 f.; Jansen 1982, S. 82) nur noch weiter. Eine Wiederabschöpfung des Kaufkraftüberhangs durch eine Lohn- bzw. Verbrauchsteueranhebung hätte jedoch, wie generell auch das Zwangssparen der Bevölkerung bei einer Kassenhaltungsinflation, demotivierende Effekte auf die Leistungsbereitschaft der Arbeitskräfte und würde sehr wahrscheinlich das Ausmaß der schattenwirtschaftlichen Aktivitäten vergrößern.

Um diese negativen Auswirkungen zu vermeiden, werden die Lohnkosten der Betriebe seit 1984 vermittels des Beitrags für gesellschaftliche Fonds ohne gleichzeitige Anhebung der Löhne erhöht: Die Betriebe müssen 70 v.H. ihres *planmäßigen Lohnfonds* als Pflichtzahlung *planen*, und diese Pflichtzahlung wird dabei innerhalb der betrieblichen Ergebnisrechnung als Bestandteil der Lohnnebenkosten kalkuliert.

Da die neue Pflichtzahlung zum "variablen Kapital" gezählt wird, erhöhen sich hierdurch die entsprechend der Marxschen Arbeitswertlehre kalkulierten Verkaufspreise der Produkte.

Gleichzeitig geht der Beitrag für gesellschaftliche Fonds auch in die Kennziffer "Nettoproduktion" des jeweiligen Betriebes als Maßstab seiner Wertschöpfung ein.[1] Bei Gütern, die sich bereits in der Produktion befinden, darf der Beitrag für gesellschaftliche Fonds nur dann in die Preiskalkulation einbezogen werden, wenn für diese Güter planmäßige Industriepreisänderungen vorgenommen werden. Für Konsumgüter ist dies grundsätzlich *ausgeschlossen*. Für neu in die Produktion aufzunehmende Güter *einschließlich der* Konsumgüter ist der Beitrag von Anfang an mit zu kalkulieren.[2]

Tatsächlich abführen muß der einzelne VEB 70 v.H. der in der Planperiode *realiter ausgezahlten Löhne*. Wie bei der Produktionsfondsabgabe, so basiert auch die intendierte Wirkungslogik des Beitrags für gesellschaftliche Fonds darauf, daß sich Differenzen zwischen planmäßiger und tatsächlicher Höhe der Abgabenzahlung in Abhängigkeit von der Ent-

---

1) Die Nettoproduktion soll den in den Betrieben neu geschaffenen Wert messen. Ermittelt wird sie, indem von der Preissumme aller hergestellten absatzfähigen Waren (Warenproduktion) die Abschreibungen und Vorleistungen abgezogen werden. Die Nettoproduktion umfaßt somit Löhne, Prämien und sonstige Arbeitsvergütungen, Steuern, Abgaben, Zinsen und Versicherungsbeiträge sowie den Gewinn. Neben Nettogewinn, Konsumgüterproduktion und Export ist die Nettoproduktion heutzutage eine der Hauptkennziffern der Planung, Leistungsbewertung und Prämiierung. Zu den derzeit gültigen, nicht veröffentlichten Prämiierungsvorschriften vgl. Autorenkollektiv 1985a, S. 271 sowie Hoss, Seifert 1987, S. 51; zur Problematik der Kennziffer Nettoproduktion vgl. Cornelsen 1987, S. 59; zum Einfluß des Umstandes, daß der Beitrag für gesellschaftliche Fonds sowohl Bestandteil der Kennziffer Gewinn als auch der Kennziffer Nettoproduktion ist, auf die Wirkungslogik dieser Pflichtzahlung vgl. Abschnitt 5.2.2.1.

2) Anordnung über die zentrale staatliche Kalkulationsrichtlinie zur Bildung von Industriepreisen vom 17.11. 1983, Gbl. DDR I, Nr. 35, S. 341. Zum Verfahren der Preisplanung vgl. Teil N Abschnitt 25 der Anordnung über die Ordnung der Planung der Volkswirtschaft der DDR 1986 bis 1990 vom 7.12.1984, Gbl. DDR (1985) Sdr., Nr. 1190/n i.d.F. der Anordnung Nr. 3 über die Ordnung der Planung der Volkswirtschaft der DDR 1986 bis 1990 vom 27.2.1987, Gbl. DDR Sdr., Nr. 1190/1n .

wicklung der Lohnkosten auf die Erfüllung der Gewinnkennziffer und damit auf die Prämiierung der Betriebsangehörigen auswirken sollen (vgl. Abschnitt 5.2.1.2.). Da der Beitrag für gesellschaftliche Fonds über Preisanhebungen auf
die Abnehmerbetriebe weitergewälzt werden soll, führt dies
zusätzlich dazu, daß sich die Vorleistungen um so stärker
verteuern, je arbeitsintensiver sie hergestellt werden. Als
ein weiterer Effekt der Lohnfondsabgabe kann dies bei den
Abnehmerbetrieben Substitutionsprozesse induzieren, durch
die sie über die Senkung des Einsatzes arbeitsintensiv pro-
duzierter Materialien und Vorleistungen möglicherweise einen zusätzlichen Gewinn erzielen.

Die Behandlung der Lohnfondsabgabe als Kosten wird in der
DDR-Fachterminologie als Primärabführung bezeichnet. Alternativ dazu könnte der Beitrag für gesellschaftliche Fonds
jedoch auch - analog zur Produktionsfondsabgabe - als Gewinnverwendung ausgestaltet werden. Eine derartige Lösung
wird als Sekundärabführung bezeichnet (D. Schulz 1979, S.
478). Gegen die Erhebung des Beitrags für gesellschaftliche
Fonds in Form einer Sekundärabführung spricht jedoch der
Umstand, daß die Preisbildung heutzutage grundsätzlich pro-
duktionsfondsbezogen erfolgt.[1] Die Gewinne reichen so un-

---

1) Trotz wiederholter Modifikationen der staatlichen Kalkulationsrichtlinien ist das Grundprinzip der Preisbildung seit Einführung des fondsbezogenen Preistyps unverändert geblieben (vgl. Melzer 1983 u. 1985; Haffner
   1987a): Durch Multiplikation des betrieblichen Fondsbe-
   stands mit staatlich normierten Gewinnzuschlagsätzen
   wird die in die Güterpreise insgesamt zu kalkulierende
   Gewinnsumme ermittelt. Letztere wird daran anschließend
   mit Hilfe der jeweils güterspezifischen Verarbeitungskosten oder Maschinenlaufstunden als Zurechnungsschlüssel
   auf die einzelnen Güter umgelegt. Da die betriebliche
   Gewinnsumme in Abhängigkeit vom Produktionsfondsbestand
   ermittelt wird, handelt es sich selbst dann, wenn die
   Gewinne auf der Basis der Verarbeitungskosten kalkuliert
   werden, um fondsbezogene Preise. Hauptgegenstand der
   staatlichen Kalkulationsrichtlinien ist dabei immer, ob
   und in welchem Ausmaß die solchermaßen ermittelten
   Grundpreise durch Zu- und Abschläge, "Nutzenteilungen"
   zwischen Verkäufer- und Abnehmerbetrieb, antizipierte

ter Umständen nicht aus, neben den sonstigen Gewinnverwendungspositionen auch die neue Pflichtzahlung zu finanzieren.

Die Einführung des Beitrags für gesellschaftliche Fonds
setzt also genauso, wie dies Ende der 60er Jahre für die
Produktionsfondsabgabe galt, eine umfassende Neufestlegung
der Preise voraus (D. Schulz 1979, S. 478 f.). Bereits 1972
wurde vorgeschlagen, als Bezugsbasis für die Gewinnzuschlagskalkulation bei der Bildung fondsbezogener Preise
neben den Produktionsfonds auch den betrieblichen Lohnfonds
einzubeziehen (Kindler 1972). Die Höhe des planmäßigen Betriebsgewinns wäre in diesem Fall auch von derjenigen des
planmäßigen Lohnfonds abhängig gewesen, so daß eine zusätzliche Lohnfondsabgabe aus dem Gewinn hätte finanziert werden können. Eine Alternative hierzu wäre eine Erhöhung des
produktionsfondsbezogenen Gewinnzuschlagsatzes gewesen.

Beide Alternativen wurden jedoch nicht realisiert. Nach allem Dafürhalten stand dem das praktische Problem entgegen,
daß mittels der staatlich administrierten Preissetzung derartige Veränderungen der Preisbildung nicht ausreichend
flexibel und schnell genug durchgeführt werden können. Zusätzlich hemmend wirkte sich aus, daß im Rahmen der marxi-
stisch-leninistischen Wert- und Preistheorie kontrovers
darüber diskutiert wurde, ob die Einbeziehung des Lohnfonds
in die fondsbezogene Preisbildung überhaupt zulässig sei
(Kindler 1972, S. 49). Schließlich wurde eine abgabenbedingte Preiserhöhung für eine sozialistische Wirtschaftsordnung aus ideologisch-propagandistischen Gründen als in-
diskutabel angesehen und daher kategorisch abgelehnt (Stenzel, Uebermuth 1978, S. 59).

Kosteneinsparungen und dergleichen mehr zu modifizieren
sind.

Daß die Lohnfondsabgabe ohne vorherige Preisreform eingeführt wurde, zeigt das Ausmaß des Handlungsbedarfs, dem die
wirtschaftspolitischen Entscheidungsträger auf dem Gebiet
der Arbeitskräfteeinsparung gegenüberstanden. Aber auch die
gewählte Alternative der Primärerhebung des Beitrags für
gesellschaftliche Fonds aus Kosten ist nur dann durchführbar, wenn der zusätzliche Kostenbestandteil über Preisanhebungen in die betrieblichen Verkaufspreise einbezogen wird.
Der Zwang zu einer Neufestlegung der Preise war somit nicht
aufgehoben. Daß man die neue Pflichtzahlung nun als Kosten
definiert und durch ihre Benennung eine (realiter nicht
vorhandene) sozialpolitische Zweckbindung der Abgabenein-
nahmen vorgibt,[1] dient wohl vorrangig dazu, der ideologi-
schen Vorgabe, daß dem Sozialismus abgabenbedingte Preiserhöhungen "wesensfremd" sind, definitorisch Genüge zu tun.

Auf Grund der starren staatlichen Preissetzung konnten die
Güterpreise zunächst nicht schnell genug angepaßt werden.
Um zu verhindern, daß durch die neue Pflichtzahlung unter
Umständen der gesamte Betriebsgewinn abgeschöpft wird, wurde ein sogenannter staatlicher Erlöszuschlag (sEz) eingeführt:[2] Sofern die Verkaufspreise bei Einführung der neuen
Pflichtzahlung nicht angehoben werden, wird der planmäßig
zu zahlende Beitrag für gesellschaftliche Fonds zunächst
mit der planmäßigen Nettogewinnabführung und der produktgebundenen Abgabe verrechnet. Reichen diese Verrechnungen

---

1) Zu den "gesellschaftlichen Fonds" werden in der Fachterminologie der DDR "Zuwendungen des ... Staates für die
   Wohnungswirtschaft, für die Sicherung stabiler Preise
   für Waren des Grundbedarfs und Tarife für die Bevölkerung, für das Bildungswesen, für die Entwicklung der
   Kultur, des Sports und des Erholungswesens, für das Ge-
   sundheits- und Sozialwesen sowie für die Sozialversicherung" gerechnet; vgl. Kinze, Knop, Seifert 1983, S. 79
   f.

2) Erste Durchführungsbestimmung zur Verordnung über den
   Beitrag für gesellschaftliche Fonds vom 14.4.1983, Gbl.
   DDR I, Nr. 11, S. 106; Anordnung über die Planung und
   Zuführung des staatlichen Erlöszuschlages vom 2.6.1983,
   Gbl. DDR I, Nr. 15, S. 164.

nicht aus, wird aus dem Staatshaushalt der staatliche Erlöszuschlag als Stützungszahlung gewährt.

In welchem Ausmaß Verrechnungen und Stützungszahlungen anfänglich notwendig waren, wird anhand der in Tabelle 1 auf-
gelisteten Angaben zur Haushaltsrechnung der DDR seit 1983
belegt:

Tabelle 1:
Volumen der haushaltswirksamen Verrechnungen und Stützungszahlungen im Zusammenhang mit der Einführung des Beitrags
für gesellschaftliche Fonds <in Mio. Mark>

Jahr	BfgF	sEz[a]	NGA	PGA
1983	-	885	55.681	39.283
1984	20.094	17.043	40.530	50.242
1985	26.602	4.894	38.653	46.012
1986	33.968	173	38.664	43.659
1987	34.128		39.191	42.965
1988	35.194		43.578	43.108

Anmerkung:
a) Die entsprechende Haushaltsposition enthält daneben auch
   Preisstützungen zum Ausgleich planmäßiger Industriepreisänderungen in den Produktionsbetrieben, nicht jedoch Preisstützungen für Konsumgüter. Ab 1987 werden in
   der Haushaltsrechnung keine Angaben mehr über die Höhe
   des staatlichen Erlöszuschlags veröffentlicht.
Quellen: Haushaltsrechnungen der DDR; vgl. Anhang.

Diese Zahlenangaben lassen sich mit gebührender Vorsicht
wie folgt interpretieren: 1984 standen den Einnahmen aus
der neuen Pflichtzahlung in Höhe von rund 20,1 Mrd. Mark
Budgetbelastungen von 16,2 Mrd. Mark in Form des staatlichen Erlöszuschlags sowie 15,2 Mrd. Mark in Form von Min-
dereinnahmen aus der Nettogewinnabführung gegenüber. Teilweise läßt sich die Absenkung der Nettogewinnabführung dadurch erklären, daß 1983 im Zuge von Preisrevisionen die
Zuschlagsrate der Gewinnkalkulation innerhalb der gesamten
volkseigenen Industrie "auf die für die Sicherung der wirtschaftlichen Rechnungsführung erforderliche Höhe" gesenkt
wurde (Rost 1987). Dadurch verminderte sich der finanzielle

"Gewinnüberhang" in den Betrieben, der nicht für die interne Fondsbildung benötigt wurde und daher abgeführt werden mußte. Teilweise wird diese deutliche Abnahme der Gewinnabführung gegenüber dem Vorjahr aber auch auf entsprechende Verrechnungen mit dem Beitrag für gesellschaftliche Fonds zurückzuführen sein. Die Folgejahre waren durch einen weiteren Anstieg der Einnahmen aus dieser Lohnfondsabgabe bei gleichzeitiger Verminderung der budgetären Belastungen aus staatlichem Erlöszuschlag und Verrechnungen gekennzeichnet. Bereits 1986 wurde kein nennenswerter Erlöszuschlag mehr gewährt. Dies ist ein Indiz dafür, daß zwischenzeitlich die Anpassung der Preise im Zuge der jährlichen Preisrevisionen weitestgehend abgeschlossen ist. Dabei ist der Beitrag für gesellschaftliche Fonds auch auf den Konsumgüterbereich, sofern es sich nicht um Güter des "Grundbedarfs" handelt, deren Preise konstant gehalten werden sollen, über Preisanhebungen weitergewälzt worden.

Aus Sicht des einzelnen Betriebes wird die finanzielle Belastung durch diese neue Pflichtzahlung in ihrer planmäßigen Höhe somit entweder durch Preisanhebungen, durch Verrechnung mit anderen Pflichtzahlungen oder mittels Gewährung einer Stützungszahlung vollständig kompensiert. Aus diesem Grund kann die neue Pflichtzahlung nicht als "exorbitant hohe" Lohnsummensteuer bzw. Abgabe bezeichnet werden, wie dies zum Teil in der westdeutschen DDR-Forschung gelegentlich geschieht (z.B. Thalheim 1985, S. 143 f.; Hedtkamp 1987, S. 200): Der Abgabensatz kann bei entsprechenden flankierenden Maßnahmen (Preisanhebungen und Verrechnungen) letztendlich jede beliebige Höhe annehmen. Je höher dabei das Abführungsnormativ festgelegt ist, um so mehr wirken sich allerdings Differenzen zwischen planmäßigem und tatsächlichem Arbeitskräfteeinsatz in den Betrieben auf den Nettogewinn und damit auf die Prämiierung aus (vgl. Abschnitt 5.2.1.2.). In diesem intendierten Motivierungseffekt liegt die Ursache dafür, daß eine aus westlicher Sicht "exorbitant hohen" Abführungsrate fixiert worden ist.

2.5. Die Bodennutzungsgebühr

Mit den Wirtschaftsreformen des NÖSPL und des ÖSS wurde zum 1.1.1968 eine Bodennutzungsgebühr eingeführt.[1] Mit ihrer Hilfe sollten die Betriebe auch der volkseigenen Wirtschaft[2] an einer optimalen Bodennutzung und Standortwahl sowie einer Verminderung des Einsatzes landwirtschaftlich nutzbaren Bodens auf das unbedingt notwendige Mindestmaß interessiert werden (Schramm 1969). Beanspruchte ein VEB Bodenflächen, die zuvor landwirtschaftlich genutzt worden waren, für Investitionen oder zum Abbau mineralischer Rohstoffe, mußte er eine Zahlung an den Kreis leisten, auf dessen Gebiet die betreffende Grundfläche lag.[3] Diese Einnahmen sollten von den Kreisen zweckgebunden für Meliorationsmaßnahmen sowie für Finanzierungsbeteiligungen und Prämienzahlungen zugunsten solcher Industrie- und Bergbaubetriebe eingesetzt werden, die von ihnen zuvor genutzten Boden rekultivierten.

Wurde der Boden der landwirtschaftlichen Nutzung *dauerhaft* entzogen, hatte der jeweilige Betrieb eine *einmalige* Gebühr zu leisten. Deren Höhe wurde dabei, wie dies in Übersicht 1

---

1) Verordnung über die Einführung einer Bodennutzungsgebühr zum Schutz des land- und forstwirtschaftlichen Bodenfonds - Verordnung über Bodennutzungsgebühr - vom 15.6. 1967, Gbl. DDR II, Nr. 71, S. 487.

2) Diese Gebühr wird von sämtlichen Betrieben erhoben.

3) Formal müssen die Betriebe auch eine Grundsteuer entrichten. Da Grundstücke in der betrieblichen Vermögensbilanz nicht bilanziert sind, wird die Grundsteuer auf den jeweiligen Einheitswert der Gebäude erhoben. Allerding wurde die Steuerschuld auf dem Stand von 1951 "eingefroren": Grundstückszu- und -abgänge ändern seitdem nichts mehr an der Höhe der Steuerschuld nach dem Stand von 1951; vgl. Lexikon der Wirtschaft 1986, S. 239. Das bedeutet, daß die nach 1951 neu gegründeten oder verlagerten VEBs keinerlei Grundsteuer mehr zahlen und die Steuerschuld bei den übrigen VEBs kaum eine nennenswerte Höhe erreichen wird. Die Grundsteuer sollte, so wurde 1956 angekündigt, im Jahr 1957 für die volkseigene Wirtschaft abgeschafft werden; vgl. Rumpf 1956, S. 525. Warum dies nicht geschah, ist nicht ersichtlich.

dargestellt ist, entsprechend Bodenart und -nutzung festgelegt. Bei den drei zuerst genannten Bodenarten wurde die Gebühr innerhalb der angegebenen Spannweite entsprechend der jeweiligen Bodenqualität differenziert.

Übersicht 1:
Höhe der Bodennutzungsgebühr in Abhängigkeit von Bodenart und -nutzung (Regelung 1967) <Angaben in Tsd. Mark>

Bodenart und -nutzung	Gebührenhöhe/ha
Ackerland und Wechselnutzungsland	60 - 400
Wiesen, Weiden und Hutungen	35 - 250
Forsten und Holzungen	30 - 150
Obstanlagen, Baumschulen, Weingärten und Korbweidenanlagen	400
Haus- und Kleingärten	100
ablaßbare Teiche	30

Sofern der Boden nur *vorübergehend* der landwirtschaftlichen Nutzung entzogen wurde, war für den betreffenden Zeitraum eine jährliche Zahlung von 5.000 Mark je ha Bodenfläche zu leisten. Dabei war ein Termin festzulegen, bis zu dem die Rückführung des Bodens in seine ursprüngliche Nutzungsart zu erfolgen hatte. Gleichzeitig war darüber zu befinden, in welchem Ausmaß der VEB die jeweilige Bodenfläche rekultivieren mußte. Wurde der Rückführungstermin nicht eingehalten, erhöhte sich die Gebühr für die betreffende Zeitspanne auf jährlich 15.000 Mark je ha. Wenn die vorgesehenen Rekultivierungsmaßnahmen nicht oder nicht zureichend durchgeführt wurden, mußten zusätzlich einmalig 20.000 Mark je ha entrichtet werden.

Es gab jedoch eine Reihe von Ausnahmen: Die Betriebe des Uranbergbaus wurden gänzlich von der Zahlungsverpflichtung befreit. Die sonstigen Bergbaubetriebe brauchten bei Übertageabbau sowohl für dauerhafte als auch für vorübergehende nichtlandwirtschaftliche Bodennutzung jährlich nur 2.500 Mark je ha des in Anspruch genommenen Bodens abzuführen. War eine Investition standortgebunden, wurde lediglich die

Hälfte des sonst gültigen Gebührensatzes erhoben. Bei verspäteter Rückführung des Bodens in seine ursprüngliche Nutzung hatten die Bergbaubetriebe 7.500 Mark, bei nicht den Anforderungen entsprechender Rekultivierung nur 12.500 Mark zu entrichten.

Durch die Erhebung der Bodennutzungsgebühr durften die sonstigen Pflichtzahlungen der Betriebe nicht vermindert und die betrieblichen Verkaufspreise nicht erhöht werden. Die Gebührenzahlung muß seit ihrer Einführung in der betrieblichen Vermögensbilanz aktiviert werden und unterliegt der Produktionsfondsabgabe (vgl. Abschnitt 2.3.), wobei sie nicht abgeschrieben werden darf. Je mehr Bodennutzungsgebühr der einzelne Betrieb entrichtet, um so höher ist damit die in der Zukunft zu zahlende Produktionsfondsabgabe.

Die *reguläre, planmäßige* Bodennutzungsgebühr wurde im betrieblichen Rechnungswesen als Investitionsaufwand behandelt und erhöhte so die bei der Investitionsplanung zu kalkulierenden Kosten. Finanziert werden sollte sie aus Gewinn, Abschreibungserlösen und Investitionskrediten. Die *erhöhte, überplanmäßige* Bodennutzungsgebühr bei verspäteter oder nicht qualitätsgerechter Bodenrückführung mußte als (nichtplanbare) "Kosten schlechter Leitungstätigkeit" verbucht werden und ging so zu Lasten der tatsächlichen Gewinnentstehung. Die Unterscheidung zwischen regulärer und erhöhter Bodennutzungsgebühr deutet darauf hin, daß auch ihre Wirkung darauf beruhen soll, daß sie über Gewinneffekte im Zuge des Soll-Ist-Vergleichs die Prämiierung der Betriebsangehörigen beeinflußt (vgl. Abschnitt 5.2.1.3.).

Die 1967 erlassene Verordnung über die Bodennutzungsgebühr blieb bis 1981 in Kraft. In jenem Jahr wurde hierzu eine neue, auch heute noch gültige Rechtsvorschrift erlassen.[1]

---

1) Verordnung über Bodennutzungsgebühr vom 26.2.1981, Gbl. DDR 1, Nr. 10, S. 116.

Das oben skizzierte Grundprinzip der Gebührenfestlegung und -erhebung wurde dabei unverändert übernommen. Ausdrücklich wird in der neuen Verordnung festgelegt, daß die Gebühr zwar zum Investitionsaufwand zählt, jedoch nicht in die Güterpreise kalkuliert und somit auch nicht in die Bezugsbasis der Gewinnzuschlagskalkulation einbezogen werden darf. Auch die Weiterwälzung der Gebühr über den Verkauf von Grundmitteln ist ausgeschlossen. Die neuen Vorschriften unterscheiden sich von den vorausgegangenen im wesentlichen lediglich bezüglich der Höhe der Gebührensätze.

Die neuen Gebührensätze, die bei *dauerhafter* nichtlandwirtschaftlicher Bodennutzung je nach Bodenart und -nutzung entrichtet werden müssen, sind in Übersicht 2 zusammengestellt. Auch sie werden z.T. wieder nach der Bodenqualität differenziert.

Übersicht 2:
Höhe der Bodennutzungsgebühr in Abhängigkeit von Bodenart und -nutzung (Regelung 1981)<Angaben in Tsd. Mark>

Bodenart und -nutzung	Gebührenhöhe/ha
Ackerland einschließlich Erwerbsgartenland	60 - 400
Grünland, Forste und Hutungen	35 - 250
fischwirtschaftlich genutzte Binnengewässer	30
Obstanlagen, Baumschulen u.ä.	400
be- und entwässertes Grünland, forstwirtschaftliche Baumschulen und Plantagen, Versuchsflächen, Waldumwandlungsbestände in Immissionsschadgebieten u.ä.	250

Der Gebührensatz für die Betriebe des Übertagebergbaus, d.h. insbesondere für die Braunkohleindustrie, wurde gegenüber früher (2.500 Mark) auf jährlich 1.000 Mark je ha herabgesenkt. Ursache hierfür wird die seit Mitte der 70er Jahre in der DDR forcierte Substitution von Erdölimporten durch heimische Braunkohle gewesen sein. Die weitere Aus-

dehnung der Abraumflächen hätte bei dem bisherigen Gebührensatz eine sehr hohe Abschöpfung des Finanzaufkommens der
betreffenden Betriebe durch die Bodennutzungsgebühr hervorgerufen. Unter Umständen wären dann nicht genügend Mittel
zur Eigenerwirtschaftung der innerbetrieblichen Fondsbildung verblieben.

Die bei *vorübergehender* nichtlandwirtschaftlicher Bodennutzung zu entrichtende Gebühr wird seither in monatlich differenzierter Höhe festgelegt. Für die Monate August bis
April beträgt sie jeweils 500 Mark, für die Monate Mai bis
Juli dagegen jeweils 2.500 Mark. Über das gesamte Jahr hinweg bedeutet dies eine Erhöhung der Gebühr von zuvor 5.000
Mark auf 12.500 Mark.

Gleichzeitig wurden die Sätze der erhöhten Bodennutzungsgebühr, die bei Verletzung der staatlichen Vorschriften über
die Bodennutzung[1] zu entrichten ist, stark angehoben: Erfolgt der Bodenentzug ohne vorherige Zustimmung der hierfür
zuständigen staatlichen Instanz, ist er umfangreicher als
bewilligt oder erfolgt er früher als vorgesehen, muß heutzutage das Zehnfache der regulären Gebührenhöhe zusätzlich
abgeführt werden. Bei ungenügender Rekultivierung sind seit
1981 100.000 Mark je Hektar zu entrichten, bei nicht ter-
mingerechter Rückführung beträgt die erhöhte Bodennutzungsgebühr 50.000 Mark je Hektar und Jahr. Diese Sätze gelten
heute auch für die Bergbaubetriebe (Rohde 1988, S. 101).

---

1) Vgl. die Verordnung zum Schutz des land- und forstwirtschaftlichen Bodens und zur Sicherung der sozialistischen Bodennutzung - Bodennutzungsverordnung - vom 26.2.
   1981, Gbl. DDR I, Nr. 10, S. 105.

2.6. Die Amortisationsabführung

Bei der Preisbildung werden in der DDR neben Lohn-, Material- und sonstigen Kosten auch Abschreibungen auf das Produktivvermögen kalkulatorisch berücksichtigt. Die Verkaufserlöse, die aus diesen Abschreibungen stammen, werden in der DDR als Amortisationen bezeichnet. Die Betriebe müssen ihre Amortisationen dann ganz oder teilweise abführen, wenn diese Einnahmen entsprechend den jeweils gültigen Vorschriften nicht für die interne Finanzierung von Ersatz- und Erweiterungsinvestitionen verwendet werden sollen.[1] Die historische Entwicklung der Amortisationsabführung hängt somit wie diejenige der Gewinnabführung von den wiederholt geänderten Rechtsvorschriften über die innerbetriebliche Finanzierung ab.

1948 verblieben den in Staatseigentum überführten Betrieben ihre Abschreibungserlöse zunächst in voller Höhe und dienten vorrangig zur Finanzierung der notwendigsten Wiederinstandsetzungsmaßnahmen.[2] Zum Beginn des Jahres 1949 wurde die Investitionsfinanzierung gänzlich zentralisiert. Die Betriebe mußten nun sowohl ihre Gewinne als auch ihre sämtlichen Abschreibungserlöse zunächst an die jeweilige VVB abführen.[3] Die VVB leitete diese Zahlungen vierteljährlich und in voller Höhe an die kurz zuvor gegründete Deutschen

---

1) Der Umstand, daß Amortisationen bis zum Ersatz der abgeschriebenen Vermögensposition auch zur Finanzierung von Erweiterungsinvestitionen herangezogen werden können, ist in der "westlichen" Betriebswirtschaftslehre als "Lohmann-Ruchti-Effekt" bekannt. In der Fachterminologie der DDR wird in diesem Zusammenhang vom "Reproduktionseffekt" gesprochen; vgl. Jasinski, Sturm, Wolf 1983, S. 147.

2) Verordnung über die Finanzwirtschaft der volkseigenen Betriebe vom 12.5.1948, ZVoBl. SBZ, Nr. 15, S. 148.

3) Anordnung über die Durchführung und Finanzierung des Investitionsplanes des Volkswirtschaftsplanes der sowjetischen Besatzungszone vom 30.3.1949, ZVoBl. SBZ, Nr. 33, S. 259; Anordnung zur Errichtung der Deutschen Investitionsbank vom 13.10.1948, ZVoBl. SBZ, Nr. 48, S. 494.

Investitionsbank (DIB) weiter. Im Gegenzug stellte die DIB den Betrieben die notwendigen Mittel für die planmäßige Investitionsfinanzierung zur Verfügung. 1949 mußte die DIB dabei insgesamt 50 v.H. der ihr zufließenden betrieblichen Abschreibungserlöse für Generalreparaturen[1] und 50 v.H. für Neuinvestitionen ausreichen.[2] Verrechnungen zwischen Amortisationsabführung an und Überweisung durch die DIB waren grundsätzlich nicht gestattet, d.h. beide Zahlungen mußten jeweils brutto erfolgen. Auf die den Betrieben von der DIB ausgereichten Investitionsmittel brauchten keine Zinsen gezahlt werden, auch wurden sie nicht getilgt.

Bei ansonsten gleichbleibenden Vorschriften konnten die Betriebe und Vereinigungen zwischen 1950 und 1952 einen geringen Anteil der Abschreibungen (zwischen 3 und 5 v.H. ihrer Generalreparaturen) für Kleininvestitionen einsetzen. Als die VVBs 1952 aufgelöst wurden, führten die Betriebe ihre Amortisationen unmittelbar an die DIB ab.[3]

---

1) In der DDR werden unter Generalreparaturen Maßnahmen verstanden, durch die eine Produktionsanlage gründlich überholt wird; hierbei wird eine Kapazitätsausweitung, eine Verlängerung der Lebensdauer und/oder eine Modernisierung der technischen Komponenten angestrebt.

2) 1950 hatte die DIB die ihr zufließenden Amortisationen zu 40 v.H. für Generalreparaturen und zu 60 v.H. für Neuinvestitionen einzusetzen. Diese Quoten wurden 1951 in 35 v.H. bzw. 65 v.H. geändert; letztmalig 1952 wurden für die einzelnen Wirtschaftszweige differenzierte Quotenvorgaben veröffentlicht, die für die Finanzierung von Generalreparaturen zwischen 35 v.H. und 100 v.H. lagen.

3) Erste Durchführungsbestimmung zum Gesetz über den Volkswirtschaftsplan 1950, das zweite Jahr des Zweijahresplans der Deutschen Demokratischen Republik - Abführung von Abschreibungen und Ausreichung von Investitionsmitteln - vom 5.12.1950, Gbl. DDR, Nr. 139, S. 1191; Gesetz über den Haushaltsplan 1950 vom 9.2.1950, Gbl. DDR, Nr. 17, S. 111; Gesetz über den Staatshaushaltsplan 1951 vom 13.4.1951, Gbl. DDR, Nr. 45, S. 283; Anordnung zu dem durch den Volkswirtschaftsplan 1952 vorgeschriebenen Plan für die Investitionen und Generalreparaturen vom 10.2.1952, Gbl. DDR, Nr. 24, S. 137.

114

Für einzelne Branchen oder Betriebe konnte der Finanzminister 1953 und 1954 festlegen, daß die Investitionen dort zumindest teilweise wieder aus eigenen Erlösen (Gewinnen und Amortisationen) ohne vorherige Abführung finanziert werden durften. Diese Betriebe erhielten darüber hinaus im Bedarfsfall aus dem Staatshaushalt nicht rückzahlbare Zuweisungen.[1] Verfügten die jeweiligen Betriebe dagegen über mehr Amortisationen, als sie zur Investitionsfinanzierung benötigten, mußten sie den überschüssigen Betrag nicht an die DIB, sondern an die branchenmäßig strukturierten Hauptverwaltungen entrichten.

Die einzelne Hauptverwaltung leitete diese Zahlungen an Betriebe weiter, bei denen das eigene Gewinn- und Abschreibungsaufkommen nicht zur planmäßigen Investitionsfinanzierung ausreichte. Wurden von der Hauptverwaltung nicht alle Amortisationsabführungen zur Umverteilungen innerhalb ihres Verwaltungsbereichs benötigt, floß der Rest dann an andere Hauptverwaltungen des gleichen Ministeriums, wenn diese einen entsprechenden Finanzbedarf aufwiesen. Nur die auch danach noch nicht verbrauchten Amortisationserlöse wurden in den Staatshaushalt eingestellt. Damit waren die Hauptverwaltungen als Umverteilungsinstanzen der Amortisationen an die Stelle der DIB getreten. Zwar wurden die Zahlungsvorgänge weiterhin über Konten der DIB abgewickelt; diese Bank fungierte jedoch nur noch als Ausführungsorgan der Hauptverwaltungen.[2]

---

1) Instruktion zur Durchführung des Investitionsplanes und des Generalreparaturplanes - Investitionsplan - vom 30.12.1952, Gbl. DDR (1953), Nr. 2, S. 32.

2) Die DIB wurde zum 1.1.1968 aufgelöst. An ihre Stelle trat die Deutsche Industrie- und Handelsbank (DIHB) als allgemeine Geschäftsbank der volkseigenen Wirtschaft. Mitte 1974 wiederum wurden die Geschäftsstellen der DIHB in Filialen der Staatsbank umgewandelt, so daß die Staatsbank seither sowohl Zentralbanken- als auch Geschäftsbankenaufgaben erfüllt.

Die Betriebe, denen gegenüber der Finanzminister keine gesonderten Regelungen festlegte, führten ihre Amortisationen
weiterhin an die DIB ab, von wo sie im Gegenzug ihre Investitionsmittel erhielten. Sofern es sich um außerplanmäßige
Rationalisierungsvorhaben handelte, konnten diese Investitionen damals erstmals auch durch verzinsliche und rückzahlbare Kredite finanziert werden. Getilgt wurden die Kredite unter anderem aus den Amortisationen auf diese kreditfinanzierten Investitionsobjekte.[1]

1955 wurden die Betriebe von der Abführungsverpflichtung
fast gänzlich befreit. Die Amortisationen verblieben den
Betrieben zu einem Großteil und dienten der Finanzierung
der planmäßigen Reparaturvorhaben. Sofern dies von der
übergeordneten Lenkungsinstanz jeweils angeordnet wurde,
konnten sie auch zur anteiligen Mitfinanzierung von Erweiterungsinvestitionen eingesetzt werden.[2] Nur der danach
verbleibende Rest mußte an die übergeordnete Hauptverwaltung abgeführt werden, die ihn wie bisher entweder an
andere Betriebe umverteilte oder an den Staatshaushalt
weiterleitete. Die Betriebe konnten damals die Abschreibungserlöse, die zwar für Generalreparaturen im laufenden
Jahr planmäßig vorgesehen, jedoch nicht verbraucht worden
waren, auf das Folgejahr übertragen.

Zum 1.1.1958 wurde der betriebliche Investitionsfonds in
den "Fonds zur Erhaltung der Grundmittel" (Ersatzinvesti-

---

1) Richtlinien für die Gewährung von Investitionskrediten
   an volkseigene Betriebe durch die Deutsche Investitionsbank vom 15.2.1954, Gbl. DDR, Nr. 22, S. 199. Dieses
   Verfahren der Kreditfinanzierung galt im wesentlichen
   jedoch nur für außerplanmäßige Rationalisierungskredite,
   bei deren Durchführung keine planmäßig anderweitig einzusetzenden Ressourcen verwendet wurden.

2) Verordnung über die Verwendung der Amortisationen in den
   Betrieben der volkseigenen Wirtschaft vom 6.1.1955, Gbl.
   DDR I, Nr. 6, S. 21. Allem Anschein nach wurde diese
   Pflichtzahlung jedoch gelegentlich auch unabhängig vom
   betriebsinternen Finanzierungsbedarf festgelegt; vgl.
   o.V. 1957, S. 294.

tionen) und den "Fonds zur Erweiterung der Grundmittel" (Erweiterungsinvestitionen) aufgespalten.[1] Die Amortisationen sollten in Zukunft grundsätzlich nur noch für Ersatzinvestitionen verwendet werden. Als Übergangsregelung wurde bestimmt, daß die Amortisationen innerhalb einer (nicht näher eingegrenzten) Zeitspanne weiterhin für Erweiterungsinvestitionen, allerdings begrenzt auf einen Wertumfang der Investitionen in Höhe von 20.000 Mark, eingesetzt werden konnten.

Ab 1958 wurde durch das jeweils übergeordnete Leitungsorgan festgelegt, welcher Betrieb seine Amortisationserlöse in voller Höhe einbehalten durfte und welcher sie teilweise oder gänzlich abführen mußte.[2] In der Regel sollten die Betriebe ihre Abschreibungserlöse in voller Höhe für Erneuerungsinvestitionen einbehalten können. Nur diejenigen Betriebe, deren Kapazitäten abgebaut werden sollten, mußten weiterhin entsprechende Amortisationsabführungen leisten. Die am Jahresende nicht betriebsintern verwendeten Amortisationen konnten von den Betrieben weiterhin auf das Folgejahr übertragen werden.

Erstmalig wurde damals geregelt, wie Planabweichungen bei den betrieblichen Amortisationseinnahmen finanzierungstechnisch zu behandeln waren: Die Betriebe mußten auch dann, wenn die planmäßigen Abschreibungserlöse nicht in der vorgesehenen Höhe erwirtschaftet wurden, ihre planmäßige Amortisationsabführung in voller Höhe entrichten. Die Finanzierung der Ersatzinvestitionen aus Abschreibungen war in diesem Fall entsprechend zu kürzen. Überplanmäßige Amortisationsbeträge dagegen verblieben in der Regel den Betrieben.

---

1) Beschluß des Wirtschaftsrates über die Trennung des Investitionsplanes in einen Plan der Erhaltung der Grundmittel und einen Plan der Erweiterung der Grundmittel vom 17.4.1957, Gbl. DDR I, Nr. 62, S. 517.

2) Anordnung über die Verwendung der Amortisationen in den Betrieben der volkseigenen Wirtschaft vom 31.3.1958, Gbl. DDR II, Nr. 6, S. 43.

Die Vorschriften aus dem Jahr 1958 blieben bis einschließlich 1961 in Kraft. 1962 wurden die beiden Investitionsfonds wieder zusammengefaßt und die Amortisationen erneut
Finanzierungsquelle sowohl der Erhaltungs- als auch der Erweiterungsinvestitionen.[1] Gleichzeitig wurde bestimmt, daß
nun sowohl überplanmäßige als auch nicht planmäßig verwendete Abschreibungserlöse abgeführt werden mußten. Die planmäßigen Amortisationsabführungen wurden weiterhin an die
Hauptverwaltungen entrichtet. Außerplanmäßige Amortisationsabführungen dagegen mußten über die Abteilung Finanzen
der Kreise an den Haushalt der Republik überwiesen werden,
wo sie zweckgebunden für Investitions-Finanzierungsbeihil-
fen einzusetzen waren.[2]

Als die zwischenzeitlich wiedergegründeten VVBs zum Beginn
des NÖSPL 1963 auf die wirtschaftliche Rechnungsführung um-
gestellt wurden, übertrug man ihnen auch die Aufgaben der
Erhebung und Umverteilung der Amortisationsabführungen. Zu
diesem Zweck wurde in den VVBs ein Amortisationsverwendungsfonds gebildet.[3] Die von den Betrieben zu entrichtenden Abschreibungserlöse sowie das Amortisationsaufkommen
der VVB-Zentrale selbst wurden in den genannten Fonds eingestellt. Verwendet wurden diese Finanzmittel für Zuführungen an die Investitionsfonds einzelner Betriebe mit entsprechendem Finanzierungsbedarf sowie für Investitionen der
VVB-Zentrale selbst. Der danach verbleibende Rest wurde von
der VVB an den Staatshaushalt entrichtet.

---

1) Verordnung über die Planung, Vorbereitung und Durchführung der Investitionen vom 26.7.1962, Gbl. DDR II, Nr.
   56, S. 481.

2) Zweite Durchführungsbestimmung zur Verordnung über die
   Planung, Vorbereitung und Durchführung der Investitionen
   - Investitionsfinanzierung - vom 13.9.1962, Gbl. DDR II,
   Nr. 69, S. 609.

3) Verordnung über die Neuregelung der Finanzierung der dem
   Volkswirtschaftsrat unterstehenden Vereinigungen volkseigener Betriebe und deren volkseigene Betriebe vom 5.9.
   1963, Gbl. DDR II, Nr. 84, S. 651.

Wie in den Jahren zuvor mußte der einzelne VEB lediglich
denjenigen Teil der Abschreibungserlöse abführen, der entsprechend seinem Plan der Investitionsfinanzierung weder
für Ersatz- noch für Erweiterungsinvestitionen benötigt
wurde. Neben den Amortisationen standen den Betrieben für
die Investitionsfinanzierung eigene Gewinne, Zuführungen
der VVBs aus umverteilten Gewinnen sowie, anfänglich allerdings nur für Rationalisierungsinvestitionen, Kredite zur
Verfügung. Welche dieser Finanzierungsquellen und dabei in
welchem Umfang eingesetzt wurden, richtete sich nach den
Festlegungen der VVB, die damit gleichzeitig darüber entschied, ob und gegebenenfalls in welcher Höhe der einzelne
Betrieb seine Amortisationen abzuführen hatte. Die damaligen Hauptverwaltungen[1] wiederum legten fest, welchen Anteil ihres Amortisationsverwendungsfonds die einzelne VVB
an den Staatshaushalt abzuführen hatte und welchen sie intern verwenden durfte.

Zusätzlich zu den bisherigen Bestimmungen wurde kurz darauf
festgelegt, daß die Betriebe neben den planmäßigen auch alle außerplanmäßigen Amortisationserlöse nicht mehr an die
Kreise, sondern an die VVBs abführen mußten.[2] Gleichzeitig
konnten die VVBs aus ihrem Amortisationsverwendungsfonds
auch Zuführungen an die neu eingeführten betrieblichen Rationalisierungsfonds vornehmen.[3]

---

1) 1958 waren die Industrieministerien aufgelöst und in
   Hauptverwaltungen der Staatlichen Plankommission (StPK)
   umgewandelt worden. 1961 wurden diese Hauptverwaltungen
   dem neu gegründeten Volkswirtschaftsrat (VWR) unter-
   stellt, der von der StPK die Aufgaben der operativen
   Wirtschaftslenkung erhielt. Bereits 1965 löste man den
   VWR wieder auf und diese Hauptverwaltungen wurden als
   Branchenministerien dem Ministerrat unterstellt.

2) Vierte Duchführungsbestimmung zur Verordnung über die
   Planung, Vorbereitung und Durchführung der Investitionen
   - Investitionsfinanzierung - vom 8.4.1964, Gbl. DDR II,
   Nr. 39, S. 291.

3) Anordnung über die Bildung und Verwendung des Rationalisierungsfonds in den volkseigenen Betrieben und wissenschaftlich-technischen Instituten für das Jahr 1964 vom

Bei Einführung der "Eigenerwirtschaftung" im Jahre 1964 war zunächst vorgesehen, daß die Betriebe nicht nur einen längerfristig konstanten normativen Anteil ihrer Gewinne (vgl. Abschnitt 2.1.), sondern auch einen ebensolchen ihrer Amortisationen für Investitionszwecke erhalten sollten.[1] Die Höhe dieses Normativs sollte von der jeweils zuständigen VVB unter Zugrundelegung des ihr selbst von der übergeordneten Lenkungsinstanz vorgegebenen Normativs betriebsindividuell festgelegt werden. Das betriebliche Amortisationsaufkommen sollte dabei, so wurde erneut gefordert, nur noch zur Finanzierung von Rationalisierungs- und Ersatzinvestitionen eingesetzt werden.

Die Festlegung von Abführungsnormativen erwies sich damals jedoch allem Anschein nach als nicht durchführbar. Als wenig später neue Detailvorschriften über die Investitionsfinanzierung erlassen wurden, war hiervon (wie auch von dem normativen Gewinnanteil) nicht mehr die Rede.[2] Den VEBs verblieb wiederum nur derjenige Teil ihrer Amortisationen, der im jährlichen Investitionsfinanzierungsplan durch die VVB festgelegt wurde; die fallweise nicht benötigten Mittel mußten an die VVB abgeführt werden. Die Amortisationen der VEBs wie auch die der VVBs konnten dabei sowohl für Erneuerungs- und Rationalisierungs- als auch (entgegen der kurz zuvor erlassenen Vorschrift) für Erweiterungsinvestitionen eingesetzt werden.

23.4.1964, Gbl. DDR II, Nr. 44, S. 323.

1) Verordnung über die Vorbereitung und Durchführung von Investitionen - Investitionsverordnung - vom 25.9.1964, Gbl. DDR II, Nr. 95, S. 785.

2) Anordnung über die vorläufige Regelung der Finanzierung der Vorbereitung und Durchführung der Investitionen vom 17.3.1965, Gbl. DDR II, Nr. 38, S. 277. Ursache dessen wird die damals beginnende Preisreform gewesen sein. Zum einen wurden damals die Grundmittel neu bewertet, wodurch sich die Abschreibungserlöse der Betriebe veränderten; zum anderen war noch nicht abzusehen, wie sich die neuen Preise auf das betriebliche Finanzaufkommen insgesamt auswirkten.

Flossen die von den VVBs abzuführenden überschüssigen Amortisationen zuvor unmittelbar in den Staatshaushalt, waren
nun die Leiter der nach Auflösung des Volkswirtschaftsrates
neu entstandenen Industrieministerien berechtigt, diese
Gelder zwischen den VVBs ihres Verwaltungsbereiches entsprechend dem jeweiligen planmäßigen Finanzbedarf umzuver-
teilen. Nur der danach verbleibende Rest floß von den Ministerien in den Staatshaushalt. Mithin wurde zwischen den
VVBs und dem Staatsbudget eine zusätzliche Umverteilungs-
ebene eingefügt. Eine weitere Neuerung bestand darin, daß
die Amortisationserlöse, die am Jahresende noch nicht verbraucht worden waren, nicht mehr wie zuvor abgeführt werden
mußten, sondern zweckgebunden zur planmäßigen Deckung des
künftigen Finanzbedarfs auf die Folgeperiode übertragen
werden konnten.

1967 wurde bestimmt, daß der Generaldirektor der VVB gegenüber den ihm unterstellten Betrieben nur dann eine Amortisationsabführung festlegen durfte, wenn der längerfristige
Perspektivplan nicht die volle Erhaltung oder eine Erweiterung der betrieblichen Kapazitäten vorsah. Wie die Ge-
winn-, so sollte auch die Amortisationsabführung erneut als
längerfristiges Normativ vorgegeben werden.[1]

Die VEBs konnten Amortisationen über das Jahr hinaus ohne
Abführungsverpflichtung ansammeln, wenn der Perspektivplan
in den Folgejahren entsprechende Investitionsprojekte vorsah. Die Abschreibungserlöse durften daneben erstmalig auch
zur Tilgung von Investitionskrediten eingesetzt werden.[2]

---

1) Beschluß über die Grundsätze für weitere Schritte bei
   der Anwendung des Prinzips der Eigenerwirtschaftung der
   Mittel für die erweiterte Reproduktion im Jahre 1968
   - Auszug - vom 15.6.1967, Gbl. DDR II, Nr. 68, S. 459.
2) Anordnung über die Fälligkeit und Abrechnung der Zahlungen der VEB, Kombinate und VVB an den Staatshaushalt vom
   20.11.1967, Gbl. DDR III, Nr. 14, S. 93.

In der Fachliteratur der DDR wurde damals beklagt, daß das Amortisationsaufkommen vieler Betriebe 1968 so groß war, daß die Betriebe ihre Investitionen hieraus fast gänzlich finanzieren konnten. Man sah darin einen Verstoß gegen das Ziel einer "ausgewogenen" Struktur der Investitionsfinanzierung, die aus einem nicht näher erläuterten bestimmten Verhältnis von Amortisationen, Gewinnen und Krediten bestehen sollte (Autorenkollektiv 1970, S. 106 f.). Um die Betriebe zur Kreditaufnahme zu zwingen, wurden die betriebsindividuellen Gewinnnormative sehr hoch angesetzt, zum Teil betrugen sie bis zu 98 v.H.[1] Dies wurde jedoch negativ beurteilt, da hierdurch das betriebliche Interesse an der Gewinnerzielung geschmälert würde. Auch erkannte man, daß betriebsindividuell sehr verschiedene Maßstäbe für die Prämienfondszuführungen bestanden und der Einsatz des Bankkredits insgesamt nicht in wünschenswerter Weise erfolgen konnte (Autorenkollektiv 1970, S. 107).

Um Gewinne und Kredite bei der Investitionsfinanzierung ausgewogener zur Geltung zu bringen, wurden mit der Grundsatzregelung über das ÖSS aus dem Jahr 1968 bestimmte Höchstgrenzen des Amortisationsanteils an der Investitionsfinanzierung festgelegt.[2] Betrug das Amortisationsaufkommen eines VEB in den Jahren 1969 und 1970 mehr als 70 v.H. des im Perspektivplan vorgesehenen Investitionsvolumens oder sah der Perspektivplan keine volle Erhaltung der Betriebskapazitäten vor, mußte die VVB für diese beiden Jahre dem betreffenden VEB ein entsprechendes Abführungsnormativ vorgeben. Die VVB wiederum erhielt vom zuständigen

---

1) Beispielsweise verblieben der "VVB Stahl- und Walzwerke" im Jahr 1967 von ihrem Bruttogewinn in Höhe von 632 Mio. Mark nach Zahlung der Produktionsfondsabgabe und der Gewinnabführung ganze 19 Mio. Mark zur internen Investitionsfinanzierung; vgl. Mohn, Zachäus 1967, S. 200.

2) Beschluß über die Grundsatzregelung für komplexe Maßnahmen zur weiteren Gestaltung des ökonomischen Systems des Sozialismus in der Planung und Wirtschaftsführung für die Jahre 1969 und 1970 vom 26.6.1968, Gbl. DDR II, Nr. 66, S. 433.

Minister ein Abführungsnormativ, wenn ihr Gesamtaufkommen aus Abschreibungserlösen mehr als 90 v.H. des perspektivisch geplanten Investitionsvolumens der VVB betrug. Die den Betrieben verbleibenden Amortisationen dienten der Investitionsfinanzierung und der Kredittilgung. Die zum Jahresende nicht verbrauchten Mittel verblieben den Betrieben.[1] Die VVBs mußten dagegen 1969 und 1970 das am Jahresende noch nicht verwendete Amortisationsaufkommen an den Staatshaushalt entrichten.[2]

Für den Fünfjahreszeitraum zwischen 1971 und 1975 war vorgesehen, daß die der sogenannten Objektplanung[3] unterliegenden Betriebe ihre Abschreibungserlöse in voller Höhe hätten einbehalten können. Für die übrigen VEBs sollte ein konstantes Fünfjahresnormativ angewendet werden.[4] Diese Pläne wurden jedoch mit Abbruchs der Wirtschaftsreformen zum Jahreswechsel 1970/1971 fallengelassen.

Statt dessen kehrte man wieder zur fallweisen Festlegung der betrieblichen Amortisationsabführung entsprechend den jährlichen Planfestlegungen zurück.[5] Grundsätzlich sollten

---

1) Anordnung über die Bildung und Verwendung von Fonds aus der Anwendung von Normativen der Nettogewinnabführung und der Amortisationsabführung in den Jahren 1969 und 1970 vom 26.6.1968, Gbl. DDR II, Nr. 67, S. 494.

2) Anordnung über die Abrechnung und Abgrenzung finanzieller Fonds zum Jahresabschluß 1969 vom 20.11.1969, Gbl. DDR III, Nr. 6, S. 25 sowie die Anordnung über die Abrechnung und Abgrenzung finanzieller Fonds zum Jahresabschluß 1970 vom 26.10.1970, Gbl. DDR III, Nr. 6, S. 19.

3) In die Objektplanung sollten Betriebe und Kombinate von "strukturbestimmender" Bedeutung einbezogen werden; vgl. Lexikon der Wirtschaft 1970, S. 610.

4) Vgl. den Entwurf der Grundsatzregelung für die Gestaltung des ökonomischen Systems des Sozialismus in der Deutschen Demokratischen Republik im Zeitraum 1971 bis 1975, abgedruckt als Beilage Nr. 14 in der Zeitschrift "Die Wirtschaft", Ausgabe Nr. 18 vom 29.4.1970.

5) Beschluß über die Durchführung des ökonomischen Systems des Sozialismus im Jahre 1971 vom 1.12.1970, Gbl. DDR II, Nr. 100, S. 731.

die VEBs zwar ihre Abschreibungserlöse zur Investitionsfinanzierung und Kreditrückzahlung einbehalten können, überstiegen die Amortisationen jedoch unter Berücksichtigung
der Gewinne diesen Finanzbedarf oder war in den betreffenden Wirtschaftseinheiten ein Kapazitätsabbau vorgesehen,
wurde dem VEB von der zuständigen VVB eine entsprechende
Abführung vorgeschrieben. In dem "Beschluß über die Durchführung des ökonomischen Systems des Sozialismus im Jahre
1971" war geplant, diese Zahlung als betriebsindividuelles
Normativ, d.h. als Prozentsatz des Amortisationsaufkommens,
festzulegen. Betriebsintern sollten Abschreibungserlöse
ausschließlich für planmäßige Erneuerungs-, Modernisie-
rungs- und Rationalisierungsinvestitionen eingesetzt werden. Erweiterungsinvestitionen durften von 1971 an bis 1987
nur noch aus Gewinnen und Krediten finanziert werden, sofern der Betrieb keine entsprechenden "Subventionen" aus
dem Staatshaushalt erhielt.

Nähere Einzelheiten regelte die kurz darauf erlassene Finanzierungsrichtlinie für das Jahr 1971.[1] Mußte ein VEB
aus einem der beiden genannten Gründe einen Teil seiner Abschreibungserlöse abführen, was ausdrücklich als Ausnahme
von der Regel bezeichnet wurde, flossen diese Abführung wie
auch die Abschreibungen der VVB-Zentrale selbst unmittelbar
in den Investitionsfonds der jeweiligen VVB. Ein gesonder-
ter Amortisations-Umverteilungsfonds wurde in den VVBs somit nicht mehr gebildet. Aus diesem Investitionsfonds wurden die Investitionen der VVB-Zentrale sowie Investitions-
beihilfen an die VEBs, deren Investitionsbedarf ihr eigenes
Finanzaufkommen aus Gewinnen und Abschreibungen überstieg,
finanziert. Voraussetzung hierfür war, daß die bezuschußte
Investition von herausragender Bedeutung für den gesamten
Industriezweig war. Die Amortisationen, die die VVB nicht
für diese Zwecke einsetzen konnte, mußte sie an den

---

1) Finanzierungsrichtlinie für 1971 vom 31.12.1970, Gbl.
   DDR (1971) II, Nr. 6, S. 41.

Staatshaushalt entrichten. Entgegen den Vorgaben des erwähnten "Beschlusses" war in der Finanzierungsrichtlinie
nicht mehr die Rede davon, daß die Amortisationsabführung
als betriebsbezogenes Normativ auszugestalten sei. Ihre für
jede Wirtschaftseinheit festgelegte Höhe deutet eher darauf
hin, daß es sich wieder um eine Zahlunsvorgabe in absoluten
Markbeträgen handelte.

Bei der Entscheidung darüber, ob Abschreibungserlöse abzuführen waren, sollte 1971 auch der Finanzbedarf der folgenden Planperiode berücksichtigt werden. VEBs, Kombinate und
VVBs bildeten einen sogenannten Ansammlungsfonds, in den
sie neben Gewinnanteilen auch einen Teil ihrer Amortisationen einstellen konnten und aus dem Aufwendungen für bereits genehmigte Investitionsvorhaben im folgenden Jahr finanziert werden sollten.

Bereits mit der Finanzierungsrichtlinie des folgenden Jahres[1] wurde allerdings dieser Ansammlungsfonds wieder abgeschafft. Damit war erneut ausschließlich der Finanzierungsbedarf der laufenden Planperiode für die Festlegung der
Amortisationsabführung maßgeblich. Insgesamt blieb dabei
jedoch das Grundprinzip der fallweisen Festlegung der Abführung und der VVB-internen Umverteilung unverändert.

Dieses Prinzip galt auch für die nachfolgenden Finanzierungsrichtlinien, durch die jeweils lediglich Einzelfragen
neu geregelt wurden. Mit der Finanzierungsrichtlinie des
Jahres 1973, die bis einschließlich 1975 gültig war,[2] wurde festgelegt, daß die VEBs sowie die einer VVB unterstehenden Kombinate, sofern dort keine Erneuerungs- oder Rationalisierungsinvestitionen vorgesehen waren, maximal 60

---

1) Finanzierungsrichtlinie für 1972 vom 29.11.1971, Gbl.
   DDR II, Nr. 78, S. 685.
2) Finanzierungsrichtlinie für die volkseigene Wirtschaft
   vom 3.7.1972, Gbl. DDR II, Nr. 42, S. 469.

v.H. ihrer jeweiligen Abschreibungserlöse abzuführen hatten.

Diese Begrenzung wurde mit Beginn des Jahres 1976 durch eine neue Finanzierungsrichtlinie wieder aufgehoben.[1] Dabei wurde gleichzeitig festgelegt, daß die VVBs erneut ein gesondertes Konto "Umverteilung von Amortisationen" einrichten mußten. Aller Wahrscheinlichkeit nach sollte dies eine effektivere Kontrolle der entsprechenden Finanzierungstransaktionen durch die Banken ermöglichen. Auch wurde in der neuen Finanzierungsrichtlinie ausdrücklich vorgeschrieben, daß bei der Ermittlung der Abführungshöhe auch das Aufkommen anderer Finanzierungsquellen mit zu berücksichtigen sei. Nicht die alleinige Gegenüberstellung von Amortisationen und Finanzierungsbedarf für die Ersatz-, Rationalisierungs- oder Modernisierungsinvestitionen, sondern auch sonstige für diese Zwecke einsetzbare Finanzierungsquellen, vor allem wohl Gewinne, waren den Berechnungen zugrunde zu legen. Die den Betrieben verbleibenden Amortisationserlöse sollten vorrangig zur Tilgung von Investitionskrediten dienen. Erstmalig seit 1970 wurde daneben ausdrücklich vorgeschrieben, daß die am Jahresende nicht planmäßig verwendeten Amortisationen an den Staatshaushalt abgeführt werden mußten. Dieser Grundsatz wurde seither in alle bis heute erlassenen Finanzierungsrichtlinien übernommen.

Die Vorschriften der Finanzierungsrichtlinie 1976 blieben bis einschließlich 1979 in Kraft. Mit der ab 1980 gültigen neuen Finanzierungsrichtlinie[2] traten auch bezüglich der Amortisationsabführungen, ihrer betriebsindividuellen Festlegung und zwischenbetrieblichen Umverteilung die Kombinate

---

1) Finanzierungsrichtlinie für die volkseigene Wirtschaft vom 15.5.1975, Gbl. DDR I, Nr. 23, S. 408.
2) Finanzierungsrichtlinie für die volkseigene Wirtschaft vom 21.8.1979, Gbl. DDR I, Nr. 28, S. 253.

an die Stelle der ehemaligen VVBs.[1] Durch diese organisatorische Umstellung änderte sich jedoch an den genannten Grundsätzen für die Amortisationsabführung nichts.

Erstmalig seit mehreren Jahren wurde erneut die Behandlung überplanmäßiger Abschreibungserlöse der Kombinatsbetriebe geregelt. Daß hier ein Regelungsbedarf bestand, erklärt sich u.a. aus dem ausdrücklichen Bemühen der Wirtschaftsführung der DDR, Investitionen möglichst vorfristig produktionswirksam werden zu lassen. Dieses führt zu einem Überplanbestand an Produktionsanlagen und damit zu überplanmäßigen Abschreibungen.

Sofern diese überplanmäßigen Abschreibungen nicht zur vorfristigen Tilgung von Rationalisierungskrediten verwendet werden konnten, mußten auch sie auf das Konto "Umverteilung von Amortisationen" des übergeordneten Kombinats überwiesen werden; eine Zuführung zum betrieblichen Investitionsfonds war nicht zulässig. Gesonderte Verwendungsvorschriften dieser überplanmäßigen Eingänge auf dem Umverteilungskonto der Kombinate wurden zunächst nicht erlassen. Erst mit der Finanzierungsrichtlinie des Jahres 1982 wurde festgelegt, daß sie von den Kombinaten an diejenigen der ihnen unterstellten Betriebe weitergeleitet werden konnten, die die planmäßige Höhe des Amortisationsaufkommens nicht erreichten.[2] Die sonstigen Vorschriften blieben unverändert. Auch in der

---

1) Sofern ein Betrieb einem Ministerium unmittelbar unterstellt ist, gelten für ihn finanz- und abführungsrechtlich die gleichen Vorschriften wie für das Kombinat. In den Gesetzestexten wird daher jeweils zwischen Betrieben (unmittelbar einem Ministerium unterstellt) und Kombinatsbetrieben unterschieden. In den folgenden Ausführungen wird der vorherrschende Fall zugrunde gelegt, daß es sich jeweils um Kombinatsbetriebe handelt.

2) Anordnung über die Finanzierungsrichtlinie für die volkseigene Wirtschaft vom 28.1.1982, Gbl. DDR 1, Nr. 5, S. 113.

1983 erlassenen, bis 1987 gültigen Finanzierungsrichtlinie[1] wurden die bisherigen grundsätzlichen Vorschriften über die Amortisationsabführung beibehalten.

Erst die 1988 in Kraft gesetzte, derzeit gültige Finanzierungsrichtlinie[2] brachte hier einige Veränderungen. Während in den Jahren zuvor Amortisationsabführungen der Betriebe und Kombinate in den einschlägigen Vorschriften ausdrücklich als Ausnahme von der Regel bezeichnet und behandelt wurden, heißt es heute lapidar: "Kombinate und Betriebe haben mit dem Plan festgelegte Amortisationsabführungen an den Staat zu leisten." Dies deutet darauf hin, daß dieses Pflichtzahlungsinstrument wieder verstärkt eingesetzt wird. Seit 1988 werden die Amortisationen nicht mehr nur für Erneuerungs-, Modernisierungs- und Rationalisierungs-, sondern auch für Erweiterungsinvestitionen verwendet. Daneben können die Betriebe ihre planmäßigen Abschreibungserlöse auch weiterhin zur Tilgung von Grundmittelkrediten einsetzen.

Die wesentlichste Neuregelung zur Amortisationsabführung steht im Zusammenhang mit einer 1987 erfolgten Änderung der Vorschriften zur Investitionsfinanzierung.[3] Durch diese Neuregelung sollen sich Planabweichungen bei den Abschreibungserlösen vorrangig auf die Finanzierung der Ersatz-, Rationalisierungs- und Modernisierungsinvestitionen, nicht jedoch auf diejenige von Erweiterungsinvestitionen auswirken.

---

1) Anordnung über die Finanzierungsrichtlinie für die volkseigene Wirtschaft vom 14.4.1983, Gbl. DDR I, Nr. 11, S. 110.

2) Anordnung über die Finanzierungsrichtlinie für die volkseigene Industrie und das Bauwesen vom 27.2.1987, Gbl. DDR I, Nr. 9, S. 107.

3) Anordnung über die Planung, Bildung und Verwendung des eigenverantwortlich zu erwirtschaftenden und zu verwendenden Investitionsfonds vom 29.1.1987, Gbl. DDR I, Nr. 3, S. 15 sowie §§ 17 bis 19 der Finanzierungsrichtlinie vom 14.4.1987, a.a.O.

Seit 1987 wird zwischen dem "eigenverantwortlich zu erwirtschaftenden und zu verwendenden Investitionsfonds" und dem
"Investitionsfonds gemäß den §§ 17 bis 19" (der Finanzierungsrichtlinie von 1987)[1] unterschieden. Aus dem "eigenverantwortlich zu erwirtschaftenden und zu verwendenden
Investitionsfonds" sind Erneuerungs-, Modernisierungs- und
Rationalisierungsinvestitionen zu finanzieren (Haker 1987).
Die Erweiterungsinvestitionen werden aus dem "Investitionsfonds gemäß §§ 17 bis 19" bezahlt. Beide Investitionsfonds
werden sowohl auf Betriebs- als auch auf Kombinatsebene
gebildet; ihnen sind jeweils Abschreibungserlöse nach
unterschiedlichen Vorschriften zuzuführen.[2]

Die Amortisationszuführungen zu dem "Investitionsfonds gemäß den §§ 17 bis 19" sind unter Mitberücksichtigung der
sonstigen Finanzierungsquellen[3] von den Ministerien je
Kombinat und von diesem je Kombinatsbetrieb entsprechend

---

1) In der Finanzierungsrichtlinie wird dieser Fonds auch
   als "Investitionsfonds für Investitionsvorhaben, die
   nicht aus dem eigenverantwortlich zu erwirtschaftenden
   und zu verwendenden Investitionsfonds finanziert werden"
   bezeichnet. Wie in der Finanzierungsrichtlinie aus dem
   Jahr 1987 ausdrücklich festgelegt ist, wird auch dieser
   Fonds grundsätzlich aus eigenerwirtschafteten Mitteln
   der Betriebe und Kombinate finanziert, allerdings können
   dort zusätzlich Stützungszahlungen aus dem Staatshaushalt sowie umfangreichere Bankkredite eingesetzt werden,
   was bei dem "eigenverantwortlich zu erwirtschaftenden
   und zu verwendenden Investitionsfonds" nicht der Fall
   ist.

2) Seit 1989 werden Investitionsvorhaben von gesamtwirtschaftlicher Bedeutung nicht mehr aus dem "eigenverantwortlich zu erwirtschaftenden", sondern aus einem neu
   geschaffenen Investitionsfonds finanziert, so daß es
   derzeit drei verschiedene Investitionsfonds gibt; vgl.
   Abschnitt 2.1.

3) Hierzu zählen insbesondere Nettogewinn, verzinsliche und
   unverzinsliche Grundmittelkredite, Versicherungsleistun-
   gen und Erlöse aus dem Verkauf gebrauchter Grundmittel.

den planmäßigen Erweiterungsinvestitionen *in absoluter Höhe* festzulegen.[1]

Für den "eigenverantwortlich zu erwirtschaftenden und zu verwendenden Investitionsfonds" erhält das einzelne Kombinat vom übergeordneten Ministerium jeweils ein *Normativ* vorgegeben, das den prozentualen Anteil des im Kombinat einschließlich der Kombinatsbetriebe insgesamt erwirtschafteten Amortisationsaufkommens festlegt, der diesem Fonds zuzuführen ist.[2] Auf Basis dieses Normativs und des *geplanten* Amortisationsaufkommens ermittelt die Kombinatsleitung den planmäßigen Zuführungsbetrag aus sämtlichen Abschreibungserlösen der Kombinatsbetriebe und schlüsselt ihn auf letztere in jeweils absoluter Höhe auf.

Die planmäßigen Abschreibungserlöse, die in den Kombinatsbetrieben über den Finanzierungsbedarf hinaus anfallen, sind an das Konto "Umverteilung von Amortisationen" des Kombinats abzuführen. Aus diesen Mitteln kann das Kombinat eigene Investitionsprojekte finanzieren, Investitionskredite tilgen und Zuführungen an Betriebe mit entsprechendem Finanzierungsbedarf vornehmen. Der Rest ist an den Staatshaushalt zu entrichten.

Tatsächlich zugeführt werden darf dem "eigenverantwortlich zu erwirtschaftenden und zu verwendenden Investitionsfonds" nur der Betrag, der sich aus der Anwendung des staatlich vorgegebenen Normativs auf das tatsächliche Amortisationsaufkommen ergibt. Erzielt ein Betrieb überplanmäßige Ab-

---

1) Seit 1989 werden Amortisationen nach gleichem Grundsatz auch dem zusätzlich gebildeten Fonds für Staatsplaninvestitionen zugeführt, vgl. Verordnung über die Planung, Bildung und Verwendung der Investitionsfonds vom 30.11. 1988, Gbl. DDR I, Nr. 26, S. 279.

2) In derzeit 16 "Experimentierkombinaten" wird dieses Normativ seit 1988 für zunächst drei Jahre konstant gehalten. Diese Regelung soll nach 1990 auch auf andere - allerdings nicht alle - Kombinate in der DDR übertragen werden; vgl. Ehrensperger 1989, S. 505.

schreibungserlöse, darf er hiervon nur den normativen Anteil in diesen Fonds einstellen; bei unterplanmäßigen Amortisationen ist die Zuführung entsprechend zu kürzen. Auf
Kombinatsebene sind bei Planabweichungen analoge Zuführ-
ungskorrekturen vorzunehmen. Der einzelne Betrieb kann
diejenigen überplanmäßigen Abschreibungserlöse, die diese
normative Fondszuführung übersteigen, zur vorfristigen Tilgung von Grundmittelkrediten einsetzen. Der Rest muß an das
Kombinat überwiesen werden. Nicht gestattet ist die unmittelbare Zuführung zu dem Fonds für Erweiterungsinvestitionen. Allerdings können von der Kombinatsleitung die auf dem
Umverteilungskonto vorhandenen überplanmäßigen Amortisationsabführungen an diejenigen Betriebe weitergeleitet werden, deren tatsächliches Amortisationsaufkommen nicht zur
planmäßigen Finanzierung dieses Investitionsfonds oder zur
planmäßigen Tilgung der Grundmittelkredite ausreicht.

Das Volumen der über den Staatshaushalt umverteilten Amortisationsabführungen dürfte sich in den 80er gegenüber den
70er Jahren erhöht haben. Hierfür spricht beispielsweise,
daß diese Pflichtzahlung von Gurtz und Kaltofen in der
zweiten Auflage ihres Buches "Der Staatshaushalt der DDR"
(1982, S. 58), nicht dagegen in dessen erster (1977er)
Auflage behandelt wird. Wie aus Tabelle 9 in Abschnitt 2.8.
ersichtlich ist, wächst seit Mitte der 70er Jahre der Anteil der neben Nettogewinnabführung, Produktionsfondsabgabe, Beitrag für gesellschaftliche Fonds sowie produktgebundenen Abgaben erhobenen Staatshaushaltseinnahmen aus dem
Bereich der volkseigenen Wirtschaft. Um welche Pflichtzahlungen es sich dabei handelt, kann anhand der Staatshaushaltspläne und Haushaltsrechnungen der DDR nicht ermittelt
werden. Buck (1987a, 1988) vermutet, daß es sich bei diesem
unspezifizierten Posten der Haushaltsrechnung der DDR neben
den "speziellen Abführungen" insbesondere um Amortisationsabführungen handelt.

Eine Erklärung für die vermutlich gewachsene Bedeutung der Amortisationsabführungen bietet die staatliche Strukturpolitik in der DDR. Seit mehreren Jahren ist diese auf einen Ausbau der "Schlüsseltechnologien"[1] hin orientiert, wohin damit vorrangig die Investitionsmittel fließen. Diese Umstrukturierung des volkswirtschaftlichen Produktionsapparates ist mit einem Abbau der Produktionskapazitäten in den überkommenen traditionellen Sektoren verbunden, so daß dort nur wenige Ersatzinvestitionen durchgeführt werden. Damit stehen die in den Kombinaten dieser Sektoren anfallenden Amortisationserlöse zur Umverteilung an die Kombinate der "Schlüsseltechnologie" über den Staatshaushalt zur Verfügung (vgl. Buck 1987a, S. 1276 ff.).[2]

---

1) Hierunter werden in der DDR insbesondere die Informationsverarbeitungstechnik sowie die Kernkraft- und Biotechnologie gezählt.

2) Einer dem Verfasser von einem Mitarbeiter der Akademie für Gesellschaftswissenschaften beim ZK der SED mündlich gegebenen Auskunft zufolge werden in der DDR derzeit ca. 30 v.H. sämtlicher Amortisationen über den zentralen Staatshaushalt umverteilt.

2.7. Die Umlaufmittelabführung

Da Umlaufmittelabführungen in der "westlichen" Wirtschaftswissenschaft weitgehend unbekannt sein dürften, sind hierzu
eingangs einige Erläuterungen notwendig:

Der in der DDR-Fachterminologie gebräuchliche Ausdruck der
Umlaufmittel entspricht in etwa demjenigen des Umlaufvermö-
gens in der "westlichen" Betriebswirtschaftslehre. Er umfaßt Lagerbestände an Roh-, Hilfs- und Betriebsstoffen, an
unfertigen Erzeugnissen, Fertig- und Handelswaren als den
sogenannten materiellen Umlaufmitteln sowie Bargeld, Bankguthaben und kurzfristige Forderungen als den finanziellen
Umlaufmitteln. Finanziert werden die Umlaufmittel der VEBs
aus Betriebsgewinnen, durch staatliche Zuführungen sowie
durch Bankkredite. Gewinne und Zuschüsse werden als "eigene
Mittel", Kredite als "fremde Mittel" bezeichnet.[1]

Um dem Streben der Betriebe nach Bildung möglichst umfangreicher betriebsinterner Reserven (vgl. Abschnitt 3.4.1.)
entgegenzuwirken, werden ihnen von der Wirtschaftsadministration ein durchschnittlicher Umlaufmittelbestand und
dessen planmäßige Umschlagsgeschwindigkeit vorgegeben. Der
Kehrwert dieser Umschlagsgeschwindigkeit, d.h. die Lager-
verweildauer der einzelnen Umlaufmittel, wird in der Fachterminologie der DDR durch die sogenannten Richtsatztage
definiert. Je kürzer die durch die Vorgabe von Richtsatz-

---

1) Die "eigenen Mittel" wurden später um die "ständigen
   Passiva" und die Verbindlichkeiten aus Warenlieferungen
   und Leistungen erweitert. Unter "ständigen Passiva"
   werden die Abgabenverbindlichkeiten der Betriebe verstanden, die dadurch entstehen, daß die Betriebe, z.B.
   bei der Produktions- und Dienstleistungsabgabe bzw. der
   produktgebundenen Abgabe, die im Verkaufspreis kalku-
   lierte Abgabe auf einem gesonderten Konto zunächst sammeln, bevor sie sie zu den festgelegten Terminen an die
   zuständige Instanz weiterleiten. Bis zur Abführung bzw.
   bis zur Begleichung der Lieferverbindlichkeit können
   diese Geldbestände für Finanzierungszwecke eingesetzt
   werden.

tagen determinierte Verweildauer ist, um so geringer ist
der durchschnittliche Lagerbestand, und um so geringer sind
damit auch die zu seiner Finanzierung benötigten Geldbeträ-
ge (Gutmann 1965, S. 114 ff.). Die planmäßige Umlaufmittelfinanzierung erfolgt in Abhängigkeit von diesem planmäßigen
Umlaufmittelbestand: So werden die planmäßigen Umlaufmittelkredite in Höhe des Richtsatzplanbestandes ausgereicht.
Zur Finanzierung eines unplanmäßigen Umlaufmittelmehrbe-
standes muß der Betrieb einen zusätzlichen Kredit mit einem
gegenüber dem planmäßigen Kredit höheren Zinssatz aufnehmen. Diese Zinsmehrbelastung soll über Gewinnminderungen
negative Auswirkungen auf das Prämieneinkommen der Beschäftigten haben (vgl. Abschnitt 5.2.1.5.). Durch eine möglichst knappe Zuteilung von "eigenen Mitteln" und Umlaufmittelkrediten soll somit die betriebsinterne Lagerbildung
auf das notwendige Minimum reduziert werden.

Werden Lagerbestände abgebaut, indem entweder bei gleichbleibender Umschlagsgeschwindigkeit weniger Umlaufmittel
benötigt werden oder bei gleichbleibender Bedarfsmenge die
Umlaufgeschwindigkeit erhöht wird, führt dies zu einem sinkenden Finanzierungsbedarf. Damit die hierdurch freigesetzten Finanzmittel von den Betrieben nicht für staatlicherseits unerwünschte Lagerbestandsausweitungen verwendet werden können, müssen sie entweder abgeschöpft oder einer anderen betriebsinternen Verwendung zugeführt werden; auch
sind sie zur Tilgung von Umlaufmittelkrediten verwendbar.
Die einschlägigen Gesetzestexte lassen allerdings nicht genau erkennen, zu welchem Teil die freigesetzten Finanzmittel jeweils abzuführen und zu welchem Teil sie zur Kredittilgung einzusetzen sind. Auf alle Fälle muß eine Umlaufmittelabführung dann erfolgen, wenn der Anteil der Kredite
an der Umlaufmittelfinanzierung zu Lasten der "eigenen Mittel" ausgedehnt wird. Alles in allem zeigt sich damit, daß
die historische Entwicklung der Umlaufmittelabführung von
den jeweils gültigen Vorschriften über die Umlaufmittelfinanzierung abhängt.

1948 erhielten die Betriebe der volkseigenen Wirtschaft zur
Deckung des Liquiditätsbedarfs ihrer Umlaufmittelfinanzierung "eigene Mittel" aus dem Staatshaushalt zugewiesen.[1]
Deren Anteil an der gesamten Umlaufmittelfinanzierung sollte jedoch lediglich 60 bis 85 v.H. des durchschnittlichen
Lagerbestandes betragen; der Rest war durch Bankkredite zu
finanzieren.[2]

Erstmalig 1949 finden sich in den Gesetzestexten Hinweise
darauf, daß die volkseigenen Betriebe Umlaufmittel abzuführen hatten: Sie mußten die planmäßigen Umlaufmitteleinsparungen in voller Höhe an den Staatshaushalt überweisen. Im
Gegenzug erhielten sie hierfür staatliche Anleihepapiere.
An Haushaltseinnahmen aus der Umlaufmittelabführung wurden
in diesem Jahr 528 Mio. Mark veranschlagt.[3] Erzielte ein
Betrieb über den geplanten Betrag hinaus zusätzliche Umlaufmitteleinsparungen, konnte er hiervon ab 1951 20 v.H.
in den Direktorfonds einstellen; die restlichen 80 v.H.
mußten ebenfalls abgeführt werden.[4]

---

1) In den Folgejahren traten die Gewinne als "Eigenmittel"
gegenüber den staatlichen Zuschüssen immer stärker in
den Vordergrund.

2) Verordnung über die Finanzwirtschaft der volkseigenen
Betriebe vom 12.5.1948, ZVoBl. SBZ, Nr. 15, S. 148.

3) Verordnung über den Haushaltsplan der Länder und der zo-
nalen Verwaltungen für das Haushaltsjahr 1949 (vom 1.4.
bis 31.12.1949) vom 12.5.1949, ZVoBl. SBZ, Nr. 49, S.
413. Nach 1949 lassen sich keine Hinweise mehr darauf
finden, daß die Betriebe bei Umlaufmittelabführungen im
Gegenzug Staatsanleihen erhielten. Vielmehr wurden im
Jahr 1952 alle bestehenden Schuldverhältnisse zwischen
Staatshaushalt und volkseigenen Betrieben und damit auch
die 1949 ausgegebenen Anleihen kompensationslos aufgehoben; vgl. Fünfte Durchführungsbestimmung zum Gesetz über
den Staatshaushaltsplan 1952 (Regelung der Schuldverhältnisse im Bereich der Gebietskörperschaften und der
volkseigenen Wirtschaft) vom 11.12.1952, Gbl. DDR, Nr.
176, S. 1316.

4) Gesetz über den Staatshaushaltsplan 1951 vom 13.4.1951,
Gbl. DDR, Nr. 45, S. 283; Verordnung über die Bildung
und Verwendung des Direktorfonds in den Betrieben der

Diese ersten Vorschriften enthielten noch keine detaillierten Angaben über die organisatorische Abwicklung der Umlaufmittelabführung. Erst 1952 wurde festgelegt, daß die Zahlung entsprechend dem Territorialprinzip an die Gebietskörperschaften zu erfolgen hatte.[1] Bereits zwei Monate später wurde jedoch verfügt, daß die Betriebe ihre Umlaufmittelabführungen gemäß dem Produktionsprinzip an die übergeordnete Verwaltung volkseigener Betriebe zu entrichten hatten. Diese verteilte die Gelder gegebenenfalls an diejenigen Betriebe weiter, bei denen Lageraufstockungen geplant waren. Nur der verbleibende Rest wurde an die zuständige Hauptverwaltung weitergeleitet. Letztere setzte diese Beträge ebenfalls zunächst für Umlaufmittelzuführungen und dabei für Zahlungen an andere Verwaltungen oder an direkt unterstellte Betriebe ein, bevor die dann noch freien Mittel in den Staatshaushalt flossen. Der zuständige Minister konnte jedoch auch festlegen, daß einzelne Betriebe ihre Umlaufmittelabführung unmittelbar an die Hauptverwaltung zu entrichten hatten.[2] Der Kreditanteil an der Umlaufmittelfinanzierung betrug dabei weiterhin zwischen 15 und 40 v.H.

Diese Vorschriften blieben bis 1957 in Kraft. Im selben Jahr wurden die Vorschriften über Planung und Finanzierung der betrieblichen Lagerhaltung neu gefaßt:[3] Die Umlaufmittelabführung sollte zur quartalsweisen Anpassung der betrieblichen Finanzausstattung an den geplanten Umlaufmittelbestand dienen. Die Betriebe wurden grundsätzlich in

---

volkseigenen Wirtschaft im Planjahr 1952 vom 25.3.1952, Gbl. DDR, Nr. 38, S. 229.

1) Zweite Durchführungsbestimmung zum Abgabengesetz vom 9.2.1952, Gbl. DDR, Nr. 24, S. 143.

2) Zweite Durchführungsbestimmung zur Verordnung über Maßnahmen zur Einführung des Prinzips der wirtschaftlichen Rechnungsführung in den Betrieben der volkseigenen Wirtschaft - Finanzbestimmungen - vom 7.4.1952, Gbl. DDR, Nr. 45, S. 288.

3) Anordnung über die Grundsätze der Planung und der Finanzierung der Umlaufmittel in der volkseigenen Industrie vom 19.6.1957, Gbl. DDR I, Nr. 47, S. 367.

voller Höhe der Richtsatzplanbestände mit "eigenen Mitteln" ausgestattet. (Für einzelne Branchen konnte allerdings ein geringerer Eigenanteil bei entsprechender Kreditfinanzierung festgelegt werden.) Die aus dem Staatshaushalt planmäßig zur Verfügung gestellten Geldmittel wurden nach Maßgabe des Finanzbedarfs desjenigen Quartals bemessen, für das der höchste Umlaufmittelbestand vorgesehen war. Unterschritt der Lagerbestand in den anderen Quartalen diesen fixierten Höchstbetrag, mußten die Betriebe die hierdurch freigewordenen Mittel an die übergeordnete Lenkungsinstanz abführen. Von dort erhielten sie im Gegenzug Umlaufmittelzuführungen, wenn ihr Finanzierungsbedarf gegenüber dem vorausgegangenen Quartal anwuchs. Daneben können seither auch Gewinne zur Aufstockung des Umlaufmittelfonds eingesetzt werden. Überplanmäßige Lagerbestände waren generell durch Kredite zu finanzieren.

Bei ansonsten gleichbleibenden Vorschriften wurde 1958 bestimmt, daß die Betriebe ihre Zahlungen nicht mehr an die Hauptverwaltungen, sondern an die jeweils zuständige Gebietskörperschaft leisten mußten, von wo sie auch die eventuell notwendigen Zuführungen erhielten.[1] Die Zahlung mußte entweder quartalsweise oder einmal jährlich nach Bestätigung des Jahresfinanzplanes erfolgen. Das letztere Verfahren war für solche Betriebe vorgesehen, bei denen erst im Verlauf der Plandurchführung eine finanzielle Überdeckung auftrat. Das Territorialprinzip wurde bis einschließlich 1962 beibehalten.[2]

---

1) Verordnung zur Verbesserung der Arbeit des Ministeriums der Finanzen und der übrigen Finanzorgane vom 13.2.1958, Gbl. DDR I, Nr. 13, S. 131; Anordnung über die Abführung der Gewinne und Umlaufmittel sowie die Zuführung von Stützungen, sonstigen Ausgaben und Umlaufmitteln in der volkseigenen Wirtschaft vom 31.3.1958, Gbl. DDR II, Nr. 7, S. 45.

2) Vgl. Anordnung Nr. 2 über die Abführung der Gewinne und Umlaufmittel sowie die Zuführung von Stützungen, sonstigen Ausgaben und Umlaufmitteln in der volkseigenen Wirtschaft vom 16.5.1959, Gbl. DDR II, Nr. 11, S. 160 sowie

Wie der Fachliteratur aus der DDR zu entnehmen ist, begünstigte die volle Deckung der planmäßigen Umlaufmittelfinanzierung durch "eigene Mittel" betriebliche Planverstöße (Autorenkollektiv 1960, S. 328). Bereits nach einem Jahr wurde diese Regelung daher wieder rückgängig gemacht. Statt dessen wurde nun vorgeschrieben, daß der Anteil der "eigenen Mittel" auf 80 v.H. gesenkt und die restlichen 20 v.H. durch Bankkredite finanziert werden mußten.

Die den Betrieben planmäßig zur Verfügung gestellten "eigenen Mittel" wurden gleichzeitig nicht mehr nach dem Quartal mit dem höchsten, sondern demjenigen mit dem geringsten Umlaufmittelplanbestand bemessen. Der Mehrbedarf in den anderen Quartalen mußte ebenfalls durch Bankkredite finanziert werden. Stellte sich im Zuge nachträglicher Überprüfungen heraus, daß die Betriebe eine finanzielle Überdeckung aufwiesen, mußte der überschüssige Betrag an den Staatshaushalt abgeführt werden.[1]

Die genannte Vorschrift ließ jedoch eine Reihe von Fragen offen: So wurde nicht geklärt, wie die durch Kredite ersetzten "eigenen Mittel" verwendet werden sollten. Gleichfalls wurde nicht erläutert, ob dann, wenn der Umlaufmittelbestand sank, die freigesetzten Finanzmittel abgeführt oder zur Kredittilgung verwendet werden sollten.

Im Jahr 1960 wurde der Anteil der "eigenen Mittel" auf 70 v.H. herabgesenkt.[2] Zur Abwicklung der Umlaufmittelabführung wurden dabei allerdings keine weiteren Vorschriften erlassen, so daß die Regelungen des Jahres 1958 beibehalten

---

Anordnung Nr. 3 hierzu vom 29.3.1962, Gbl. DDR III, Nr. 9, S. 105.

1) Anordnung über die Planung und Finanzierung der Umlaufmittel in der volkseigenen Wirtschaft vom 19.1.1959, Gbl. DDR II, Nr. 4, S. 46.

2) Anordnung Nr. 2 über die Planung und Finanzierung der Umlaufmittel in der volkseigenen Wirtschaft vom 31.12. 1959, Gbl. DDR (1960) II, Nr. 2, S. 19.

wurden. Dies läßt den Schluß zu, daß bei grundsätzlich wei-
terbestehender Abführungsverpflichtung der Lagerbestandsab-
bau in den Betrieben eher Ausnahme denn Regel gewesen ist
und daß die Geldmittel, die durch die Herabsetzung des "Eigenmittelanteils" freigesetzt worden waren, durch diese
Ausweitung der Lagerbestandshaltung in den Betrieben gebunden blieben. Somit bestand allem Anschein nach für die
Umlaufmittelabführung kein nennenswerter Regelungsbedarf.

Hierauf deutet auch hin, daß die erlassenen Vorschriften
zur Umlaufmittelfinanzierung in diesen Jahren primär die
Finanzierung von Lagerbestands*erhöhungen* regelten. So wurde
1961 festgelegt, daß die Höhe - nicht der Anteil - der "eigenen Mittel" auch bei Bestandserhöhungen konstant zu halten war und der Fehlbetrag ausschließlich durch Kredite finanziert werden sollte.[1] Diese Vorschriften zur Umlaufmittelfinanzierung und -abführung blieben bis 1965 in Kraft.[2]

Mit Beginn der Wirtschaftsreformen des NÖSPL im Jahr 1963
wurde das Territorial- erneut durch das Produktionsprinzip
ersetzt: Die VVBs traten als Erhebungs- und Umverteilungsinstanz der Umlaufmittelabführung an die Stelle der Gebietskörperschaften. Die VEBs überwiesen die bei Lagerbe-
standssenkungen freiwerdenden Beträge an ein neu einge-
richtetes Sonderkonto der jeweiligen VVB bei der zuständigen Bankfiliale. Die VVB wiederum setzte diese Mittel zur
Finanzierung planmäßiger Umlaufmittelerhöhung bei denjenigen Betrieben ein, deren eigenes Gewinnaufkommen hierzu

---

1) Anordnung Nr. 3 über die Planung und Finanzierung der
   Umlaufmittel in der volkseigenen Wirtschaft vom 1.11.
   1960, Gbl. DDR III, Nr. 5, S. 28.
2) Die folgenden Anordnungen Nr. 4 vom 9.12.1960, Gbl. DDR
   III, Nr. 12, S. 85 und Nr. 5 vom 19.5.1961, Gbl. DDR
   III, Nr. 16, S. 193 beinhalteten lediglich Sondervor-
   schriften für die Betriebe des Wohnungsbaus und dehnten
   den Geltungsbereich der zuvor erlassenen Anordnungen auf
   die bezirksgeleitete Industrie, den Handel, die Land-,
   Forst- und Wasserwirtschaft usw. aus.

nicht ausreichte. Lediglich der danach verbleibende Restbetrag wurde an den zentralen Haushalt abgeführt.[1]

Die Vorschriften zur Umlaufmittelfinanzierung selbst wurden erst zu Beginn des Jahres 1965 neu geregelt:[2] Für jede VVB sollte im einzelnen der "Eigenmittelanteil" an der Umlaufmittelfinanzierung durch den Vorsitzenden des Volkswirtschaftsrates in Absprache mit dem Finanzministerium festgelegt werden. Als Marge der "eigenen Mittel" wurden 50 bis 70 v.H. fixiert. Auf der Grundlage dieser zentralen Vorgaben legten die Generaldirektoren der VVBs wiederum für die ihnen unterstellten VEBs ebenfalls differenzierte "Eigenmittelanteile" dergestalt fest, daß die Umlaufmittel in jedem Betrieb zumindest zu 10 v.H. durch Kredite finanziert werden mußten.

Anders als zuvor wurden die ausstehenden Forderungen der VEBs nicht mehr in die Berechnung des Bedarfs an "eigenen Mitteln" zur Umlaufmittelfinanzierung einbezogen; sie durften somit nur noch durch Kredite finanziert werden. Gleichzeitig wurden die "eigenen Mittel" um den Durchschnittsbestand der Verbindlichkeiten aus Warenlieferungen und Leistungen, die "ständigen Passiva", erhöht.

Die Betriebe mußten diejenigen "eigenen Mittel", die den planmäßig von der übergeordneten Instanz festgelegten Anteil an der Umlaufmittelfinanzierung überstiegen, an ihre VVB abführen. Die VVBs finanzierten hieraus weiterhin Umlaufmittelzuführungen an diejenigen Betriebe, deren Finan

---

1) Verordnung über die Neuregelung der Finanzierung der dem Volkswirtschaftsrat unterstehenden Vereinigungen Volkseigener Betriebe und deren volkseigene Betriebe vom 5.9. 1963, Gbl. DDR II, Nr. 84, S. 651; Anordnung über die Kontoführung der dem Volkswirtschaftsrat unterstehenden Vereinigungen Volkseigener Betriebe und deren volkseigene Betriebe vom 11.9.1963, Gbl. DDR II, Nr. 84, S. 657.

2) Anordnung Nr. 6 über die Planung und Finanzierung der Umlaufmittel in der volkseigenen Wirtschaft vom 28.1. 1965, Gbl. DDR III, Nr. 3, S. 13.

zierungsbedarf größer als das zur Verfügung stehende interne Mittelaufkommen war. Der verbleibende Rest floß an den Staatshaushalt. Anders als früher wurde ein eventueller Fehlbetrag der Umlaufmittelfinanzierung einer VVB insgesamt nicht durch Zuführungen aus dem Staatshaushalt ausgeglichen; für diesen Fall durften nur Bankkredite in Anspruch genommen werden. Diese Vorschriften blieben bis 1971, also auch während des ÖSS, in Kraft.

In der ersten Vorschrift zur Planung und Finanzierung der Umlaufmittel nach dem Abbruch der Wirtschaftsreformen aus dem Jahr 1971[1] wurden keine Aussagen darüber getroffen, ob die Betriebe Umlaufmittelabführungen vorzunehmen hatten und wie deren Höhe dann zu ermitteln war. Auch in der damaligen neuen Finanzierungsrichtlinie wurde diese Pflichtzahlung nicht erwähnt. Diese Feststellung gilt ebenfalls für alle danach erlassenen Finanzierungsrichtlinien bis einschließlich derjenigen des Jahres 1982. Um beurteilen zu können, ob die Betriebe weiterhin eine derartige Abführung zu entrichten hatten, müssen daher die jeweils gültigen Finanzierungsvorschriften detailliert analysiert werden.

Im allgemeinen sollte der Anteil der "eigenen Mittel" 1971 mindestens 50 v.H. des durchschnittlichen Umlaufmittelplanbestandes betragen. Der erwähnten Rechtsvorschrift zur Planung und Finanzierung der Umlaufmittel ist zu entnehmen, daß es damals eine Reihe von Betrieben gab, deren "Eigenmittelanteil" diese Quote unterschritt. Daher wird die Aufstockung der "eigenen Mittel" wohl etwaige Abführungen aus Umlaufmitteleinsparungen größtenteils kompensiert haben.

---

1) Verordnung über die Planung und Finanzierung der Umlaufmittel vom 20.1.1971, Gbl. DDR II, Nr. 13, S. 85.

Im Jahr 1975 wurde eine neue Vorschrift über die Umlaufmittelfinanzierung erlassen.[1] Ihr zufolge erhielten die VVBs und VEBs jeweils mit der jährlichen Planauflage die neue Kennziffer "Anteil der Eigenmittel an der Finanzierung der Umlaufmittel (Bestände und Forderungen) in Prozent". Von der schematischen und für die gesamte volkseigene Wirtschaft einheitlichen Quotenvorgabe wurde damit abgerückt. Innerhalb der einzelnen VVB sollte der Anteil der "eigenen Mittel" der VEBs vereinheitlicht werden. Dies sollte erstens durch Umlaufmittelabschöpfungen in den Betrieben mit überdurchschnittlichem "Eigenmittelanteil" bei Weiterleitung dieser Beträge an Betriebe mit unterdurchschnittlichem "Eigenmittelanteil" und zweitens durch entsprechende Variationen der Finanzierung der Umlaufmittel aus Nettogewinn realisiert werden. Explizit wurde die Umlaufmittelabführung bei Betrieben mit überdurchschnittlich hohem "Eigenmittelanteil" in der Rahmenrichtlinie für die Planung der Betriebe und Kombinate aus dem Jahr 1974 vorgeschrieben. Diese Betriebe mußten eine Umlaufmittelabführung an das übergeordnete Lenkungsorgan (VVB bzw. Kombinat) planen; bei direkt unterstellten Betrieben bzw. Kombinaten mußte diese Pflichtzahlung an den Staatshaushalt erfolgen.[2] Ob die VVBs (bzw. die Kombinate) selbst Umlaufmittel abführen mußten, ist aus dieser Rechtsvorschrift allerdings nicht ersichtlich. Auch die gleichzeitig erlassene Planungsordnung sagt hierüber nichts aus. Dort lassen sich nur detaillierte Vorschriften über die Planung der Finanzierung von Umlaufmittelerhöhungen aus Gewinn finden.[3] Dies kann dahingehend

---

1) Anordnung über die Planung der Finanzierung der Umlaufmittel - Umlaufmittelanordnung - vom 25.11.1975, Gbl. DDR I, Nr. 46, S. 751.

2) Vgl. Vordruck Nr. 841 der Anordnung über die Rahmenrichtlinie für die Jahresplanung der Betriebe und Kombinate der Industrie und des Bauwesens - Rahmenrichtlinie - vom 28.11.1974, Gbl. DDR Sdr., Nr. 780.

3) Ordnung der Planung der Volkswirtschaft der DDR 1976 bis 1980 - Planungsordnung - vom 20.11.1974, Gbl. DDR Sdr., Nr. 775a, 775b und 775c, hier insbesondere Nr. 775a, S.

interpretiert werden, daß die betrieblichen Umlaufmittelabführungen lediglich zur Anpassung der Finanzierungsstruktur
innerhalb der VVBs dienten und ansonsten auf Grund wohl
weiter stetig steigender Umlaufmittelbestände in der Regel
keine abführungspflichtigen Beträge freigesetzt wurden.

Auch in der Umlaufmittelanordnung des Jahres 1979[1] sowie
in der für die Jahre 1981 bis 1985 gültigen Planungsordnung
und der Rahmenrichtlinie einschließlich den zu beiden erlassenen Änderungsanordnungen[2] finden sich keine Hinweise
auf die Abführungsverpflichtung der VEBs und Kombinate bei
Umlaufmitteleinsparungen. Diese Pflichtzahlung diente demzufolge wie bisher im wesentlichen zur Angleichung der betrieblichen Finanzierungsstruktur innerhalb der VVB bzw.
(seit 1979 ausschließlich) des Kombinats. Umlaufmitteleinsparungen können als Ausnahme von der Regel angesehen werden, so daß diesbezüglich kein Regelungsbedarf bestand.

Er wuchs jedoch spätestens mit Beginn der 80er Jahre und
den verstärkten Intensivierungsbemühungen im Rahmen der neu
formulierten "ökonomischen Strategie", durch die unter an-

236.

1) Anordnung über die Planung der Finanzierung der Umlaufmittel - Umlaufmittelanordnung - vom 21.5.1979, Gbl. DDR
I, Nr. 16, S. 124.

2) Teil N der Anordnung über die Ordnung der Planung der
Volkswirtschaft der DDR 1981 bis 1985 vom 28.11.1979,
Gbl. DDR Sdr., Nr. 1020n; Anordnung Nr. 1 zur Ergänzung
der Ordnung der Planung der Volkswirtschaft der DDR vom
30.4.1981, Gbl. DDR I, Nr. 14, S. 149; Anordnung Nr. 2
vom 29.1.1982, Gbl. DDR I, Nr. 5, S. 109; Anordnung Nr.
3 vom 19.4.1982, Gbl. DDR I, Nr. 18, S. 365; Anordnung
Nr. 4 vom 31.3.1983, Gbl. DDR Sdr., Nr. 1122 u. 1020/1k;
Anordnung Nr. 5 vom 30.3.1984, Gbl. DDR I, Nr. 11, S.
128; Anordnung (Nr. 1) über die Rahmenrichtlinie für die
Planung in den Kombinaten und Betrieben der Industrie
und des Bauwesens vom 30.11. 1979, Gbl. DDR Sdr., Nr.
1021; Anordnung Nr. 2 vom 20.6. 1980, Gbl. DDR I, Nr.
20, S. 205; Anordnung Nr. 3 vom 19.4. 1982, Gbl. DDR I,
Nr. 18, S. 384; Anordnung Nr. 4 vom 31.3. 1983, Gbl. DDR
Sdr., Nr 1122.

derem Lagerbestände eingespart werden sollen.[1] Dies schlug sich 1983 bei der Neufestlegung der Vorschriften zur Umlaufmittelfinanzierung nieder. In dieser auch derzeit noch gültigen Anordnung wurde nach langer Zeit erstmalig wieder geregelt, wie mit betrieblichen Umlaufmitteleinsparungen zu verfahren ist.[2] Anders als früher brauchen die eingesparten Mittel nun nicht mehr abgeführt werden, sondern sollen den Betrieben grundsätzlich zur Erhöhung des Anteils der "eigenen Mittel" an der Umlaufmittelfinanzierung verbleiben.[3] Da dies auch für überplanmäßige Einsparungen gilt, brauchen die Betriebe in diesem Fall weniger als die planmäßig vorgesehenen Umlaufmittelkredite aufzunehmen. Dies soll über sinkene Zinszahlungen und hierdurch steigenden Nettogewinn ceteris paribus steigende Prämienfondszuführungen hervorrufen. Daneben sind die Kombinate jedoch weiterhin berechtigt, zur Angleichung der betrieblichen Finanzstruktur neben einer differenzierten Festlegung der Nettogewinnabführung auch Umlaufmittelumverteilungen vorzunehmen. Mithin müssen die Betriebe unter Umständen auch heutzutage noch Umlaufmittelabführungen entrichten.

---

1) In der für den Planzeitraum 1985 bis 1989 neu erlassenen Rahmenrichtlinie für die Planung in den Kombinaten und Betrieben der Industrie und des Bauwesens - Rahmenrichtlinie - vom 7.12.1984, Gbl. DDR Sdr., Nr. 1191 wurde erstmalig ausdrücklich vorgegeben, "daß der erforderliche Leistungszuwachs mit gleichbleibenden oder sinkenden materiellen Vorräten durchzuführen ist" (S. 229).

2) Anordnung über die Planung der Finanzierung der Umlaufmittel - Umlaufmittelanordnung - vom 22.7.1983, Gbl. DDR I, Nr. 21, S. 218.

3) Dieser Grundsatz wurde ebenfalls in die 1983 und 1987 neu erlassenen Finanzierungsrichtlinien übernommen.

2.8. Entwicklung der Staatshaushaltseinnahmen aus der staatseigenen Industrie

Die folgenden Zahlenangaben über das Aufkommen der betrieblichen Pflichtzahlungen an den Staatshaushalt der DDR sind mit Vorbehalt zu betrachten: Durch wiederholte Änderung der Aufbereitungsmethodik und durch sehr selektive Auswahl der veröffentlichten Daten seitens der DDR ist nur ein sehr lückenhafter Eindruck zu vermitteln; auch die Vergleichbarkeit der Daten ist nicht immer gewährleistet. Die in "westlichen" Publikationen veröffentlichten Zahlen über das Staatsbudget der DDR aus den 50er und 60er Jahren sind daher oft sehr widersprüchlich.[1] Zudem ist zu berücksichtigen, daß diese Angaben diejenigen betrieblichen Pflichtzahlungen, die von den Vereinigungen oder Kombinaten innerhalb ihres Leitungsbereichs umverteilt werden, nicht enthalten. Ziel der Darstellung ist daher lediglich, dem Leser einen Eindruck über grundsätzliche Entwicklungstrends zu geben.

In Tabelle 2 ist die planmäßige Entwicklung des relativen Anteils der betrieblichen Pflichtzahlungen an den Staatshaushaltseinnahmen der DDR dargestellt. Zur Vermeidung von Doppelzählungen werden diese Staatshaushaltseinnahmen um das ausgewiesene Volumen des bis einschließlich 1964 vorgenommenen budgetären Finanzausgleichs vermindert. Der in Tabelle 2 ermittelte Entwicklungspfad wird in Abbildung 2 graphisch veranschaulicht. Diese Darstellung muß sich auf die Angaben der jährlichen Staatshaushaltsgesetze stützen, da bis 1987 keine Daten über die tatsächliche Höhe der von der volkseigenen Industrie insgesamt geleisteten Pflichtzahlungen veröffentlicht worden sind.

---

1) Vgl. hierzu Meimberg, Rupp 1951; Frenkel 1953 und 1956; Kitsche 1960; Meier 1963; DIW-Berichte der 50er und 60er Jahre.

Tabelle 2:
Anteil der Pflichtzahlungen aus der staatseigenen Wirtschaft an den planmäßigen Staatshaushaltseinnahmen der DDR
<Angaben in Mio. Mark>

Jahr	Staatshaus-haltsein-nahmen (Brutto)	Finanz-aus-gleich ᵃ⁾	Staatshaus-haltsein-nahmen (Netto)	Abführungen volkseigene Wirtschaft (absolut)	Abf. veW (v.H.)
1951	25.751,4	341,6	25.409,8	2.966,4	11,67
1952	31.795,1	135,2	31.659,9	3.925,1	12,40
1953	34.698,5	161,1	34.537,4	8.185,8	23,70
1954	35.696,1	528,1	35.168,0	10.441,5	29,69
1955	38.166,9	1.485,1	36.681,8	13.654,6	37,22
1956	37.136,1	1.601,1	35.535,0	15.621,6	43,96
1957	39.109,1	1.223,1	37.886,0	19.698,5	51,99
1958	40.136,7	1.262,8	38.873,9	21.009,1	54,04
1959	45.884,5	1.588,3	44.296,2	27.786,6	62,73
1960	50.808,9	2.978,3	47.830,6	30.632,8	64,04
1961	51.353,0	1.309,7	50.043,3	30.184,3	60,32
1962	55.826,7	2.782,8	53.043,9	30.563,2	57,62
1963	55.553,1	2.055,7	53.497,4	32.189,0	60,17
1964	56.881,1	869,6	56.011,5	33.632,6	60,05
1965	56.468,4		56.468,4	31.651,5	56,05
1966	60.208,6		60.208,6	34.305,0	56,98
1967	64.458,3		64.458,3	36.795,6	57,08
1968	58.916,9		58.916,9	32.319,8	54,86
1969	64.990,1		64.990,1	34.588,6	53,22
1970	68.281,3		68.281,3	37.432,0	54,82
1971	75.786,0		75.786,0	42.262,0	55,76
1972	82.301,3		82.301,3	44.299,8	53,83
1973	90.261,8		90.261,8	51.297,7	56,83
1974	99.562,9		99.562,9	57.198,8	57,45
1975	106.466,1		106.466,1	64.890,6	60,95
1976	115.945,4		115.945,4	70.221,7	60,56
1977	122.249,0		122.249,0	77.507,2	63,40
1978	130.671,5		130.671,5	82.930,4	63,46
1979	137.363,4		137.363,4	98.428,1	71,66
1980	155.404,5		155.404,5	111.401,9	71,69
1981	164.500,0		164.500,0	119.493,0	72,64
1982	177.912,7		177.912,7	130.287,6	73,23
1983	189.668,2		189.668,2	139.214,7	73,40
1984	209.615,1		209.615,1	157.683,3	75,23
1985	231.084,0		231.084,0	174.012,6	75,30
1986	242.879,8		242.879,8	181.060,9	74,55
1987	256.301,1		256.301,1	191.080,6	74,55
1988	266.809,4		266.809,4	198.741,0	74,49
1989	275.214,8		275.214,8	204.569,0	74,33

Anmerkung zu Tabelle 2 auf der voranstehenden Seite:

a) Der Staatshaushalt der DDR ist als "einheitlicher Staatshaushalt" ausgestaltet, d.h. die Haushalte der nachgeordneten Gebietskörperschaften (Bezirke, Kreise, Städte und Gemeinden) sind integraler Bestandteil des Haushalts der jeweils übergeordneten Körperschaft. Bis einschließlich 1964 erhielten die nachgeordneten Gebietskörperschaften zum Ausgleich ihrer Haushalte Zuweisungen aus dem zentralen Budget. Da die Zuweisungen auch in den Haushalten der nachgeordneten Gebietskörperschaften als Einnahmen zu verbuchen waren, wurden sie doppelt erfaßt. Seit 1965 erhalten die nachgeordneten Gebietskörperschaften neben den sogenannten Gemeindesteuern unmittelbar einen planmäßig festgelegten Anteil an den Gesamteinnahmen des einheitlichen Staatshaushalts zugewiesen, ohne daß diese Finanzmittel vorher in den zentralen Haushalt eingestellt und anschließend wieder umverteilt werden. Daher brauchen seitdem keine Doppelzählungen mehr berücksichtigt zu werden.

Quellen: jährliche Staatshaushaltspläne der DDR (vgl. Anhang); eigene Berechnungen.

Abbildung 2:
Entwicklung des Staatshaushaltsaufkommens aus der staatseigenen Wirtschaft

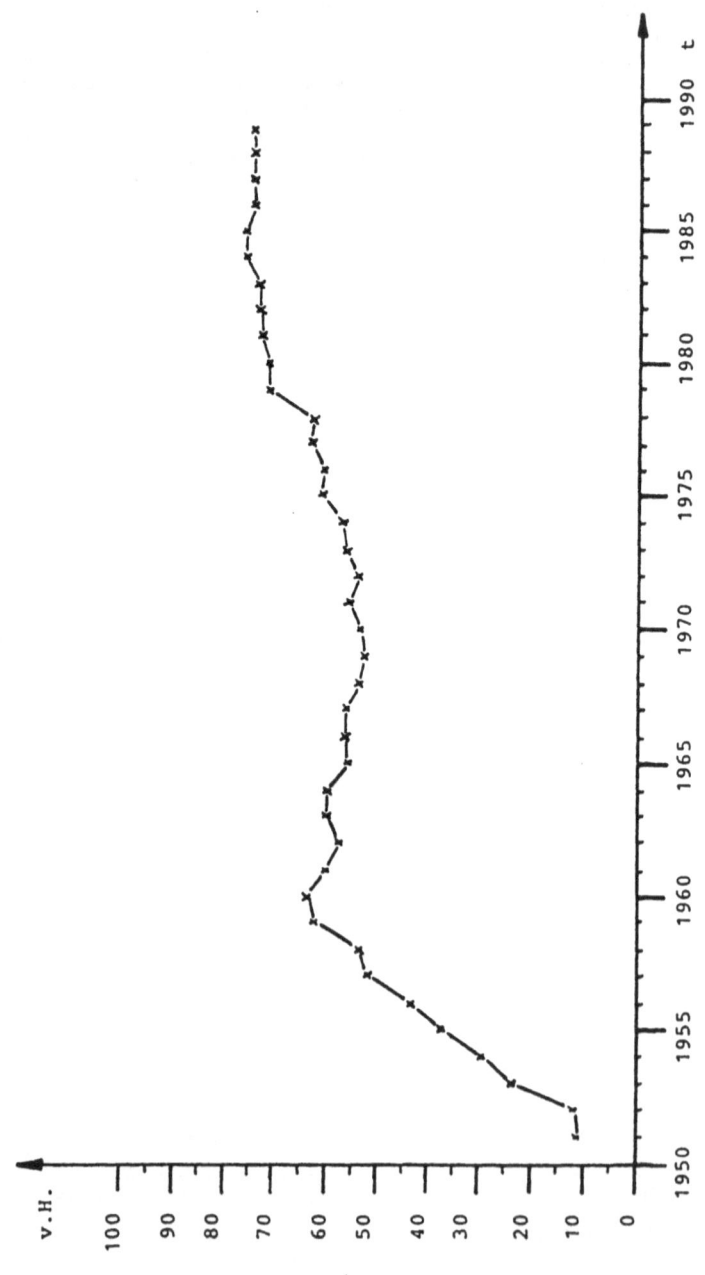

Der in Tabelle 2 und Abbildung 2 dargestellte rasche Anstieg der Budgeteinnahmen aus der volkseigenen Industrie
bis 1960 war vorrangig eine Folge der bis dahin durchgeführten Verstaatlichungsmaßnahmen. Über die Ursachen des
bis Ende der 60er Jahre zu verzeichnenden Rückgangs des
Anteils der betrieblichen Pflichtzahlungen an den gesamten
Staatshaushaltseinnahmen wie auch über dessen seitherigen
Wiederanstieg sind nur Spekulationen möglich: Wie in Abschnitt 5.4.1. näher erläutert wird, können die staatlichen
Instanzen den Anteil der betrieblichen Pflichtzahlungen an
den Staatshaushaltseinnahmen in letztendlich beliebiger Höhe festlegen, indem sie zum einen die Preissetzungsmethodik
variieren oder zum anderen die Aufgabe der monetären Umverteilung von der zentralen Ebene des Staatsbudgets auf diejenige der Vereinigungen oder Kombinate verlagern bzw. diese Verlagerung wieder rückgängig machen. Ein Beispiel hierfür ist die Einführung der "Eigenerwirtschaftung" der Investitionsmittel in den 60er Jahren, durch die ein Teil der
finanziellen Umverteilungsaufgaben vom Staatshaushalt in
die Vereinigungen verlagert wurde. Ob die verzeichnete Entwicklung in der DDR Folge einer bewußten Politik zur Ausgestaltung der Staatshaushaltsstruktur oder unbeabsichtigte
Konsequenz bei der Verfolgung anderer wirtschaftspolitischer Ziele (oder deren Verfehlung) war, kann daher nicht
mit genügender Sicherheit beurteilt werden. Festzuhalten
bleibt somit lediglich, daß die betrieblichen Pflichtzahlungen gegenüber anderen Staatshaushaltseinnahmen[1] eindeutig dominieren.

In den folgenden Tabellen 3 bis 7 sind Angaben über die
jährlichen Staatshaushaltseinnahmen aus den einzelnen
Pflichtzahlungen der staatseigenen Wirtschaft zusammenge-

---

1) Hierzu sind vorrangig die "Steuern" bzw. Pflichtzahlungen der Genossenschaften, der Privatbetriebe und der
Privathaushalte sowie die Sozialversicherungseinnahmen
zu zählen. Zur rechtlichen Ausgestaltung dieser "Steuern" bzw. Pflichtzahlungen vgl. Haase 1977b, 1983b; Buck
1985.

stellt. Das tatsächliche Aufkommen der Nettogewinnabführung, der Produktions- und Dienstleistungs- bzw. produktgebundenen Abgabe, der Produktionsfondsabgabe, des Beitrags für gesellschaftliche Fonds und der Bodennutzungsgebühr ist seit Beginn der 60er Jahre durch die offizielle Haushaltsrechnung der DDR vergleichsweise gut dokumentiert. Demgegenüber lassen sich auch in der "westlichen" Literatur über die Umlauf- und Amortisationsabführung seit Mitte der 50er Jahre keine Angaben mehr finden. Diese wie auch die ab Mitte der 50er Jahre erhobenen HO-Akzisen und Haushaltsaufschläge bleiben daher im folgenden unberücksichtigt.

Während über die *Summe der Gesamtabführungen* der volkseigenen Industrie in der Regel nur die *Planansätze* publiziert werden, ist bei den *einzelnen Pflichtzahlungen* zumeist nur ihre *tatsächliche Höhe* bekannt.[1] Lediglich für die Jahre 1968 bis einschließlich 1976 wurde für einzelne Pflichtzahlungen auch ihr jeweiliger Planansatz veröffentlicht. Dabei zeigte sich, daß der Staatshaushaltsplan in jedem dieser Jahre nachträglich geändert worden ist. Da für den genannten Zeitraum sowohl die planmäßige als auch die tatsächliche Höhe der einzelnen Pflichtzahlungen bekannt ist, kann für diese der jeweilige Grad der Planerfüllung berechnet werden. Diese Angaben werden in den folgenden Tabellen mitberücksichtigt.

---

1) Eine Ausnahme bilden die Haushaltsrechnungen für die Jahre 1987 und 1988, in denen erstmalig auch die tatsächliche Höhe aller, nicht nur die einzelner Pflichtzahlungen genannt wurde.

Tabelle 3:
Aufkommen der Staatshaushaltseinnahmen aus der Nettogewinnabführung <Angaben in Mio. Mark>

Jahr	Soll ur- sprüngl. Plan	Soll ge- ändert. Plan	Istauf- kommen	Erfüllung ursprüngl. Plan(v.H.)	Erfüllung geändert. Plan(v.H.)
1951			1.227		
1952			1.378		
1953			1.751		
1954			2.145		
1955					
1956					
1957					
1958					
1959					
1960					
1961					
1962			4.670		
1963					
1964			4.160		
1965			7.290		
1966			10.300		
1967			11.750		
1968	10.260	10.287	10.823	105,5	105,2
1969	11.553	11.277	11.787	102,0	104,5
1970	13.125	12.326	12.684	96,6	102,9
1971	11.721	10.484	11.182	95,4	106,7
1972	11.893	13.245	13.972	117,5	105,5
1973	13.923	13.429	15.130	108,7	112,7
1974	16.976	17.576	19.397	114,3	110,4
1975	22.230	24.979	26.670	120,0	106,8
1976	22.703	21.451	22.654	99,8	105,6
1977			22.543		
1978			26.007		
1979			32.883		
1980			40.095		
1981			42.082		
1982			53.592		
1983			55.681		
1984			40.530		
1985			38.653		
1986			38.664		
1987			39.191		
1988			43.578		

Quellen: Frenkel 1956, S. 58; Haushaltsrechnungen der DDR
(vgl. Anhang); eigene Berechnungen.

Tabelle 4:
Aufkommen der Staatshaushaltseinnahmen aus der Produktions-
und Dienstleistungs- bzw. produktgebundenen Abgabe <Angaben
in Mio. Mark>

Jahr	Soll ur-sprüngl. Plan	Soll ge-ändert. Plan	Istauf-kommen	Erfüllung ursprüngl. Plan(v.H.)	Erfüllung geändert. Plan(v.H.)
1960			24.060		
1961					
1962			26.440		
1963			27.000		
1964			29.160		
1965			23.800		
1966					
1967			15.450		
1968	17.473	17.504	17.588	100,7	100,5
1969	18.137	17.606	17.800	98,1	101,1
1970	18.942	19.219	19.355	102,2	100,7
1971	17.754	19.593	19.655	110,7	100,3
1972	20.062	22.385	23.073	115,0	103,1
1973	25.041	25.040	25.835	103,2	103,2
1974	27.562	27.585	27.946	101,4	101,3
1975	29.119	30.881	30.278	104,0	98,0
1976	32.686	33.096	33.821	103,5	102,2
1977			34.735		
1978			35.314		
1979			34.975		
1980			39.339		
1981			37.702		
1982			38.445		
1983			39.283		
1984			50.242		
1985			46.012		
1986			43.659		
1987			42.965		
1988			43.108		

Quellen: Haushaltsrechnungen der DDR (vgl. Anhang); eigene
Berechnungen.

Tabelle 5:
Aufkommen der Staatshaushaltseinnahmen aus der Produktionsfondsabgabe <Angaben in Mio. Mark>

Jahr	Soll ur-sprüngl. Plan	Soll ge-ändert. Plan	Istauf-kommen	Erfüllung ursprüngl. Plan(v.H.)	Erfüllung geändert. Plan(v.H.)
1967			4.000		
1968	5.031	5.021	5.009	99,6	99,8
1969	5.665	5.671	5.555	98,1	98,0
1970	5.976	5.987	5.950	99,6	99,4
1971	9.638	9.502	9.447	98,0	99,4
1972	10.149	10.625	10.672	105,2	100,4
1973	11.393	11.358	11.343	99,6	99,3
1974	12.392	12.409	12.409	100,0	99,9
1975	13.224	13.213	13.263	100,3	100,4
1976	14.289	14.281	14.308	100,1	100,2
1977			15.454		
1978			15.996		
1979			16.815		
1980			18.233		
1981			19.769		
1982			21.532		
1983			22.911		
1984			25.090		
1985			28.784		
1986			29.029		
1987			28.409		
1988			30.031		

Quellen: Haushaltsrechnungen der DDR (vgl. Anhang); eigene
Berechnungen. Die Zahlen beinhalten auch die Budgeteinnahmen aus der Handelsfondsabgabe.

Tabelle 6:
Aufkommen der Staatshaushaltseinnahmen aus dem Beitrag für
gesellschaftliche Fonds <Angaben in Mio. Mark>

Jahr	Beitragsaufkommen
1984	20.094
1985	26.602
1986	33.968
1987	34.127
1988	35.194

Quelle: Haushaltsrechnungen der DDR (vgl. Anhang).

Tabelle 7:
Aufkommen der Staatshaushaltseinnahmen aus der Bodennutzungsgebühr[1] <Angaben in Mio. Mark>

Jahr	Gebührenaufkommen
1978	378,8
1979	338,4
1980	299,7
1981	244,5
1982	187,6
1983	177,6
1984	207,1
1985	141,4
1986	177,1
1987	--
1988	--

1) Auch wenn diese Pflichtzahlung schon seit den 60er Jahren erhoben wird, sind Angaben über das Abführungsvolumen erstmalig in der Haushaltsrechnung für das Jahr 1978
   veröffentlicht worden. Seit 1987 werden keine Angaben
   mehr gemacht.
Quelle: Haushaltsrechnungen der DDR (vgl. Anhang).

Bevor diese Zahlenangaben näher kommentiert werden, ist in
Abbildung 3 für die Jahre 1968 bis einschließlich 1976 der
Grad der Planerfüllung bei der Nettogewinnabführung, der
Produktions- und Dienstleistungs- bzw. produktgebundenen
Abgabe sowie der Produktionsfondsabgabe, jeweils auf der
Basis des ursprünglichen Planansatzes, zusammengestellt.
Dabei zeigt sich, daß die Planabweichungen bei der Gewinn-
abführung relativ hoch waren und daß auch bei der Produk-
tions- und Dienstleistungs- bzw. produktgebundenen Abgabe,
anders als bei der Produktionsfondsabgabe, nicht unerhebli-
che Planabweichungen zu verzeichnen waren.

Abbildung 3:
Planerfüllung bei Nettogewinnabführung, Produktions- und
Dienstleistungs- bzw. produktgebundener Abgabe und Produk-
tionsfondsabgabe zwischen 1968 und 1976

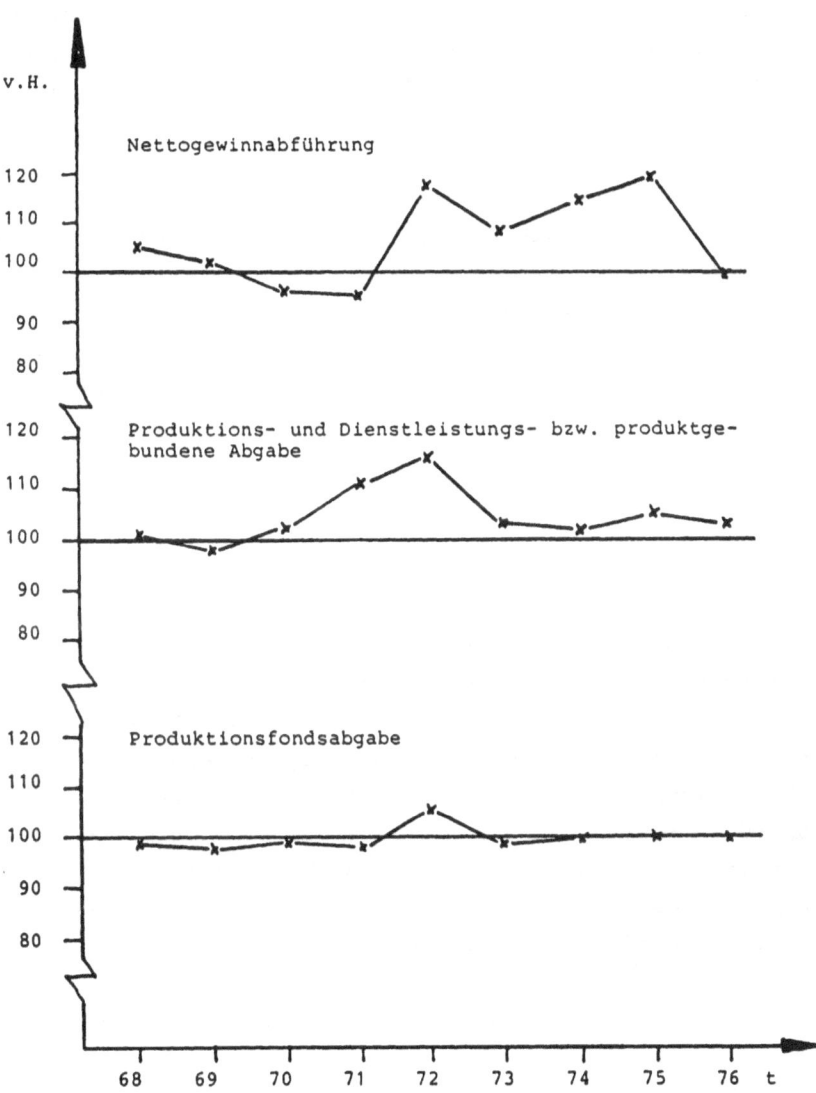

Mit aller gebotenen Vorsicht können die voranstehend aufge-
führten Zahlenangaben folgendermaßen interpretiert werden:
Der Rückgang der Gewinnabführungen zur Mitte der 60er Jahre
ist darauf zurückzuführen, daß die Betriebe mit der damals
beginnenden "Eigenerwirtschaftung" einen Teil ihres Gewinns
ohne vorherige Umverteilung zur Selbstfinanzierung ihrer
Investitionen verwenden konnten. Der Rückgang des Jahres
1968 läßt sich mit der Einführung der Produktionsfondsabgabe, derjenige des Jahres 1984 unter anderem mit der Einführung des Beitrags für gesellschaftliche Fonds erklären.
Es wurde bereits erwähnt, daß Mitte der 80er Jahre die Gewinnzuschlagssätze gesenkt wurden, was ebenfalls eine Verminderung der Staatshaushaltseinnahmen aus der Gewinnabführung bewirkt haben wird. Auf preispolitische Maßnahmen wird
auch der Rückgang dieser Pflichtzahlung im Jahr 1976 zurückzuführen sein, denn damals wurden im Gefolge der internationalen Preissteigerungen für Energie und Rohstoffe die
inländischen Preise angehoben. Diese Kostensteigerungen
werden zu einem Sinken der Gewinne und damit auch der Gewinnabführung beigetragen haben.

Daß die Abführungen der Produktions- und Dienstleistungs-
bzw. produktgebundenen Abgabe in den 60er Jahren abgenommen
haben, hat wahrscheinlich ebenfalls preispolitische Ursachen, da durch die damalige Industriepreisreform zumindest
in den konsumferneren Branchen eine tendenzielle Angleichung der Betriebs- und der Abgabepreise erfolgte (vgl.
Abschnitt 2.2.). Der Rückgang des Abführungsvolumens seit
1985 wird durch die Einführung des Beitrags für gesellschaftliche Fonds hervorgerufen worden sein.

Produktionsfondsabgabe und Beitrag für gesellschaftliche
Fonds sind demgegenüber durch eine weitgehend kontinuierliche Zunahme des Aufkommens gekennzeichnet. Bei der Produktionsfondsabgabe liegt dies daran, daß der gesamtwirtschaftliche Bruttobestand der Produktionsfonds ebenfalls
kontinuierlich gewachsen ist. Der im Jahr 1987 zu beobach-

tende Rückgang kann durch die Umstellung der Berechnungsbasis dieser Pflichtzahlung vom Brutto- auf den Nettowert der Produktionsfonds verursacht worden sein. Demgegenüber ist das kontinuierliche Anwachsen der Staatshaushaltseinnahmen aus dem Beitrag für gesellschaftliche Fonds in erster Linie auf die sukzessive Ausdehnung des Geltungsbereichs der einschlägigen Pflichtzahlungsvorschriften zurückzuführen.

Die Zahlenangaben zur Bodennutzungsgebühr schließlich zeigen, daß ihr Aufkommen im Vergleich zu den anderen Pflichtzahlungen verschwindend gering ist. Welcher Anteil des Aufkommens dabei aus der volkseigenen Wirtschaft stammt, läßt sich nicht ermitteln. Daß das Abführungsvolumen über die Jahre hinweg mit wenigen Ausnahmen kontinuierlich gesunken ist, kann als wirtschaftspolitischer Erfolg interpretiert werden, wenn sich darin eine rückläufige Inanspruchnahme landwirtschaftlich nutzbarer Bodenflächen für nichtlandwirtschaftliche Zwecke ausdrückt.

Aussagefähiger als die Angaben über das *absolute* Aufkommen der einzelnen Pflichtzahlungen sind diejenigen über ihre jeweilige *relative* Bedeutung. In der folgenden Tabelle 8 wird der prozentuale Anteil der vier wichtigsten Pflichtzahlungen ermittelt. Dabei muß auf Grund fehlenden Zahlenmaterials das *tatsächliche* Aufkommen der einzelnen Pflichtzahlungen, wie es sich aus den Haushaltsrechnungen ergibt, in Beziehung zu den *planmäßigen* Gesamteinnahmen des Budgets aus der volkseigenen Wirtschaft entsprechend den jährlichen Staatshaushaltsplänen gesetzt werden. Lediglich für die Jahre 1968 bis einschließlich 1976 können jeweils die Planansätze berücksichtigt werden. Die so ermittelten Prozentsätze sind in Abbildung 4 übertragen.

Auf Grund der Berechnungsmethode übersteigt die Summe der einzelnen Prozentanteile in Jahren der Planübererfüllung die Marke von 100 Prozent. Unterschreitet sie sie, so kann dies an Planuntererfüllungen liegen. Angaben über Planabweichungen sind jedoch, abgesehen von den genannten Ausnahmen, nicht bekannt. Die von Planabweichungen hervorgerufenen Verzerrungen dürften die Grundtendenz der hier aufgezeigten Entwicklung allerdings nur geringfügig beeinflussen: In der Haushaltsrechnung für 1987 wurde erstmalig die Höhe der tatsächlichen Gesamteinnahmen aus der volkseigenen Industrie veröffentlicht. Vergleicht man die Pflichtzahlungsstruktur für 1987, die auf der Basis der Planansätze errechnet wurde, mit derjenigen auf Basis der Angaben der Haushaltsrechnung, dann weichen die Prozentanteile nur bei zwei Pflichtzahlungen um lediglich jeweils einen Prozentpunkt voneinander ab.

Insbesondere Abbildung 4 zeigt deutlich die strukturelle Entwicklung der betrieblichen Pflichtzahlungen. In den früheren Jahren dominierte die Produktions- und Dienstleistungs- bzw. produktgebundene Abgabe eindeutig. Ab 1963, d.h. seit Beginn der ersten umfassenden Industriepreisreform, sank ihre Bedeutung zunächst stark ab; aber auch nach Beendigung dieser Preisreform ist ihr relativer Anteil permanent gesunken. Dies korrespondierte bis in die 80er Jahre hinein mit einem kontinuierlichen Anwachsen der Gewinnabführung. Die starken Schwankungen des relativen Anteils der Gewinnabführung werden aller Wahrscheinlichkeit nach vorrangig durch Planabweichungen verursacht worden sein. Demgegenüber fällt die Konstanz des prozentualen Anteils der Produktionsfondsabgabe auf. Daß er 1971 relativ stark anstieg, ist wohl darauf zurückzuführen, daß die Abführungsrate mit dem Übergang zum fondsbezogenen Preis weitgehend auf 6 v.H. angeglichen und damit im gesamtwirtschaftlichen Durchschnitt insgesamt angehoben wurde. Seit Einführung des Beitrags für gesellschaftliche Fonds hat sich die Struktur des Pflichtzahlungsaufkommens deutlich gewandelt. Statt der früheren Dominanz entweder der Produktions- und Dienstleistungs- bzw. produktgebundenen Abgabe oder der Gewinnabführung haben nun alle vier "Hauptabführungen" eine in etwa gleiche Bedeutung.

Tabelle 8:
Struktur des Aufkommens der betrieblichen Pflichtzahlungen
an den Staatshaushalt in der DDR ⟨Angaben in Mio. Mark⟩

Jahr	Abführ. (Plan)b) absolut	NGA (Ist)a) absol.	%	PDA/pgA (Ist)a) absol.	%	PFA (Ist)a) absol.	%	BfgF (Ist)a) absol.	%
1960	30.633			24.060	79				
1961	30.184								
1962	30.563	4.670	15	26.440	87				
1963	32.189			27.000	84				
1964	33.633	4.160	12	29.160	87				
1965	31.652	7.290	23	23.800	75				
1966	34.305	10.300	30						
1967	36.796	11.750	32	15.450	43	4.000	11		
1968	32.320	10.260	32	17.473	54	5.031	16		
1969	34.589	11.553	33	18.137	52	5.665	16		
1970	37.432	13.125	35	18.942	51	5.976	16		
1971	42.262	11.721	28	17.745	42	9.638	23		
1972	44.300	11.893	27	20.062	45	10.149	23		
1973	51.298	13.923	27	25.041	49	11.393	22		
1974	57.199	16.976	30	27.562	48	12.392	22		
1975	64.890	22.230	34	29.119	45	13.224	20		
1976	70.222	22.703	32	32.686	47	14.289	20		
1977	77.507	22.543	29	34.735	45	15.454	20		
1978	82.930	26.007	31	35.314	43	15.996	19		
1979	98.429	32.883	33	34.975	36	16.815	17		
1980	111.402	40.095	36	39.339	35	18.233	16		
1981	119.493	42.082	35	37.702	32	19.769	17		
1982	130.288	53.592	41	38.445	30	21.532	17		
1983	139.215	55.681	40	39.283	28	22.911	16		
1984	157.683	40.530	26	50.242	32	25.090	16	20.094	13
1985	174.012	38.653	22	46.012	26	28.784	17	26.602	15
1986	181.061	38.664	21	43.659	24	29.029	16	33.968	19
1987	191.081	39.191	21	42.965	22	28.409	15	34.127	18
1988	193.463	43.578	23	43.108	22	30.031	16	35.194	18
1989	204.569								

a): 1968 bis 1976 (ursprüngliche) Planansätze
b): 1988 Isteinnahmen
Quellen: Staatshaushaltsgesetze und Haushaltsrechnungen der
DDR (vgl. Anhang); eigene Berechnungen.

Abbildung 4:
Entwicklung des relativen Anteils der wichtigsten Pflichtzahlungen aus der staatseigenen Industrie an den Gesamteinnahmen des Staatshaushalts der DDR seit 1960

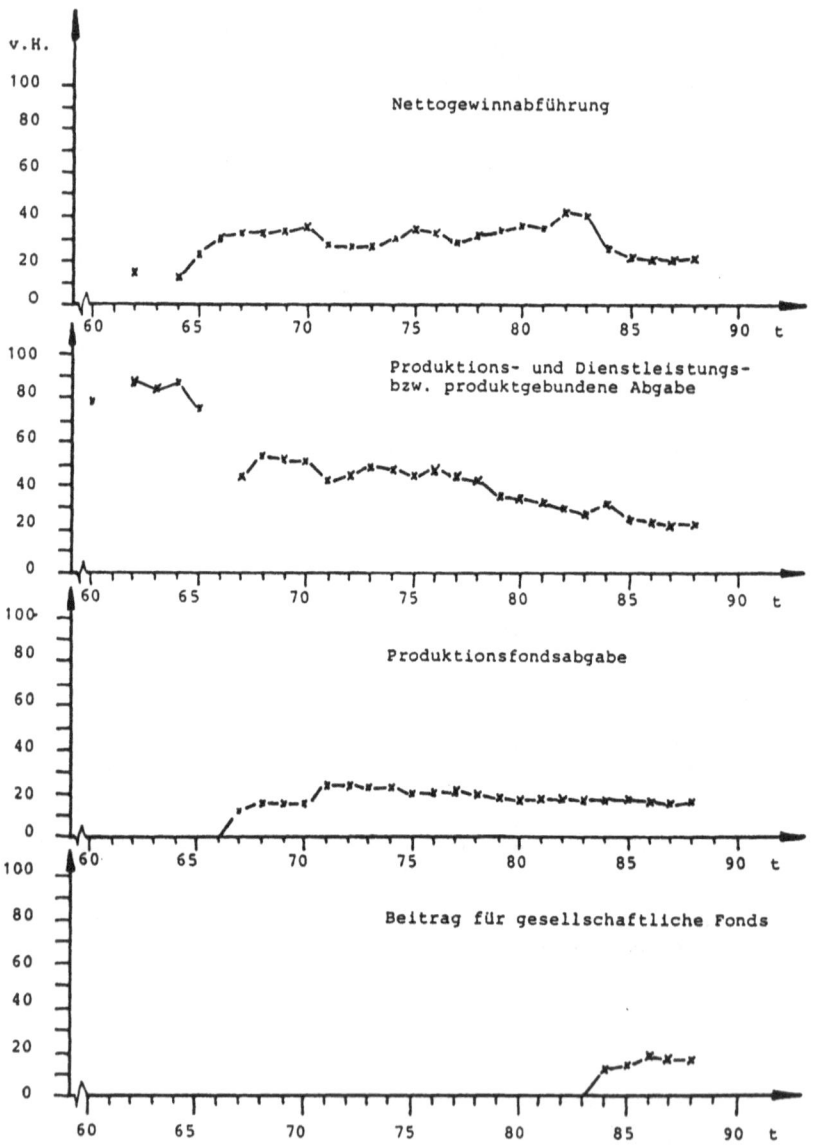

Tabelle 9:
Differenz zwischen planmäßigen Gesamteinnahmen des Staatshaushalts und dem in den Haushaltsrechnungen ausgewiesenen
Ist-Aufkommen der betrieblichen Pflichtzahlungen <Angaben
in Mio. Mark>

Jahr	Differenz	
	absolut[a]	Prozentpunkte (Plan = 100)
1962	+ 547	+ 1,8
1963	k.A.	k.A.
1964	- 313	- 0,9
1965	- 562	- 1,8
1966	k.A.	k.A.
1967	- 5.596	- 15,2
1968	+ 444	+ 1,4
1969	+ 766	+ 2,2
1970	+ 611	+ 1,6
1971	- 3.157	- 7,5
1972	- 2.196	- 5,0
1973	- 941	- 1,8
1974	- 269	- 0,5
1975	- 317	- 0,5
1976	- 544	- 0,8
1977	- 4.775	- 6,2
1978	- 5.613	- 6,8
1979	- 13.756	- 14,0
1980	- 13.735	- 12,3
1981	- 19.913	- 16,7
1982	- 16.719	- 12,8
1983	- 21.340	- 15,3
1984	- 21.727	- 13,8
1985	- 33.961	- 19,5
1986	- 35.741	- 19,7
1987[b]	- 46.389	- 24,3
1987[c]	- 43.566	- 23,1
1988[c]	- 41.553	- 21,5

a) Für die Jahre 1968 bis einschließlich 1976 werden die
   (ursprünglichen) Plansätze der einzelnen "Hauptabführungen" berücksichtigt
b) Berechnet auf Basis des Staatshaushaltsplanes
c) Berechnet auf Basis der Haushaltsrechnung
Quellen: Staatshaushaltspläne, Haushaltsrechnungen (vgl.
Anhang); eigene Berechnungen.

Vergleicht man die Angaben (soweit vorhanden) über den absoluten und relativen Anteil dieser vier Pflichtzahlungen
mit dem Planansatz für die Gesamtabführungen, dann zeigt
sich ein interessantes Phänomen: Seit 1977 unterschreitet

die tatsächliche Summe der einzelnen betrieblichen Pflichtzahlungen in zunehmendem Maß das planmäßige Gesamtaufkommen
der Staatshaushaltseinnahmen aus der volkseigenen Wirtschaft. Dies war zwar auch in früheren Jahren der Fall,
dann jedoch nur, wie sich aus der voranstehenden Tabelle 9
zeigt, vorübergehend.

Entsprechend der Berechnungsbasis sind die ausgewiesenen
positiven und negativen Differenzen zumindest teilweise auf
Planabweichungen zurückzuführen. Die seit 1977 stetig wachsenden negativen Differenzen können jedoch nur teilweise
durch Planuntererfüllungen verursacht worden sein. Für diese These spricht, daß die Differenz für 1987 sowohl bei der
Zugrundelegung des Planansatzes des Staatshaushaltsgesetzes
als auch bei derjenigen des tatsächlichen Gesamtaufkommens
entsprechend der Haushaltsrechnung von ähnlicher Größenord-
nung ist.

Daraus kann gefolgert werden, daß sich hinter diesen Diffe-
renzbeträgen solche Pflichtzahlungen verbergen, die zwar im
Staatshaushaltsplan, nicht jedoch bei der Haushaltsrechnung
berücksichtigt werden. Mithin wird es sich hierbei insbesondere um Einnahmen des Staatshaushalts aus der Amortisationsabführung handeln, da deren Bedeutung, wie dies in Abschnitt 2.6. aufgezeigt wurde, im Zusammenhang mit der Umstrukturierung des Produktionsapparates der DDR seit den
70er Jahren gewachsen ist. Auf Grund der sehr beschränkten
Datenlage läßt sich jedoch nicht genau ermitteln, in welchem Verhältnis die ermittelten Differenzen zum einen durch
die Amortisationsabführung und zum anderen durch Planabweichungen bei den sonstigen betrieblichen Pflichtzahlungen
erklärt werden können.

3. Grundzüge und Grundprobleme zentraladministrativer Wirtschaftskoordination

Wie bereits eingangs erwähnt wurde, soll das betriebsbezogene Pflichtzahlungsinstrumentarium im Rahmen der wirtschaftlichen Rechnungsführung wirken. Um deren Aufgaben für die gesamtwirtschaftliche Koordination ableiten zu können, ist es zunächst notwendig, den morphologischen Aufbau einer realtypischen Zentralverwaltungswirtschaft mit den grundsätzlichen Problemfeldern zu skizzieren, die unter derartigen Ordnungsbedingungen für die Wirtschaftskoordination bestehen, denn "deren Kenntnis (ist) für das Verständnis der erheblichen Funktionsmängel der wirtschaftlichen Rechnungsführung als äußeres Anreiz- und Kontrollinstrument unverzichtbar" (Schüller 1988a, S. 179).

3.1. Morphologie einer realtypischen staatssozialistischen Zentralverwaltungswirtschaft

Das konstitutive Ordnungsprinzip einer staatssozialistischen Zentralverwaltungswirtschaft ist die Monopolisierung der Verfügungs- und Nutzungsrechte über die Produktionsmittel in den Händen einer autokratischen Staatsbürokratie.[1] Wird auch als formeller Eigentümer der Produktionsmittel generell "das Volk" genannt, so ist faktischer Inhaber der ökonomischen Verfügungsrechte die staatliche Wirtschaftsadministration, die unter der Kuratel einer dem eigenen Selbstverständnis nach "sozialistischen" Partei steht.

---

1) Die privaten und die vor allem im Bereich der Landwirtschaft und des Handwerks tätigen genossenschaftlichen Betriebe sind gesamtwirtschaftlich von nachrangiger Bedeutung und unterliegen ebenfalls einem engmaschigen Netz staatlicher Verhaltensvorschriften. Die Untersuchung beschränkt sich daher auf die volkseigenen Betriebe und dabei insbesondere auf die "zentralgeleiteten" Industriebetriebe.

"Sozialistisch" ist eine derartige Wirtschaftsordnung inso-
weit, als die Partei, die das Machtmonopol besitzt, ihre
politischen und ökonomischen Ziele und die zu deren Erreichung angewandten Organisationsprinzipien sowie wirtschaftspolitischen Instrumente und Verfahren aus den als
allgemeinverbindlich angesehenen Dogmen des Marxismus-Leni-
nismus und deren zeitgebundener Interpretation ableitet
(Haffner 1985). Beispiele hierfür sind das Organisations-
prinzip des "demokratischen Zentralismus" (vgl. Hamel
1966), das staatliche Außenhandelsmonopol sowie die Marx-
sche Arbeitswertlehre, die das unverrückbare Fundament der
staatssozialistischen Preisbildung und aller damit im Zusammenhang stehenden finanzpolitischen Instrumente bildet
(vgl. Abschnitt 5.1.2.). Mit Politischer Ökonomie des Sozialismus ist im folgenden stets diese dogmatische Ausrichtung "östlicher" Wirtschaftswissenschaft gemeint.

In der Praxis ist die Wirtschaftsbürokratie kein monolithi-
scher Block, sondern nach funktionalen, brachenspezifischen
und regionalen Gesichtspunkten jeweils unterschiedlich
hierarchisiert. An der Spitze steht die Regierung als "ökonomischer Generalstab" der Parteileitung; bei der Planung
bedient sie sich der Hilfe einer Plankommission als Stabs-
abteilung; als Mittelinstanzen fungieren je nachdem, ob das
Produktions- oder das Territorialprinzip angewandt wird,
staatliche Ämter, Ministerien, Kommissionen, Gebietskörperschaften usw.; auf der untersten Hierarchiestufe sind die
Betriebe angesiedelt.[1] Zur Verminderung des Planungsauf-
wandes ist es zweckmäßig, wenn ein Gut jeweils nur von einem Betrieb hergestellt wird und die Zahl der Betriebe möglichst gering gehalten wird. Typischerweise handelt es sich
bei den volkseigenen Betrieben in staatssozialistischen

---

1) Wie sich aus der Darstellung der historischen Entwicklung des Pflichtzahlungsinstrumentariums ablesen läßt,
   wurde der organisatorische Aufbau der Wirtschaftsadministration in der DDR wiederholt geändert. Es ist davon
   auszugehen, daß auch die heute realisierte Ausgestaltung
   nur vorübergehender Natur ist.

Zentralverwaltungswirtschaften daher um monopolistische Großbetriebe (Thalheim 1962, S. 15 f.).

Zur Erfüllung der ihnen zugewiesenen Aufgaben werden den hierarchisch nachgeordneten Organisationseinheiten von der jeweils übergeordneten Instanz eng begrenzte Verfügungsrechte an den Produktionsmitteln zugewiesen, wobei diese Rechte jederzeit neu definiert oder widerrufen werden können.

In der Regel sind die Betriebe organisatorisch zu Betriebsvereinigungen zusammengeschlossen. In der DDR handelte es sich bis Ende der 70er Jahre (mit Unterbrechung) um "Vereinigungen Volkseigener Betriebe" (VVB), seither sind an deren Stelle Kombinate getreten. Durch diese "Kombinatsreform" haben die Betriebe ihre Eigenständigkeit faktisch verloren und sind heute gleichsam unselbständige Betriebsteile der Kombinate (Hamel 1983, S. 36). In der DDR werden sie gleichwohl als (relativ) eigenständige Rechtssubjekte angesehen, da sie weiterhin nach den Grundsätzen der wirtschaftlichen Rechnungsführung arbeiten und für die Erfüllung der Planauflagen verantwortlich sind (Autorenkollektiv 1985a, S. 118 ff.). Oftmals unterstehen die Betriebe oder Betriebsvereinigungen gleichzeitig mehreren Mittelinstanzen, deren Kompetenzen nicht immer eindeutig voneinander abgegrenzt sind.[1] In Abbildung 5 auf der folgenden Seite wird der organisatorische Gesamtaufbau einer solchen Zentralverwaltungswirtschaft in seinen Grundzügen dargestellt.

---

1) Dies gilt heute beispielsweise für die Außenhandelsbetriebe, die in der Regel sowohl der Kombinatsleitung als auch dem Außenhandelsministerium unterstellt sind.

Abbildung 5:
Vereinfachte Leitungsstruktur einer staatssozialistischen Zentralverwaltungswirtschaft, dargestellt am Beispiel der DDR <Stand Sommer 1989>

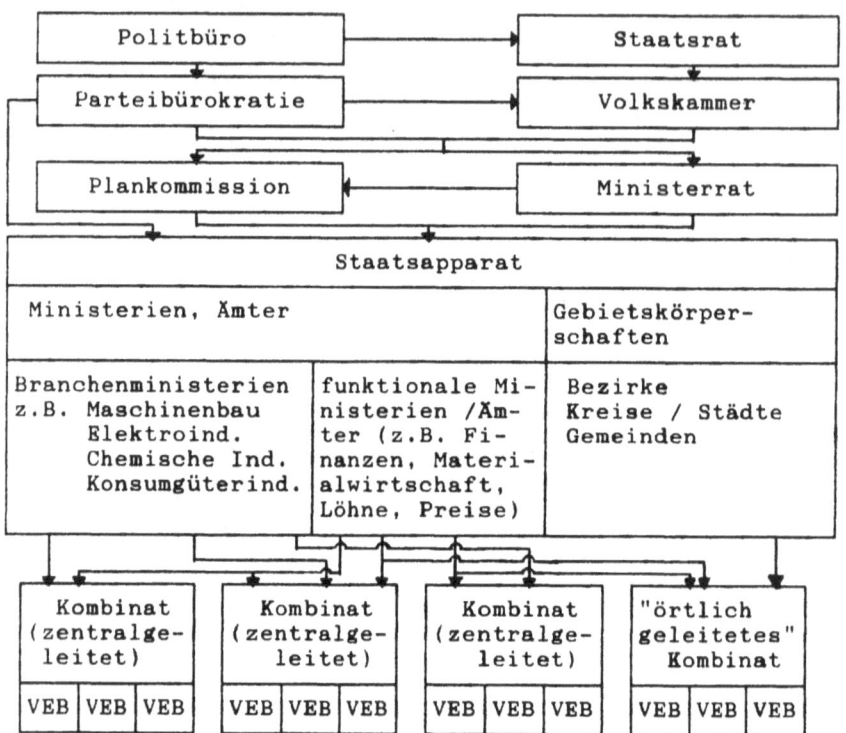

Während es sich bei einer Markt- oder Verkehrswirtschaft um eine spontane Ordnung handelt, stellt sich die zentraladministrative Wirtschaftsordnung als eine hierarchisch strukturierte komplexe Großorganisation dar, bei der die oberste Entscheidungszentrale den Organisationszweck setzt und die Zuweisung der spezifizierten Funktionen bei der Erfüllung des Organisationszweckes an die einzelnen Organisationsmitglieder vornimmt (vgl. von Hayek 1963). Aufgabe der zentralen Instanzen der Wirtschaftsbürokratie ist es dabei, nach Vorgaben der politischen Entscheidungsträger den Einsatz der Produktionsmittel und die Verwendung der produzierten Güter zentral zu planen und für eine störungsfreie Durchführung des gesamtstaatlichen Wirtschaftsplanes zu sorgen.

Struktur und zeitlicher Ablauf des Produktionsprogramms sind, wie auch die Verteilung der produzierten Güter, durch die Ziele der Zentralinstanz determiniert: Welche Güter für den privaten Konsum in welcher Menge bereitgestellt werden, wie groß der Anteil öffentlicher Güter ist und in welchem Ausmaß investiert, d.h. auf wen und für welche Zwecke das gesamtwirtschaftliche Produkt verteilt wird, bestimmen nicht die Individuen als Nachfrager nach Konsumgütern oder als Anbieter von Sparkapital, sondern hierüber entscheidet die Zentrale. Während in der Marktwirtschaft Produktion und Verteilung dominierend durch die leistungsadäquate Faktorentlohnung miteinander verknüpft sind, fehlt dieser Zusammenhang unter zentralverwaltungswirtschaftlichen Ordnungsbedingungen weitgehend (Gutmann 1968, S. 48 f.).

Staatseigentum an den Produktionsmitteln und das Nichtvorhandensein marktwirtschaftlicher Koordination bewirken das Fehlen eines inneren Stimulus, der am Vermögensinteresse der in den Betrieben Entscheidungsberechtigten ausgerichtet ist. An dessen Stelle muß staatlicherseits somit ein äußerer Stimulus institutionalisiert werden (Schüller 1988a): Ökonomisches Formalziel der volkseigenen Wirtschaftseinheiten ist das Planerfüllungsprinzip. Um sie an der Erfüllung der Planvorgaben zu interessieren, werden den Betriebsangehörigen hiervon abhängige Prämien gewährt.

Aus diesem morphologischen Aufbau einer ("sozialistischen") Zentralverwaltungswirtschaft ergeben sich zwei Grundanforderungen, die erfüllt sein müssen, soll seitens der Zentralinstanz eine effiziente Koordination des Wirtschaftsprozesses gewährleistet werden:
1. Um einen die gesamte Volkswirtschaft überspannenden Wirtschaftsplan erstellen zu können, muß die zentrale Planungsinstanz umfassende Informationen über die vorhandenen und die produzierbaren Güter sowie über die produktionstechnischen Gegebenheiten und Verflechtungen erlangen. Sind der zentralen Entscheidungszentrale nicht

alle planungsrelevanten Informationen verfügbar, muß sie dieses Informationsdefizit durch den Einsatz ergänzender wirtschaftspolitischer Instrumente kompensieren. Gelingt ihr dies nicht, so fehlen ihr die Grundlagen für die rationale Auswahl von Allokations- und Distributionsalternativen und damit insgesamt für eine rationale Wirtschaftsrechnung. Im folgenden wird dieser Problemkomplex als *Informationsproblem* bezeichnet.

2. Für Aufstellung und Durchführung des Volkswirtschaftsplanes muß gewährleistet sein, daß die einzelnen nachgeordneten Teilorganisationen und die in ihnen tätigen Menschen an der Verfolgung der Ziele der staatlichen Lenkungszentrale interessiert sind und bei der Ausübung der ihnen zugewiesenen Funktionen die der Planung zugrundeliegenden Leistungserwartungen erfüllen. Es handelt sich hier um das aus der "westlichen" Wirtschaftswissenschaft bekannte "principal-agent-problem" (vgl. D. Schneider 1987, S. 505 ff.). Während es in einer Marktwirtschaft auf die Beziehungen zwischen Privateigentümer (principal) und Manager (agent) der einzelnen Unternehmung begrenzt ist, umfaßt es bei Staatseigentum an den Produktionsmitteln und zentraler Planung die gesamte Wirtschaftsorganisation auf jeder der einzelnen Hierarchieebenen. Diesbezüglich wird im folgenden vom *Interessenproblem* gesprochen.

Bei der modelltheoretischen Analyse einer *idealtypischen* Zentralverwaltungswirtschaft wird generell angenommen, daß sowohl das Informations- als auch das Interessenproblem gelöst sind. Für *realtypische* staatssozialistische Zentralverwaltungswirtschaften sind diese Prämissen nicht gegeben. Daraus folgen weitreichende Konsequenzen für die Rationalität der zentralverwaltungswirtschaftlichen Koordination sowie den wirtschaftspolitischen Handlungsbedarf (vgl. Gutmann, Klein 1984, S. 104 ff.). Dieser ist im folgenden genauer zu beleuchten, da damit die Funktionen erkennbar werden, die die betrieblichen Pflichtzahlungen als Elemente der wirtschaftlichen Rechnungsführung erfüllen sollen: In Abschnitt 3.2. wird das Informationsproblem zentraladministrativer Wirtschaftsrechnung dargestellt. Welche grundsätzlichen Möglichkeiten zu seiner Lösung bestehen, wird in Abschnitt 3.3. aufgezeigt. Gegenstand des Abschnitts 3.4. ist schließlich die Interessenproblematik und deren Interdependenzen mit dem Informationsproblem. Diese Erörterungen bilden den Hintergrund der weiteren Analyse.

3.2. Das Informationsproblem bei zentraladministrativer Wirtschaftsrechnung

Das Ziel der Entscheidungszentrale besteht darin, das vorhandene Produktionspotential so zu nutzen, daß die politisch determinierten Zielvorstellungen in größtmöglichem Umfang realisiert werden. Zur Aufstellung eines nutzenoptimalen Wirtschaftsplanes muß die Zentralinstanz zum einen in der Lage sein, eine in sich geschlossene Zielfunktion aufzustellen, und zum anderen muß sie über umfassende Informationen bezüglich der Güterknappheiten, der angewandten Produktionsverfahren und produktionstechnischen Verflechtungen verfügen. Beide Aufgaben sind Gegenstand der Wirtschaftsrechnung (Hensel 1954: 1979, S. 44 f.). Die Aufstellung einer in sich widerspruchsfreien Zielfunktion durch die Zentralinstanz hängt nicht nur von der Lösung des Informations-, sondern auch von der des Interessenproblems ab. Von letzterem wird jedoch zunächst abgesehen.

In der "Wirtschaftsrechnungsdebatte", die zu Beginn der 20er Jahre dieses Jahrhunderts einsetzte, ging es vornehmlich um die Frage, ob in einer sozialistischen Zentralverwaltungswirtschaft eine rationale Wirtschaftsrechnung und damit die Aufstellung eines nutzenoptimierenden Zentralplanes durchführbar sei. Diese Debatte begann mit dem von L. von Mises (1920/1921; 1932:1981, S. 97 ff.; 1940:1980, S. 634 ff.) aufgestellten "Unmöglichkeitstheorem". Danach ist

in einer durch Staatseigentum an den Produktionsmitteln ge-
kennzeichneten Wirtschaftsordnung eine rationale knappheitsbezogene Güterallokation wegen fehlenden Marktverkehrs
und damit mangels Marktpreisen insbesondere bei den Gütern
höherer Ordnung (Kapitalgütern) logisch unmöglich. In der
Folgezeit wurde wiederholt versucht, dieses Unmöglichkeitstheorem zu widerlegen. Die jeweiligen Ansätze lassen sich
in zwei Gruppen unterteilen: In der ersten werden Preise
weiterhin als Voraussetzung für eine rationale Wirtschaftsrechnung auch innerhalb einer staatssozialistischen Zentralverwaltungswirtschaft angesehen, in der zweiten wird
von der Möglichkeit einer ausschließlich güterwirtschaftlichen Wirtschaftsrechnung ausgegangen.

Im Zusammenhang mit der ersten Gruppe sind die Modelle von
Barone (1935), Lange (1977) und Krelle (1953) zu nennen.
Sie sind unverkennbar denjenigen der vollständigen Konkur-
renz nachgebildet. Damit teilen sie jedoch auch deren
Schwächen, d.h. in ihnen werden die Auswirkungen der insti-
tutionellen Ausgestaltung der Wirtschaftsordnung nicht pro-
blematisiert (Leipold, Schüller 1986, S. 3 ff.).

Der zweite Ansatz wurde von Hensel entwickelt, der dabei
einen im Vergleich zu den preistheoretischen Modellen
grundsätzlich anderen Weg zur Lösung des Wirtschaftsrech-
nungsproblems einschlug. Grundlage dieser Überlegungen ist
die Annahme, daß es neben dem Markt-Preis-System ein zwei-
tes Verfahren zur Ermittlung der planungsrelevanten Informationen gibt, das er als Bilanzierungsmethode bezeichnet.
Hierbei dienen Salden naturaler Planbilanzen als Anzeiger
der güterspezifischen Knappheiten und als Auswahlkriterium
für die Ziele der zentralen Planungsinstanz, ohne daß hierzu Preise notwendig sind (Hensel 1954:1979, S. 111 ff.).

Sowohl bei den preistheoretischen Modellen als auch bei
Hensels güterwirtschaftlichem Ansatz wird davon ausgegangen, daß die Planungszentrale sämtliche für die Aufstellung

eines umfassenden Wirtschaftsplanes benötigten Informationen zentralisieren kann. Dies ist jedoch praktisch unmöglich: F. A. von Hayek hat aufgezeigt, daß in einer komplexen Großorganisation bei Zugrundelegung realistischer Annahmen nicht sämtliche relevanten Informationen zentralisiert werden können. Grundsätzlich nicht zentralisierbar sind die Kenntnisse der einzelnen Organisationsmitglieder über die spezifischen Umstände von Ort und Zeit (von Hayek 1976, S. 199 ff.). Darüber hinaus ist auch davon auszugehen, daß die vorhandenen Kapazitäten nicht zur Verarbeitung aller für eine lückenlose Zentralplanung notwendigen Informationen ausreichen. Unter den Bedingungen unvollständiger Information und begrenzter Kapazitäten der Informationsverarbeitung kann sich die Zentralplanung somit nicht auf die "konkrete Manifestation", sondern nur auf die "abstrakten Züge" der komplexen Großorganisation einer Zentralverwaltungswirtschaft beziehen (von Hayek 1963, S. 15). Das bedeutet, daß die in einer realtypischen staatssozialistischen Zentralverwaltungswirtschaft ablaufenden ökonomischen Prozesse nicht umfassend güterwirtschaftlich geplant werden können. Anstelle der theoretischen handelt es sich dann hier um die praktische Unmöglichkeit allumfassender zentraler Planung. Zur Ermittlung und Abstimmung der konkreten Aufgaben, die die Betriebe erfüllen sollen, ist unter diesen realtypischen Gegebenheiten ein ergänzendes Koordinationsverfahren notwendig, durch das die nicht zentralisierbaren Informationen indirekt und soweit wie möglich in den zentraladministrativen Planungszusammenhang einbezogen werden können.

Unabhängig von der Frage, ob und wie überhaupt planungsrelevante Informationen zentralisiert werden können, besteht ein weiteres Problem, auf das zwar im Zusammenhang mit dem Interessenproblem näher eingegangen wird, das gleichwohl bereits hier zu erwähnen ist: Der gesamtwirtschaftliche Plan ist nur in dem Ausmaß realistisch, wie dies für die Informationen gilt, auf deren Basis er erarbeitet wird.

Diese Informationen kann die Planungszentrale nur von den Produktionsbetrieben über den Instanzenzug der Wirtschaftsbürokratie erhalten. Aus der einer Zentralverwaltungswirtschaft spezifischen Anreizstruktur des Planerfüllungsprinzips in Verbindung mit dem Prämienprinzip ergibt sich jedoch, daß die planungsrelevanten Informationen bei der Zentralisierung auf dem Weg von der untersten betrieblichen bis hinauf zur obersten zentraladministrativen Hierarchieebene in der Regel systematisch verfälscht werden (vgl. Abschnitt 3.4.).

Anders als bei den preistheoretischen Modellen werden in Hensels Modell "Hilfsverfahren der Planung" aufzeigt, durch die die Informationsdefizite der Zentralinstanz potentiell kompensiert werden können. Diese Hilfsverfahren, die im folgenden Abschnitt 3.3. näher beschrieben werden, sollen neben die güterwirtschaftliche Koordination treten, ohne daß deren grundsätzliche Dominanz aufgehoben wird. Da sie somit nur subsidiären Charakter haben und in ihrer Wirkungslogik wie auch ihren (im weiteren aufzuzeigenden) Funktionsdefiziten durch die grundlegende güterwirtschaftliche Plankoordinierung geprägt sind, können sie trotz eventuell vorhandener formaler Ähnlichkeiten mit verkehrswirtschaftlichen Koordinationsverfahren nicht mit diesen gleichgesetzt werden (Hensel 1972a, S. 106 ff.).

3.3. Hilfsverfahren der Planung zur Lösung des Informationsproblems

Hensel (1972a, S. 127 ff.; 1977, S. 178) benennt folgende Hilfsverfahren der Planung:
1) die zusammenfassende Bilanzierung produktionstechnisch verwandter Güter;
2) die Institutionalisierung eines zweistufigen Planungssystems, bei dem neben der zentralen auch eine betriebliche Planungsebene eingeführt wird;

3) die gesamtwirtschaftliche Verzahnung der Betriebspläne mittels des sogenannten Vertragssystems.

Ad 1): Die zentralen Planungsinstanzen sind auf Grund von Informationsdefiziten und bei prinzipieller Unsicherheit wirtschaftlichen Handelns nur in der Lage, eine Teilbilanzierung unter Beschränkung auf eine relativ geringe und überschaubare Anzahl Güter durchzuführen, denen eine grundlegende Bedeutung beigemessen wird. Um gleichwohl einen gesamtwirtschaftlichen Planungszusammenhang zu konstituieren, werden die übrigen Güter in aggregierten Güterbündeln bilanziert. Durch die Verringerung der Zahl der zu berechnenden Bilanzen[1] sinkt der Bedarf der Planungsinstanz an Detailinformationen.

Ad 2): Um auch das Wissen der Betriebe in höchstmöglichem Umfang in den gesamtwirtschaftlichen Planungszusammenhang einbeziehen zu können, werden ihnen Mitwirkungsaufgaben und damit Entscheidungsfreiräume bei der Planaufstellung übertragen. Die Betriebe sollen diese Freiräume bei Aufstellung ihrer Pläne so wahrnehmen, daß die betriebsspezifischen Konkretisierungen der aus den aggregierten Güterbilanzen abgeleiteten globalen Planvorgaben den zentraladministrativen Zielsetzungen möglichst weitgehend nahekommen. Die Detaillierung der aggregierten Planvorgaben durch die Betriebe erfolgt in einem zweiphasigen iterativen Planungsverfahren und dient der wechselseitigen Wissensoffenlegung als Voraussetzung für die Gewinnung eines realistischen gesamtwirtschaftlichen Planzusammenhanges: Auf der Basis globaler Planaufgaben und unter Berücksichtigung staatlicherseits vorgegebener detaillierter Rahmendaten und Verfahrensvorschriften erarbeiten die Betriebe einen eigenen Planvor-

---

1) In der DDR beispielsweise wurden Mitte der achtziger Jahre ca. 4.500 Güterbilanzen aufgestellt, durch die mehr als dreiviertel des gesamten Produktionsvolumens (ca. 80.000 aggregierte Gütergruppen) erfaßt wurde; vgl. Becher, Richter 1986, S. 104; Meyer 1987, S. 134; Kinze, Poller 1987, S. 82.

schlag über Produktionsstruktur und -sortiment, über benötigte Produktionsfaktoren usw. Die einzelnen betrieblichen Planvorschläge werden daran anschließend durch die Planungsbürokratie aggregiert. Der auf der Grundlage betrieblicher Informationen konkretisierte Volkswirtschaftsplan wird, nachdem der gesamtwirtschaftliche Bilanzzusammenhang hergestellt wurde, schließlich in einem weiteren Schritt als vollzugsverbindliche Planauflage erneut auf die einzelnen Betriebe aufgeschlüsselt.

Ad 3):Bereits in der Phase der Planaufstellung werden zusätzlich die zwischenbetrieblichen Austauschbeziehungen vertraglich fixiert. Diese Vorverträge sind integraler Bestandteil des Betriebsplanes. Durch sie sollen die zwischenbetrieblichen Produktionsverflechtungen, die durch die globale Zentralplanung nicht eindeutig determiniert sind, indirekt in den gesamtwirtschaftlichen Planungszusammenhang einbezogen werden. Sobald die Betriebe zum Abschluß der Planaufstellung ihre detaillierten Planauflagen erhalten, sind die bisherigen Vorverträge in vollzugsverbindliche Verträge umzuwandeln.

Wie realitätsbezogen Hensels Modell güterwirtschaftlicher Bilanzierung auch unter realtypischen Ordnungsbedingungen ist, zeigt beispielsweise, daß in der DDR nach dortiger (Lehr-)Meinung die Bilanzierung das Hauptinstrument der gesamtwirtschaftlichen Plankoordinierung ist (Kinze, Knop, Seifert 1978, S. 182) und daß die dort angewandten Verfahrensregeln zur Lösung des Informationsproblems den Henselschen Hilfsverfahren der Planung entsprechen. Damit ist dieses Modell angesichts der Alternativen, um mit Gutmann (1965, S. 3) zu sprechen, "das einzige theoretisch konsequent durchdachte System der Wirtschaftsrechnung bei zentraler Lenkung unter allen Versuchen dieser Art". Die weiteren Ausführungen orientieren sich daher an diesem Ansatz.

Gutmann zufolge stellen auch die Modelle volkswirtschaftli-
cher Gesamtrechnung, mit deren Hilfe die güterwirtschaftliche Bilanzierung ergänzt werden soll, ein Hilfsverfahren
der Planung dar (Gutmann 1965, S. 9). Die Anwendung gesamtwirtschaftlicher oder sektoraler Verflechtungsmodelle soll
es ermöglichen, globale Allokationsalternativen wie beispielsweise die Aufteilung des Sozialprodukts auf Konsum
und Investition oder die Aufteilung des Investitionsvolumens auf verschiedene Produktionszweige anhand ihrer Auswirkungen auf hochaggregierte monetäre Indikatoren wie die
Entwicklung des Volkseinkommens ("Gesellschaftliches Ge-
samtprodukt", "Nationaleinkommen" usw.) zu beurteilen (vgl.
Kinze, Knop, Seifert 1983, S. 189 ff.). Diese Modelle dienen somit in erster Linie der globalen staatlichen Zielfor-
mulierung, die dann unter der Bedingung unvollkommener In-
formiertheit der Lenkungszentrale durch die von Hensel erwähnten Hilfsverfahren der Planung konkretisiert werden
soll. Auf diesen Verflechtungsberechnungen beruht auch die
gesamtwirtschaftliche monetäre Planung, die die güterwirtschaftliche Planung ergänzen soll (vgl. Abschnitt 5.4.3.).

Für die weiteren Ausführungen ist von Bedeutung, daß bei
Anwendung dieser Hilfsverfahren den Betrieben zur Lösung
des Informationsproblems partielle Dispositionsspielräume
eingeräumt werden. Der wirtschaftpolitische Handlungsbedarf der Lenkungszentrale besteht somit darin, Vorkehrungen
in der Art zu treffen, daß sich die in den Betrieben beschäftigten Menschen, insbesondere die dort entscheidungs-
befugten Betriebsleiter, bei der selbstinteressierten Ausübung ihrer Entscheidungsrechte so verhalten, wie dies
staatlicherseits gewünscht ist.

Damit wird die Lösung des Interessenproblems jedoch um so
dringlicher, je weiter die Grenzen der betrieblichen Entscheidungsspielräume gezogen sind. Dabei wachsen diese
Freiräume in dem Maße an, je mehr Informationen nicht zentralisierbar sind.

3.4. Die Interessenproblematik als Ursache wirtschaftspolitischen Handlungsbedarfs

Nach allem Dafürhalten kann das Bestreben, in erster Linie die eigenen Interessen zu verfolgen, als Konstante menschlichen Verhaltens angesehen werden. Hieraus resultiert in realtypischen Zentralverwaltungswirtschaften die Notwendigkeit zur Lösung des "principal-agent-problems" in gesamtwirtschaftlichem Maßstab. Seitens der Lenkungszentrale ist sicherzustellen, daß die nachgeordneten Hierarchieebenen bis hinunter zu den Betrieben sowohl im Zuge der Planaufstellung als auch der Plandurchführung ihre Dispositionsspielräume entsprechend den zentralen Zielvorstellungen wahrnehmen. Das Interessenproblem stellt sich hier bezüglich des Verhältnisses zwischen den Betrieben und der ihnen übergeordneten Wirtschaftsbürokratie sowie bezüglich des Verhältnisses der einzelnen Teilbürokratien untereinander.

3.4.1. Das betriebsspezifische Interessenproblem der "weichen" Pläne

Aus der Systemlogik heraus resultiert ein fundamentaler Interessengegensatz zwischen den in den Betrieben Beschäftigten und der (hier zunächst als Einheit aufgefaßten) übergeordneten Wirtschaftsbürokratie, der im allgemeinen mit dem Stichwort der "weichen" Pläne gekennzeichnet wird (vgl. Wagner 1967; Hensel 1972b und 1973a; Gutmann 1977, S. 102 ff. und 1982, S. 613 f.):

Entsprechend dem Grundprinzip der Wirtschaftskoordination mittels zentraladministrativer Planaufstellung besteht das Formalziel der Betriebe in der Planerfüllung der vorgegebenen betrieblichen Leistungskennziffern (Planvorgaben). Für alle n Kennziffern, die den Betrieben vorgegeben werden, muß somit die folgende betriebliche Zielfunktion (1) gelten:

(1) $\forall K (K_{it} \geq K_{ip})$; $i = 1$ bis n.

Dabei steht K_{it} für die tatsächliche und K_{ip} für die planmäßige Höhe der $i$ten Kennziffer. Je nach dem Grad der Zielerreichung erhalten die Betriebsangehörigen entsprechend
der Prämienfunktion (2) Prämien:

(2) $Pr = \sum_{i=1}^{n} a_i (K_{it} - K_{ip})$; $a_i \geq 0$.

Pr symbolisiert die Prämienausschüttung, a_i den für die $i$te
Kennziffer vorgeschriebenen Prämiierungskoeffizienten.

Mittels der planerfüllungsabhängigen Prämiierung soll gewährleistet werden, daß die Beschäftigten die der Planung
zugrundegelegten Leistungserwartungen erfüllen. Dies ist
von großer Bedeutung, da auf Grund der Interdependenz aller
einzelbetrieblichen Pläne die Nichterfüllung bereits eines
einzigen Betriebsplanes in Form einer Kettenreaktion die
Nichterfüllung aller anderen Pläne hervorrufen kann. Bedingt durch dieses betriebliche Formalziel liegt das wesentliche Interesse der Beschäftigten in der Sicherung eines in ihren Augen ausreichend hohen Prämieneinkommens
durch Plan-(über-)erfüllung.

Die den Betrieben übergeordnete Wirtschaftsbürokratie wiederum ist an einer möglichst produktiven Verwendung der
vorhandenen Ressourcen zur Gewährleistung eines hohen Wirtschaftswachstums interessiert. Diese Wachstumsorientierung
ist wesentlich in der herrschenden Ideologie des Marxismus-
Leninismus begründet (vgl. Thalheim 1981): Durch rasches
Wirtschaftswachstum soll möglichst bald das ideologisch
fixierte Ziel einer kommunistischen Überflußgesellschaft
erreicht werden. Das "ökonomische Grundgesetz des Sozialismus" ist prägnanter Ausdruck dieser ideologisch motivierten
Wachstumsorientierung. Seine Zielsetzung wird definiert als
"Sicherung der höchsten Wohlfahrt und der freien allseiti-
gen Entwicklung aller Mitglieder der Gesellschaft auf dem
Wege des ununterbrochenen Wachstums und der Vervollkommnung

der gesellschaftlichen Produktion" (Autorenkollektiv 1981a, S. 52; vgl. auch Ebert, Tittel 1987).

Das betriebliche Prämieninteresse einerseits sowie das Produktivitäts- und Wachstumsziel der Wirtschaftsbürokratie andererseits sind allerdings *nicht* deckungsgleich: Da die Zentralinstanz nicht sämtliche relevanten Daten kennt, ist sie, wie im Zusammenhang mit den Hilfsverfahren der Planung aufgezeigt, bei der Ausarbeitung des gesamtwirtschaftlichen Planungsgefüges auf die Informationsübermittlung durch die Betriebe angewiesen. Bei planerfüllungsabhängiger Prämiierung sind die Betriebsangehörigen daran interessiert, ihre Mitwirkungsmöglichkeiten bei der Planaufstellung dazu zu benutzen, von der Zentralinstanz möglichst leicht erfüllbare Planaufgaben ($K_{i\,p}$ in Gleichung (2)) zu erhalten. Sie werden ihr Produktionspotential bei der Informationsübermittlung "nach oben" ungünstiger darstellen, die benötigten Inputs werden größer und die erreichbaren Produktionsleistungen werden geringer angegeben, als dies bei Ausschöpfung der tatsächlichen Möglichkeiten der Fall wäre.

Eine Übererfüllung der Kennziffern durch die Betriebe gibt den Lenkungsinstanzen Informationen über die tatsächliche Leistungsfähigkeit der Betriebe und bildet damit eine Grundlage für die staatlichen Planaufgaben der folgenden Periode. Daher ist es für die Betriebsangehörigen rational, selbst beim Vorhandensein großer Leistungsreserven die staatlichen Kennziffern allenfalls "maßvoll" überzuerfüllen. Werden die Planvorgaben übererfüllt, dann besteht betrieblicherseits ein Interesse daran, nicht nur die potentielle, sondern bei der Planabrechnung auch die erbrachte Leistungserfüllung geringer, als dies tatsächlich der Fall ist, anzugeben. Hierdurch sind die Betriebe in der Lage, nicht nur Ressourcen, sondern auch fertige Endprodukte zu horten.

Die Neigung der Betriebe zur Bildung verdeckter Reserven wird um so stärker sein, je größer die Gefahr ist, daß durch Unvollkommenheiten bei der zentralen Plankoordination Friktionen im Prozeß der Plandurchführung auftreten, die außerhalb des Einflußbereichs des einzelnen Betriebes liegen und die die eigene Prämienerzielung gefährden. Gleichfalls wird die Neigung zur Reservenbildung ansteigen, je öfter die übergeordnete Lenkungsinstanz diskretionär in die betriebliche Leistungserbringung eingreift. Auch dies wird in der Regel Folge einer inkonsistenten gesamtwirtschaftlichen Planung sein. Die Reserven dienen dabei nicht nur als interne Puffer, sondern sie lassen sich auch als Tauschobjekte einsetzen, mit deren Hilfe durch informelle Austauschbeziehungen auf "Schwarzmärkten" die fehlenden Ressourcen bezogen werden können. Das Bestreben der Betriebe nach "weichen" Plänen steigt schließlich auch dann, wenn sie auf Grund des kurzen Planungshorizonts bei wiederholten Änderungen der staatlichen Zielstellungen sowie der wirtschaftspolitischen Schwerpunkte und Strategien jedes Jahr aufs neue mit nicht vorhersehbaren und über längere Zeiträume hinweg gegebenenfalls widersprüchlichen Vorgaben seitens der Zentralinstanz rechnen müssen. Ursachen für derartige Friktionen und Inkonsistenzen der zentralverwaltungswirtschaftlichen Koordination werden in dieser Untersuchung wiederholt aufgezeigt.

Die verdeckten Ressourcen- und Leistungsreserven helfen zwar einerseits, die betriebliche Planerfüllung und damit Prämiierung zu sichern, andererseits jedoch mindern sie, da sie zu einem Großteil mit einer unproduktiven Bindung knapper Güter einhergehen, die Effizienz des gesamtwirtschaftlichen Produktionsprozesses. Allenfalls dann, wenn diese Reserven zur Überwindung planungsbedingter Friktionen eingesetzt werden, haben sie effizienzsteigernde Wirkung; allerdings nur dergestalt, daß sie Ineffizienzen der zentraladministrativen Plankoordination (teilweise) kompensieren.

Diese aus betrieblicher Sicht rationale Strategie der "weichen" Pläne ist die grundlegende Ursache dafür, daß das ökonomische Wachstum in staatssozialistischen Ländern bisher in aller Regel extensiver Natur war. Würden die vorhandenen Produktionsfaktoren effizienter eingesetzt, bedeutete dies den prämiengefährdenden Abbau von Leistungsreserven.

Ein Effekt des betriebsspezifischen Interessenproblems, der gerade in Zeiten schnellen technologischen Wandels für die internationale Wettbewerbsfähigkeit besonders nachteilig ist, besteht zudem darin, daß die Betriebe nur sehr unzureichend an der Implementierung von Produkt- und Verfahrensinnovationen interessiert sind. Derartige Neuerungsmaßnahmen sind in ihren Auswirkungen auf die prämienrelevanten Planziele nur schwer abschätzbar und erhöhen damit das Prämienrisiko der Belegschaft. Daher ist es verständlich, daß bereits bewährte und in ihren Auswirkungen auf die Prämienerzielung damit besser abschätzbare Aktivitäten möglichen Innovationen gegenüber bevorzugt werden (Leipold 1983b, S. 56 f.).

Die Informationen, auf deren Basis die Zentralinstanzen den gesamtwirtschaftlichen Plan erstellen, sind somit potentiell nicht Ausdruck gesamtwirtschaftlicher Rationalität, sondern durch die hiermit nicht deckungsgleiche einzelwirtschaftliche Interessenlage der Betriebe verfälscht. "Die vielfach geradezu grotesken Erscheinungsformen dieser betrieblichen Planerfüllungsstrategie sind Ausdruck des Widerspruchs zwischen betrieblichen Erfolgsinteressen und dem Gesamtinteresse an der Knappheitsminderung oder zwischen den einzelwirtschaftlichen Rationalitätsbestrebungen und den Erfordernissen der gesamtheitlichen Rationalität. Bei der ordnungspolitischen Konstellation: Zentrale Planung, Planauflagen, Planerfüllungs- und Prämienprinzip werden die betrieblichen Erfolgsinteressen ökonomisch geradezu pervertiert" (Hensel 1972b, S. 17).

Der wirtschaftspolitische Handlungsbedarf der staatlichen Lenkungsinstanzen besteht also darin, mittels eines zweckdienlichen Instrumentariums

1. die Betriebe im Rahmen der Planaufstellung bei der Wahrnehmung ihrer Dispositionsspielräume zu *staatlicherseits gewünschten Entscheidungen* und einer *möglichst realistischen Offenlegung ihrer Leistungsmöglichkeiten* zu motivieren,

2. sie an der *Erfüllung der Planauflagen* zu interessieren und

3. das betriebliche Leistungsverhalten im Hinblick auf die *Planerfüllung zu kontrollieren.*

3.4.2. Ressortegoistische Interessendivergenzen innerhalb der Wirtschaftsbürokratie

In dem zuletzt genannten Zitat Hensels ist von "gesamtheitlicher Rationalität" die Rede. Es ist allerdings zu bezweifeln, daß es eine solche unter den gegebenen realtypischen Ordnungsbedingungen überhaupt geben kann. Dagegen spricht die Existenz gegensätzlicher Partialinteressen innerhalb der Wirtschaftsbürokratie und das Fehlen eines gesamtwirtschaftlich geschlossenen Rechnungszusammenhanges, durch den diese Partialinteressen aufeinander abgestimmt werden könnten.

Im Anschluß an die ökonomische Theorie der Bürokratie (Tullock 1955, S. 137 ff.; Downs 1967, S. 116 ff.; Roppel 1979, S. 86 ff.) kann unterstellt werden, daß das Erfolgsziel der einzelnen Teilbürokratien in der Kompetenzexpansion und damit unter Berufung auf das ideologisch begründete Wachstumsziel in der Maximierung der dem eigenen Verfügungsbereich zugewiesenen Inputs besteht (Leipold 1983a, S. 195 ff.; 1988, S. 206). Je mehr Ressourcen zugeteilt werden, um so ehrgeizigere Planziele können aufgestellt werden; um so leichter fällt bei entsprechender Reservenbildung innerhalb des Verwaltungsbereichs auch die Erfüllung dieser Planziele durch die nachgeordneten Betriebe und damit der Nachweis bürokratischer Effizenz der Leitungsinstanz. Zwischen den Betrieben und den ihnen jeweils übergeordneten Teilverwaltungen können also im Hinblick auf das Streben nach möglichst umfangreicher Ressourcenzuteilung und nach Bildung von Leistungsreserven durchaus Interessenübereinstimmungen bestehen.

Auch an einer möglichst effizienten Mittelverwendung durch die nachgeordneten Betriebe werden die Wirtschaftsverwaltungen dabei nur ein vordergründiges Interesse haben. Daher werden sie dem betrieblichen Streben nach "weichen" Plänen nur in begrenztem Umfang entgegenzuwirken versuchen. Ursache dieses Verhaltens ist, daß entsprechende Kontrollen dem eigenen Verfügungsbereich zugewiesene Ressourcen binden, während der daraus resultierende Nutzen in Form steigender Produktionseffizienz auch den anderen Verwaltungsbereichen zugute kommt (Leipold 1983a, S. 194 f.). Vor dem Hintergrund eines solchen Kosten-Nutzen-Kalküls ist es für das Expansionsstreben der Leiter der einzelnen Teilverwaltungen zweckdienlicher, den Kontrollaufwand auf das mögliche Mindestmaß zu senken und die dabei eingesparten Ressourcen zur Kapazitätsexpansion einzusetzen. Das bedeutet, daß die Betriebe von ihrer jeweilig übergeordneten Lenkungsinstanz nur sehr moderat zu ökonomischer Effizienz angehalten werden und daß damit ihr Streben nach "weichen" Plänen erleichtert wird. Das Kontrollinteresse der Verwaltungen wird sich in erster Linie darauf richten, daß die Betriebe ihre Pläne formal erfüllen und daß die Produktionsziele von Periode zu Periode stetig ansteigen werden; letzteres nur moderat, um nicht die verdeckten Reserven offenbaren zu müssen, aber doch ausreichend genug, um die Illusion aufrechtzuerhalten, man befinde sich auf dem Weg in die kommunistische Überflußgesellschaft. Aus dieser spezifischen Interessenlage der einzelnen Teiladministrationen folgt für die oberste Lenkungszentrale die Notwendigkeit zur Institutio-

nalisierung zusätzlicher und organisatorisch verselbstän-
digter Kontrollinstanzen und -verfahren, die nicht nur die
Betriebe, sondern auch deren Lenkungsadministration überwa-
chen. In den realtypischen Zentralverwaltungswirtschaften
sowjetischen Typs nimmt hierbei die Kontrolle mittels monetärer Instrumente wie beispielsweise der Pflichtzahlungen
einen wichtigen Platz ein (vgl. Abschnitt 5.3).

Die einzelnen Teilbürokratien werden auf Grund divergieren-
der Erfolgsinteressen nur sehr begrenzt zu interadministrativer Kooperation bereit sein. Zugeständnisse im Bargaining
der Bürokraten gelten als Indiz für überflüssige Reserven.
Diese aufzudecken beeinträchtigt die Verhandlungsposition
bei der Verteilung der knappen Ressourcen in zukünftigen
Planungsrunden. Die interadministrative Zusammenarbeit erhöht zudem die Gefahr, daß dabei Störungen auftreten, deren
Ursachen in den Verantwortungsbereich der anderen Teilbürokratien fallen, jedoch die Planerfüllung innerhalb des eigenen Verwaltungsbereichs gefährden und damit Macht und Reputation der kooperationswilligen Verwaltungsleitung gefährden. Die Bereitschaft zu interadministrativer Zusammenarbeit wird schließlich auch dadurch geschmälert, daß zwischen den einzelnen Verwaltungen oftmals keine präzise Kom-
petenzabgrenzung besteht (Gutmann 1982, S. 614). Die so begründeten Kooperationsbarrieren erschweren gleichfalls die
Innovationsfähigkeit realtypischer Zentralverwaltungswirtschaften, da sie die zentraladministrative Steuerbarkeit
komplexer Innovationsprozesse beeinträchtigen (Leipold
1983b, S. 54 ff.).

Die soeben skizzierten Interessendivergenzen innerhalb der
Wirtschaftsadministration bewirken daher insgesamt, daß die
Produktionsmittel nicht auf der Basis eines ökonomischen
Effizienzkriteriums, sondern als Ergebnis der politischen
Macht und des Verhandlungsgeschicks der einzelnen Verwal-
tungsstellenleiter alloziert werden. Damit wird der gesamt-
wirtschaftliche Planungszusammenhang auf Grund der bürokra-

tischen Autarkiebestrebungen segmentiert (Leipold 1983a, S. 200; Hamel, Leipold 1987, S. 6). "Territoriale und landsmannschaftliche Sonderinteressen, Ressortegoismus und Rivalitäten hinsichtlich der Ausübung von Kompetenzen verhindern es, daß ein in sich konsistenter und voll auf die Erreichung der Ziele der eigentlichen Entscheidungszentrale ausgerichteter Gesamtplan im Geflecht der Planungs- und Leitungsorgane überhaupt zustande kommt" (Gutmann 1977, S. 102). Wie bereits angedeutet wurde, folgt hieraus, daß insgesamt keine in sich geschlossene gesamtwirtschaftliche Zielfunktion abgeleitet werden kann. Dann jedoch kann auch der auf der Grundlage von Partialinteressen durch Verhandlungsprozesse ausgearbeitete Volkswirtschaftsplan nicht Ausdruck gesamtwirtschaftlicher Rationalität sein.

Eine derartige Inkonsistenz des gesamtwirtschaftlichen Planes wird jedoch die Gefahr von Störungen der Plandurchführung sowie den Bedarf an diskretionären Anpassungseingriffen gegenüber den Betrieben während der Plandurchführung erhöhen, was deren Streben nach "weichen" Plänen nur verstärkt. Da diese ad-hoc-Interventionen aus ihrem Entstehungsgrund heraus nicht in den gesamtwirtschaftlichen Rechnungszusammenhang integriert sein können, sind sie nicht nur Folge vorhandener, sondern potenzierende Ursache weiterer Koordinationsstörungen (Hamel, Leipold 1987, S. 10 ff.).

Auch wenn die betriebsbezogenen wirtschaftspolitischen Instrumente erst an späterer Stelle detaillierter genannt und analysiert werden, können bereits vor dem Hintergrund der bisherigen Ausführungen erste Aussagen über die grundsätzliche Funktionsfähigkeit dieser Instrumente gemacht werden: Gelingt es nicht, das bürokratiespezifische Interessenproblem zu lösen, dann ist zu vermuten, daß das Instrumentarium, mit dem die betriebsspezifischen Informations- und Interessenprobleme gelöst werden sollen, ebenfalls nicht Ausdruck gesamtwirtschaftlicher Rationalität, sondern des

Sonderinteresses derjenigen Instanz ist, die dieses Instrumentarium jeweils festlegt oder anwendet. Entsprechende Koordinationsineffizienzen sind dabei insbesondere dann zu erwarten, wenn die einzelnen Instrumente jeweils von verschiedenen Instanzen angewandt werden und die Betriebe damit im Spannungsfeld verschiedener Partialinteressen bei gegebenenfalls unklaren Kompetenzabgrenzungen stehen. Ist das betriebsbezogene Instrumentarium darüber hinaus nicht in sich konsistent und ist der gesamtwirtschaftliche Koordinationszusammenhang auf Grund der Segmentierungen störanfällig und ineffizient, so wird selbst dann, wenn diese Instrumente "greifen", dies allenfalls zufällig zu einer Erhöhung der ökonomischen Rationalität des betrieblichen Verhaltens führen. Letztere kann nur so hoch sein wie die Rationalität des gesamtwirtschaftlichen Koordinationsverfahrens, in das die betrieblichen Aktivitäten eingebunden sind.

4. Die wirtschaftliche Rechnungsführung vor dem Hintergrund des Informations- und Interessenproblems

4.1. Die grundsätzliche Bedeutung der wirtschaftlichen Rechnungsführung für die zentraladministrative Wirtschaftskoordination

Wie eingangs erwähnt, sind die Kapitalgüter unter staatssozialistischen Ordnungsbedingungen den Betrieben zur Nutzung übertragen. Die Nutzung soll ausschließlich in dem Rahmen erfolgen, der durch zentraladministrative Planvorgaben und zwingende Rechtsvorschriften gesteckt ist. Zur Kennzeichnung dieser verfügungsrechtlichen Rolle der Betriebe wurde in der DDR der Begriff der "Fondsinhaberschaft" geprägt. Danach können die Betriebe "ihr" produktives Vermögen besitzen, nutzen und darüber verfügen, jedoch nur, soweit die rechtlichen Vorschriften ihnen dieses jeweils gestatten (Autorenkollektiv 1985a, S. 248 f.). Daher kann hier lediglich von einer "relativen Selbständigkeit" gesprochen werden, die sich ausschließlich auf die operative Nutzung des Produktivvermögens bezieht. Förster (1967, S. 32) zufolge handelt es sich bei dieser Konstellation um eine "doppelbödige Betriebsstruktur". Diese hat zu gewährleisten, "daß die Mobilitäten, die der Betrieb einerseits zur optimalen Erfüllung der ihm aus dem zentralen Plan übertragenen Aufgaben unbedingt braucht, andererseits nicht zu autonomen, im Plan nicht vorgesehenen, von der Zentrale nicht gewollten Aktivitäten mißbraucht werden". Für die Gesamtheit des wirtschaftspolitischen Instrumentariums, mit dessen Hilfe diese "doppelbödige Betriebsstruktur" vor dem Hintergrund der Informations- und Interessenproblematik administrativ beherrschbar gemacht werden soll, gibt es innerhalb einer marktwirtschaftlichen Ordnung kein funktionales Äquivalent. Daher wird im Rahmen dieser Untersuchung der hierfür in der Fachliteratur der DDR verwendete Terminus der *wirtschaftlichen Rechnungsführung* benutzt.

Die wirtschaftliche Rechnungsführung bezieht sich einer "westlichen" Definition zufolge auf "die im sozialistischen System angewandten betriebswirtschaftlichen Methoden ..., mit denen zentrale Ziele durchgesetzt und die eigenverantwortliche Tätigkeit der Produktionseinheiten auf staatliche Aufgaben hin ausgerichtet werden sollen" (Cornelsen, Melzer, Scherzinger 1984, S. 201). Damit weitestgehend übereinstimmend wird die wirtschaftliche Rechnungsführung in der DDR derzeit definiert als "Methode der sozialistischen Wirtschaftsführung, die darauf hinwirkt, daß die Betriebskollektive die ihnen anvertrauten materiellen und finanziellen Fonds in voller Verantwortung gegenüber der Gesellschaft für die effektivste Lösung ihrer Planaufgaben im arbeitsteiligen Reproduktionsprozeß einsetzen. Die w.R. (wirtschaftliche Rechnungsführung, d. Verf.) ist ein wirksames Instrument, um Ziele und Aufgaben der zentralen staatlichen Leitung und Planung in den Kombinaten und Betrieben zu realisieren und deren eigenverantwortliche Tätigkeit auf der Grundlage der zentralen staatlichen Planaufgaben zu stimulieren. Sie verbindet die Interessen der Kombinate und Betriebe sowie ihrer Kollektive mit den Interessen der Gesellschaft" (Lexikon der Wirtschaft 1986, S. 373). Auch wenn, was die weiteren Ausführungen zeigen werden, die zuletzt genannte Definition eher als Programmatik denn als Seinsaussage zu verstehen ist, so deckt sich doch das Verständnis in beiden Fällen. Lenin, der Begründer der Politischen Ökonomie des Sozialismus wie auch der Idee der wirtschaftlichen Rechnungsführung, formulierte wie folgt: "Wenn wir, nachdem wir die Trusts und Betriebe auf der Grundlage der wirtschaftlichen Rechnungsführung geschaffen haben, es nicht verstehen, unsere Interessen durch geschäftliche kaufmännische Methoden vollkommen zu machen, sind wir komplette Idioten" (Lenin 1922:1962, S. 524).

4.2. Funktionsanforderungen an das Instrumentarium der wirtschaftlichen Rechnungsführung zur Lösung des Informations- und Interessenproblems

Insgesamt handelt es sich bei der wirtschaftlichen Rechnungsführung somit um ein wirtschaftspolitisches Instrumentarium, das der zentraladministrativ-güterwirtschaftlichen Planung *untergeordnet* ist (Schüller 1988a, S. 178). Wie selbst von Vertretern der Politischen Ökonomie des Sozialismus zutreffend erkannt wird, "(ist) die wirtschaftliche Rechnungsführung ... grundsätzlich nicht dazu geeignet, Versäumnisse in der Planung auszugleichen oder die Planung selbst zu ersetzen" (Bielig, Plöntzke 1977, S. 80).

Mittels der wirtschaftlichen Rechnungsführung soll vor dem Hintergrund des Informations- und Interessenproblems ein gesamtwirtschaftlicher Planungszusammenhang hergestellt werden. Zur Realisierung dieser Aufgabe muß sie eine Reihe von Funktionen erfüllen, die im folgenden näher zu erläutern sind.

4.2.1. Die Informationsfunktion

Die Betriebe müssen Informationen darüber erhalten, welche Bedeutung die einzelnen Güter für die Zielerreichung der Zentralinstanzen haben und welche betrieblichen Verhaltensweisen bei der Planaufstellung und -durchführung staatlicherseits erwünscht sind. Da unter realtypischen Bedingungen nicht alle Güter detailliert bilanziert werden können, lassen sich auch nur teilweise güterspezifische Bedarfssalden und damit Knappheitsgrade ermitteln. Damit entsteht für die Zentralinstanz die Notwendigkeit, den Betrieben diese planungsrelevanten Informationen auf einem anderen Weg zu übermitteln. Sind keine detaillierten Mengenvorgaben ableitbar, können Informationen über die Knappheitsgrade der Güter nur durch (relative) Preise an die Betriebe übermittelt werden. Die Preise derjenigen Güter, an deren Produktion die Betriebe verstärkt (vermindert) interessiert werden sollen, sind hoch (niedrig) anzusetzen, und diejenigen Einsatzfaktoren und -güter, an deren Einsparung durch die Betriebe ein großes (geringeres) Interesse besteht, müssen mit hohen (niedrigen) Preisen bewertet werden. Daneben erhalten die Betriebe für die weiterhin detailliert bilanzierten Güter exakte Mengenvorgaben. In Abbildung 6 auf der folgenden Seite soll das staatlicherseits intendierte Zusammenspiel von quantitativen Planvorgaben und Preissteuerung verdeutlicht werden.

In diesem Modell wird der gesamte staatliche Produktionssektor durch einen Betrieb repräsentiert, der die drei Güter x_1, x_2 und x_3 mit einem gegebenen Inputbündel herstellt. Zugrundegelegt sind substitutionale Faktoreinsatzverhältnisse bei ertragsgesetzlichem Verlauf der Produktionsfunktionen. In dem oberen Teil der Graphik beschreibt der Raum OFGH den potentiellen Handlungsspielraum des Betriebes. Nutzt dieser die ihm zur Verfügung stehenden Inputs optimal aus, so kann er auf der unter den gegebenen Bedingungen konkav gekrümmten Transformationsfläche FGH produzieren. Die gestrichelt eingezeichnete Transformationsfläche F'G'H' repräsentiert einen (unterstellten) Handlungsspielraum des Betriebes für den Fall, daß er die ihm zur Verfügung stehenden Faktoren in Verfolgung eigener Prämieninteressen nicht optimal ausnutzt, d.h. einen "weichen" Plan aufstellt. Unter Zurückstellung des Interessenproblems wird zunächst angenommen, daß der Betrieb keinen "weichen" Plan realisiert und damit auf der optimalen Transformationsfläche FGH produziert.

Abbildung 6:
Kombination güterwirtschaftlicher und pretialer zentraladministrativer Lenkung der Betriebe

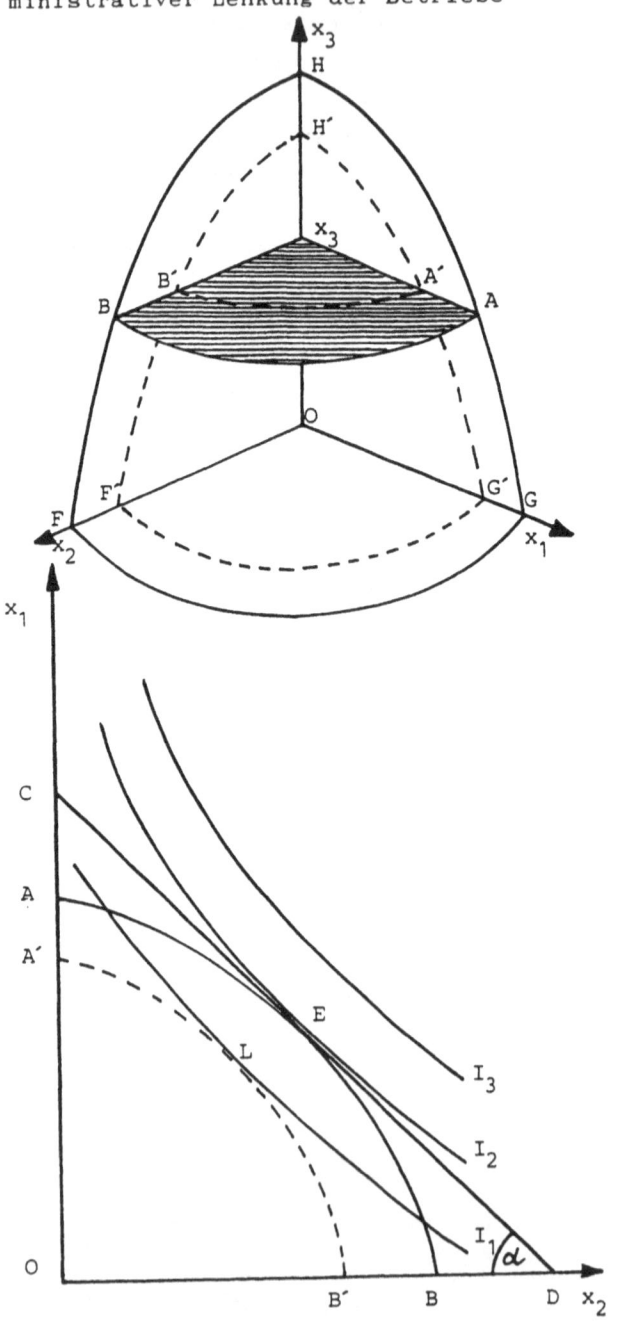

Lediglich Gut x_3 wird mengenmäßig bilanziert und von der Planungsinstanz die Bedarfsmenge $\overline{x_3}$ festgestellt. Diese wird dem Betrieb als quantitative Produktionsauflage vorgegeben. Damit ist der Handlungsspielraum des Betriebes auf die schraffierte Fläche ABO eingegrenzt, und die unter dieser einschränkenden Bedingung möglichen Produktionsoptima für die beiden nicht mengenmäßig geplanten Güter x_1 und x_2 liegen auf der Transformationkurve AB. Die Wahl desjenigen Produktionssortiments, das in den Augen der Zentralinstanz den höchstmöglichen Nutzen stiftet, muß staatlicherseits durch Preissignale gesteuert werden. Wie dieses zumindest theoretisch möglich ist, wird im unteren Teil der Abbildung dargestellt (vgl. Gutmann 1987).

Dabei ist die in der oberen Graphik ermittelte Transformationskurve AB in ein zweidimensionales Koordinatensystem übertragen. (Der Fall suboptimaler Faktorausnutzung wird durch die gestrichelt eingezeichnete Transformationskurve A'B' symbolisiert.) Angenommen wird, daß die Zentralinstanz eine eindeutige Nutzenfunktion ermitteln kann. Diese wird in der oberen Graphik durch die Schar der Indifferenzkurven I_1, I_2 und I_3 dargestellt. Die Indifferenzkurven repräsentieren jeweils ein um so höheres Nutzenniveau, je weiter sie vom Ursprung entfernt sind. Das Nutzenmaximum der Zentralinstanz ist unter den gegebenen produktionstechnischen Bedingungen in Punkt E realisiert. Dort wird die am weitesten vom Ursprung entfernte Indifferenzkurve I_2 von der betrieblichen Transformationskurve tangiert.

Soll der Betrieb durch Preissignale an der Realisierung dieses Punktes E interessiert werden, dann muß das relative Preisverhältnis für beide Güter x_1 und x_2 gleich der Grenzrate der Substitution auf der Indifferenzkurve sowie derjenigen der Transformation auf der Transformationskurve sein. Unter den gesetzten Prämissen wird diese Bedingung von der Preisgerade CD erfüllt, da deren Steigungsverhältnis tan α, d.h. das Preisverhältnis p_{x_2}/p_{x_1}, dem Betrag der beiden in E identischen Grenzraten $\delta x_1/\delta x_2$ entspricht. Indem für eines der beiden Güter der absolute Preis definitorisch festgelegt wird, dieses gleichsam als Numéraire dient, kann unter Verwendung der Preisrelationen der absolute Preis auch des zweiten Gutes ermittelt werden.

Nicht nur die Güterpreise erfüllen gegenüber den Betrieben eine Informationsfunktion. Gleiches gilt auch für die betrieblichen Pflichtzahlungen, insbesondere für die Produktionsfondsabgabe, den Beitrag für gesellschaftliche Fonds sowie die Bodennutzungsgebühr, da diese "ressourcenbezogenen" Pflichtzahlungen die Kosten für den Einsatz des jeweiligen Produktionsfaktors in der betrieblichen Ergebnisrechnung beeinflussen (vgl. Abschnitt 5.1.3.2.). Damit lassen sich diese Pflichtzahlungen als Ausdruck für die Faktorknappheiten deuten, der den Betrieben seitens der Lenkungsinstanzen für die Nutzung ihres Produktivvermögens, der Arbeitskräfte und des Bodens berechnet wird. Dies wäre bei ausschließlicher Anwendung der Marxschen Arbeitswertlehre als Grundprinzip der staatlichen Preissetzung nicht möglich (vgl. Abschnitt 5.1.2.). Preise in diesem umfassenden Begriffsverständnis sollen somit nicht nur Informationen über die Knappheitsgrade der Güter, sondern auch über die der Faktoren übermitteln, um die Betriebe so beispielsweise an der staatlicherseits erwünschten Wahl bestimmter Faktoreinsatzverhältnisse zu interessieren. Die damit verbundene lenkungswirtschaftliche Absicht liegt in der Eingrenzung des Handlungsspielraums der Betriebe gleichsam von der Input-Seite des betrieblichen Produktionsprozesses her, d.h. in der Überwindung der aus dem Planerfüllungsprinzip resultierenden betrieblichen Output-Orientierung, die sich in den "weichen" Plänen manifestiert.

Diese Informationsfunktion der Preise wird in der Politischen Ökonomie des Sozialismus allgemein als Meßfunktion bezeichnet (Autorenkollektiv 1981b, S. 53 f.; Marx, Matho, Möller, Schilling 1984, S. 58 ff). Innerhalb einer Zentralverwaltungswirtschaft können diese Preise nicht durch das freie Spiel von Angebot und Nachfrage gefunden werden; sie sind daher grundsätzlich auf administrativem Weg zu konstruieren (Eucken 1955, S. 72 ff.). Daraus ergibt sich zum einen die Frage, nach welcher Methode die staatlichen Lenkungsinstanzen Preise bilden. Für die Funktionsanalyse der wirtschaftlichen Rechnungsführung von grundlegender Bedeutung ist zum anderen vor allem die Frage, ob diese Preise so konstruiert werden können, daß sie die staatlichen Zielvorstellungen zutreffend widerspiegeln. Die Funktionalität der zentraladministrierten Preise einschließlich der genannten betrieblichen Pflichtzahlungen als anreizkompatibles Informationsmedium ist Gegenstand des Abschnitts 5.1.3.2.

4.2.2. Die Motivationsfunktion

Die Wirtschaftsadministration ist daran interessiert, die betrieblichen Aktivitäten dem gesamtwirtschaftlichen Koordinationszweck unterzuordnen. Wie Gutmann (1983b, S. 5 f.) aufgezeigt hat, stehen den Lenkungsinstanzen hierfür zwei Arten von Bindungsnormen zur Verfügung: explizite und andererseits implizite Bindungsnormen.

Explizite Bindungsnormen beziehen sich auf detaillierte Handlungsanweisungen. Dem Adressaten wird vorgeschrieben, wie er sich in bestimmten Situationen zu verhalten hat. Ansatzpunkte für derartige normative Vorgaben sind die quantitativen und qualitativen Ergebnisse sowie der zeitliche Aufbau des betrieblichen Produktionsprogramms, die zu verwendenden Inputs sowie die Bezugs- und Absatzpartner. Die Vorgabe der Produktionsmenge $\overline{x_3}$ in der voranstehenden Abbildung 6 ist eine solche explizite Bindungsnorm.

Zur zentraladministrativen Koordination der betrieblichen Aktivitäten, für die keine oder nur sehr globale Bilanzen ausgearbeitet werden können, ist die Vorgabe impliziter Bindungsnormen unvermeidlich. Dabei handelt es sich um Nebenbedingungen, die die Betriebe bei der Konkretisierung ihrer globalen Planvorgaben und während der Plandurchführung zu beachten haben. In der Politischen Ökonomie des Sozialismus werden sie als "*ökonomische Hebel*" bezeichnet. Ihre Aufgabe besteht, um ein inzwischen klassisches Zitat des sowjetischen Ökonomen Liberman (1962, S. 2333) zu benutzen, in der Durchsetzung folgenden Grundsatzes: "Was für die Gesellschaft nutzbringend ist, muß auch jedem Betrieb nützlich sein, und umgekehrt, was nicht vorteilhaft für die Gesellschaft ist, muß äußerst unvorteilhaft für die Belegschaft eines Betriebes sein."

Um auf das der Abbildung 6 zugrundeliegende Modell zurückzukommen: Die Betriebe müßten dazu bewegt werden, nicht auf der für die Prämieninteressen der Beschäftigten unter Umständen günstigen Transformationsfläche F'G'H' den nutzeninferioren Produktionspunkt L zu realisieren, sondern das vorhandene Produktionspotential auszuschöpfen und auf der Transformationsfläche FGH das durch Punkt E symbolisierte staatlicherseits erwünschte Güterbündel zu produzieren.

In der Politischen Ökonomie des Sozialismus wird diese implizite Beeinflussung des betrieblichen Verhaltens als "Stimulierungsfunktion" bezeichnet (Gebhardt, Gurtz, Schließer, Schmidt 1987, S. 23 ff.). Als eine eigenständige Funktion der "sozialistischen Finanzen" spielt sie in der Fachliteratur der DDR erst seit Mitte der 60er Jahre eine größere Rolle (Stiemerling 1966, S. 313; Gurtz 1966, S. S13). Mit Hilfe dieser "Stimulierung" (Motivation) sollen die zentralen und die betrieblichen Interessen harmonisiert werden.

Was in den Augen der Zentralinstanz "nutzbringend" und was "schädlich" ist, soll den Betrieben durch Preissignale (im umfassenden Begriffsverständnis) vermittelt werden. Diese

194

Preise rufen, für sich alleine genommen, allerdings noch keine Wirkung auf die betrieblichen Verhaltensweisen hervor. Zum einen müssen die "Hebel" hierfür unter den Bedingungen des Planerfüllungsprinzips die Höhe der betrieblichen Plangrößen (Kennziffern) und das Ausmaß ihrer Erfüllung beeinflussen, zum anderen muß dies Auswirkungen auf die Prämiierung der Betriebsangehörigen haben.

Für die erstgenannte Aufgabe stehen in der Terminologie der Politischen Ökonomie des Sozialismus die "ökonomischen Hebel der wirtschaftlichen Rechnungsführung". Hierbei handelt es sich um die staatlich administrierten Güterpreise, Löhne, Kostenvorgaben, Zinssätze sowie die im Zusammenhang mit der Informationsfunktion genannten betrieblichen Pflichtzahlungen. In gewissem Umfang ist auch die Nettogewinnabführung ein solcher "ökonomischer Hebel der wirtschaftlichen Rechnungsführung". Muß sie auch bei Nichterfüllung des Gewinnplanes in planmäßiger Höhe bezahlt werden, sind die Betriebe zur Aufnahme hochverzinster Überbrückungskredite gezwungen. Diese Zinsbelastungen wiederum sollen die Gewinnplanabweichung und damit deren (negativen) Effekt auf die Prämiierung verstärken (vgl. Abschnitt 5.2.1.4.).

Die Vorschriften, durch die die Prämiierungen der Betriebsangehörigen an die Kennziffern der betrieblichen Ergebnisrechnung geknüpft werden, bezeichnet man als "ökonomische Hebel der materiellen Interessiertheit". Die Prämienvorschriften unterscheiden sich in der DDR grundsätzlich danach, ob es sich um "einfache" Arbeiter und Angestellte oder um das betriebliche Leitungspersonal handelt. Die Prämienvorschriften für Arbeiter und Angestellte bergen für die Betroffenen vergleichsweise geringe Risiken. Seit vielen Jahren gibt es Mindestprämiengarantien, die dazu geführt haben, daß die jährlichen Prämienausschüttungen den Charakter eines 13. Monatsgehaltes angenommen haben (Möbius 1982, S. 196). Für das betriebliche Leitungspersonal dagegen sind derartige Ausschüttungsgarantien nicht vorgesehen.

Die tatsächliche Prämiierung dieser Personen bemißt sich nicht nur nach der Erfüllung von individuell vorgegebenen Kennziffern, sondern auch nach der (politischen) Beurteilung ihrer Tätigkeit durch den Leiter der übergeordneten Lenkungsinstanz im Rahmen der sogenannten Rechenschaftslegung. Da diese Leistungsbewertung auch über den weiteren beruflichen Werdegang des Leitungspersonals entscheidet, besteht für diesen Personenkreis nicht nur ein Prämien-, sondern ein allgemeines Einkommensrisiko. Die "ökonomischen Hebel der materiellen Interessiertheit" müssen also vorrangig das Einkommensinteresse des betrieblichen Leitungspersonals berühren.

Wie die "ökonomischen Hebel" dazu dienen sollen, die betrieblichen Interessen (vor allem die Interessen der "Leitungskader") und die staatlichen Zielvorstellungen zu harmonisieren, soll anhand Abbildung 7 auf der folgenden Seite verdeutlicht werden. Vorgegeben sind die "ökonomischen Hebel" und quantitativen Planauflagen; außerdem detaillierte Vorschriften über die Methodik der betrieblichen Planung, Kostenermittlung, Datenaufbereitung und Planabrechnung sowie normative Vorschriften ("Einsatznormative") für die bei der Produktion anzuwendende Technik oder die einzusetzenden Produktionsmittel. In die Terminologie der Systemtheorie übersetzt sind die "ökonomischen Hebel" Stellgrößen, mit denen die Regelstrecke (die Betriebe) durch den Regler (die zentralen Lenkungsinstanzen) über einen iterativen Rückkopplungsprozeß so beeinflußt werden sollen, daß die Regelgröße (das betriebliche Verhalten) mit der Führungsgröße (den zentralen Zielvorstellungen) übereinstimmt.

Da es sich bei den "Hebeln" um Geldgrößen handelt, müssen auch die Kennziffern der betrieblichen Ergebnisrechnung in Geldwerten geplant und abgerechnet werden. Einschlägige Kennziffern sind (neben den vorgegebenen quantitativen Planvorgaben) Umsatz, Produktionskosten, Gewinn, Rentabilität usw. Welche der einzelnen quantitativen und monetären

196

Kennziffern in welchem Ausmaß prämienrelevant sind, hängt davon ab, welchen Teilbereichen der betrieblichen Leistungserbringung die staatlichen Instanzen besonderes Gewicht beimessen.

Abbildung 7:
"Ökonomische Hebel" als Instrumente der Harmonisierung betrieblicher und staatlicher Interessen

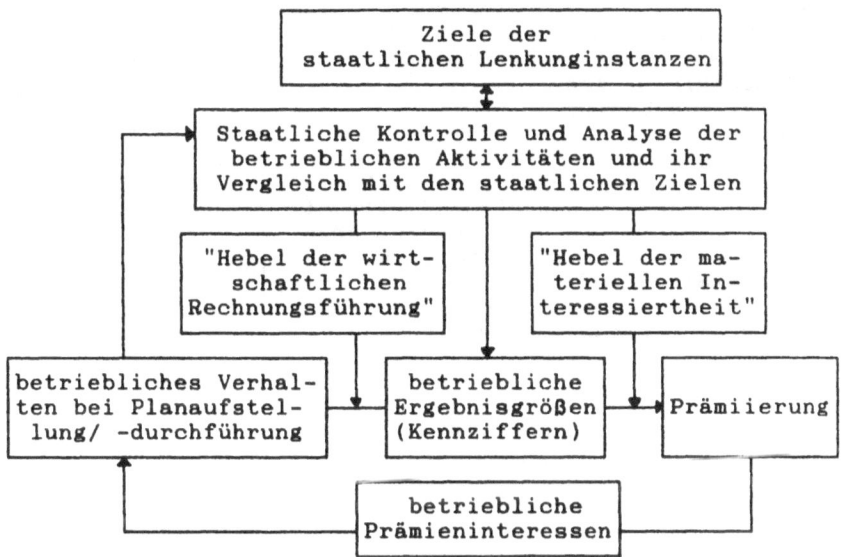

Unter der Bedingung des Planerfüllungsprinzips hat die betriebliche Ergebnisrechnung die in der folgenden Übersicht 3 dargestellte Grundstruktur. Hierbei sind die betrieblichen Pflichtzahlungen entsprechend der Art ihrer Verrechnung innerhalb der betrieblichen Ergebnisrechnung mitberücksichtigt.

Übersicht 3:
Aufbau der betrieblichen Ergebnisrechnung bei Planerfüllung

Kennziffern	Soll	Ist
I.Entstehungsrechnung:		
quantitative Kennziffern: (Mengen-, Gewichtseinheiten usw.; z.B. Produktionsmenge)		

wertmäßige Kennziffern:
Umsatz zu Industrieabgabepreisen
./. Abschreibungen
./. Materialkosten
./. Lohnkosten
./. Kreditzinsen
./. Beitrag für gesellschaftl. Fonds
./. sonstige "erlöswirksame" Pflicht-
    zahlungen (produktgebundene Abga-
    ben, Amortisationsabführung, Um-
    laufmittelabführung)
+ "erlöswirksame" Zuführungen
   (produktgebundene Zuführungen,
   Fonds- und Verluststützungen)		

"synthetische" Kennziffern:
= Bruttogewinn (oder Verlust)
+ Gewinn (./. Verlust) aus Außenhan-
   delsgeschäften
   (bei Verlusten Gewährung von Ver-
   luststützungen)
= einheitliches Betriebsergebnis
   (in Ausnahmefällen Verlust)
weitere synthetische Kennziffern:
Fondsrentabilität <Gewinn zu Produk-
tionsfonds>, Nettoproduktion		

II.Verwendungsrechnung:		

Bruttogewinn/einheitl. Betriebsergebnis
./. Produktionsfondsabgabe
= Nettogewinn, zu verwenden für:
  - Kreditrückzahlungen
  - Nettogewinnabführung
  - Investitionsfinanzierung (incl.
    Bodennutzungsgebühr)
  - Prämienfinanzierung
  - sonstige interne Fondsbildung		

Die Übereinstimmung der in dieser Übersicht angeführten monetären Kennziffern mit den entsprechenden Teilgrößen der

198

Ergebnisrechnung von Unternehmen in Marktwirtschaften ist ausschließlich begrifflicher Natur. Da sämtliche Pflichtzahlungen den als "synthetische Kennziffer" bezeichneten Gewinn[1] beeinflussen und dieser in der DDR seit den 60er Jahren (mit unterschiedlicher Gewichtung) prämienrelevant ist, sei die ordnungsbedingte Spezifik der *Plankennziffer Gewinn* im Vergleich zu dem *verkehrswirtschaftlichen Gewinnverständnis* verdeutlicht: Unter marktwirtschaftlichen Ordnungsbedingungen ist der Gewinn (Verlust) ein Indikator für die individuell unterschiedliche unternehmerische Befähigung und ein Maßstab der Erfolgskontrolle. Indem die unternehmerischen Handlungen auf Märkten im Hinblick auf ihren jeweiligen Beitrag zur Lösung des Knappheitsproblems bewertet werden, effiziente Dispositionen zu Gewinnen, ineffiziente dagegen zu Verlusten führen, entsteht bei Gewährleistung der konstituierenden Prinzipien einer Wettbewerbsordnung (Eucken 1955) ein System von Leistungsbewertungen, -kontrollen und -anreizen, durch die die individuellen unternehmerischen Aktivitäten in gesamtwirtschaftlich wohlfahrtsfördernde Bahnen gelenkt werden (vgl. Schüller 1980, S. 247 f.; 1988b, S. 243 u. 268). Unter zentralverwaltungswirtschaftlichen Ordnungsbedingungen sind sowohl Gewinne als auch Verluste ausschließlich planrechnerische Größen, die neben den quantitativen Planvorgaben von den vorgeschriebenen Preisen (im umfassenden Begriffsverständnis) abhängen. Der Informationsgehalt dieser wie auch aller sonstigen monetären Kennziffern der betrieblichen Ergebnisrechnung für die Effizienz der betrieblichen Aktivitäten hängt somit von den staatlich gesetzten Preisen ab.

Damit ist das Preisproblem für die Beurteilung der Aussagefähigkeit der betrieblichen Ergebnisrechnung von zentraler Bedeutung. Spiegeln die Preise die zentralen Nutzenvorstel-

---

1) Als "synthetisch" wird die Gewinnkennziffer deswegen bezeichnet, weil in ihr von der Zielsetzung her sämtliche betrieblichen Aktivitäten gleichsam wie in einem Brennglas gebündelt werden sollen.

lungen nicht zutreffend wider, sagt weder ein Plangewinn (Planverlust) noch ein Überplangewinn (Unterplanverlust) etwas über den damit verbundenen Nutzen für die Lenkungszentrale aus. Dann jedoch können die Interessen der Zentralinstanz und der Betriebe mit Hilfe des monetären "Stimulierungsinstrumentariums" der wirtschaftlichen Rechnungsführung nicht in der gewünschten Weise aufeinander abgestimmt werden.

Für die Funktionalität der wirtschaftlichen Rechnungsführung als Instrument der gesamtwirtschaftlichen Plankoordinierung ist darüber hinaus von Bedeutung, ob die Preise als implizite und die quantitativen Planvorgaben als explizite Bindungsnormen den Betrieben identische Informationen über die staatlichen Nutzenvorstellungen vermitteln. Andernfalls sind die Betriebe einem Zielkonflikt ausgesetzt: Erfüllen sie die quantitativen Planvorgaben, gefährdet dies die Erfüllung der monetären Kennziffern und umgekehrt.

Anhand der folgenden Abbildung 8 soll der Effekt eines mit den güterwirtschaftlichen Knappheitsgraden nicht übereinstimmenden Preissignals auf das betriebliche Verhalten dargestellt werden. Diese Abbildung korrespondiert mit dem oberen Teil der Abbildung 7, wobei hier das Koordinatensystem um die x_3-Achse gegen den Uhrzeigersinn gedreht ist und ausschließlich die optimale Transformationsfläche FGH betrachtet, d.h. vom Problem der "weichen" Pläne abgesehen wird. Wiederum symbolisiert Punkt E das staatlicherseits erwünschte Güterbündel; damit der repräsentative Betrieb an dessen Realisierung interessiert wird, erhält er wie bisher zum einen eine quantitative Produktionsauflage in Höhe von x_{3E}, und zum anderen legt die Lenkungszentrale das Preisverhältnis $\delta x_1 / \delta x_2$ fest.

Abbildung 8:
Der Einfluß widersprüchlicher quantitativer und pretialer
Knappheitssignale auf die betriebliche Ausbringungsmenge

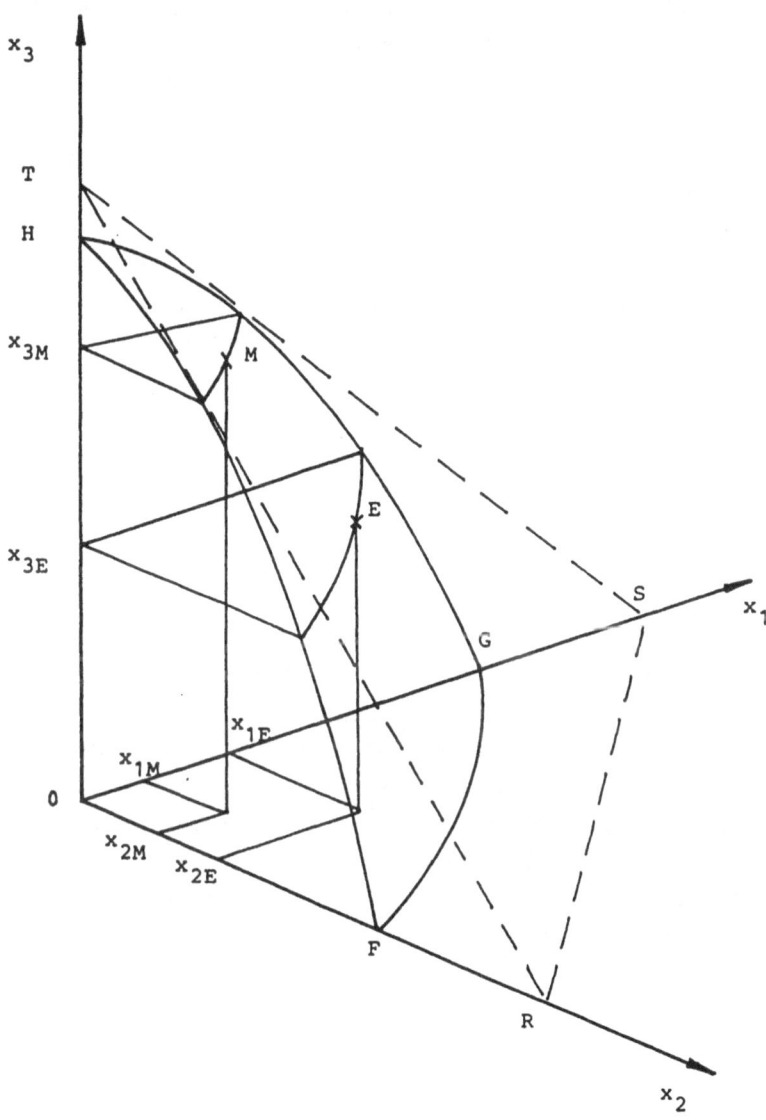

Monetäre Erfolgskennziffer sei der Erlös, den der Betrieb im Interesse einer möglichst hohen Prämienausschüttung zu maximieren (überzuerfüllen) suche. Damit die betriebliche monetäre Ergebnisrechnung geschlossen werden kann, muß auch für x_3 ein Preis festgelegt werden, so daß neben der Preisrelation $\delta x_1 / \delta x_2$ zusätzlich die beiden Preisrelationen $\delta x_1 / \delta x_3$ und $\delta x_2 / \delta x_3$ zu bestimmen sind. Die drei staatlicherseits gesetzten Preisverhältnisse sind in dem Koordinatensystem durch die Preisfläche RST symbolisiert. Das betriebliche Erlösmaximum ist dort realisiert, wo sich die Transformationsfläche FGH und die Preisfläche RST tangieren. Bei den unterstellten Preisverhältnissen gelte dies jedoch nicht für den staatlicherseits erwünschten Punkt E, sondern für den (hier willkürlich gesetzten) Punkt M. Der Betrieb produziert in diesem Fall also von x_3 mehr $(x_{3M} - x_{3E})$, von x_1 und x_2 dagegen weniger $(x_{1E} - x_{1M}$ bzw. $x_{2E} - x_{2M})$, als staatlicherseits erwünscht ist, wenn er sich an den Preissignalen orientiert.

Stimmen güterwirtschaftliche und pretiale Knappheitssignale nicht überein, so ist die zentraladministrative Wirtschaftsrechnung durch einen fundamentalen Bruch gekennzeichnet, der die Wirksamkeit der wirtschaftlichen Rechnungsführung wie auch insgesamt die Rationalität der gesamtwirtschaftlichen Plankoordination grundsätzlich in Frage stellt. Warum es den staatlichen Instanzen realiter allenfalls zufällig gelingen kann, die Preise so zu setzen, daß die Betriebe sich tatsächlich in der gewünschten Weise verhalten, wird in den Abschnitten 5.1.1. und 5.1.2. näher erläutert.

Unabhängig von diesen preistheoretischen Überlegungen ist zu untersuchen, welchen Einfluß die spezifische Ausprägung der betrieblichen Ergebnisrechnung in Form des prämienbestimmenden Soll-Ist-Vergleichs auf die Funktionsfähigkeit der "Hebel" hat. Im Zusammenhang mit dem betriebsspezifischen Interessenproblem wurde auf die durch das Planerfüllungsprinzip hervorgerufene Neigung der Betriebe zur Aufstellung "weicher" Pläne verwiesen. Daraus ergibt sich die Frage, ob dieses Interessenproblem und damit auch das Problem der Informationsverfälschung mit Hilfe der "Hebel", hier speziell der "Pflichtzahlungshebel", wirkungsvoll gelöst werden können. Nur wenn dies gelingt, kann (bei Außerachtlassung des Preisproblems) davon gesprochen werden, daß mittels dieses Instrumentariums die staatlichen und betrieblichen Interessen harmonisiert werden können. Diese grundsätzliche Frage ist Gegenstand des Abschnitts 5.2.

4.2.3. Die Kontrollfunktion

In staatssozialistischen Zentralverwaltungswirtschaften fehlt die über das selbstverantwortliche Erfolgsinteresse der Unternehmenseigentümer wirksame Wettbewerbskontrolle der betrieblichen Leistungserbringung. Deren Effizienz muß daher seitens der zentralen Instanzen durch entsprechende bürokratische Kontrollinstrumente und -verfahren überprüft werden. Dabei ist soweit wie möglich sicherzustellen, daß die Betriebe und Kombinate die gesetzlichen Vorschriften beispielsweise bezüglich der Gewinnermittlung und -verwendung oder der Kostenkalkulation einhalten und ihre Planvorgaben erfüllen. Unter Kontrolle wird in der DDR auch verstanden, daß die Ergebnisse der Überprüfungsmaßnahmen zur Analyse der Ursachen von Planstörungen sowie zu Effizienzanalysen der betrieblichen Wirtschaftstätigkeit genutzt werden, da die Kontrolle "so lange unvollkommen und wirkungslos (bleibt), wie sie sich auf die Registrierung von Erscheinungen beschränkt" (Gurtz, Kaltofen 1982, S. 46).

Mit der Überprüfung der Plan- und Rechtmäßigkeit sowie der Effizienz des betrieblichen Verhaltens sind die drei grundlegenden Kontrollbereiche benannt, denen die Betriebe unterworfen sind. Die durch entsprechende Kontrollverfahren

ermittelten Informationen sind erstens Grundlage der planerfüllungsabhängigen Prämiierung der Betriebsangehörigen;
zweitens soll anhand dieser Kontrollinformationen die Wirksamkeit des Instrumentariums der wirtschaftlichen Rechnungsführung beurteilt werden; drittens erhalten die Lenkungsinstanzen im Falle von Planstörungen Kenntnis über
kurzfristig notwendige wirtschaftspolitische Anpassungsmaß-
nahmen; viertens schließlich bilden die Informationen über
die laufende Plandurchführung die Basis für die Planung der
folgenden Periode.

Über die Pflichtzahlungen (wie auch die "Subventionen")
sind die Betriebe bzw. Kombinate mit dem Staatshaushalt
verbunden. Daher können die mit dessen Planung und Durchführung betrauten Instanzen, die sogenannten Finanzorgane,
diese Zahlungen als Ansatzpunkte für die Kontrolle des
betrieblichen Verhaltens benutzen. Die Ausnutzung der Zahlungsströme zwischen dem Staatsbudget und den volkseigenen
Wirtschaftseinheiten als Kontrollinstrumentarium wird in
der DDR als Haushaltskontrolle bezeichnet (Gurtz, Kaltofen
1982, S. 156 ff.). Sie ist ein Teilbereich der allgemeinen
Finanzkontrolle, die sich auf die Überprüfung sämtlicher
monetärer Prozesse innerhalb des Wirtschaftssystems bezieht
(Lexikon der Wirtschaft 1986, S. 249 f. und S. 173 ff.). Im
Mittelpunkt der Kontrolle der volkseigenen Wirtschaftseinheiten steht vorrangig die Planerfüllung und dabei "die
vollständige und termingemäße Erfüllung der Verpflichtungen
gegenüber dem Staatshaushalt".[1] Alle monetären Größen der
wirtschaftlichen Rechnungsführung, und damit neben Preisen,
Kosten, Zinsen usw. auch die betrieblichen Pflichtzahlungen, sollen so festgelegt werden, "daß sie Abweichungen vom
Plan bei den materiellen Prozessen sofort signalisieren und
die Leitungen zu korrigierenden Handlungen zwingen" (Auto-

---

1) Teil A, Abschnitt I, Punkt 2 des Beschlusses über die
   Aufgaben, die Arbeitsweise und den Aufbau der Staatli-
   chen Finanzrevision - Auszug - vom 12.5.1967, Gbl. DDR
   II, Nr. 49, S. 329.

renkollektiv 1985c, S. 343). Zur Durchführung der Finanz-
und hier insbesondere der Haushaltskontrolle bedienen sich
die Wirtschaftslenkungsorgane der "Staatlichen Finanzrevision". Dieser Terminus steht zum einen für das Kontrollverfahren selbst, zum anderen für die Kontrollinstanz, bei der
es sich um ein Fachorgan des Finanzministeriums, aber auch
um die Finanzabteilungen der Räte der nachgeordneten Gebietskörperschaften handelt (Autorenkollektiv 1981b, S.
117).[1]

Abgesehen von Kleinstkäufen müssen grundsätzlich sämtliche
monetären Transaktionen der Betriebe und Kombinate über
Konten des staatlichen Banksystems abgewickelt werden.[2]
Zur Durchführung ihrer Planaufgaben sind sie zudem in jeweils festgelegtem Umfang auf Bankkredite angewiesen. Auch
dies soll die Kontrolle des betrieblichen Verhaltens ermöglichen. In der Politischen Ökonomie des Sozialismus bezeichnet man die Indienstnahme des staatlichen Bankensy-
stems zur Überprüfung der Betriebe als "Kontrolle durch die
Mark". Da die betrieblichen Pflichtzahlungen über die Konten der staatlichen Banken abgewickelt werden, ist das Bankensystem neben der Finanzrevision die zweite Instanz, die
das betriebliche Verhalten mittels des Pflichtzahlungsinstrumentariums im Hinblick auf die Planmäßigkeit kontrollieren soll.

Banken und Finanzrevision sind Kontrollorgane, die außerhalb des administrativen Instanzenwegs von den wirtschaftsleitenden Ministerien über die Kombinate bis zu den Betrie-

---

1) Da sich die vorliegende Arbeit auf die zentralgeleitete
   Wirtschaft konzentriert, bleiben die Kontrollaufgaben
   der Kreise, Städte und Gemeinden gegenüber der "örtlich
   geleiteten Wirtschaft" im weiteren unberücksichtigt;
   vgl. hierzu im einzelnen Autorenkollektiv 1988, S. 149
   ff.

2) Gegenüber den zentralgeleiteten Industriebetrieben
   werden die Geschäftsbankaufgaben heutzutage von den
   Industriebankfilialen der Staatsbank der DDR wahrgenom-
   men.

ben angesiedelt sind. In Abschnitt 3.4.2. wurde auf die partielle Interessenübereinstimmung zwischen den Ministerien, Vereinigungen bzw. Kombinaten und Betrieben und dabei auch auf das tendenziell geringe Kontrollinteresse der wirtschaftsleitenden Mittelinstanzen gegenüber den nachgeordneten Wirtschaftseinheiten verwiesen.[1] Die Institutionalisierung einer oder mehrerer externer Kontrollinstanzen kann daher als Versuch der zentralen Leitungsorgane gewertet werden, dieser Problemlage und der durch sie begünstigten Verfälschung der "nach oben" weitergegebenen Kontrollinformationen über Planung und Planvollzug *innerhalb* des volkseigenen Wirtschaftssektors zu begegnen.

Neben Finanzrevision und staatlichen Banken gibt es eine Reihe weiterer Institutionen, die den Betrieben gegenüber Kontrollfunktionen wahrnehmen sollen, die im weiteren jedoch nicht berücksichtigt werden: die Partei- und Gewerkschaftsorganisationen in den Betrieben, der sogenannte Hauptbuchhalter, die Arbeiter-und-Bauern-Inspektion, die Zentralverwaltung für Statistik, das Amt für Preise oder das Amt für Standardisierung, Meßwesen und Warenprüfung.

---

1) Kurzfristig wurden 1963 die damals neu gegründeten VVBs mit den Aufgaben der Finanzrevision gegenüber den Betrieben betraut; vgl. Anordnung über die Prüfung und Bestätigung der Ordnungsmäßigkeit der Jahresbilanzen und -ergebnisrechnungen der dem Volkswirtschaftsrat unterstellten Vereinigungen Volkseigener Betriebe und deren volkseigene Betriebe vom 11.9.1963, Gbl. DDR. II, Nr. 84, S. 663. Dies führte jedoch "zu unzureichenden Resultaten der Abgabenkontrolle in den VVB und zu einer Verletzung der gesamtstaatlichen Interessen bei der Abgabenerhebung" (Schützenmeister 1971, S. 270). Daher wurde bereits 1966 die Finanzkontrolle der Betriebe erneut auf eine VVB-externe Instanz übertragen. Begründet wurde dies damit, daß die "Verantwortung der Werksdirektoren und der Generaldirektoren ... objektiv eine höhere Qualität der staatlichen Finanzrevision (erfordert), die als Organ des Ministers der Finanzen *selbständig und unabhängig von den leitenden Wirtschaftsorganen* ... geleitet wird" (Präambel zur Verordnung über die staatliche Finanzrevision in der volkseigenen Industrie vom 5.3.1966, Gbl. DDR II, Nr. 30, S. 167; Hervorhebung d. Verf.).

Diese Vielzahl von Kontrollinstitutionen belegt die These Hensels, daß in einer Zentralverwaltungswirtschaft seitens der zentralen Leitungsinstanz grundsätzlich nicht verhindert werden kann, daß nicht nur die Betriebe, sondern auch die Kontrollorgane bzw. die dort Beschäftigten ihre eigenen Interessen verfolgen, so daß letztendlich auch die Kontrolleure selbst kontrolliert werden müssen (Hensel 1977, S. 181 f.).[1]

In Abschnitt 3.4.1. wurde auf das betriebliche Streben nach "weichen" Plänen verwiesen. Zu fragen ist daher, ob die betrieblichen Pflichtzahlungen der Wirtschaftsadministration ausreichende Kontrollinformationen über die vorhandenen Leistungsreserven der Betriebe und ihre den staatlichen Effizienzzielen entsprechende Planaufstellung vermitteln können. Gleichfalls ist zu prüfen, ob mittels dieser Pflichtzahlungen die betriebliche Plandurchführung kontrollierbar ist. Diese Fragen werden in Abschnitt 5.3. behandelt.

4.2.4. Die Funktion gesamtwirtschaftlicher und betriebsbezogener Liquiditätssteuerung

Realtypische Zentralverwaltungswirtschaften sind Geldwirtschaften. Daher benötigen die Betriebe zur Durchführung der ihnen übertragenen Aufgaben Zahlungsmittel. Steht ihnen zu wenig Liquidität zur Verfügung, müssen geplante Transaktionen unterbleiben, weisen die Betriebe dagegen eine finanzielle Überdeckung auf, können sie diese zu ungeplanten und möglicherweise staatlicherseits unerwünschten Aktivitäten einsetzen. Von der monetären Seite der Volkswirtschaft gehen somit auch unter zentralverwaltungswirtschaftlichen

---

1) Zur Darstellung und Effizienzanalyse der Gesamtheit aller Kontrollmaßnahmen und -instrumente in einer realtypischen Zentralverwaltungswirtschaft vgl. Bühler 1971; Gruschke 1972; von Grumbkov 1977; Buck 1977; Müller 1980.

Ordnungsbedingungen Effekte auf die güterwirtschaftlichen Prozesse aus (Hartwig, Thieme 1984; Haffner 1987b, S. 202; Thieme 1987b; Hartwig 1987, S. 25). Die wirtschaftsleitenden Instanzen müssen daher zur Vermeidung von Planstörungen darum bemüht sein, daß die betriebliche Zahlungsmittelausstattung in ihrer quantitativen und temporären Struktur nach Möglichkeit mit dem Zahlungsmittelbedarf, wie er sich aus den planmäßig determinierten güterwirtschaftlichen Transaktionen ergibt, übereinstimmt. Gleichfalls ist sicherzustellen, daß auch die Privathaushalte aus Lohn- und Transferzahlungen über so viel Zahlungsmittel verfügen, wie der Preissumme der ihnen staatlicherseits zugebilligten Konsumgüter entspricht. Schließlich benötigen die staatlichen Instanzen ebenfalls Zahlungsmittel, mit denen sie ihre Ausgaben für den Bezug von Gütern und Leistungen seitens der Betriebe und der Privathaushalte bestreiten können.

Insgesamt muß staatlicherseits daher angestrebt werden, daß "die im Rahmen der Bildung und Umverteilung des Nationaleinkommens entstandenen Geldeinkommen der Wirtschaft, des Staates und der Bevölkerung ... letztlich mit den Zweigen und Bereichen korrespondieren (müssen), in denen ... das Nationaleinkommen in seiner materiellen Form entsteht bzw. verbraucht werden soll. Darin besteht die eigentliche volkswirtschaftliche Problematik der monetären Distributionsprozesse" (Gebhardt, Thümmler 1978a, S. 1101). Die einzelnen Elemente des Wirtschaftssystems müssen also jeweils über so viel Liquidität verfügen, daß sie die durch den Wirtschaftsplan vorgegebenen Transaktionen durchführen können. Unter mikroökonomischem Blickwinkel bezieht sich diese monetäre Steuerung auf die Beeinflussung der Liquiditätsausstattung jedes einzelnen Betriebes in Ansehung seiner jeweiligen Planvorgaben; unter makroökonomischem Blickwinkel müssen die staatlichen Lenkungsinstanzen darum bemüht sein, im Bereich der volkseigenen Wirtschaft und in demjenigen der Privathaushalte insgesamt eine monetäre Über- oder Unterdeckung zu vermeiden. In diesem Zusammenhang wird hier von gesamtwirtschaftlicher Liquiditätssteuerung gesprochen.

Die Verteilung der Geldmittel auf die Betriebe und Privathaushalte, wie sie sich durch die planmäßigen Käufe, Verkäufe und Lohnzahlungen ergibt, wird in der Politischen Ökonomie als "Primärverteilung" bezeichnet. Sie stimmt jedoch in der Regel nicht mit dem Liquiditätsbedarf überein, der aus dem gesamtwirtschaftlichen Plan abgeleitet wird: So verfügen die staatlichen Instanzen kaum über eigene Einnahmen aus Verkäufen, mit denen sie ihre Ausgaben bestreiten könnten. Auch die Erlöse der einzelnen Betriebe stimmen allenfalls zufällig mit ihrem Finanzierungsbedarf, beispielsweise für ihre Erweiterungsinvestitionen, überein. Daher ist es notwendig, diese "Primärverteilung" in eine den planmäßigen Anforderungen entsprechende "Sekundärverteilung" zu überführen.

In der Politischen Ökonomie des Sozialismus wird in diesem Zusammenhang von der "(Um)verteilungsfunktion" der Finanzen gesprochen (Autorenkollektiv 1981b, S. 54; Gebhardt, Gurtz, Schließer, Schmidt 1987, S. 23 ff.). Während Aufkommen und Bedarf der einzelnen Unternehmen an Kapital und Liquidität in Marktwirtschaften über Kapital- und Geldmärkte aufeinander abgestimmt werden, soll diese Aufgabe in staatssozialistischen Zentralverwaltungswirtschaften durch das staatliche Finanzsystem erfüllt werden. Zu letzterem zählen im wesentlichen das betriebliche Finanzwesen (die "dezentralen Geldfonds") sowie das Bankensystem mit seinem Kreditschöpfungsmonopol, das staatliche Versicherungswesen[1] und der Staatshaushalt als "zentrale Geldfonds" (Gebhardt, Gurtz, Schließer, Schmidt 1987, S. 47 ff.). Instrumente dieser Liquiditätssteuerung sind die betrieblichen Zu- und Abführungen, im Bereich der Privathaushalte die Steuern und

---

1) Die staatlichen Versicherungen, zu denen insbesondere die Sozialversicherungen zu zählen sind, bleiben im folgenden unberücksichtigt.

Transfers sowie die staatliche Kreditgewährung. Gleichsam der Zentralpunkt dieser monetären Umverteilung ist die betriebliche Geldfondsbildung, die mittels der Vorschriften zur wirtschaftlichen Rechnungsführung in der staatlicherseits erwünschten Weise gesteuert werden soll (Autorenkollektiv 1981b, S. 189 ff.; Gebhardt, Gurtz, Schließer, Schmidt 1987, S. 24.). Die Detailsteuerung des einzelbetrieblichen Finanzierungsaufkommens wird im folgenden als betriebsbezogene Liquiditätssteuerung bezeichnet.

Unter idealtypischen Bedingungen läßt sich der Liquiditätsbedarf der Betriebe nach Umfang und zeitlichem Anfall aus den detaillierten güterwirtschaftlichen Planauflagen ableiten. Auf Basis der betrieblichen Finanzplanung kann ein gesamtwirtschaftliches System monetärer Pläne der Betriebe, Privathaushalte und des Staatsbudgets erarbeitet werden, das gleichsam ein Spiegelbild der güterwirtschaftlichen Prozesse darstellt (vgl. Gutmann 1965). Zu- und Abführungen bei den Betrieben (und gegebenenfalls auch bei den Privathaushalten) sowie Kredite sind in einem solchen Modell dann notwendig, wenn die jeweils planmäßigen Einnahmen und Ausgaben des einzelnen Betriebes (oder die Lohneinkommen mit dem staatlichen Konsumgüterangebot) nicht übereinstimmen. Dies hängt zum einen von den jeweiligen güterwirtschaftlichen Planvorgaben, zum anderen von den staatlich gesetzten Preisen ab.

Bei der Frage, wie die betrieblichen Pflichtzahlungen zu einer den güterwirtschaftlichen Plananforderungen entsprechenden Verteilung der Geldmittel sowohl im betrieblichen als auch im gesamtwirtschaftlichen Rahmen eingesetzt werden können, handelt es sich zunächst um einen rein finanzierungstechnischen Aspekt. Zur Klärung dieser Frage wird in Abschnitt 5.4.1. unter Berücksichtigung alternativer Methoden der staatlichen Preissetzung dargestellt, welche grundsätzlichen Möglichkeiten für die Ausgestaltung des gesamtwirtschaftlichen Geldkreislaufes und die Einbettung der betrieblichen Pflichtzahlungen in diesen bestehen. In Abschnitt 5.4.2. werden die wechselseitigen Beziehungen aufgezeigt, die zwischen der Umverteilung von Finanzmitteln über den Staatshaushalt bzw. über entsprechende Umverteilungskonten der Kombinate (bis 1979: VVBs) und der staatlichen Kreditpolitik als dem zweiten Instrument der zentraladministrativen Liquiditätssteuerung zu beachten sind. Auf Grund ihres hohen Aggregationsgrades gelten die dabei skizzierten Zusammenhänge sowohl unter idealtypischen als auch unter realtypischen Ordnungsbedingungen.

Daß die betriebliche Liquiditätsausstattung zur Vermeidung von Planstörungen nach Möglichkeit mit dem aus der güterwirtschaftlichen Planung abgeleiteten Liquiditätsbedarf abzustimmen ist, gilt auch unter realtypischen Prämissen. Die güterwirtschaftliche Planung läßt sich jedoch auf Grund des in der Regel hohen Aggregationsgrades der Güterbilanzierung, die zudem nicht alle Güterarten erfaßt, in nur begrenztem Maße für die Detailsteuerung der einzelbetrieblichen Aktivitäten nutzen. Die betriebliche Zahlungsmittelausstattung kann unter diesen Bedingungen nicht mehr nur Reflex güterwirtschaftlicher Planung sein. Innerhalb der Politischen Ökonomie des Sozialismus geht man davon aus, daß von der monetären wiederum Rückwirkungen auf die güterwirtschaftliche Planung ausgehen, die im Zusammenspiel mit den sonstigen Hilfsverfahren der Koordination zu einem ausreichend hohen Detaillierungsgrad der zentraladministrativen Plankoordination führen (Autorenkollektiv 1975, S. 64 ff.; Ehlert 1980, S. 1073 ff.): Die monetäre Planung soll gleichsam die güterwirtschaftliche Planung überlagern und dabei implizit diejenigen betrieblichen Entscheidungsspielräume abgrenzen und beeinflussen, die durch die güterwirtschaftliche Planung nicht abgedeckt sind (Plöntzke, Radke, Thümmler, Zschockelt 1980, S. 1123). Entsprechend dem Grundcharakter einer staatssozialistischen Zentralverwaltungswirtschaft hat dabei allerdings die güterwirtschaftliche Planung den Vorrang, während dem monetären Umvertei-

lungsinstrumentarium lediglich eine Ergänzungsfunktion zu-
kommt.

Diese implizite Beeinflussung der betrieblichen Aktivitäten
mittels monetärer Instrumente wie beispielsweise der
Pflichtzahlungen wird in der Terminologie der Politischen
Ökonomie des Sozialismus als "aktive Rolle des Geldes" bzw.
"aktive Rolle der Finanzen" bezeichnet (Autorenkollektiv
1980). "Aktiv" in diesem Sinn ist Geld somit dann, wenn es
zielgerichtet und gleichsam indirekt den Handlungsspielraum
der Betriebe beeinflußt, "passiv" dagegen, wenn die Zahlungsmittelausstattung Reflex der güterwirtschaftlichen Detailplanung ist. Je komplexer die produktionstechnischen
Zusammenhänge innerhalb der Volkswirtschaft werden, je weniger sie somit der güterwirtschaftlichen Detailbilanzierung zugänglich sind, um so stärkere Bedeutung gewinnt damit diese "aktive Rolle des Geldes" (Gebhardt 1980, S. 1083
f.).

Die implizite Steuerung des betrieblichen Verhaltens vermittels der "aktiven Rolle des Geldes" bezieht sich in erster Linie auf die Durchsetzung der strukturpolitischen
Zielsetzungen und damit auf die Beeinflussung des betrieblichen Investitionsverhaltens.[1] Die Betriebe erhalten zwar
für einzelne Investitionsprojekte explizit ausformulierte
Planvorgaben; selbst diese konkreten Investitionsvorgaben
können jedoch nie so detailliert ausgearbeitet sein, daß
der einzelnen Wirtschaftseinheit bei deren Realisierung
keine Entscheidungsspielräume verbleiben. Darüber hinaus
gibt es eine Reihe von meist kleineren Investitionen, die
von den Betrieben unter Beachtung bestimmter Verfahrensvorschriften relativ autonom geplant werden können. Das Ausmaß
dieser Autonomie der Betriebe bei ihrer Investitionsplanung
variiert dabei im der Regel entsprechend dem jeweiligen De-

---

1) Zum derzeit in der DDR gültigen Verfahren der Investitionsplanung, -finanzierung und -durchführung vgl.
   Pfeiffer 1985.

212

und Rezentalisierungsgrad der gesamtwirtschaftlichen Entscheidungsstruktur.

Auch für die von den Betrieben selbständig zu planenden Investitionen benötigen sie Zahlungsmittel. Daher kann staatlicherseits versucht werden, durch Zuweisung eines bestimmten Liquiditätsvolumens den finanziellen Rahmen für die betrieblichen Investitionen abzustecken (Koziolek, Matthes,
Schwarz 1988, S. 86). Wird so im Rahmen der zentralen Planung festgelegt, daß eine bestimmte Branche expandieren
soll, müssen deren Betriebe über ein relativ hohes Zahlungsmittelaufkommen verfügen, damit sie die notwendigen
Erweiterungsinvestitionen durchführen können. Innerhalb des
Staatshaushaltsplanes schlägt sich dies dann in einem relativ geringen Pflichtzahlungsaufkommen aus dieser Branche
nieder; gegebenenfalls müssen die Betriebe darüber hinaus
Zuführungen erhalten. Von den Betrieben schrumpfender Branchen werden demgegenüber relativ hohe Pflichtzahlungen zu
erheben sein, um ihren Finanzierungsspielraum für Investitionen enstprechend den strukturpolitischen Zielen der
Zentralinstanzen schrumpfen zu lassen.

Versteht man, anders als innerhalb der Politischen Ökonomie
des Sozialismus, unter "Aktivität" des Geldes, daß das betriebliche Verhalten durch die Verfügbarkeit über Zahlungsmittel überhaupt, d.h. nicht notwendigerweise zielgerichtet, beeinflußt wird, ist grundsätzlich davon auszugehen,
daß Geld in realtypischen Zentralverwaltungswirtschaften
sowjetischen Typs um so "aktiver" ist, je geringer der Detaillierungsgrad der zentralen Planung und je größer damit
die betrieblichen Entscheidungsspielräume nicht zuletzt
auch über die Verwendung der verfügbaren Geldmittel ("Geldfonds") sind (Hartwig 1987).

Da sich güterwirtschaftliche und monetäre Planung überlagern, stehen die zentralen Lenkungsinstanzen somit vor der
Notwendigkeit, beides aufeinander abzustimmen bzw. - in der

Terminologie der Politischen Ökonomie des Sozialismus - die "Einheit von materieller und finanzieller Planung" zu gewährleisten. Sicherzustellen ist dabei, daß die durch Zu- und Abführungen realisierte "Sekundärverteilung" monetärer Ansprüche auf die Betriebe mit der den zentralen Zielvorstellungen entsprechenden Ressourcenallokation übereinstimmt. Andernfalls gehen vom Geld auch in den Bereichen, in denen es die weiterhin detailliert güterwirtschaftlich geplanten Transaktionen lediglich "passiv" vermitteln soll, "aktive" Störeffekte auf die Plandurchführung aus. So würde z.B. eine nicht zielgenaue Abschöpfung des "eigenerwirtschafteten" Finanzaufkommens dazu führen, daß einzelne Betriebe Erweiterungsinvestitionen vornehmen könnten (unterlassen müßten), obwohl sie einer Branche angehören, die den zentralen Zielstellungen zufolge schrumpfen (expandieren) soll.

Demnach ist zu klären, inwieweit die betrieblichen Pflichtzahlungen dazu dienen können, die Handlungsspielräume der Betriebe in der von der Zentrale gewünschten Weise zu steuern und somit die "aktive Rolle des Geldes" wirksam werden zu lassen. Diese Frage wird in Abschnitt 5.4.3. unter zwei Aspekten erörtert:

In Abschnitt 5.4.3.1. wird der Frage nachgegangen, welchen Einfluß es auf die Funktionalität der Pflichtzahlungen hat, daß es den Zentralinstanzen allgemein nicht gelingt, im betrieblichen Bereich durch den Einsatz des kreditpolitischen Instrumentariums einen Geldüberhang zu verhindern.

Selbst innerhalb der Politischen Ökonomie des Sozialismus wird zutreffend bemerkt, daß "die durch Bildung, Verteilung und Verwendung von Geldfonds bewirkten Geldbewegungen ... sehr differenziert und vielfältig verschlungen (sind)" (Gebhardt, Thümmler 1978a, S. 1102). In Abschnitt 5.4.3.2. werden daher Probleme behandelt, denen die Lenkungsinstanzen bei der Abstimmung von güterwirtschaftlicher ("mate-

214

rieller") und monetärer ("finanzieller") Planung zwecks Beherrschung dieser "differenzierten und vielfältig verschlungenen Geldbewegungen" gegenüberstehen.

Da alle betrieblichen Pflichtzahlungen zu Zahlungsströmen führen, sind sie sämtlich als Instrumente *gesamtwirtschaftlicher* Liquiditätssteuerung einsetzbar. Zur Beeinflussung des Zahlungsmittelaufkommens der *einzelnen Betriebe* können jedoch nur diejenigen Pflichtzahlungen verwandt werden, deren Höhe jeweils betriebsindividuell festgelegt wird. Dies sind heutzutage die Nettogewinn-, die Amortisations- sowie die Umlaufmittelabführung. Die Umlaufmittelabführung spielt jedoch auf Grund ihres geringen Aufkommens für die gesamtwirtschaftliche Liquiditätssteuerung nur eine untergeordnete Rolle; gleiches gilt auch bezüglich der betriebsbezogenen Liquiditätssteuerung, da diese Pflichtzahlung heutzutage in der DDR nur zum Zweck der Anpassung der Struktur der betrieblichen Umlaufmittelfinanzierung eingesetzt wird.

5. Betriebliche Pflichtzahlungen im Funktionsvollzug der wirtschaftlichen Rechnungsführung

Im folgenden soll näher untersucht werden, ob und in welchem Ausmaß die betrieblichen Pflichtzahlungen die voranstehend näher erläuterten vier Funktionen erfüllen können. Die intendierten Funktionsschwerpunkte der einzelnen Pflichtzahlungen sind in Übersicht 4 zusammengefaßt:

Übersicht 4:
Funktionsschwerpunkte betrieblicher Pflichtzahlungen

Pflichtzahlungs-art	Inform.-funktion	Motiv.-funktion	Kontroll-funktion	Liquiditätssteuerungsfunktion	
				gesamtwirt-schaftlich	betriebs-bezogen
Nettogewinnabführung		x	xx	xx	xx
produktgebundene Abgabe	x		xx	xx	
Produktionsfondsabgabe	xx	xx	xx	xx	
Beitrag für gesellschaftliche Fonds	xx	xx	xx	xx	
Bodennutzungsgebühr	xx	xx	xx	x	
Amortisationsabführung		x	xx	xx	xx
Umlaufmittelabführung		x	xx	x	x

Mit "xx" sind die jeweiligen Funktionsschwerpunkte der einzelnen Pflichtzahlungen gekennzeichnet, mit "x" die Funktionen mit nachrangiger Bedeutung.

Vergegenwärtigt man sich die in Abschnitt 2. nachgezeichnete Entwicklung des betrieblichen Pflichtzahlungssystems in der DDR, so zeigt sich, daß in den Anfangsjahren des "Zwei-Kanäle-Systems" nur solche Pflichtzahlungen institutionalisiert waren, mit denen die Planerfüllung kontrolliert sowie die betriebliche Liquiditätsausstattung gesteuert werden sollte. Die Produktionsfondsabgabe war Mitte der

60er Jahre die erste Pflichtzahlung, bei der die "Hebelfunktionen" gegenüber der Funktion der monetären Umverteilung betont wurden (Goldschmidt, Langner, S. 129; Gurtz
1965). Während noch Anfang der 70er Jahre die finanzierungstechnische Funktion der Pflichtzahlungen als dominierend angesehen wurde (Bielig, Gurtz 1973, S. 1636 f.),
werden heute deren "Hebelfunktionen" hervorgehoben (Knauthe, Spiller 1987).

5.1. Betriebliche Pflichtzahlungen und das zentralver-
waltungswirtschaftliche Preisproblem

Wie in Abschnitt 3.2. dargestellt, müssen den Betrieben Informationen über die Knappheitsgrade der Güter und über das
staatlicherseits gewünschte Verhalten dann in Form von
Preisen übermittelt werden, wenn die jeweiligen Güter nicht
detailliert güterwirtschaftlich bilanzierbar sind. Die Aufgabe des Informationsmediums übernehmen Preise sowohl für
Güter und Leistungen als auch in Form der Abgabensätze von
Pflichtzahlungen mit "Hebelfunktionen". Bevor deren spezifische Funktionalität als Informationsmedium näher beleuchtet werden kann, muß das generelle Preisproblem behandelt
werden. Die nähere Betrachtung der in der DDR praktizierten
Preissetzung ist daneben für das Verständnis der produktgebundenen Abgabe notwendig, da es sich bei dieser um "eine
notwendige Komponente der sozialistischen Preispolitik"
handelt (Bielig, Gurtz 1973, S. 1640).

5.1.1. Zur Möglichkeit der Bildung knappheitsbezogener
Preise in Zentralverwaltungswirtschaften

Voraussetzung dafür, daß die tatsächlichen Lenkungswirkungen der Preise den staatlicherseits erwünschten entsprechen, ist, daß diese Preise den (relativen) Nutzen der einzelnen Güter und das staatlicherseits erwünschte Verhalten
der Betriebe nach Maßgabe der zentralen Nutzenvorstellungen

zutreffend widerspiegeln. Diese Bedingung ist jedoch unter den gegebenen Ordnungsbedingungen nicht realisierbar.

Der Umstand, daß bei Abwesenheit des Marktwettbewerbs Preise nicht durch dezentrale Anpassungsprozesse der einzelnen Marktteilnehmer gefunden werden können, sondern zentral konstruiert werden müssen, stellt die Zentralinstanzen vor letztendlich unüberwindbare Probleme. Deren Natur soll anhand des in Abbildung 6 beschriebenen Modells erläutert werden: Damit das dort durch tan α beschriebene Nutzenpreis-Verhältnis $\delta x_1 / \delta x_2$ ermittelt werden kann, muß zum einen der Preissetzungsinstanz der genaue Verlauf der betrieblichen Produktionsfunktion und damit der Transformationskurve AB bekannt sein. Zum anderen muß eine eindeutige staatliche Zielfunktion ermittelbar sein, in der sämtliche Güter als Argumente enthalten sind, für die Preise festgelegt werden sollen.

Angesichts des in Abschnitt 3.2. dargestellten Informationsproblems ist davon auszugehen, daß der Zentralinstanz der genaue Verlauf der betrieblichen Transformationskurve unbekannt ist. Daher ist sie auf diesbezügliche Vermutungen angewiesen. Der geschätzte Verlauf wird mit dem tatsächlichen jedoch allenfalls zufällig übereinstimmen. Berücksichtigt man zudem das Problem der "weichen" Pläne, so ist davon auszugehen, daß die von den Betrieben an die Zentralinstanzen übermittelten Informationen über die eigenen Produktionsmöglichkeiten systematisch verfälscht sind. Auch dies beeinträchtigt die Treffsicherheit der zentralen Schätzungen.

Weiterhin spricht gegen die Möglichkeit zur Ableitung eines in sich geschlossenen Systems knappheitsbezogener Preise, daß die Zentralinstanzen (bzw. die einzelnen Teilbürokratien) detaillierte Nutzenvorstellungen über sämtliche potentiell produzierbaren Güter haben müßten. Die Vielfalt aller denkbaren Güter, die seitens der Betriebe bei Aus-

218

nutzung ihrer Entscheidungsspielräume potentiell herstellbar sind, können den Lenkungsinstanzen jedoch unter realtypischen Bedingungen ex ante nicht bekannt sein (Paraskewopoulos 1986, S. 310 ff.). Deshalb fehlt eine weitere Grundlage für die Bemessung der gesamtwirtschaftlichen Güterknappheiten und damit zur Festlegung nutzenbezogener Preisrelationen.

Daß die staatliche Lenkungsadministration über eine einheitliche und eindeutige Zielfunktion verfügt, muß bezweifelt werden. Die einzelnen Teilbürokratien verfolgen jeweils eigene Ziele, und es ist unwahrscheinlich, daß diese in Verhandlungen vereinheitlicht werden können. Dann fehlt es an Maßstäben, um ein gesamtwirtschaftlich rationales System relativer Preise zu ermitteln.

Unter den geschilderten Bedingungen entfällt auch die Möglichkeit, auf der Grundlage eines realistischen "Optimalplanes" sogenannte Schattenpreise zu konstruieren. Dieser Versuch zur Lösung des Preisbildungsproblems wurde insbesondere in der UdSSR zum Ende der 60er Jahre unternommen (vgl. Ellmann 1968). Praktische Relevanz hat dieser Ansatz wegen der geschilderten Gründe nicht erhalten (vgl. Bardmann 1986, S. 52 ff.)

Der "Teufelskreis", dem die Lenkungsinstanzen somit ausgesetzt sind, ist offenkundig: Sie müßten über die Menge aller vorhandenen und in der Folgeperiode produzierbaren Güter vollständige und unverfälschte Informationen haben, um mittels Bilanzierung die jeweiligen Fehlmengen ermitteln und anhand ihrer Nutzenfunktion bewerten zu können. Hätten sie einen solchen umfassenden Kenntnisstand, bräuchten sie keine Preisrechnung als Informationsmedium zur Beeinflussung der betrieblichen Produktionsentscheidungen. Da sie jedoch nicht umfassend informiert sind, können sie auch keine Preise bilden, die den ihnen unbekannten realen Knappheitsverhältnissen entsprechen.[1]

Sollen die Preise nicht gänzlich willkürlich gesetzt werden, bietet sich als einzige praktikable Alternative die kostenbezogene Preissetzung an. Letztere bildet dementsprechend und dabei in der spezifischen Ausgestaltung der Marxschen Arbeitswertlehre die Grundlage der praktischen Preisbildung in der DDR und in den anderen staatssozialistischen Zentralverwaltungswirtschaften (vgl. Haffner 1984). Da die spezifische Methodik der (arbeits-)kostenbezogenen Preissetzung u.a. von herausragender Bedeutung für das Ausmaß der notwendigen Umverteilung zwecks Anpassung der betrieblichen Liquiditätsausstattung an den Zahlungsmittelbedarf ist (vgl. Abschnitt 5.4.1.), soll sie im folgenden Abschnitt skizziert und diskutiert werden.

5.1.2. Verfahren und Problematik (arbeits-)kostenbezogener Preisbildung

Dem Basistheorem der Marxschen Werttheorie zufolge entspricht der Preis eines Gutes ⟨P⟩ seinem Wert ⟨W⟩ und dieser wiederum dem zur Herstellung des Gutes gesellschaftlich

---

1) In der "westlichen" Betriebswirtschaftslehre ist dieses Problem im Zusammenhang mit der "pretialen Betriebslenkung" bekannt, die von Schmalenbach (1948/1949) als Instrument unternehmensinterner Koordination konzipiert wurde: Die "pretiale Betriebslenkung" beruht auf dem Grundgedanken, daß den einzelnen unternehmensinternen Abteilungen Lenkpreise für die Inanspruchnahme knapper Ressourcen vorgegeben werden, um bei unvollständiger zentrale Durchplanung des betrieblichen Produktionsprozesses eine optimale Aufteilung dieser Ressourcen auf die einzelnen Abteilungen sicherzustellen. Wie sich in der kritischen Auseinandersetzung mit diesem betriebswirtschaftlichen Lenkungskonzept zeigte, müßte der betriebliche Produktionsprozeß zur Ermittlung solcher Lenkungspreise güterwirtschaftlich ex ante detailliert durchgeplant werden. Wäre dies möglich, benötigte man jedoch diese Lenkpreise gar nicht; vgl. Hax 1965, insbesondere S. 144 ff.

durchschnittlich notwendigen Aufwand an "lebendiger" und "vergegenständlichter" Arbeit bzw. "variablem" ⟨v⟩ und "konstantem" Kapital ⟨c⟩ zuzüglich eines ebenfalls durchschnittlichen Gewinnzuschlags ("Mehrprodukt" bzw. "Profit" ⟨m⟩). Der Terminus "lebendige Arbeit" bzw. "variables Kapital" steht für die Lohnkosten, unter "vergegenständlichter Arbeit" bzw. "konstantem Kapital" wird der Verbrauch von Rohstoffen und Vorprodukten sowie der produktionsbedingte Verschleiß von Kapitalgütern, die in vorausgegangenen Perioden durch Arbeitseinsatz hergestellt wurden (Abschreibungen bzw. "Amortisationen"), verstanden. Seit Einführung des Beitrags für gesellschaftliche Fonds ist dieser in die Produktionskosten einzubeziehen und wird zum "variablen Kapital" gerechnet. Die Grundform der Marxschen Preisgleichung lautet somit:

$$(3) \qquad P = W = c + v + m.$$

Grundsätzlich dürfen nur solche Produktionsaufwendungen als Kosten berücksichtigt werden, die zu betrieblichen Ausgaben führen (pagatorische Kosten). Kapital und Boden werden jeweils entsprechend dem Arbeitsaufwand bewertet, der zu ihrer Herstellung bzw. Melioration notwendig ist. Kapitalzins und Bodenrente dagegen, wie auch kalkulatorische Kosten für Eigenkapital, Unternehmerlohn, Wagnisse und dergleichen mehr werden im Rahmen der Marxschen Arbeitswertlehre nicht als preisbestimmende Kostenelemente aufgefaßt. Daß in der DDR weder Kapitalzins noch Bodenrente bei der Preisbildung als (kalkulatorische) Kostenbestandteile berücksichtigt werden dürfen, folgt aus der Orientierung an der Marxschen Arbeitswertlehre. Marx sprach sowohl dem Kapital als auch dem Boden grundsätzlich eine eigene Wertschöpfungsfähigkeit ab. Kapitalzins und Bodenrente können diesem Verständnis zufolge nur Bestandteil der Gewinnverwendung, nicht jedoch der Gewinnentstehung sein.

Die Gewinnkalkulation ist, wie in Abschnitt 5.4.1.2.2. gezeigt wird, insbesondere unter Aspekten der gesamtwirtschaftlichen Liquiditätssteuerung von Bedeutung. Sie dient dazu, bei der zugrundeliegenden arbeitswertbezogenen Preisbildungsmethode die Preissumme des staatlichen Angebots an privaten Konsumgütern und die kaufkräftige Nachfrage der Privathaushalte aus Lohneinkommen einander anzugleichen. Auf betrieblicher Ebene sollen die Gewinne im Rahmen der "Eigenerwirtschaftung" den Finanzierungsbedarf der Betriebe für Erweiterungsinvestitionen decken. Da es sich bei dem Gewinn hier um eine ex ante fixierte kalkulatorische Größe handelt, muß staatlicherseits festgelegt werden, in welcher Höhe und nach welcher Zurechnungsmethodik er in die Preiskalkulation einzubeziehen ist. In der Politischen Ökonomie des Sozialismus werden zwei Methoden unterschieden, die beide auf dem Prinzip der Zuschlagskalkulation beruhen: Als Bezugsbasis der Gewinnzuschlagsrechnung werden entweder die Kosten[1] oder der Wert der eingesetzten Kapitalgüter ("Fonds") herangezogen. In der Terminologie der Politischen Ökonomie des Sozialismus handelt es sich hierbei entweder um den Produktionspreis oder um den fondsbezogenen Preis (Knauff 1970; Stinglwagner 1981; Lexikon der Wirtschaft 1986, S. 417 ff.). Die Preisgleichungen lauten unter Berücksichtigung dieser Gewinnzuschlagsverfahren

a) für den Produktionspreis:[2]

$$(4) \quad P = W = c + v + (c + v) \times g' \text{ sowie}$$

b) für den fondsbezogenen Preis:

$$(5) \quad P = W = c + v + PF \times g'.$$

---

1) Bis zur Industriepreisreform der 60er Jahre waren die gesamten (kalkulationsfähigen) Produktionskosten (Gesamtselbstkosten) die Bezugsbasis der Gewinnzuschlagskalkulation. Seither werden hierfür die Verarbeitungskosten herangezogen. Diese errechnen sich aus den Gesamtselbstkosten abzüglich der Materialkosten und der Kosten für fremde Lohnarbeit; vgl. Knauff 1970, S. 142 f.

2) Der Produktionspreis wird noch dahingehend weiter unterschieden, ob nur das variable oder auch das konstante Kapital Bezugsbasis der Zuschlagskalkulation ist. Der erste Fall wird als Wertpreis, der zweite als kostenbezogener Preis bezeichnet; vgl. Bardmann 1986, S. 36 ff.

Dabei repräsentiert PF das betriebliche Produktivvermögen (die Produktionsfonds), g' steht für den prozentualen Gewinnaufschlag auf die jeweilige Berechnungsbasis.

Um die Betriebe an der Produktion neuer, qualitativ hochwertiger und abnehmergerechter Güter oder an Kosteneinsparungen zu interessieren, werden die solchermaßen berechneten Preise seit Einführung der arbeitswertbezogenen Preisbildung in der DDR in jeweils unterschiedlichem Ausmaß durch zeitlich befristete Gewinnzuschläge und -abschläge, durch "Extragewinne", "Zusatzgewinne" und dergleichen mehr modifiziert. Der so ermittelte *"Betriebspreis"* ist der betrieblichen Ergebnisrechnung zugrunde zu legen.

In die Preise einzelner Güter, insbesondere der Konsumgüter, wird zusätzlich eine produktspezifische Pflichtzahlung (Produktions- und Dienstleistungsabgabe bzw. produktgebundene Abgabe) einkalkuliert; Investitionsgüter und einige Konsumgüter des sogenannten Grundbedarfs dagegen werden manchmal durch produktgebundene Zuführungen ("Subventionen") verbilligt. Die durch produktgebundene Abgaben oder "Subventionen" modifizierten Betriebspreise werden in der DDR als *(Industrie-)Abgabepreise* bezeichnet.

Gewinne und produktgebundene Abgaben dienen dazu, die Preissumme des staatlichen Konsumgüterangebots und die Konsumgüternachfrage der Privathaushalte aufeinander abzustimmen. In Abbildung 9 wird der Einsatz beider Instrumente skizziert. Dabei wird vereinfachend angenommen, daß nur ein Gut für Konsumzwecke mit der Menge Q_{st} bereitgestellt wird. Die preisabhängige Nachfrage der Privathaushalte nach diesem Gut wird durch die Preis-Absatz-Gerade AB beschrieben. Damit die Privathaushalte die Menge Q_{st} nachfragen, der "Konsumgütermarkt" also geräumt wird, muß der Preis dieses Gutes mit P_A festgelegt werden. Die entsprechend der Arbeitswertlehre ermittelten Produktionskosten für das Kon-

sumgut belaufen sich jedoch, so sei angenommen, auf K_A.[1]
Die Differenz zwischen K_A und P_G kann nun entweder durch
einen Gewinnaufschlag (Variante I), eine produktgebundene
Abgabe ⟨pgA⟩ (Variante II) oder eine Kombination beider
Instrumente (Variante III) abgeschöpft werden.

Abbildung 9:
Abstimmung von staatlichem Konsumgüterangebot und privater
Konsumgüternachfrage durch Gewinnaufschläge und produktge-
bundene Abgaben

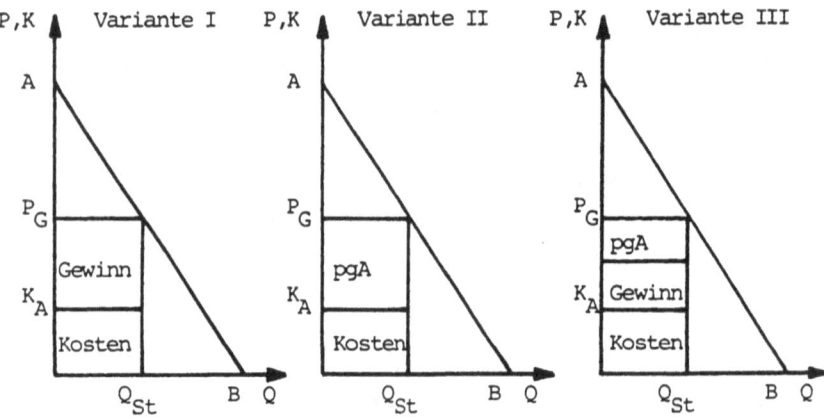

Haben sowohl Gewinn als auch produktgebundene Abgaben die
gleiche Aufgaben der gesamtwirtschaftlichen Kaufkraftabschöpfung, so unterscheiden sich ihre finanzierungstechnischen Auswirkungen auf betrieblicher Ebene: Im Gegensatz
zu den Gewinnen gehen die produktgebundenen Abgaben nicht
in die betrieblichen Erlöse ein, sondern sind unmittelbar
an den Staatshaushalt zu entrichten.

Produktgebundene Zuführungen werden dann an die Betriebe
gezahlt, wenn der Industrieabgabepreis unterhalb des Be-

---

1) Warum die kaufkräftige Nachfrage der Privathaushalte den
   Kostenwert des staatlichen Konsumgüterangebots bei arbeitswertbezogener Preissetzung grundsätzlich übersteigt, wird in Abschnitt 5.4.1. erläutert.

triebspreises liegt. Durch diese Preissetzung sollen bei den Abnehmerbetrieben oftmals bestimmte pretiale Lenkungswirkungen hervorgerufen werden. Daß die Betriebspreise nicht zur Deckung der betrieblichen Kosten ausreichen, mag auch daran liegen, daß die staatliche Preissetzung nicht ausreichend flexibel auf Importpreissteigerungen reagiert. Reichen die Betriebspreise nicht zur Kostendeckung aus, werden neben den produktgebundenen Zuführungen sogenannte Fonds-, Verlust- und Preisstützungen, Erlöszuschläge oder Preisausgleichszuführungen, wie beispielsweise der "staatliche Erlöszuschlag" im Falle des Beitrags für gesellschaftliche Fonds, gezahlt.

Die skizzierte Preisbildung der DDR auf Grundlage der Arbeitswertlehre beruht u.a. auf der Annahme, daß sich sämtliche Werte auf den Einsatz "lebendiger" und "vergegenständlichter" Arbeit zurückführen lassen, daß somit gleichsam eine "Grundeinheit" Arbeit als Numéraire eines derartigen Preissystems ermittelt werden kann. Die Arbeitskraft ist im Hinblick auf Qualifikations-, Geschicklichkeits- und sonstige Anforderungen sehr heterogen, und bis auf den heutigen Tag sind keine eindeutigen Umrechnungsmodi zur Lösung dieses sogenannten Reduktionsproblems gefunden worden. Ist jedoch der Numéraire nicht eindeutig bestimmbar, dann fehlt der arbeitswertbezogenen Preisbildung ein einheitlicher Maßstab. Die auf der Basis dieser Theorie festgelegten Preise erweisen sich bei näherem Hinsehen als willkürlich.

Insbesondere gilt dies, wenn die tatsächlichen Lohnkosten ohne Berücksichtigung des Grenzertrages der einzelnen Betätigungsarten die Preise bestimmen: Die arbeitskostenbezogene Preisrechnung beruht nämlich auf der irrigen Annahme, daß das, was gleich viel kostet (die "Grundeinheit" Arbeit), überall den gleichen Produktionsertrag erbringt. Dieser "Kardinalfehler der Marxschen Arbeitswerttheorie" (Fehl 1974, S. 312) verhindert, daß auf deren Basis das gesamtwirtschaftlich verfügbare Arbeitskräftepotential ertragsoptimal auf die einzelnen Nutzungsarten verteilt werden könnte.

Da zudem Kapitalzins und Bodenrente nicht als Kostenbestandteile berücksichtigt werden, ist im Rahmen der arbeitswertbezogenen Wirtschaftsrechnung auch kein Opportunitätskostenkalkül möglich, auf dessen Grundlage eine ertragsoptimale Allokation der Faktoren Kapital und Boden ermittelt werden könnte. Wie Fehl (ebenda, S. 305 ff.) aufgezeigt hat, resultieren hieraus Tendenzen zu einer nicht mit den relativen Faktorknappheiten korrespondierenden hohen Kapitalintensität und damit zu "Kapitalverschwendung".

Hiervon abgesehen fehlen objektive Kriterien dafür, welche Kosten in welcher Höhe bei der Preisbildung zu berücksichtigen sind. So haben sich die Auffassungen über die kalkulationsfähigen betrieblichen Kosten in der DDR mehrmals geändert. Um nur drei Beispiele zu nennen: Die betrieblichen Zuführungen zum Prämienfonds wurden in manchen Jahren zu den Kosten, in anderen dagegen zur Gewinnverwendung gezählt. Bei der Einführung des Beitrags für gesellschaftliche Fonds war neben seiner Berücksichtigung als Kostenbestandteil auch seine Behandlung als Gewinnverwendungsposition als gleichwertige Lösung in der Diskussion (vgl. Abschnitt 2.4.). Seit 1988 schließlich wird in bisher 16 Kombinaten die Produktionsfondsabgabe nicht mehr als Gewinnverwendung behandelt, sondern zu den Kosten gezählt (vgl. Abschnitt 2.3.). Auch der Umstand, daß die Abschreibungssätze in der DDR staatlicherseits normativ festgelegt werden, ruft eine weitere Beliebigkeit bei der Kostenermittlung hervor.

Gänzlich willkürlich (selbst am Maßstab der Arbeitswerttheorie) ist die Preissetzung bei denjenigen Gütern, die nicht im Inland produziert, sondern die aus dem Ausland importiert werden. Für diese Güter läßt sich nicht logisch zwingend ermitteln, wieviel "Arbeitsquanten" zu deren Pro-

duktion im Inland aufgewendet werden müßten. Die Umrechnung
der Importaufwendungen in fremder Währung mittels staatlich
fixierter Wechselkurse in inländische Preise, wie dies in
der DDR praktiziert wird (vgl. Autorenkollektiv 1974, S. 68
ff.; Autorenkollektiv 1981b, S. 424 f.), kann auf Grund
fehlender Konvertibilität der einheimischen Währung ebenfalls nicht objektiv sein.

Die Kosten stellen somit keine schlüssige Basis für die
Preisfestlegung dar. Entgegen der Zielsetzung sind es häufig nicht die Kosten, die die Preise bestimmen, sondern umgekehrt bestimmen die Preise eher die Kosten. Die seitens
der Politischen Ökonomie des Sozialismus behauptete Objek-
tivität wird auch dadurch entkräftet, daß diese Kosten entsprechend der Marxschen Arbeitswertlehre in "gesellschaftlich durchschnittlicher Höhe" in die Güterpreiskalkulation
einbezogen werden sollen. Dieser Kalkulationsgrundsatz soll
die Betriebe an Kosteneinsparungen interessieren, denn eine
Übererfüllung des Gewinnplanes ist in diesem Fall nur dann
möglich, wenn in dem einzelnen Betrieb weniger als diese
"gesellschaftlich durchschnittlich notwendigen" Kosten anfallen. Auch die Preise sind von der Zielsetzung her somit
"ökonomische Hebel". Um die Preis- und Kostenvorgaben in
der gewünschten Weise wirksam werden zu lassen, müßten demzufolge die "gesellschaftlich durchschnittlich notwendigen
Kosten" exakt bestimmbar sein. Diese Voraussetzung ist jedoch praktisch nicht realisierbar:

Die Zentralinstanz kann nicht sämtliche betriebsindividuellen Produktions- und Kostenbedingungen kennen. Deshalb
ist sie auf Informationen seitens der Betriebe angewiesen.
Die Betriebe und Kombinate müssen sogenannte Preis- und
Kostenkonzeptionen erarbeiten und auf deren Grundlage
Preisvorschläge machen, die vom staatlichen Preisamt zu
genehmigen sind. Für eine Reihe von Gütern legen die Generaldirektoren der Kombinate die Preise heutzutage selbst
fest (Autorenkollektiv 1987, S. 506). Betriebe und Kombi-

227

nate werden jedoch auch an "weichen" Kostenplänen interessiert sein und zur "Kostentreiberei" neigen.

Grundsätzlich wird in der DDR zwischen kalkulations- und nicht kalkulationsfähigen Kosten unterschieden. In den einschlägigen Richtlinien werden meist die nicht kalkulationsfähigen Kosten angegeben. Beispiele hierfür sind Vertragsstrafen oder Sanktionszinsen bei verspäteter Kreditrückzahlung oder bei überplanmäßiger Kreditaufnahme. Allerdings wird in der DDR darüber Klage geführt, daß es den Betrieben relativ leicht gelingt, vom Grundsatz her nicht kalkulationsfähige Kosten innerhalb ihres Rechnungswesens dennoch als kalkulationsfähig zu verbuchen (Möbius 1985). Auch hierdurch vermindert sich der Objektivitätsgrad der "gesellschaftlich durchschnittlich notwendigen" Kosten.

Ein weiteres Problem hängt mit der Betriebsgrößenstruktur zusammen: Nicht zuletzt zur Vereinfachung der Planungs- und Leitungsaufgaben werden im industriellen Bereich die Güter oftmals nur von einem Betrieb hergestellt. Dann ist es jedoch notwendig, anstelle von Durchschnittskosten für eine Mehrzahl von Betrieben betriebsindividuelle Kosten- und Preisvorgaben zu ermitteln. Schon deshalb wird der "Kostenhebel" kaum wirksam sein.

Ein weiterer Nachteil der kostenbezogenen Preisbildung ist, daß die Güterpreise durch zwischenzeitliche Veränderungen der Produktionsfunktionen und -verflechtungen oder der Inputpreise sehr bald nicht mehr den Herstellungskosten entsprechen. Bei konsequenter Anwendung der kostenbezogenen Preisbildung müßten bei der Preisänderung eines Gutes die Preise sämtlicher Güter niederer Ordnung im Sinne der Mengerschen Güterordnung, für die dieses Gut Vorprodukt ist, ebenfalls neu festgelegt werden. Dies würde allerdings einen zu hohen Verwaltungsaufwand verursachen. Daher begnügt man sich beispielsweise in der DDR damit, in größeren Zeitabständen, derzeit allenfalls jährlich, die Preise allgemein zu revidieren. Bis dahin jedoch entfernen sich die fixierten Verkaufspreise der Güter fortwährend von den ausgewiesenen Produktionskosten und Betriebspreisen. Zudem ist zu vermuten, daß selbst die neuen Preise auf Grund des langwierigen Preisermittlungsverfahrens bei ihrer Einführung bereits überholt sind.

Nicht nur die Kosten, auch die Gewinne spiegeln die realwirtschaftlichen Knappheiten nicht zutreffend wider, denn die "normalen" Gewinnsätze werden in erster Linie auf Basis finanzierungstechnischer Überlegungen festgelegt. Diese Gewinnzuschläge ("Rentabilitätsraten") werden in der DDR branchenspezifisch in einer solchen Höhe vorgeschrieben, daß die auf ihrer Grundlage kalkulierten Gewinne zur Finanzierung der Erweiterungsinvestitionen, zur Bildung der gewinnfinanzierten "Stimulierungsfonds" und für die Entrichtung der aus Gewinn zu zahlenden Pflichtzahlungen (Produktionsfondsabgabe und Nettogewinnabführung) ausreichen (Kinze, Knop, Seifert 1983, S. 357; Lexikon der Wirtschaft 1986, S. 446).[1]

Damit in die "Kostenpreise" wenigstens rudimentär knappheitsbezogene Informationen eingehen, werden sie auf vielfältige Weise mittels der weiter oben erwähnten Zu- und Abschläge modifiziert. Schon die permanente Variation dieses Instrumentariums ist ein Indiz dafür, daß auch diese modifizierten Preise bisher nicht die erwünschten Lenkungswir-

---

1) Die branchenmäßig einheitliche Festlegung des Gewinnzuschlagssatzes bewirkt, daß dieses Instrument nicht für eine Anpassung der privaten Nachfrage an die staatlich bereitgestellten Güter geeignet ist. Hierfür eignen sich die produktgebundenen Abgaben wesentlich besser, da ihre Höhe im Idealfall für jedes Gut einzeln festgelegt werden kann. Ob die angestrebte Abstimmung des privaten Konsums mittels der produktgebundenen Abgaben tatsächlich in der erwünschten Weise erfolgen kann, wird im Rahmen dieser Untersuchung, die primär betriebsbezogene Aspekte beleuchtet, nicht analysiert. Dieser Aspekt wird ausführlich von Buck (1982) behandelt.

kungen entfalten konnten. Ursache ist wiederum das grundlegende Interessenproblem. Auch die zweigspezifische Fixierung der Gewinnzuschläge erfolgt im Rahmen bürokratischer Aushandlungen über die Zuteilung der produktiven Ressourcen. Die verschiedenen Teilbürokratien werden bestrebt sein, eine möglichst hohe "Rentabilitätsrate" und damit Gewinnsumme bewilligt zu bekommen, die sie für Investitionsmaßnahmen in ihrem Verwaltungsbereich einsetzen können. Je höher der Gewinnzuschlagssatz festgelegt ist, um so größer wird das finanzielle Polster und um so geringer die Gefahr finanzieller Planstörungen in den dem eigenen Verwaltungsbereich unterstellten Betrieben sein.

Auch die Festlegung ergänzender Gewinnzu- und -abschläge ist stark strategieanfällig. Dies mag am Beispiel der wiederholten Versuche belegt werden, die Betriebe mittels (zeitlich befristeter) Gewinnzuschläge an der Produktion neuer und qualitativ hochwertiger Güter zu interessieren. Derartige Gütereigenschaften müssen bei Fehlen der Wettbewerbskontrolle in einem bürokratischen Verfahren definiert und ermittelt werden. Die Erfahrung zeigt, daß es den Betrieben sehr leicht fällt, ihre Produkte geringfügig zu modifizieren und so höhere Gewinnzuschläge zu erlangen.[1] Auch in diesem Bemühen werden sie wohl von der Leitung ihres Verwaltungsbereichs unterstützt. Drohenden Gewinnabschlägen wegen überalterter Produkte oder wegen zu hoher Produktionskosten werden sich die Betriebe dagegen in aller

---

1) Grund dafür ist, daß "Gebrauchswerteigenschaften" sich nicht objektiv bewerten lassen. Die Betriebe werden daher die Preissetzungsinstanzen leicht täuschen können, "... der Gebrauchswert wird zum 'Feigenblatt' für ungerechtfertigte Preiserhöhungen" (Mann 1975, S. 833). Wohl deshalb wurde in der DDR das sogenannte "Preis-Leistungs-Verfahren" nach wenigen Jahren wieder abgeschafft. Es sah vor, daß bei Gütern mit steigenden "Gebrauchswerteigenschaften" der Nutzenzuwachs durch eine Aufteilung des Gewinnzuschlags sowohl dem Produzenten als auch dem Abnehmer zugute kommen sollte; vgl. zur Kritik an diesem Preissetzungsverfahren Friedrich, Küchler 1986, S. 402f.

Regel unter Berufung auf unabänderliche Gegebenheiten entziehen können. Unter diesen Bedingungen können sowohl die
"normalen" Gewinne als auch die Gewinnzu- und Gewinnabschläge nicht Ausdruck gesamtwirtschaftlicher Rationalität
sein; in ihnen manifestieren sich vielmehr Ergebnisse res-
sortegoistischer Verhandlungen.

Das Prinzip der Gewinnzuschlagskalkulation hat einen weiteren negativen Effekt. Sind die Herstellungskosten die Bezugsbasis, so werden die Betriebe daran interessiert sein,
möglichst hohe kalkulationsfähige Kosten zu haben. Sind die
Produktionsfonds die Bezugsbasis, so werden die Betriebe
ihre Vermögensbilanz zu verlängern versuchen. Die Preisbildung ist somit selbst eine der Ursachen für die betriebliche Strategie, möglichst umfangreiche (verschwenderische
und gesamtwirtschaftlich ineffiziente) Ressourcenzuteilungen zu erlangen.

5.1.3. Betriebliche Pflichtzahlungen als Informationsme- dium

5.1.3.1. Beziehungen der staatlichen Preissetzung zur Informationsfunktion der Produktions- und Dienst- leistungsabgabe bzw. produktgebundenen Abgabe

Abgesehen von dem Zweck, die Preissumme des staatlichen
Konsumgüterangebots an die kaufkräftige Nachfrage der Privathaushalte anzugleichen, wird in der DDR eine gütergebun-
dene Abgabe (Zuführung) dann erhoben (gewährt), wenn sich
die Lenkungsinstanzen hiervon bestimmte Wirkungen auf das
betriebliche Verhalten versprechen und zu diesem Zweck der
Abgabepreis unterschiedlich zum Betriebspreis festgelegt
wird. Ein wichtiges Ziel ist, die Betriebe zu staatlich erwünschten Gütersubstitutionen anzuhalten. Dies darf jedoch
nicht so verstanden werden, als sollten die produktspezifischen Zu- und Abführungen selbst die betrieblichen Aktivitäten beeinflussen. Diese Aufgabe kommt den Betriebs- und

den Abgabepreisen zu. Die produktgebundenen Zu- und Abführungen sind lediglich ein finanzierungstechnisches Instrument, mit dem die betrieblichen Verkaufserlöse zu Abgabepreisen an die aus Gründen der Liquiditätssteuerung als wünschenswert erachteten Erlöse zu Betriebspreisen angepaßt werden sollen. Es handelt sich von der Zielsetzung her somit gleichsam um eine umgekehrte Inzidenz: Nicht die Pflichtzahlung beeinflußt die Preise, sondern umgekehrt ist es die staatliche Preissetzung, die das notwendige Volumen der Pflichtzahlung determiniert (Hedtkamp 1959/1960, S. 198; Hedtkamp, Penkaitis 1974, S. 84).

In der Fachliteratur der DDR wurde Anfang der 60er Jahre Klage über die mangelhafte Beherrschbarkeit dieses preispolitischen Instrumentariums geführt. Die Preise der einzelnen Gütergruppen wurden von jeweils unterschiedlichen Instanzen festgelegt, die dabei jeweils sehr unterschiedliche Vorstellungen darüber hatten, in welchem Ausmaß das einzelne Gut mit einer Produktions- und Dienstleistungsabgabe zu belasten sei. Dabei entschied vielfach nicht die Differenz zwischen dem unter Kostenaspekten festgelegten Betriebs- und dem unter Lenkungsgesichtspunkten fixierten Abgabenpreis über die Abgabenhöhe, sondern umgekehrt die Abgabenhöhe über den Abgabepreis. Da ein einheitlicher Maßstab darüber fehlte, in welchem Ausmaß diese Pflichtzahlung in den Preis des einzelnen Guts einzubeziehen sei, erwies sich die staatliche Preissetzung auch von dieser Seite her als zufällig (Lohse 1963a, S. 203). Dieses Problem dürfte auch weiterhin virulent sein.

Einzelne Vertreter der Politischen Ökonomie des Sozialismus vermuteten in den 60er Jahren, daß die produktspezifische Abgabe - nicht zuletzt auf Grund der soeben geschilderten Problematik - die Informationsfunktion der Preise entsprechend der Marxschen Arbeitswertlehre beeinträchtige. Dieser Preistheorie zufolge sollen die Preise, wie oben beschrieben wurde, den zur Gütererstellung notwendigen Aufwand an "lebendiger" und "vergegenständlichter" Arbeit möglichst genau bewerten. Nur wenn dies der Fall ist, läßt sich mittels dieser Preise, so wird vermutet, dasjenige Produktionsverfahren ermitteln, bei dem das jeweilige Gut mit dem geringsten Arbeitsaufwand hergestellt wird, bei dem also die relativ größten Einsparungen realisiert werden können. Die arbeitskostenunabhängige Preimodifizierung, durch die die Betriebe beeinflußt werden sollen, stellt dann eine "Abweichung des Preises vom Wert" dar.

Die produktgebundene Abgabe geht bei Produktionsmitteln als Bestandteil des Verkaufspreises in die Kosten des Abnehmerbetriebes ein. Der ermäßigte Preis eines Produktionsmittels kann durch eine entsprechend geringe Abgabenbelastung bei gleichzeitig hohem Verbrauch an "lebendiger" und "vergegenständlichter" Arbeit auf den Vorstufen verursacht worden sein. Ein anderes, teureres Gut dagegen kann unter Umständen mit geringerem Arbeitsaufwand hergestellt worden und lediglich durch eine hohe kumulative Abgabe auf den Vorstufen belastet sein. Verwendet ein Betrieb möglichst billige Vorprodukte, um hierdurch seine Kosten zu senken und seinen Gewinn prämienwirksam zu erhöhen, so ist nicht gesichert, daß gleichzeitig auch der Produktionsaufwand (im Sinne der Arbeitswertlehre) gesenkt wird. Unter Umständen spart der Betrieb diejenigen (teuren) Produktionsmittel ein, die einen relativ geringen Arbeitsaufwand repräsentieren, und ist am Einsatz derjenigen (billigen) Produktionsmittel interessiert, die mit einem vergleichsweise hohen Arbeitsaufwand hergestellt worden sind. Dies erschwert, so wurde weiterhin vermutet, unter anderem auch die ebenfalls an der Arbeitswertlehre orientierte Effizienzberechnung des Außenhandels (Lohse 1963a, S. 5; H. Schneider 1963, S. 209).

Da die produktspezifische Abgabe als untrennbarer Bestandteil in die Verkaufspreise eingeht, ist in den darauffolgenden Verarbeitungsstufen nicht mehr erkennbar, wie hoch der kumulative Anteil der auf den Vorstufen erhobenen Ab-

gabe am eigenen Einstandspreis der bezogenen Produktionsmittel ist. Trotz der durch die Verrechnungsmethode hervorgerufenen Einbeziehung dieser Abgabe in die Produktionskosten verkörpert sie der Politischen Ökonomie des Sozialismus zufolge jedoch keinen Aufwand, sondern ist Teil der
Wertschöpfung.

Um dieses aus der Arbeitswertlehre stammende Problem zu lösen, wurde vorgeschlagen, den Anwendungsbereich der Produk-
tions- und Dienstleistungsabgabe einzuschränken. Sie sollte
nur noch dann erhoben werden, wenn die Abgabepreise zur Beeinflussung des betrieblichen Verhaltens oder zum Ausgleich
güterspezifischer Angebots- oder Nachfrageüberhänge unabhängig von den Betriebspreisen festgelegt wurden. Die Abschöpfung des gesamtwirtschaftlichen Kaufkraftüberhangs der
privaten Nachfrager als bisher zweite Aufgabe der Produk-
tions- und Dienstleistungsabgabe sollte über die Gewinnabführung sowie die Produktionsfondsabgabe vorgenommen werden. Man versprach sich hiervon wohl, die "Abweichung des
Wertes vom Preis" auf das notwendige Minimum zu senken. Auf
diese Steuerungsfunktion reduziert wurde die Produktions-
und Dienstleistungsabgabe als "Regulierungsabgabe" bezeichnet (Gurtz, Burghardt 1965, S. 15 f.).[1] Dieser Plan wurde
bisher jedoch nicht realisiert.

Die Ursache hierfür liegt wohl in folgendem: Sinkt die
quantitative Bedeutung der produktgebundenen Abgaben, müssen zur Abschöpfung des Nachfrageüberhangs der Privathaushalte die Gewinnzuschläge entsprechend erhöht werden (vgl.
Abbildung 9). Dieser Kaufkraftüberhang fließt dann über
steigende Gewinne den Betrieben zu. Daraus wiederum erwächst die Notwendigkeit, von den Betrieben höhere Gewinn-

---

1) Genau betrachtet verursacht nicht die Produktions- und
   Dienstleistungsabgabe diese "Abweichung des Preises vom
   Wert", vielmehr ist es genau umgekehrt die Festlegung
   jeweils unterschiedlicher Betriebs- und Abgabepreise,
   aus der die Notwendigkeit zur Erhebung dieser Pflichtzahlung erwächst.

abgaben zu erheben, um ihr gestiegenes Finanzaufkommen dem gleichbleibenden Finanzierungsbedarf anzupassen. Hohe Gewinne bei gleichzeitig sehr hohen Vorgaben für die Gewinnabführung können jedoch das Interesse der Betriebsangehörigen an der Gewinnplanerfüllung mindern. Unter diesem Gesichtspunkt ist es daher sinnvoll, wenn das gesamtwirtschaftlich notwendige Volumen der betrieblichen Pflichtzahlungen relativ gleichmäßig auf die einzelnen "Kanäle" verteilt wird (vgl. Abschnitt 5.4.1.4.).

Nach einem zweiten Vorschlag sollte die produktspezifische Abgabe entsprechend der westeuropäischen Ausgestaltung der Mehrwertsteuer bei gesamtwirtschaftlich einheitlichem Abgabensatz erhoben werden. In diesem Fall müßte der im Einstandspreis des einzelnen Produktionsmittels jeweils enthaltene Abgabenbetrag auf jeder Produktionsstufe von der eigenen Abgabenschuld abgezogen werden. Hierdurch würde die Aufwandsrechnung von den Einflüssen "wertabweichender" Preissetzung bereinigt (Lohse 1967, S. 13). Auch dieser Vorschlag wurde in der DDR bis heute nicht realisiert.[1]

Wie gezeigt wurde, ist der "Wert" eines Gutes nach der marxistischen Arbeitswertlehre keine definitiv ermittelbare Größe. Deshalb kann auch eine "Abweichung vom Wert" nicht gemessen und bei der Berechnung des "tatsächlichen Wertes" berücksichtigt werden. Eine produktspezifische Abgabe in Form einer modernen Mehrwertsteuer würde daran nichts ändern. Durch die Festlegung eines gesamtwirtschaftlich einheitlichen Abgabensatzes könnte allerdings den branchenspezifischen Sonderinteressen bezüglich der Höhe der für einzelne Gütergruppen erhobenen produktspezifischen Abgabe begegnet werden. Diesem Vorteil stünde jedoch wiederum der

---

1) Derartige Überlegungen decken sich wahrscheinlich mit der kürzlich in Ungarn eingeführten Umsatzsteuer, die in ihrer *technischen Ausgestaltung* der "westlichen" Mehrwertsteuer mit Vorsteuerabzug und einheitlichem Steuersatz entspricht.

Nachteil gegenüber, daß sie nicht mehr für Lenkungszwecke variierbar wäre.

Die dargelegte Problematik arbeitswertbezogener Preissetzung stellt sich dem Versuch entgegen, am Umfang der produktspezifischen Abgabe eine "Verbrauchsteuerbelastung" der Privathaushalte in der DDR ablesen und diese mit derjenigen in Marktwirtschaften bei freier Konkurrenzpreisbildung vergleichen zu wollen. Setzt man z.B. zur Ermittlung einer "Steuerlastquote" die Staatshaushaltseinnahmen aus der produktgebundenen Abgabe in Beziehung zum Einzelhandelsumsatz (Buck 1982, S. 101 ff., 1987b, S. 13 ff.; Haase 1987), so übersieht man, daß Gewinnzuschläge und produktgebundene Abgabe als Instrumente der Kaufkraftabschöpfung austauschbar sind. *Sowohl* die produktgebundene Abgabe *als auch* der Gewinn, d.h. die Differenz zwischen Konsumgüterpreis und Produktionskosten, müßten damit als "Steuerbelastung" interpretiert werden. Deren Berechnung würde jedoch voraussetzen, daß es sich bei den Produktionskosten um einen objektiven Maßstab für den Produktionsaufwand handelte. Wie in Abschnitt 5.1.2. aufgezeigt wurde, sind die Arbeitswertkosten der Güterproduktion eine diskretionäre Größe. Es sei beispielsweise daran erinnert, daß in die Preise neuer Konsumgüter seit 1983 der Beitrag für gesellschaftliche Fonds *als Kostenelement* einbezogen wird. Genausogut hätte diese Pflichtzahlung bei gleichzeitiger Erhöhung der Gewinnzuschläge aus Gewinn erhoben werden können. Wie darüber hinaus in Abschnitt 5.4.1.3. zu zeigen sein wird, kann die Höhe der Produktionskosten für Konsumgüter zudem durch den Einsatz unterschiedlicher Abgaben- und Zuführungsinstrumente in den Betrieben der vorgelagerten Produktionsstufen ebenfalls letztendlich beliebig manipuliert werden.

Auf Grund der Preisproblematik ist es somit unmöglich zu beurteilen, ob die Kostenkalkulation der DDR-Betriebe ihre realen Produktionsaufwendungen zutreffend widerspiegelt. Daher kann nicht einmal mit Bestimmtheit gesagt werden, ob es sich bei den Kosten nicht zumindest teilweise ebenfalls um eine "Steuerbelastung" der Privathaushalte handelt. Für derartige Berechnungen fehlt ein brauchbarer Vergleichsmaßstab. Die Ermittlung von "Steuerbelastungen" setzt nämlich voraus, daß es einen (hypothetischen) Zustand ohne Steuererhebung gibt, anhand dessen sich diese Belastung bemessen läßt. Dies ist jedoch nur in einer Verkehrswirtschaft mit freier Marktpreisbildung, nicht dagegen in einer Zentralverwaltungswirtschaft mit staatlichem Preissetzungsmonopol möglich. Während sich in einer Verkehrswirtschaft die Steuerbelastung der einzelnen Privathaushalte daraus ergibt, in welchem Ausmaß die auf freien Märkten erzielten Einkünfte unter Berücksichtigung von Überwälzungsvorgängen durch Steuern geschmälert werden, können die staatlichen Instanzen in einer Zentralverwaltungswirtschaft auf Grund ihres Preissetzungsmonopols die "Steuerbelastung" der Privathaushalte in letztendlich beliebiger Höhe festlegen. Letztere kann dem außenstehenden Betrachter daher keine relevanten Informationen vermitteln und somit auch nicht für intersystemare Vergleiche herangezogen werden.

5.1.3.2. Faktorbezogene Pflichtzahlungen (Produktionsfondsabgabe, Beitrag für gesellschaftliche Fonds und Bodennutzungsgebühr) als Informationsmedium

Das Streben der Betriebe nach möglichst umfangreicher Ressourcenzuteilung wird dadurch gefördert, daß bei arbeitskostenbezogener Preisbildung die Opportunitätskosten für den Einsatz von Kapital und Boden nicht berücksichtigt werden. Die betriebliche Ergebnisrechnung wird also mit der Frage der optimalen Allokation dieser Faktoren nicht konfrontiert. Da die betriebliche Wirtschaftsrechnung nicht geschlossen ist, kann es für einen Betrieb sogar vorteilhaft sein, möglichst viele Faktoren ohne Rücksicht auf ihre Grenzproduktivität einzusetzen, da dies durch die Preissetzungsmethodik unter Umständen sogar den Gewinn erhöht. Wie weiter oben bereits erwähnt wurde, hat Fehl (1974) gezeigt, daß ein suboptimaler Kapitaleinsatz die Folge ist, wenn bei Anwendung der Marxschen Arbeitswertlehre die Kapitalkosten nicht über den Zins in die betriebliche Ergebnisrechnung einbezogen werden.[1] Dies gilt in gleicher Weise auch für den Faktor Boden.

Um dem verschwenderischen Streben nach möglichst umfangreicher Zuteilung produktiver Ressourcen bei arbeitswertbezogener Preissetzung entgegenzuwirken, wird seit Mitte der 60er Jahre durch die Produktionsfondsabgabe[2] und die Bodennutzungsgebühr indirekt versucht, die Kapital- und Bodenkosten in die betriebliche Wirtschaftsrechnung einzubeziehen. Auch ist man seit 1984 bemüht, mit dem Beitrag für gesellschaftliche Fonds das Gewicht der Lohnkosten in der Wirtschaftsrechnung zu erhöhen, um die Betriebe an einem effizienteren Einsatz der Arbeitskräfte als bisher zu interessieren. Diese Maßnahme ist ein Indiz dafür, daß die Lohnkosten in der betrieblichen Wirtschaftsrechnung zuvor eine, gemessen am verfügbaren Arbeitskräftepotential, zu geringe Rolle spielten; die Betriebe hatten kein ausreichendes Interesse an der Einsparung von Arbeitsplätzen. Warum nicht einfach die Löhne angehoben wurden, erklärt sich, wie bereits oben angedeutet, aus gesamtwirtschaftlicher Sicht: Eine allgemeine Lohnerhöhung hätte die kaufkräftige Nachfrage nach Konsumgütern erhöht. Es wären dann kompensierende Instrumente wie die Erhöhung der Gewinnsätze oder der produktgebundenen Abgaben notwendig geworden, um diesen Kaufkraftüberhang wieder abzuschöpfen.

---

1) Fehl argumentiert hierbei ausschließlich produktionstheoretisch und läßt dabei die Frage nach den Auswirkungen des betrieblichen Formalziels auf das Verhalten der Betriebsleiter unberücksichtigt. Sollen Aussagen über die Wirkungslogik der Preissetzung und der sonstigen "Hebel" in realtypischen Zentralverwaltungswirtschaften abgeleitet werden, dann muß jedoch das dort gültige Planerfüllungsprinzip mit in die Überlegungen einbezogen werden; vgl. hierzu Abschnitt 5.2.2.2 und 5.2.2.3.

2) Die folgenden Aussagen zur Produktionsfondsabgabe gelten analog auch für die Handelsfondsabgabe.

Alle drei genannten "Hebel" sollen die Betriebe zu einem effizienten Umgang mit den ihnen zur Verfügung gestellten Produktionsfaktoren anhalten und ihnen dabei Informationen über die staatlicherseits gewünschten Faktoreinsatzverhältnisse geben. Über eine Variation der relativen Höhe dieser Pflichtzahlungen sollen die Betriebe zu staatlicherseits gewünschten Faktorsubstitutionen veranlaßt werden (vgl. Liberman 1971, S. 1371). Die beiden DDR-Autoren Knauthe und Spiller (1987, S. 331) führen zur intendierten Funktionserfüllung der ressourcenbezogenen Pflichtzahlungen ("resource taxes") aus: "The stimulatory function of these resource taxes is to be found in the fact that an effective resource utilization will result in a reduction in the taxes... In this case the net profit will be correspondingly higher and the opportunities for building up capital funds within the enterprises greater." Einmal davon abgesehen, ob sich die solchermaßen beschriebene Wirkung dieser Pflichtzahlungen unter den Bedingungen des Planerfüllungsprinzips überhaupt einstellen *kann* (vgl. Abschnitt 5.2.2.2.), ist hier von entscheidender Bedeutung, ob diese "Hebel" den Betrieben zutreffende Informationen über die relativen Knappheiten der Faktoren und die gesamtwirtschaftlich effizienten Faktoreinsatzverhältnisse geben:

- Der Prozentsatz der **Produktionsfondsabgabe** wird in der Fachliteratur der DDR als Mindestrentabilitätsanforderung des Kapitaleinsatzes bezeichnet. Da in staatssozialistischen Zentralverwaltungswirtschaften kein Kapitalmarkt existiert und die Kapitalgüter auf Grund politischer Entscheidungen auf die einzelnen Branchen verteilt werden, gibt es keinen eindeutigen ökonomischen Maßstab, anhand dessen die relative Knappheit des Faktors Kapital im Sinne einer "Mindestrentabilitätsanforderung" ermittelbar wäre. Demzufolge "ist es sehr diffizil, die Produktionsfondsabgabe richtig in das Gesamtgefüge der Stimulierung einzuordnen" (Autorenkollektiv 1982b, S. 141).

239

Bis 1985 betrug der Abgabensatz grundsätzlich 6 v.H. Der Umstand, daß er für immerhin 20 Jahre konstant gehalten wurde (und für die Umlaufmittel auch heute noch gültig ist), wie auch die Tatsache, daß für kapitalintensive Branchen niedrigere Sätze festgelegt werden (Stenzel, Uebermuth 1978, S. 58), deuten darauf hin, daß es sich hierbei nicht um einen knappheitsbezogenen Faktorpreis handeln kann: Die Abgabenrate wurde Mitte der 60er Jahre deswegen auf 6 v.H. festgelegt, weil man sich hiervon einen "ausreichend wirksamen" Effekt auf den prämien-relevanten Nettogewinn bei betrieblichen Produktions-fondseinsparungen versprach (vgl. Goldschmidt, Langner 1965, S. 49 ff.). Seitens der Politischen Ökonomie in der DDR wird diese Zielsetzung heute dahingehend kon-kretisiert, daß die Produktionsfondsabgabe, sollen die Betriebsangehörigen ausreichend an Kapitaleinsparungen interessiert werden, zwischen 30 und 70 v.H. des Brut-togewinns erfassen müsse (Autorenkollektiv 1986a, S. 645).[1]

Die aktuelle Höhe des ab 1985 jährlich neu festgelegten Abgabensatzes auf den Nettowert der Grundmittel ist Au-ßenstehenden unbekannt. An dem grundlegenden Problem, daß ein eindeutiger Maßstab zur Feststellung der Kapi-talknappheit fehlt, hat sich seither jedoch nichts ge-ändert. Daher wird auch die neue Abgabenrate unter "Sti-mulierungsgesichtspunkten" festgelegt werden, d.h. in einer solchen Höhe, daß sich Planabweichungen beim Kapi-taleinsatz spürbar auf das Prämieninteresse der Be-triebsangehörigen auswirken sollen. Ob und wann der Prä-mieneffekt der Produktionsfondsabgabe für die Beschäf-tigten "spürbar" ist, hängt von den jeweils gültigen Prämiierungsvorschriften ab, kann dabei allenfalls durch

---

1) Nach einer anderen Quelle (Autorenkollektiv 1982b, S. 142) erfaßte die Produktionsfondsabgabe in der DDR An-fang der 80er Jahre zwischen 40 und 60 v.H. des Brutto-gewinns.

ein permanentes trial-and-error-Verfahren ermittelt werden und hat so insgesamt nichts mit der relativen Knappheit des Faktors Kapital zu tun.

Im Rahmen der historischen Darstellung wurde darauf verwiesen, daß auch die jeweilige - von der Preissetzungsmethodik abhängige - Gewinnsituation bei der Festlegung des Abgabensatzes mitberücksichtigt wurde. Damit beeinflussen neben Aspekten der "Stimulierung" auch finanzierungstechnische Gesichtspunkte die Höhe der Produktionsfondsabgabe. Da die Gewinne mittels staatlicher Preissetzung in letztendlich beliebiger Weise manipulierbar sind, hat die Höhe der Produktionsfondsabgabe auch aus diesem Grund keinen Bezug zur relativen Kapitalknappheit.

- Der **Beitrag für gesellschaftliche Fonds** ist ebenfalls kein realistischer Ausdruck der relativen Knappheit des Faktors Arbeit. Wenn die bisherige staatliche Lohnsetzung die Betriebe nicht daran gehindert hat, unproduktive Arbeitskräftereserven zu bilden, dann ist nicht ersichtlich, wie dies durch eine pauschale Erhöhung der Lohnkosten um 70 v.H. verhindert werden kann. In der Fachliteratur der DDR wird beklagt, durch zwischenzeitliche Preissteigerungen bei den Kapitalgütern sei "die erreichte Gewichtung zwischen den Produktionsfaktoren wieder relativiert" worden; daher habe die neue Pflichtzahlung nicht die in sie gesetzten Erwartungen erfüllt (Sachse 1988, S. 353). Abgesehen davon, daß selbst die anfänglich durch den Beitrag für gesellschaftliche Fonds "erreichte Gewichtung", d.h. das relative Faktorpreisverhältnis, allenfalls zufällig den realen Knappheitsrelationen entsprochen haben kann, wird hiermit eindeutig eingestanden, daß die relativen Preise von Arbeit und Kapital auch nach Einführung des Beitrags für gesellschaftliche Fonds nicht knappheitsgerecht sind.

241

- Schließlich kann auch die administrativ festgelegte Höhe
  der **Bodennutzungsgebühr**, für die es ohne einen Boden-
  markt keinen objektiven Maßstab gibt, allenfalls zufällig der gesamtwirtschaftlichen Knappheit des Bodens
  (bzw. der unterschiedlichen Bodenqualitäten) entsprechen. Durch die vielfältigen Differenzierungen soll gewährleistet werden, daß die Zahlungsverpflichtung aus
  der Bodennutzungsgebühr in allen Zweigen der Volkswirtschaft zwischen 2 und 8 v.H. der jeweiligen Investitionskosten liegt. Hiervon werden zum einen positive "Sti-
  mulierungseffekte" erwartet, zum anderen sollen alle Betriebe bei Investitionen einen in etwa gleichgroßen Finanzierungsbedarf für die Bodennutzungsgebühr aufweisen
  (vgl. Schramm 1969; G. Rohde 1981, S. 83). Wie bei der
  Produktionsfondsabgabe sind es also auch hier motivationale und finanzierungstechnische Gesichtspunkte, die die
  Wahl der Abgabenhöhe beeinflussen, nicht dagegen die
  Frage nach der relativen Faktorknappheit. Unabhängig
  davon erfaßt diese Pflichtzahlung zudem nur den Boden,
  der erst nach dem Zeitpunkt der Einführung dieses "ökonomischen Hebels", d.h. nach dem 1.1.1968, der landwirtschaftlichen Nutzung entzogen worden ist.

Insgesamt vermitteln die drei genannten Pflichtzahlungen
den Betrieben keine zutreffenden Informationen über die
(relative) Knappheit der einzelnen Faktoren und ihre optimalen Allokationsbedingungen. Sollte gleichwohl beispielsweise die Produktionsfondsabgabe einmal zur Kapitaleinsparung führen, mag dies vordergründig und formal als Erfolg
gegenüber dem betrieblichen Bestreben nach "weichen" Plänen
gewertet werden; allenfalls zufällig entspräche dieses Ergebnis aber der tatsächlichen relativen Knappheit des Kapitals. Dann kann aber auch nicht ausgeschlossen werden, daß
diese Einsparung beispielsweise durch den unproduktiven
Mehreinsatz von Arbeitskräften kompensiert wird; der Betrieb würde seine überflüssigen Leistungsreserven nur anders verteilen. Voraussetzung hierfür ist, daß der betref-

fende Betrieb bei der jährlichen Planverhandlung die übergeordnete Lenkungsinstanz von der Notwendigkeit eines zusätzlichen Arbeitskräftebedarfs überzeugen kann.

Bei "Vollbeschäftigung" müssen diese zusätzlichen Arbeitskräfte von anderen Betrieben abgezogen werden.[1] Die Arbeitsproduktivität (Warenproduktion bzw. Nettoproduktion zu Arbeitseinsatz) als preisabhängige betriebliche Leistungskennziffer bietet den Lenkungsinstanzen jedoch keinen verläßlichen Maßstab, anhand dessen sie die tatsächliche (Grenz-)Produktivität der Arbeit in den unterschiedlichen Verwendungsarten als Kriterium für die Arbeitskräftezuweisung an die einzelnen Betriebe ermitteln könnten. Ursache dessen ist der erwähnte "Kardinalfehler" der Marxschen Arbeitswertlehre und der hierauf beruhenden Preissetzung, d.h. die Annahme gleicher Wertschöpfung der "Grundeinheit" Arbeit in den verschiedenen Verwendungsrichtungen. Der (vermeintliche) Produktivitätsgewinn durch Kapitaleinsparung wird dann unter Umständen von realen Produktivitätsverlusten als Folge ineffizenterer Nutzung des Faktors Arbeit überkompensiert. Die von den "Hebeln" übermittelten Informationen über die (relativen) Faktorknappheiten können also "Einsparungen" induzieren, die an der Allokationsineffizienz nichts ändern, sie vielleicht sogar noch zusätzlich vergrößern. Es werden so Kapitalgüter nach dem Motto "Koste es, was es wolle" eingespart.

---

1) Daß dies nicht selten zu beobachten ist, zeigen z.B. folgende Ausführungen Wötzels (1989, S. 668): "Auch die ökonomische Bewertung der Arbeitskraft - so problematisch sie auch sein mag - muß praktisch im Sinne der Intensivierung wirken. Es geht nicht, daß betriebliche oder zweigliche Leistungsdefizite durch zusätzliche Arbeitskräfte statt durch arbeitsplatzsparende Rationalisierung und Rekonstruktion überwunden werden. Das führt in der Praxis dazu, daß bei den örtlichen Staatsorganen im Ballungsbezirk Leipzig die Umverteilung von Arbeitskräften zu einer ständigen, operativ zu bewältigenden Aufgabe geworden ist." Dieses Problem wird auch in den anderen Bezirken der DDR virulent sein.

"Falsche" im Sinne nicht knappheitsbezogener "ökonomischer Hebel" sind somit Ursache eines letztendlich "unheilbaren Strukturbruchs" der zentralverwaltungswirtschaftlichen Wirtschaftsrechnung (Schüller 1986, S. 150): Quantitative Planvorgaben und pretiale Lenkungsinstrumente sind in ihrem Informationsgehalt nicht deckungsgleich. Orientieren sich die Betriebe bei der Detaillierung ihrer Planaufgaben an den Güter- und Faktorpreisen sowie den sonstigen "ökonomischen Hebeln", verhalten sie sich allenfalls zufällig so, wie dies seitens der staatlichen Lenkungsinstanzen erwartet wird (Hensel 1977). Der sowjetische Ökonom Fedorenko (1985, S. 355) hat auf diesen "Strukturbruch" in aller Klarheit hingewiesen, als er schrieb: "Die Wurzel allen Übels liegt darin, daß ... zwischen den Planauflagen, die die gesamtstaatlichen Interessen zum Ausdruck bringen, und dem System der ökonomischen Hebel keine Übereinstimmung besteht. Weil diese Hebel nicht mit den Planzielen abgestimmt sind, wirken sie ihnen auf Schritt und Tritt entgegen."

5.2. Betriebliche Pflichtzahlungen als Motivationsinstrumente

Die "ökonomischen Hebel" sollen, wie in Abschnitt 4.2.2. erläutert wurde, zur Lösung des Interessenproblems beitragen: Zum einen sollen die Betriebsangehörigen, insbesondere die Betriebsleiter, dazu motiviert werden, "anspruchsvolle" Pläne in dem von den zentralen Lenkungsinstanzen gewünschten Sinne aufzustellen. Zum anderen sollen sie mit Hilfe der "ökonomischen Hebel" dazu veranlaßt werden, ihre Entscheidungsspielräume bei der Plandurchführung möglichst effizient wahrzunehmen und die geplanten Leistungen zu erbringen. Zu prüfen ist, ob die Pflichtzahlungen sowohl die betriebliche Planaufstellung als auch die Plandurchführung in der gewünschten Weise beeinflussen können.

Dabei ist zunächst zu klären, wie die Pflichtzahlungen auf die Kennziffern der betrieblichen Ergebnisrechnung einwirken sollen. Die *intendierte* Funktionslogik der einzelnen "Pflichtzahlungshebel" wird in den folgenden Abschnitten 5.2.1.1. bis 5.2.1.6. jeweils näher beleuchtet. Da die produktgebundenen Abgaben auf Grund ihrer Ausgestaltung primär als Instrument der preissetzungsabhängigen betriebsbezogenen Liquiditätssteuerung und der Kontrolle, nicht dagegen als Motivationsinstrument dienen sollen, werden sie hier nicht berücksichtigt.

Im Anschluß an diese Darstellung wird in Abschnitt 5.2.2. gefragt, ob unter den Bedingungen des Planerfüllungsprinzips die *tatsächliche* der *intendierten* Funktionslogik der Hebel überhaupt entsprechen kann und worin die tieferen Ursachen dafür liegen, daß das Instrumentarium zumindest bis auf den heutigen Tag nicht die gewünschte Wirkung gezeigt hat. Da in der DDR in der zweiten Hälfte der 60er Jahre das Planerfüllungsprinzip kurzfristig durch ein (rudimentäres) Gewinnprinzip abgelöst wurde, wird dieser Umstand ergänzend mit in die Analyse einbezogen (Abschnitt 5.2.2.4.).

5.2.1. Die intendierte Funktionslogik der Pflichtzahlungen als "ökonomische Hebel der wirtschaftlichen Rechnungsführung"

Die betriebliche Ergebnisrechnung basiert in sozialistischen Zentralverwaltungswirtschaften grundsätzlich auf dem Planerfüllungsprinzip; die Betriebsangehörigen werden entsprechend der (Über)erfüllung der prämienrelevanten Plankennziffern prämiiert (vgl. die Prämienfunktion gemäß Gleichung (2)). Über steigende Prämienausschüttungen partizipieren sowohl die "einfachen" Arbeiter und Angestellten als auch das betriebliche Leitungspersonal an der Planübererfüllung; von Planunterschreitungen ist dagegen in erster Linie nur das Leitungspersonal betroffen, da für die Arbeiter und Angestellten in der Regel Mindestprämienvorschriften gelten. Für die "normale" Belegschaft und für das Leitungspersonal können im einzelnen unterschiedliche prämienrelevante Kennziffern festgelegt sein.

Die Grundidee der "Stimulierung", durch die die betrieblichen Pläne gleichsam "gehärtet" werden sollen, besteht darin, daß die erwünschten operativen Entscheidungen der Betriebsleiter die betriebliche Ergebnisrechnung und damit die Prämiierung der Betriebsangehörigen (Betriebsleiter) positiv, unerwünschte Aktivitäten sie dagegen negativ beeinflussen. Modellrechnungen sollen im folgenden für die einzelnen Pflichtzahlungen zeigen, wie sie als "ökonomische Hebel" jeweils in die betriebliche Ergebnisrechnung eingefügt sind.

5.2.1.1. Die Produktionsfondsabgabe

In Tabelle 10 wird der intendierte Funktionsmechanismus der Produktionsfondsabgabe anhand einer einfachen Berechnung verdeutlicht (vgl. Paschke 1971): Dem Modellbetrieb stehen planmäßig Produktionsfonds in Höhe von 500.000 Mark zur Verfügung. Der Bruttogewinn beläuft sich auf 100.000 Mark, der Abgabensatz beträgt 6 v.H. Daraus errechnen sich die Produktionsfondsabgabe mit 30.000 Mark und der Nettogewinn mit 70.000 Mark. Die Höhe der aus dem Nettogewinn zu finanzierenden planmäßigen Prämienausschüttung sei 10.000 Mark. Übersteigt der tatsächliche den geplanten Gewinn, dann erhalten die Betriebsangehörigen eine zusätzliche Prämie in Höhe von 50 v.H. des positiven Differenzbetrages, unterschreitet dagegen der tatsächliche den geplanten Gewinn, wird die Prämienfondszuführung um 50 v.H. des negativen Differenzbetrages gekürzt. Auf Basis dieser Modellparameter sei angenommen, daß der Betrieb ceteris paribus zum einen weniger (450.000 Mark; Fall 1), zum anderen mehr (550.000 Mark; Fall 2) als die geplanten Produktionsfonds einsetzt. Die Berechnungen zeigen, daß sich vermittels der Produktionsfondsabgabe bei Fondseinsparungen *gegenüber* *dem* *Planansatz* die Prämienfondszuführungen erhöhen, bei Mehreinsatz von Fonds dagegen vermindern. Ohne großen Rechenaufwand ließe sich zeigen, daß die Prämienfondszuführungen auch dann stiegen (fielen), wenn der Betrieb mit dem gleichen Vermögensbestand ceteris paribus einen höheren (niedrigeren) als den geplanten Bruttogewinn realisierte.

Tabelle 10:
Auswirkungen der Produktionsfondsabgabe auf die betriebliche Ergebnisrechnung bei Planerfüllung

	Plan	Ist Fall 1	Fall 2
Produktionsfonds	500.000	450.000	550.000
Produktionsfondsabgabe	30.000	27.000	33.000
Bruttogewinn	100.000	100.000	100.000
Nettogewinn	70.000	73.000	67.000
Prämienfondszuführung	10.000	11.500	8.500

Diese motivationale Zielsetzung liegt auch der Vorschrift zugrunde, daß die fondsbezogenen Preise auf der Basis der "gesamtwirtschaftlich notwendigen" Produktionsfonds berechnet werden, die Abgabe aber (mit gewissen Ausnahmen) auf sämtliche betrieblichen Fonds zu entrichten ist (Buck 1973, S. 52 f.). Je höher der betriebliche Fondsbestand ist, der als nicht "gesamtwirtschaftlich notwendig" angesehen wird, um so höher wird die Fondsabgabe ohne gleichzeitigen Anstieg des fondsbezogen kalkulierten Bruttogewinns, und um so geringer wird damit der prämienrelevante Nettogewinn. Dieser Wirkungsmechanismus gilt auch dann, wenn der Betrieb eine unplanmäßige Produktionsfondsabgabe zahlen muß, weil er Investitionsvorhaben nicht rechtzeitig fertigstellt oder die Produktionsanlagen nicht entsprechend den staatlichen Vorgaben auslastet.

Unabhängig davon, wie diese Pflichtzahlung in die betriebliche Ergebnisrechnung einbezogen ist, wird in der Politischen Ökonomie des Sozialismus vermutet, daß jeweils unterschiedliche Lenkungswirkungen auf das betriebliche Verhalten ausgehen, wenn das betriebliche Produktivvermögen entweder mit seinem Brutto- oder mit seinem um Abschreibungen verminderten Nettowert in die Bemessungsgrundlage der Produktionsfondsabgabe einbezogen wird. Bei der Einführung dieser Pflichtzahlung Mitte der 60er Jahren wurde in der DDR über diese Frage intensiv diskutiert. Damals setzten sich die Vertreter des Bruttowertansatzes durch. Anders als in den 60er Jahren wurde 1985 beim Übergang zum Nettowertprinzip diese Neuregelung kaum erörtert. Daher muß sich die folgende Darstellung fast ausschließlich auf die DDR-Veröffentlichungen der 60er und frühen 70er Jahre stützen.

Um die in der DDR vorgebrachten Argumente zu verdeutlichen, wird in Abbildung 10 auf der folgenden Seite der Zusammenhang zwischen Brutto- und Nettowert der einzelnen produktiven Anlagegüter sowie deren unterstellter Leistungsfähigkeit skizziert. Der Bruttowert bleibt im Zeitverlauf konstant, der Nettowert sinkt bei (in der DDR zwingend vorgeschriebener) linearer Abschreibung jährlich um einen gleichbleibenden Betrag. Die Leistungsfähigkeit des Anlagegutes bleibt in den Anfangsjahren weitgehend konstant und fällt dann sehr stark ab.

Abbildung 10:
Entwicklung von Bruttowert, Nettowert und Leistungsfähigkeit der produktiven Anlagegüter im Zeitverlauf

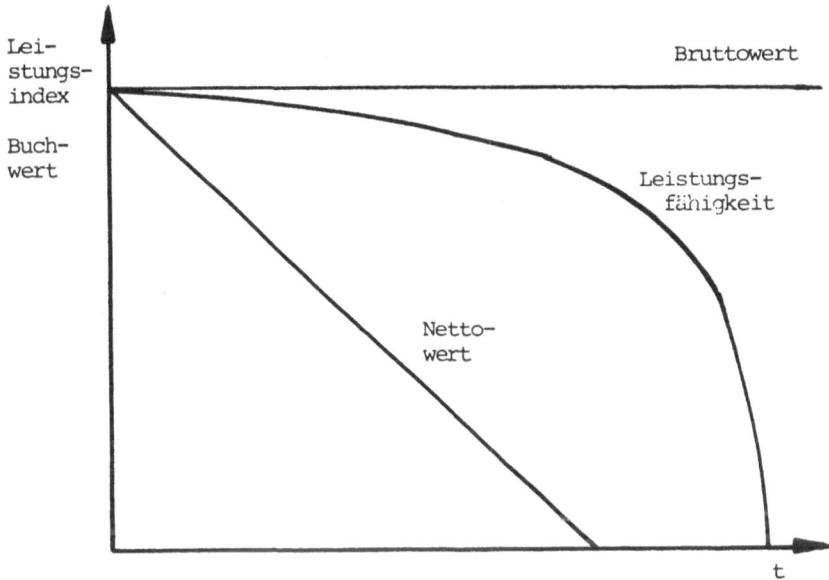

(vgl. W.-D. Schmidt 1973, S. 86)

Die Vertreter des Nettowertansatzes argumentieren, daß bei der von ihnen propagierten Lösung auf neue Anlagen mit hohem Nettowert ein höherer Abgabenbetrag zu entrichten sei als auf ältere, schon in größerem Umfang oder bereits gänzlich abgeschriebene Anlagen. Daher seien die Betriebe bei Gültigkeit des Nettowertprinzips weniger am Einsatz neuer als an der Nutzung bereits vorhandener älterer Produktionsanlagen interessiert. Hierin wird ein wirksames Mittel gesehen, die Betriebe von überhöhten Bedarfsanmeldungen für neue Produktionsanlagen abzuhalten. Wenn in den Betrieben gleichwohl neue Anlagen in Betrieb genommen werden, soll das Nettowertprinzip bewirken, daß die Betriebe diese Produktionsanlagen auf Grund der hohen Abgabenbelastung möglichst effizient nutzen (Bayerl, Strauß 1964; Schützenmeister 1971, S. 74; Krause 1985; Autorenkollektiv 1987, S. 215). Daneben sei der Nettowert auch unter folgendem Aspekt vorzuziehen: Mit der Produktionsfondsabgabe solle ja die betriebliche Vermögensnutzung effektiviert werden. Bei der Erhebung der Abgabe auf den Bruttowert werde übersehen, daß ein Teil des Produktivvermögens über Abschreibungen bereits wieder freigesetzt und für andere Investitionen verwendet worden sei (Goldschmidt, Langner 1965, S. 69).

Dagegen wird von den Vertretern des Bruttowertansatzes eingewandt, die Nettowertorientierung behindere den wissenschaftlich-technischen Fortschritt, da sie die Betriebe dazu verleite, mit alten, bereits abgeschriebenen und kaum noch leistungsfähigen Anlagen zu produzieren. Ziehe man demgegenüber den Bruttowert heran, müßten die Betriebe für alte Anlagen trotz verminderter Leistungsfähigkeit den gleichen Abgabenbetrag wie für neue, effektivere Produktionsanlagen zahlen. Dies erhöhe das Interesse der Betriebe am Einsatz moderner, leistungsfähiger Produktionsanlagen. Das Bruttowertprinzip begünstige somit Neuerungsprozesse. Auch sei der Abgabenbetrag wegen der Vielfalt der Abschreibungssätze nach dem Bruttowert leichter zu berechnen als nach dem Nettowert (Oelschlägel, Seidel 1965; Nick 1965a; Mohn, Zachäus 1967, S. 187 ff.).

Wenn 1985 das Brutto- durch das Nettowertprinzip ersetzt wurde, so erklärt sich dies vor dem Hintergrund der genannten Argumente aus der derzeit in der DDR propagierten "ökonomischen Strategie mit dem Blick auf das Jahr 2000". Durch diese wird eine Intensivierung des Wirtschaftsprozesses angestrebt. Dementsprechend zielt die staatliche Investitionspolitik nicht mehr auf die Erweiterung und Verjüngung des Anlagenbestands durch Neuinvestitionen, sondern auf die Modernisierung der vorhandenen Produktionsanlagen durch Rationalisierungsinvestitionen und Generalreparaturen ab. In der einschlägigen Rechtsvorschrift wird in Überein-

stimmung hiermit als Ziel der Neuregelung genannt, das Nettowertprinzip sei "zur Unterstützung der Modernisierung der
vorhandenen Grundmittel als Hauptform der Grundfondsrepro-
duktion" anzuwenden.[1] Zur Unterstützung dieser Zielstellung wurde 1985 ergänzend festgelegt, daß Generalreparaturen an vorhandenen Produktionsanlagen anders als zuvor
nicht zu aktivieren sind und damit den Nettowert der jeweiligen Anlage unverändert lassen.[2]

Ob die Produktionsfondsabgabe eine Effektivierung der betrieblichen Kapitalnutzung erfüllen kann, steht auf einem
anderen Blatt (siehe Abschnitt 5.2.2.). Immerhin gehen
selbst Vertreter der Politischen Ökonomie davon aus, daß
das Nettowertprinzip den technischen Fortschritt behindert.
Daß dies in Kauf genommen wird, zeigt, wie groß der Einspa-
rungs- und Intensivierungsdruck ist, dem sich die wirtschaftsleitenden Instanzen ausgesetzt sehen.

5.2.1.2. Der Beitrag für gesellschaftliche Fonds

Wie der Beitrag für gesellschaftliche Fonds den Arbeitskräfteeinsatz durch Beeinflussung der betrieblichen Ergebnisrechnung effektivieren soll, wird in der folgenden Tabelle 11 verdeutlicht (vgl. Barthel 1986a). Dieser Modellrechnung liegen folgende Annahmen zugrunde: Zur Realisierung eines vorgesehenen Umsatzes von 400.000 Mark plant ein
Betrieb den Einsatz von 100 Arbeitskräften, die jeweils
1.000 Mark verdienen. Die planmäßigen Lohnkosten belaufen
sich somit auf 100.000 Mark. Bei einem Abgabensatz von 70
v.H. muß der Betrieb planmäßig 70.000 Mark als Beitrag ent-

---

1) Verordnung über die Produktionsfondsabgabe vom 9.5.1985,
   Gbl. DDR I, Nr. 13, S. 157; Hervorhebung d. Verf.

2) Anordnung über die Planung, Bildung und Verwendung des
   Fonds für die Instandhaltung vom 27.4.1982, Gbl. DDR I,
   Nr. 19, S. 395 sowie die Anordnung über die Fonds für
   die Instandhaltung vom 19.4.1985, Gbl. DDR I, Nr. 12, S.
   154.

richten. Dieser Betrag wird in die Verkaufspreise kalkuliert. Die geplanten Kosten für Material und sonstige Vorleistungen, für Abschreibungen usw. sind ebenfalls mit jeweils 100.000 Mark angesetzt. Der Bruttogewinn wird ermittelt als Umsatz abzüglich Lohnkosten, Beitragszahlung sowie
sonstiger Kosten. Er beläuft sich damit, so sei unterstellt, planmäßig auf 130.000 Mark. Bei einer Produktionsfondsabgabe von 30.000 Mark beträgt der Nettogewinn 100.000
Mark. Von dem Nettogewinn werden (unter anderem) 10.000
Mark für die planmäßige Prämiierung verwendet. Unter der
Bedingung, daß alle sonstigen Rechnungsgrößen konstant
bleiben, hat der Betrieb zum einen weniger als die geplanten Lohnkosten (95.000 Mark; Fall 1), zum anderen mehr
(105.000 Mark; Fall 2). Den effektiven Beitrag für gesellschaftliche Fonds muß der Betrieb in Abhängigkeit von seinen tatsächlichen Lohnkosten entrichten. Die Prämienfondszuführungen werden wiederum um 50 v.H. der positiven oder
negativen Gewinnplanabweichungen korrigiert. Die Modellberechnung zeigt, daß sich die Prämienfondszuführungen in Abhängigkeit von den um den Beitrag für gesellschaftliche
Fonds erhöhten Lohnkosten verändern.

Tabelle 11:
Auswirkungen des Beitrags für gesellschaftliche Fonds auf
die betriebliche Ergebnisrechnung bei Planerfüllung

	Plan	Ist Fall 1	Fall 2
Umsatz	400.000	400.000	400.000
Lohnkosten	100.000	95.000	105.000
Beitrag für gesell. Fonds	70.000	66.500	73.500
sonstige Kosten	100.000	100.000	100.000
Bruttogewinn	130.000	138.500	121.500
Produktionsfondsabgabe	30.000	30.000	30.000
Nettogewinn	100.000	108.500	91.500
Prämienfondszuführung	10.000	14.250	5.750

Würde der Beitrag für gesellschaftliche Fonds nicht erhoben, wirkten sich Lohnkosteneinsparungen oder -mehraufwen-

dungen in geringerem Ausmaß auf den Nettogewinn und damit auf die Prämiierung aus. Zur Verdeutlichung wird in Tabelle 12 das Beispiel nochmals durchgerechnet, diesmal jedoch ohne den Beitrag für gesellschaftliche Fonds. Da dieser dann auch nicht in den Preisen kalkuliert wird, beläuft sich der Umsatz hier auf 330.000 Mark.

Tabelle 12:
Auswirkungen von Lohnkostenvariationen auf die betriebliche Ergebnisrechnung bei Planerfüllung ohne Erhebung des Beitrags für gesellschaftliche Fonds

	Plan	Ist Fall 1	Fall 2
Umsatz	330.000	330.000	330.000
Lohnkosten	100.000	95.000	105.000
sonstige Kosten	100.000	100.000	100.000
Bruttogewinn	130.000	135.000	125.000
Produktionsfonds-abgabe	30.000	30.000	30.000
Nettogewinn	100.000	105.000	95.000
Prämienfondszu-führung	10.000	12.500	7.500

5.2.1.3. Die Bodennutzungsgebühr

Für zuvor landwirtschaftlich genutzte Bodenflächen müssen die VEBs eine Bodennutzungsgebühr entrichten. Sie erhöht die Investitionskosten. Je höher diese sind, um so länger wird bei konstantem Investitionsertrag die sogenannte Rückflußdauer des jeweiligen Investitionsobjekts. Sie gibt an, innerhalb welcher Zeitspanne die Investitionsaufwendungen durch den zusätzlichen investitionsinduzierten Gewinn amortisiert werden. Die Rückflußdauer spielt in der DDR als Beurteilungsmaßstab für die Investitionseffizienz eine wichtige Rolle. Letztere wird um so höher eingeschätzt, je schneller sich ein Investitionsvorhaben amortisiert.

Über die Bodennutzungsgebühr soll die im Zusammenhang mit einem Investitionsprojekt eventuell zu treffende Standortwahl in das Investitionskalkül einbezogen werden. Wie dies geschehen soll, wird in Tabelle 13 dargestellt. Dabei ist angenommen, daß ein VEB bei zwei möglichen Standorten im ersten Fall (Standort A) 50.000 Mark, im zweiten Fall (Standort B) 105.000 Mark planmäßige Bodennutzungsgebühr entrichten müßte. Die sonstigen Investitionskosten betragen standortunabhängig 500.000 Mark; der aus der Investition zu erwartende zusätzliche Gewinn wird mit jährlich 110.000 Mark veranschlagt. Damit beträgt die voraussichtliche Rückflußdauer für Standort A 5, für Standort B 5 1/2 Jahre. Unter diesen Gegebenheiten wird Standort A gewählt.

Tabelle 13:
Einfluß der Bodennutzungsgebühr auf die Investitionsrechnung

	Standort A	Standort B
Bodennutzungsgebühr	50.000	105.000
sonst. Invest.-Kosten	500.000	500.000
Gewinn	110.000	110.000
Rückflußdauer (Jahre)	5,0	5,5

Von dieser (intendierten) Wirkung der Bodennutzungsgebühr zu unterscheiden ist, wie die Pflichtzahlung in die betriebliche Ergebnisrechnung eingeht und das Prämieninteresse der Betriebsangehörigen beeinflußt. Zur Verdeutlichung der Zusammenhänge ist in Tabelle 14 auf der folgenden Seite eine weitere Modellberechnung angeführt. Dabei wird wie zuvor angenommen, daß der Betrieb bei Wahl des Standorts A eine planmäßige Bodennutzungsgebühr in Höhe von 50.000 Mark zu entrichten hat. Daneben plant der Betrieb einen Umsatz von 500.000 Mark. Lohn- und sonstige planmäßige Kosten belaufen sich auf 300.000 Mark; die Produktionsfondsabgabe beträgt 100.000 Mark. Damit errechnet sich der planmäßige Nettogewinn mit 100.000 Mark; hiervon sind 10.000 Mark für die Prämiierung vorgesehen.

Tabelle 14:
Einfluß der Bodennutzungsgebühr auf die betriebliche Ergebnisrechnung bei Planerfüllung

	Plan	Ist Fall 1	Fall 2
Umsatz	500.000	500.000	500.000
Lohn- und sonstige Kosten	300.000	300.000	300.000
planmäßige ./. tatsächliche Bodennutzungsgebühr	---	+ 5.000	- 5.000
Produktionsfondsabgabe	100.000	100.000	100.000
Nettogewinn	100.000	105.000	95.000
Prämien	10.000	12.500	7.500

Tatsächlich benötigt der Betrieb nun, so sei angenommen, im Fall 1 auf Grund rationaler Bodennutzung weniger als die vorgesehenen Grundflächen, wodurch sich die Bodennutzungsgebühr auf 45.000 Mark vermindert. Im Fall 2 muß er wegen vorschriftswidriger Bodennutzung eine erhöhte Gebühr in Höhe von insgesamt 55.000 Mark zahlen. Anders als die planmäßige Höhe der Bodennutzungsgebühr wirkt sich deren Mehr- oder Minderbetrag auf den tatsächlichen Nettogewinn und damit auf die Prämiierung der Betriebsangehörigen aus: Alle sonstigen Modellparameter konstant gesetzt und wiederum unter der Annahme, daß die tatsächlichen gegenüber den planmäßigen Prämienfondszuführungen um 50 v.H. der Gewinnplanabweichungen korrigiert werden, erhöhen sich die Prämien bei Fall 1 auf 12.500 Mark; bei Fall 2 sinken sie auf 7.500 Mark.

Verstärkt wird dieser Effekt dadurch, daß die Bodennutzungsgebühr in der betrieblichen Vermögensbilanz aktiviert wird: Je weniger (mehr) Gebühr zu entrichten ist, um so geringer (höher) ist die Zahlungsverpflichtung aus der Produktionsfondsabgabe. In Abschnitt 5.2.1.1. wurde aufgezeigt, wie sich dies auf die Prämiierung der Betriebsangehörigen auswirkt. Dabei ist zu beachten, daß die auf die aktivierte Bodennutzungsgebühr zu entrichtende Produktionsfondsabgabe grundsätzlich nicht planbar ist, d.h. nur den tatsächlichen Nettogewinn berührt.

5.2.1.4. Die Nettogewinnabführung

Mittels einer spezifischen Ausgestaltung der Nettogewinnabführung wird periodisch wiederkehrend versucht, die Betriebe an der Erfüllung ihrer Gewinnpläne zu interessieren. Der "ökonomische Hebel" ist dabei nicht die Abführung selbst, sondern das kredit- und zinspolitische Instrumentarium, dessen Wirkungen über die Ausgestaltung der Gewinnabführung der genannten Zielsetzung dienstbar gemacht werden sollen.

Der "Kredithebel" soll das Betriebsverhalten grundsätzlich dadurch beeinflussen, daß nur die planmäßigen Kreditkosten in die Preiskalkulation einbezogen werden dürfen. Kann ein Betrieb seine Aufgaben mit weniger als den planmäßig vorgesehenen Krediten finanzieren oder die Kredite vorfristig zurückzahlen, vermindern sich seine Zinskosten. Benötigt er demgegenüber mehr Kredite oder kann er die Kredite nicht rechtzeitig tilgen, werden ihm zusätzliche Straf- und Verzugszinsen in Rechnung gestellt. Dadurch erhöhen sich seine tatsächlichen im Vergleich zu den geplanten Zinskosten. Dies wiederum beeinflußt über die Höhe des Nettogewinns die Prämiierung der Betriebsangehörigen. In Tabelle 15 auf der folgenden Seite wird die intendierte Wirkungslogik des "Kredithebels" dargestellt.

Angenommen wird dabei, daß die planmäßigen Kreditkosten sich auf 10.000 Mark, die sonstigen Kosten für Löhne, Material, Abschreibungen usw. auf 200.000 Mark belaufen. Unter Zugrundelegung der auf der Basis dieser Plankosten berechneten Preise und der quantitativen Planaufgaben wird ein Planumsatz in Höhe von 500.000 Mark ermittelt. Abzüglich der Kosten und der Produktionsfondsabgabe (100.000 Mark) ergibt sich hieraus ein planmäßiger Nettogewinn von

190.000 Mark. Hiervon sind 10.000 Mark für die Prämiierung vorgesehen. Im Zuge der Planerfüllung kann der Betrieb, so wird in Fall 1 unterstellt, 5.000 Mark an Zinskosten einsparen, indem er beispielsweise auf Grund einer Planübererfüllung seinen Kredit vorfristig zurückzahlt. In Fall 2 dagegen muß er zusätzlich 5.000 Mark an Zinszahlungen leisten, weil er z.B. auf Grund einer finanziellen Unplanmäßigkeit einen Überbrückungskredit benötigt. Alle sonstigen Modellparameter als konstant angenommen, erhöht sich in Fall 1 der Nettogewinn auf 195.000 Mark; in Fall 2 vermindert er sich auf 185.000 Mark. Werden die Prämienfondszuführungen wiederum um 50 v.H. der Gewinnplanabweichung korrigiert, steigen sie in Fall 1 auf 12.500 Mark und sinken in Fall 2 auf 7.500 Mark.

Tabelle 15:
Auswirkungen der Kreditzinsen auf die betriebliche Ergebnisrechnung bei Planerfüllung

	Plan	Ist Fall 1	Fall 2
Umsatz	500.000	500.000	500.000
Zinskosten	10.000	5.000	15.000
sonstige Kosten	200.000	200.000	200.000
Produktionsfondsabgabe	100.000	100.000	100.000
Nettogewinn	190.000	195.000	185.000
Prämien	10.000	12.500	7.500

In welchem Ausmaß eine Nichterfüllung des Gewinnplanes zu einem ungeplanten Anstieg des Kreditbedarfs führt, hängt von der technischen Ausgestaltung der Gewinnabführung ab: Wird die Gewinnplanunterschreitung durch eine Verminderung der Gewinnabführung kompensiert, geht von ihr kein Einfluß auf den betrieblichen Liquiditätsbedarf aus und der "Kredithebel" kann keine Wirkung entfalten. Dies ist teilweise der Fall, wenn die Gewinnabführung als Normativ festgelegt wird. Dann variiert diese Pflichtzahlung unmittelbar in Abhängigkeit von der *tatsächlichen* Gewinnhöhe, vermindert sich also auch parallel zur Gewinnplanunterschreitung. Die

Gewinnabführung wird im Falle der normativen Ausgestaltung bei Unterschreitung des Gewinnplans allerdings nur anteilig gekürzt. Der restliche Fehlbetrag muß durch Kredite gedeckt werden. Wenn die Gewinnabführung um den absoluten Betrag der Untererfüllung des Gewinnplans gekürzt wird, entsteht keinerlei ungeplanter Kreditbedarf, da der Fehlbetrag durch ein Sinken der Gewinnabführung gänzlich kompensiert wird.

Um die Betriebe über den "Kredithebel" an der Einhaltung des Gewinnplanes zu interessieren, wird die Gewinnabführung in der DDR vorrangig als absolute Plankennziffer festgelegt, die auch bei Unterschreitung des Gewinnplans zu erfüllen ist. In manchen Jahren wurde diese Regelung dahingehend modifiziert, daß die Abführung bei Nichterfüllung des Gewinnplanes teilweise gekürzt wurde, daß also gleichsam auf Gewinnplanuntererfüllungen ein Normativ angewendet wurde. Auch als man die Gewinnabführung während der Phase des ÖSS als Normativ festlegte, wurde den Betrieben eine in absoluter Höhe fixierte Mindestabführung vorgegeben.

In Tabelle 16 auf der folgenden Seite werden die soeben skizzierten Ausgestaltungsalternativen der Gewinnabführung und ihr Einfluß auf die Höhe des zusätzlichen betrieblichen Finanzierungsbedarfs bei Gewinnplanunterschreitung gegenübergestellt. In Fall 1 muß die planmäßige Gewinnabführung in voller Höhe geleistet werden. In Fall 2 ist sie als 50prozentiges Normativ ausgestaltet, so daß die Gewinnplanunterschreitung zu 50 v.H. durch eine Verminderung der Gewinnabführung kompensiert wird. In Fall 3 schließlich wird die tatsächliche Gewinnabführung um den Gesamtbetrag der Gewinnplanunterschreitung gekürzt, so daß kein zusätzlicher Finanzierungsbedarf entsteht.

Tabelle 16:
Auswirkungen der Ausgestaltung der Gewinnabführung auf den betrieblichen Finanzierungsbedarf bei Untererfüllung des Gewinnplans

	Fall 1	Fall 2	Fall 3
Plangewinn	200.000	200.000	200.000
Istgewinn	150.000	150.000	150.000
Plan-Gewinnabführung	100.000	100.000	100.000
Ist-Gewinnabführung	100.000	75.000	50.000
Finanzierungsbedarf aus Gewinnplanuntererfüllung	50.000	25.000	0

Der Fehlbetrag, d. h. die Differenz zwischen tatsächlichem und geplantem Gewinn, der nicht durch eine Abgabenkürzung kompensiert wird, ist durch außerplanmäßige Kredite mit entsprechend hohen Strafzinsen zu finanzieren. In manchen Jahren mußten die Betriebe statt dessen den Fehlbetrag der Gewinnabführung in den Folgejahren aus Überplangewinn tilgen und bis dahin auf diese "Finanzschuld" Zinsen zahlen.

Durch den "Kredithebel" soll also der prämienwirksame Effekt einer Gewinnplanuntererfüllung verstärkt werden. Dies wird durch eine weitere Modellrechnung in Tabelle 17 auf der folgenden Seite verdeutlicht. Sie beruht auf den gleichen Zahlenbeispielen wie Tabelle 16. Angenommen wird, daß der Betrieb einen Nettogewinn in Höhe von 200.000 Mark und eine Gewinnabführung in Höhe von 15.000 Mark plant. Tatsächlich erwirtschaftet er nur einen Nettogewinn in Höhe von 150.000 Mark. In Fall 1 muß der Betrieb dennoch den ursprünglich geplanten Betrag der Gewinnabführung entrichten. Zur Deckung des zusätzlichen Kreditbedarfs entstehen ihm 5.000 Mark ungeplante Kreditkosten, so daß der Istgewinn weiter auf 145.000 Mark absinkt. Geplant ist eine Prämienfondszuführung von 50.000 Mark, die um 50 v.H. der Gewinnplanuntererfüllung vermindert und daher in Fall 1 auf 22.500 Mark gekürzt wird. In Fall 2 wird die Gewinnführung als 50prozentiges Normativ erhoben. Da die Untererfüllung des Gewinnplans somit durch eine Kürzung der Gewinnabführung teilweise kompensiert wird, sinkt der ungeplante Kreditbedarf gegenüber Fall 1. Dementsprechend sind vergleichsweise weniger Kreditkosten aufzuwenden, wodurch der negative Prämieneffekt abgeschwächt wird. In Fall 3 schließlich wird der Mindergewinn gänzlich durch eine gleichhohe Kürzung der Gewinnabführung neutralisiert. Da kein außerplanmäßiger Kreditbedarf entsteht, wird der negative Prämieneffekt dieser Gewinnplanuntererfüllung nicht durch einen zusätzlichen Zinskosteneffekt verstärkt.

Tabelle 17:
Auswirkungen der Ausgestaltung der Gewinnabführung auf die Prämiierung bei Gewinnplanabweichungen

	Fall 1	Fall 2	Fall 3
Plangewinn	200.000	200.000	200.000
ursprünglicher Istgewinn	150.000	150.000	150.000
Plan-Gewinnabführung	100.000	100.000	100.000
Ist-Gewinnabführung	100.000	75.000	50.000
Finanzierungsbedarf aus Gewinnplanuntererfüllung	50.000	25.000	0
außerplanmäßige Kreditkosten	5.000	2.500	0
um Kreditkosten bereinigter Istgewinn	145.000	147.500	150.000
Prämiierung (planmäßig 50.000)	22.500	23.750	25.000

Während des ÖSS war die Gewinnabführung, abgesehen von der Mindestabführungsvorgabe, als längerfristig konstantes Normativ ausgestaltet (vgl. Abschnitt 2.1.). Dieser Regelung lag die Überlegung zugrunde, daß hierdurch die Planungssicherheit der Betriebe erhöht werden könnte. Bei jährlicher Neufestlegung der Gewinnabführung müssen die Betriebsleiter damit rechnen, daß der Betriebsgewinn dann, wenn er auf Grund einer besonders "gewinnträchtigen" Investition ansteigt, im folgenden Jahr ebenfalls angehoben wird. Die Konsequenz ist, daß derartige Investitionen nach Möglichkeit unterlassen werden, wie auch insgesamt eine starke Übererfüllung der Gewinnpläne vermieden wird. Von der Regelung, das Normativ der Gewinnabführung längerfristig konstant zu halten, versprachen sich die wirtschaftsleitenden Instanzen eine Abwendung dieses demotivierenden Effekts auf das betriebliche Investitions- und Leistungsverhalten. Auch neuerdings wird in der DDR wieder die Festlegung mehrjähriger Normative der Gewinnabführung gefordert (Bielig, Plöntzke 1977, S. 87; Möbius, Streich 1988b, S. 77). Begründet wird dies damit, daß die betriebsindividuelle Festlegung der jährlichen Gewinnabführung in absoluter Höhe "wie eine Restgewinnverwendung funktioniert und kaum gesellschaftlich normative Anforderungen an die Gewinnerwirtschaftung richtet" (Bielig, Plöntzke 1977, S. 87). Warum diese Bemühungen während des ÖSS zum Scheitern verurteilt waren - und auch heutzutage trotz neuerlicher Versuche[1] nicht erfolgversprechend sind - wird in Abschnitt 5.4.3.2.2. näher erläutert.

5.2.1.5. Die Umlaufmittelabführung

Analog zur Gewinn- soll auch die Umlaufmittelabführung je nach ihrer Ausgestaltung über den "Kredithebel" eine mittelbare Motivationsfunktion erfüllen. Die Finanzierung der betrieblichen Umlaufmittelbestände ist mittels Richtsatzplänen und einer hieran anknüpfenden Festlegung des planmäßigen "Eigenmittel-" und des Kreditanteils normiert. Über diese Vorschriften sollen sich Planabweichungen in der betrieblichen Lagerbestandshaltung bei entsprechender Ausgestaltung der Umlaufmittelabführung vorrangig auf den Kreditbedarf auswirken. Benötigt ein Betrieb zusätzliche Kredite zur Finanzierung eines Überplanbestandes, muß er hierauf einen unplanmäßigen "Strafzins" entrichten, wenn dies nicht durch eine Minderung der Umlaufmittelabführung kom-

---

1) Koziolek (1989, S. 429) zufolge werden auch den Kombinaten und deren Betrieben, in denen seit 1988 mit der "Eigenerwirtschaftung" experimentiert wird (vgl. Cornelsen 1989, S. 56 f.), langfristige Finanzierungsnormative vorgegeben; siehe auch Abschnitt 2.1. und 2.6.

pensiert wird. Senkt er seine Lagerbestandshaltung, so
spart er dann ergebniswirksam Zinskosten ein, wenn er den
eingesparten Betrag nicht zusätzlich abzuführen hat. Da
diese Wirkung des "Kredithebels" bereits dargestellt wurde,
kann hier auf Tabelle 15 rückverwiesen werden.

Soweit ersichtlich, wird die Umlaufmittelabführung bei
Überplanbeständen nicht gesenkt, so daß in diesem Fall der
"Kredithebel" zumindest von der Intention her wirksam ist.
Bei Umlaufmitteleinsparungen mußten die freigewordenen Finanzierungsmittel in der Vergangenheit abgeführt werden, so
daß den Betrieben aus dieser Einsparung kein Vorteil er-
wuchs. Seit 1983 wird den Betrieben dagegen gestattet, eingesparte Finanzierungsmittel bei Umlaufmitteleinsparungen
zur Erhöhung des Anteils der "eigenen Mittel" zu verwenden,
d.h. den Kreditanteil zu senken und damit Zinskosten einzusparen. Diese Neuregelung erweist sich somit als Versuch,
die Betriebe im Sinne der derzeit propagierten Intensivie-
rungsstrategie zum Abbau nicht benötigter Lagerreserven zu
motivieren. Ob dieser Versuch erfolgreich sein kann, entscheidet sich an der Funktionsfähigkeit des "Hebelinstru-
mentariums", die in Abschnitt 5.2.2. analysiert wird.

5.2.1.6. Die Amortisationsabführung

Daß die tatsächliche Abschreibungssumme die geplante unterschreitet, dürfte eine Ausnahme sein. Verfügt ein Betrieb
über eine planmäßig determinierte Menge abschreibungsfähi-
ger Produktionsmittel, ist nicht ersichtlich, warum er diese nicht kostenwirksam in gesetzlich zulässigem Umfang ab-
schreiben sollte. Der Leitungszentrale nicht bekannte Produktionsmittel, die der Betrieb möglicherweise als Lei-
stungsreserve hortet, wird er bei der Planung des Amorti-
sationsvolumens aus naheliegenden Gründen kaum berücksichtigen. Nur dann, wenn der Betrieb Produktionsmittel über

den Planansatz hinaus aktiviert und abschreibt, übersteigt die tatsächliche die geplante Abschreibungssumme.

Letzteres ist insbesondere dann der Fall, wenn Investitionen früher als geplant fertiggestellt und in den Produktionsprozeß überführt werden können. Wie bereits erwähnt, ist dies eines der Ziele, die mit der derzeitigen Ausgestaltung der Produktionsfondsabgabe angestrebt werden. Die Betriebe brauchen die so bedingten überplanmäßigen Abschreibungserlöse heute nicht abzuführen; ihnen wird statt dessen gestattet, diese zur vorfristigen Kredittilgung zu benutzen. Vor diesem Hintergrund können die derzeitigen Bestimmungen über die Amortisationsabführung als Versuch interpretiert werden, die Betriebe auch mittelbar über den "Kredithebel" an der vorfristigen Inbetriebnahme der Investitionen zu interessieren. Durch die vorzeitige Kredittilgung sinken die tatsächlichen gegenüber den geplanten Zinskosten. Dies wiederum führt ceteris paribus zu einem Anstieg des tatsächlichen gegenüber dem geplanten Gewinn und damit zu steigenden Prämien für die Betriebsangehörigen.

Zu beachten ist, daß die Abschreibungssumme mit den betrieblichen Amortisationen nur dann übereinstimmt, wenn auch die tatsächliche Absatzmenge, in deren Preise die Abschreibungen kalkulatorisch einbezogen sind, der geplanten entspricht. Übersteigt die tatsächliche dagegen die planmäßige Absatzmenge, fließen den Betrieben mehr als die geplanten Abschreibungserlöse zu, die bei der planmäßigen Investitionsfinanzierung veranschlagt wurden. Unterschreitet umgekehrt die tatsächliche die geplante Absatzmenge, sinken auch die Abschreibungserlöse gegenüber ihrem Planansatz.

Je nach Ausgestaltung der Amortisationsabführung kann auch dieser Umstand zum Ansatzpunkt des "Kredithebels" gemacht werden. Unterschreiten die tatsächlichen die geplanten Abschreibungserlöse und wird dies nicht durch eine Absenkung der Amortisationsabführung kompensiert, entsteht in den Betrieben ein außerplanmäßiger Liquiditätsbedarf zur Finanzierung der geplanten Investitionen. Übersteigen die tatsächlichen die geplanten Abschreibungserlöse und brauchen die Betriebe diese Mehrerlöse nicht abzuführen, können sie durch eine Zunahme der "eigenen Mittel" ursprünglich geplante Kreditkosten einsparen.

Damit zeigt sich, daß bezüglich der Amortisationsabführung bei Planabweichungen analoge Vorschriften wie bei der Gewinnabführung notwendig sind. Die Vorschriften zur Amortisationsabführung sind jedoch im Zusammenhang mit der Frage, wie Planabweichungen zu behandeln sind, in der Regel sehr unspezifiziert gehalten. Daher können keine detaillierten Angaben darüber gemacht werden, ob und wann diese Pflichtzahlung bisher in der beschriebenen Weise als "ökonomischer Hebel" wirken sollte.

5.2.2. Der Einfluß des betrieblichen Formalziels auf die tatsächliche Wirkungslogik der Pflichtzahlungen

5.2.2.1. Der Einfluß der Kennziffern auf die Wirkungslogik der Pflichtzahlungen

Der Wirkungsmechanismus der einzelnen Pflichtzahlungen soll, wie gezeigt wurde, darauf basieren, daß sie den Betriebsgewinn beeinflussen. Soll hiervon überhaupt ein Effekt auf das Entscheidungsverhalten der Betriebsangehörigen, insbesondere der Betriebsleiter, ausgehen, dann muß der Gewinn eine prämienrelevante Kennziffer sein.

In der DDR ist diese Bedingung im Zeitverlauf nicht durchgängig erfüllt gewesen. Auch wenn dort anfänglich fast jährlich die Vorschriften zur Gewinnverwendung geändert wurden, spielte der Betriebsgewinn bis in die erste Hälfte der 60er Jahre hinein für die Prämiierung gleichwohl nur eine untergeordnete Rolle. Statt dieser "synthetischen"

Kennziffer standen die Kennziffern Bruttoproduktion, Warenproduktion, Sortimentsplan und sonstige güterwirtschaftliche Zielvorgaben im Vordergrund. Die betriebliche Finanzwirtschaft wurde vorrangig als Instrument staatlicher Kontrolle, kaum dagegen als ein solches der impliziten Beeinflussung des betrieblichen Verhaltens angesehen. Erst als
die "ökonomischen Hebel der wirtschaftlichen Rechnungsführung" mit Beginn des NÖSPL verstärkt als indirekte Lenkungsinstrumente eingesetzt und bis zur "Eigenerwirtschaftung" fortentwickelt wurden, stieg der Gewinn als "synthetische" Kennziffer zum Hauptanknüpfungspunkt der Prämiierung auf. Nach dem Abbruch der Wirtschaftsreformen verlor
er diesen Rang wieder. In den 70er Jahren war er zwar
grundsätzlich neben der Warenproduktion die zweite Kennziffer der Prämiierung, konnte jedoch von den Ministern durch
andere Kennziffern ersetzt werden, "wenn diese die Leistung
der Betriebe besser zum Ausdruck bringen".[1] Anfang der
80er Jahre verschwand der Gewinn zunächst gänzlich aus dem
Kreis der Hauptkennziffern.[2] Bereits 1983 jedoch wurde er
wieder zu einer Hauptkennziffer (neben drei weiteren) aufgewertet. Aus einer Gruppe von vier Kennziffern waren jeweils jährlich zwei als Hauptkennziffern und die beiden anderen als ergänzende Nebenkennziffern festzulegen. Damit
war der Gewinn nur fallweise eine prämienrelevante Hauptkennziffer.[3] Diese Prämienfondsverordnung wurde durch eine
nicht veröffentlichte Rechtsvorschrift vom 8.4.1984 dahin-

---

1) § 3, Abs. 3 der Verordnung über die Planung, Bildung und
   Verwendung des Prämienfonds und des Kultur- und Sozialfonds für volkseigene Betriebe im Jahre 1972 vom 12.1.
   1972, Gbl. DDR II, Nr. 5, S. 49.

2) Die damaligen Hauptkennziffern waren Industrielle Warenproduktion, Nettoproduktion und Grundmaterialkosten je
   100 Mark Warenproduktion; vgl. Anordnung über die Ergänzung der Ordnung der Planung der Volkswirtschaft der DDR
   1981 bis 1985 vom 30.4.1981, Gbl. DDR I, Nr. 14, S. 149.

3) Neben dem Nettogewinn wurden Warenproduktion, Nettopro-
   duktion und Export als Hauptkennziffern festgelegt; vgl.
   Verordnung über die Planung, Bildung und Verwendung des
   Prämienfonds für volkseigene Betriebe vom 9.9.1982, Gbl.
   DDR I, Nr. 34, S. 595.

gehend geändert, daß der Gewinn seither und erstmalig seit
den 60er Jahren in jedem Fall eine Hauptkennziffer sein muß
(Autorenkollektiv 1985a, S. 271).[1]

Dieser Umstand bedeutet jedoch nicht, daß damit das für eine Zentralplanwirtschaft konstitutive Planerfüllungsprinzip
durch das Gewinnprinzip ersetzt wurde. Mit der neuerlichen
Aufwertung des Gewinns wurde lediglich eine Voraussetzung
dafür geschaffen, daß die Pflichtzahlungen und die sonstigen gewinnrelevanten "ökonomischen Hebel der wirtschaftlichen Rechnungsführung" das Prämieninteresse der Betriebsangehörigen tangieren. Umgekehrt kann gefolgert werden, daß
die Pflichtzahlungen und sonstigen "ökonomischen Hebel" in
den Jahren keinen nennenswerten Einfluß auf das betriebliche Verhalten hatten, in denen der Gewinn nicht Hauptkennziffer der Prämiierung war.

Bei der Darstellung der Regelungen zum Beitrag für gesellschaftliche Fonds wurde bereits darauf hingewiesen, daß er
nicht nur den Gewinn, sondern auch die Nettoproduktion berührt (vgl. Abschnitt 2.4.). Daher läßt sich am Beispiel
dieser Pflichtzahlung eine grundlegende Inkonsistenz des
betrieblichen Kennziffernsystems aufzeigen, die die Wirksamkeit des Beitrags für gesellschaftliche Fonds negativ
beeinflußt. Die Inkonsistenz beruht darauf, daß diese
Pflichtzahlung bei Arbeitskräfteeinsparungen die Kennziffer
Gewinn positiv, die Kennziffer Nettoproduktion dagegen negativ beeinflußt. Das bedeutet, daß bei Lohnfondseinsparun-

---

1) Bei den Hauptkennziffern handelt es sich heutzutage um:
Nettoproduktion, Nettogewinn, Konsumgüterproduktion sowie Export. Die zweite prämienrelevante Hauptkennziffer
neben dem Nettogewinn wird seit 1984 jährlich durch den
Ministerrat, die beiden ergänzenden Nebenkennziffern
werden vom Generaldirektor des Kombinats festgelegt;
vgl. Autorenkollektiv 1985a, S. 265; Autorenkollektiv
1986b, S. 59. Die derzeitigen Zuführungen betragen je
Beschäftigtem und je Prozent Übererfüllung oder Überbietung bei der Nettoproduktion 10 Mark, beim Nettogewinn 5
Mark, bei der Konsumgüterproduktion 15 Mark sowie beim
Export 20 Mark; vgl. Hoss, Seifert 1987, S. 51.

gen zwar der Gewinn durch Minderabführungen unter Umständen prämienwirksam steigt, die Nettoproduktion dagegen mit negativem Prämieneffekt sinkt, da die genannte Pflichtzahlung ein Summand auch dieser Kennziffer ist. Für eine detaillierte Wirkungsanalyse müßten genaue Angaben darüber verfügbar sein, wie groß der Gewinn des einzelnen Betriebes und wie hoch seine Nettoproduktion sind. Nur so könnte ermittelt werden, wie sich die Einsparung eines bestimmten Pflichtzahlungsbetrags auf die prozentuale Abweichung der beiden Kennziffern auswirkte. Dies wiederum wäre notwendig zur Beantwortung der Frage, ob sich unter den gegebenen Regelungen der Prämienfondsvorschriften entweder die Abweichung bei der Gewinnkennziffer oder diejenige bei der Nettoproduktionskennziffer stärker auf die Prämiierung der Betriebsangehörigen auswirkte.

Da derartige Detailinformationen jedoch nicht verfügbar sind, läßt sich hier mit gebührender Vorsicht lediglich folgendes sagen: Durch diese Widersprüchlichkeit des betrieblichen Kennziffernsystems wird der angestrebte positive Prämieneffekt von Arbeitskräfteeinsparungen durch Gewinnsteigerungen zumindest teilweise durch negative Prämieneffekte aus einer Abnahme der Nettoproduktion neutralisiert. Wird in der Fachliteratur der DDR darüber Klage geführt, daß der Beitrag für gesellschaftliche Fonds bisher nicht die in ihn gesetzten Erwartungen erfüllt hat (Sachse 1988, S. 353), so liegt eine Ursache hierfür in dieser Widersprüchlichkeit der betrieblichen Kennziffern.

5.2.2.2. Der Einfluß der Pflichtzahlungen auf die betriebliche Planung bei Gültigkeit des Planerfüllungsprinzips

Abgesehen von diesen technischen Ausgestaltungsproblemen des betrieblichen Kennziffernsystems muß immer berücksichtigt werden, daß es sich bei dem Gewinn selbst dann, wenn er eine prämienrelevante Kennziffer ist, grundsätzlich um eine Plankennziffer handelt. Die Prämiierung bemißt sich daher *nicht nach deren absoluter Höhe, sondern nach der Differenz zwischen geplantem und tatsächlichem Gewinn.* Betrachtet man die einzelnen Pflichtzahlungen daraufhin, ob sie den Plan- oder den Ist-Gewinn beeinflussen sollen, so zeigt sich, daß der intendierte Wirkungsmechanismus in allen Fällen am tatsächlichen Gewinn anknüpft:

- Die Produktionsfondsabgabe setzt zwar auch am Plangewinn an, denn je höher (geringer) sie planmäßig ist, um so geringer (höher) ist ceteris paribus der planmäßige Gewinn. Dessen *absolute* Höhe hat auf die Prämiierung *jedoch keinen* Einfluß. Relevant ist daher lediglich die durch die Produktionsfondsabgabe hervorgerufene Abweichung zwischen geplantem und tatsächlichem Gewinn.

- Da der Beitrag für gesellschaftliche Fonds in seiner planmäßigen Höhe die Betriebspreise erhöht und er damit weitergewälzt wird, beeinflußt er den planmäßigen Gewinn nicht. Allenfalls ruft er dann eine Änderung des tatsächlichen Gewinns hervor, wenn die tatsächliche von der geplanten Höhe der Pflichtzahlung abweicht. Um die Betriebe von einer Überschreitung ihres Arbeitskräfteplans abzuhalten, müssen sie zudem für jeden über den Plan hinaus beschäftigten Mitarbeiter eine "spezielle Abführung" in Höhe von bis zu 5.000 Mark zahlen (vgl. Abschnitt 2.1.). Auch diese ergebniswirksame Pflichtzahlung wirkt sich ausschließlich auf den tatsächlichen Gewinn aus.[1]

- Die Bodennutzungsgebühr ist als Bestandteil der Gewinnverwendung konzipiert. Sie beeinflußt nur für den Fall, daß die tatsächlich zu zahlende Gebühr von der planmäßigen Höhe abweicht, ausschließlich die tatsächliche Gewinnentstehung. Davon zu unterscheiden ist der Umstand,

---

[1] Schon der Umstand, daß diese "spezielle Abführung" auch nach Einführung des Beitrags für gesellschaftliche Fonds beibehalten wurde, zeigt, daß man sich selbst seitens der wirtschaftsleitenden Instanzen der DDR keine Illusion über die Wirksamkeit der neuen Lohnfondsabgabe macht.

daß diese Abgabe möglicherweise einen Einfluß auf die "Rückflußdauer" der Investitionen und damit auf die Standortwahl hat.

- Sowohl Gewinn- als auch Umlaufmittelabführung wirken sich nur dann auf den tatsächlichen Gewinn aus, wenn auf Grund ihrer Ausgestaltung die Betriebe bei Planabweichungen zur Aufnahme von außerplanmäßigen Sonderkrediten zu in der Regel erhöhten "Strafzinsen" gezwungen werden.

- Die Amortisationsabführung beeinflußt den tatsächlichen Gewinn dann, wenn die Betriebe bei überplanmäßigen Amortisationen diese nicht abzuführen brauchen, sondern ihn zur vorfristigen Rückzahlung von Investitionskrediten benutzen und so planmäßig vorgesehene Zinskosten einsparen können.

Aus diesen Überlegungen ist der Schluß zu ziehen, *daß die Pflichtzahlungen die betriebliche Planaufstellung bei Gültigkeit des Planerfüllungsprinzips über die Gewinnkennziffer nicht unmittelbar in der staatlich gewünschten Weise beeinflussen können.* Verdeutlicht sei dies am Beispiel der Produktionsfondsabgabe: Wird einem Betrieb im Zuge des iterativen Planungsverfahrens ein bestimmtes Wertvolumen an Investitionen zugewiesen, sind damit auch die Höhe der planmäßig zu entrichtenden Produktionsfondsabgabe und hierdurch ceteris paribus ebenfalls der Plangewinn fixiert. Da dieser Plangewinn in seiner absoluten Höhe jedoch nicht prämienrelevant ist, macht es für den Betrieb keinen Unterschied, ob er viele (wenige) Investitionen durchführt, damit viel (wenig) Produktionsfondsabgabe oder Kreditzinsen[1] zu entrichten hat und so einen kleinen (großen) Gewinn

---

1) Daß auch der "Kredithebel" keinen Einfluß auf die Planaufstellung hat, kann anhand folgender Aussage belegt werden: "Der Einsatz von Kredit anstelle von Gewinn ist dem Betrieb und letztlich auch der VVB insofern gleichgültig, da die für den Kredit zu zahlenden Zinsen bei der Festlegung der staatlichen Vorgaben und damit der Planauflage Berücksichtigung finden" (Mohn, Zachäus 1967, S. 203).

plant. Aus dem gleichen Grund ist es für ihn unerheblich, ob er mehr oder weniger als die "gesellschaftlich notwendigen Produktionsfonds" einsetzt, die Grundlage der Gewinnzuschlagskalkulation bei fondsbezogener Preisbildung sind.

Abgesehen davon, daß grundsätzlich die Zahlungsfähigkeit der Betriebe sicherzustellen ist, lassen sich demzufolge die Sätze dieser Pflichtzahlung in jeder beliebigen Höhe festlegen, ohne daß hiervon im Prozeß der Planaufstellung ein unmittelbarer Effekt auf die Ressourcenallokation ausgeht. Anders läßt sich nicht erklären, warum die Betriebe beispielsweise trotz Bodennutzungsgebühr nicht davon abgehalten werden können, landwirtschaftlich nutzbare Bodenflächen zu "horten" (Rohde 1976, S. 376 und 1981, S. 72).

Dieser Befund gilt nicht nur im Zusammenhang mit den betrieblichen Pflichtzahlungen, sondern grundsätzlich für sämtliche "ökonomischen Hebel", d.h. auch für die Preise, die Kostenvorgaben und die Kreditzinsen. Im Zuge der Planaufstellung beeinflussen sie ausschließlich den Plangewinn, der in seiner Höhe eben nicht unmittelbar prämienrelevant ist.[1]

So wird in der DDR beklagt, daß der Extragewinn, mit dessen Hilfe die Betriebe an der Produktion neuer, qualitativ hochwertiger und technisch fortschrittlicher Güter interessiert werden sollen, "durch seine Einbeziehung in den Plangewinn an stimulierender Wirkung verliert" (Mann, Stromberg 1987, S. 42). Dieses hier offen konstatierte Funktionsdefizit läßt sich folgendermaßen erklären: Informiert ein Betrieb die übergeordnete Instanz im Zuge der Planaufstellung darüber, daß er in der folgenden Planperiode die Produktion

---

1) Allerdings gehen vom Plangewinn mittelbare Einflüsse auf die Prämiierung aus: Die Betriebsangehörigen sind, wie im folgenden Abschnitt 5.2.2.3. aufgezeigt wird, beim Einsatz der "ökonomischen Hebel" an der Aufstellung eines möglichst "weichen" Gewinnplanes zwecks Minderung des Prämienrisikos interessiert.

neuer und technisch weiterentwickelter Güter aufnehmen wird, und werden ihm hierfür entsprechende Gewinnzuschläge (Extragewinne) bewilligt, gehen diese in den Plangewinn ein und sind damit per se nicht prämienrelevant. Gewinnabschläge für veraltete Produkte werden gleichfalls bei der Gewinnplanung berücksichtigt und haben damit auf die Prämiierung der Betriebsangehörigen keinen Einfluß.

Die These, daß das betriebliche Planungsverhalten durch die Pflichtzahlungen, wie auch durch die sonstigen "ökonomischen Hebel der wirtschaftlichen Rechnungsführung", nicht in der staatlich gewünschten Weise beeinflußt werden kann, muß allerdings unter einem speziellen Aspekt eingeschränkt werden: Zu berücksichtigen ist, daß die betrieblichen Pläne im Zeitverlauf nicht gänzlich unverbunden nebeneinander stehen. Insbesondere im Hinblick auf die politisch-ideologisch determinierte Wachstumsorientierung kann davon ausgegangen werden, daß von den Betrieben ein jährliches Anwachsen auch ihres planmäßigen Gewinns (oder ein kontinuierliches Sinken der planmäßigen Kosten) erwartet wird. So führen Fischer und Koch (1987, S. 14) aus: "Die Hauptaufgabe in ihrer Einheit von Wirtschafts- und Sozialpolitik fortzusetzen verlangt von den Kombinaten, stabile und wachsende Gewinne zu erwirtschaften." An anderer Stelle heißt es: "Ein langfristig stabiles Wachstum des Gewinns ist ... eine unerläßliche Voraussetzung für die kontinuierliche Erhöhung der Akkumulation und der gesellschaftlichen Konsumtion, wie sie für die weitere Entwicklung der sozialistischen Gesellschaft notwendig sind" (Autorenkollektiv 1982a, S. 86).

Ein jährlicher Anstieg des planmäßigen Nettogewinns ist nur dann möglich, wenn für jedes zusätzlich betriebsintern gebundene Produktionsmittel planmäßig mehr Gewinn erwirtschaftet werden kann, als die Produktionsfondsabgabe hierauf (und gegebenenfalls die Kreditzinsen) ausmachen. Da jedoch in der DDR die Preise so festgelegt werden, daß die Produktionsfondsabgabe im allgemeinen aus dem Betriebsge-

winn gezahlt werden kann (Möbius 1982, S. 100) und auch die
(planmäßigen) Kreditzinsen bei der Preisbildung als Kosten
berücksichtigt werden, wird ein Gewinnwachstum im allgemeinen schon durch die Art der Preisfixierung sichergestellt
sein. Selbst wenn die Betriebe deswegen einmal ein Investitionsprojekt unterließen, weil dessen Gewinnzuwachs nicht
zur Begleichung der durch die Erweiterungsinvestition induzierten Tilgungs- und Abgabenverpflichtungen ausreichte,
hieße dies gleichwohl nur, daß die Betriebe bei der Ausübung ihrer Planungspielräume *irgendwie* beeinflußt werden,
nicht dagegen, daß dies in der *gewünschten* Weise geschieht.
Wie in Abschnitt 5.1. dargelegt wurde, fehlt den staatlichen Lenkungsinstanzen der Maßstab, anhand dessen sich ein
der relativen Kapitalknappheit entsprechender "Abgabenpreis" für die Produktionsfonds ermitteln ließe.

Da die sonstigen Pflichtzahlungen von ihrer Konstruktion
her den Plangewinn nicht beeinflussen, tangieren sie das
betriebliche Planungsverhalten nicht einmal auf Grund des
soeben beschriebenen Gewinnzuwachskalküls. Sie beeinflussen
allenfalls dann das jährliche Wachstum des Plangewinns,
wenn die Preise bei etwaigen planmäßigen Mehrabführungen im
Vergleich zum Vorjahr nicht entsprechend angehoben werden.
Wird z.B. bei steigendem Arbeitskräfteeinsatz der erhöhte
Beitrag für gesellschaftliche Fonds nicht in die Preise
einkalkuliert, sinkt der Plangewinn im Vergleich zur Vorpe-
riode. Da die Betriebe dem Erwartungsdruck ausgesetzt sind,
einen höheren als den in der vorangegangenen Periode fest-
gesetzten Gewinn zu planen, kann dies unter Umständen dazu
führen, daß sie sich um Arbeitskräfteeinsparungen bemühen.

Ob die zuletzt genannten Pflichtzahlungen tatsächlich in
der beschriebenen Weise wirken, hängt vorrangig davon ab,
inwieweit es dem Leiter der jeweiligen "volkseigenen" Wirtschaftseinheit gelingt, entweder höhere Preise bewilligt zu
bekommen oder sich gegenüber der übergeordneten Leitungsinstanz unter Berufung auf Kostensteigerungen oder sonstige

externe Ursachen zu exkulpieren. Somit beruht der potentielle Lenkungseffekt dieser Instrumente nicht auf einem objektivierbaren, knappheitsorientierten Entscheidungskalkül, sondern auf den Unwägbarkeiten des Preisbewilligungsverfahrens und der jährlichen Aushandlung der Wirtschaftspläne zwischen den einzelnen Hierarchiestufen.

In der DDR wurde bisher wiederholt versucht, die Pflichtzahlungen und sonstigen "Hebel" trotz dieses fundamentalen Funktionsdefizits durch eine spezifische Ausgestaltung der Prämiierungsvorschriften in das Planungskalkül der Betriebsangehörigen einzubeziehen. Den Betriebsangehörigen wird dann eine im Vergleich zur "Normalprämie" erhöhte Sonderprämie gezahlt, wenn sie bereits bei der Planaufstellung die staatlich vorgegebenen Kennziffern überbieten. Dadurch sollen die betrieblichen Leistungsreserven bereits während der Planaufstellung aufgedeckt werden, damit sie in den gesamtwirtschaftlichen Planungszusammenhang einbezogen werden können. Die betriebliche Prämienfunktion (2) ist dann wie folgt zu modifizieren:

$$(2a) \quad Pr = \sum_{i=1}^{n} a_i \, (K_{i\,t} - K_{i\,\ddot{u}}) + b_i \, (K_{i\,\ddot{u}} - K_{i\,p}).$$

Dabei steht $K_{i\,p}$ für die $i$te im Zuge staatlicher Vorgaben geplante prämienrelevante Kennziffer, $K_{i\,\ddot{u}}$ für deren seitens der Betriebe überbotenen Betrag und $K_{i\,t}$ für die tatsächliche Höhe dieser Kennziffer; a_i ist der Prämiierungskoeffizient bei Übererfüllung der $i$ten Kennziffer, b_i der Prämiierungskoeffizient bei deren Überbietung. Um die Betriebe mehr an einer Überbietung als an einer nachträglichen Übererfüllung der Kennziffern zu interessieren, muß $b_i > a_i > 0$ festgelegt werden.

Der intendierte Wirkungsmechanismus dieser Sonderprämie soll hier am Beispiel der "Ressourcenabgaben" dargestellt werden: Deckt ein Betrieb bereits im Prozeß der Planaufstellung bisher ungenutzte Produktionskapazitäten auf, die

daraufhin von den staatlichen Lenkungsinstanzen an andere
Betriebe weitergeleitet ("umgesetzt") werden können, sinkt
die planmäßig zu entrichtende Produktionsfondsabgabe. Dadurch ist der Betrieb in der Lage, die auf Grund der ursprünglichen Informationslage der staatlichen Instanzen
festgelegte Gewinnkennziffer zu überbieten und dadurch eine
Sonderprämie zu erhalten. Gleiches gilt, wenn der Betrieb
von sich aus weniger als die staatlicherseits vorgesehenen
Lohnkosten einplant und damit durch Einsparung von Pflichtzahlungen die staatliche Kostenkennziffer unterbieten kann.
Da die Bodennutzungsgebühr als Gewinnverwendung konzipiert
ist, kann sie hier nicht wirksam werden. Gleiches gilt für
die in erster Linie aus Gründen der Liquiditätssteuerung
erhobene Gewinn-, Amortisations- und Umlaufmittelabführung
sowie die produktgebundenen Abgaben.

Erstmalig 1964 wurde in der DDR eine derartige Sonderprämiierung bei Planüberbietungen eingeführt, als man den zur
Hauptkennziffer aufgewerteten Gewinn als "Orientierungskennziffer" konzipierte. Diese Regelung blieb trotz wiederholter Detailänderungen bezüglich der Prämiierungskoeffizienten ("Zuführungsnormative") bis 1968 gültig.[1] Da sich
die Prämiierung der Betriebsangehörigen 1969 und 1970 nicht

1) Vgl. Beschluß über die Bildung und Verwendung des einheitlichen Prämienfonds in den volkseigenen und ihnen
gleichgestellten Betrieben der Industrie und des Bauwesens und in den VVB im Jahr 1964 - Auszug - vom 30.1.
1964, Gbl. DDR II, Nr. 10, S. 80; Beschluß zur Ergänzung
der Grundsätze für die Bildung und Verwendung der einheitlichen Prämienfonds in den volkseigenen und ihnen
gleichgestellten Betrieben der Industrie und des Bauwesens und in den VVB im Jahr 1964 vom 23.7.1964, Gbl. DDR
II, Nr. 89, S. 749; Beschluß zur Richtlinie für die Bildung und Verwendung des Prämienfonds in den volkseigenen
und ihnen gleichgestellten Betrieben und in den VVB der
Industrie und des Bauwesens im Jahr 1967 sowie zur Übergangsregelung für das Jahr 1966 vom 7.4.1966, Gbl. DDR
II, Nr. 40, S. 249; Verordnung über die Bildung und Verwendung des Prämienfonds in den volkseigenen und ihnen
gleichgestellten Betrieben und den Vereinigungen volkseigener Betriebe (Zentrale) für das Jahr 1968 vom 2.2.
1967, Gbl. DDR II, Nr. 17, S. 103.

mehr nach dem Soll-Ist-Vergleich der Gewinnkennziffer, sondern (neben anderem) nach dem tatsächlichen jährlichen Gewinnzuwachs bemaß,[1] wurde die Ausgestaltung des Gewinns
als "Orientierungskennziffer" obsolet. Als nach Abbruch des
ÖSS die Prämiierung wieder von der Erfüllung der Plankennziffern abhängig gemacht wurde, sah die damals neu erlassene Prämiierungsverordnung zunächst keine gesonderte Über-
bietungsprämie vor.[2] Dies war erst ab 1973 wieder der
Fall.[3] Bis Anfang der 80er Jahre wurde dabei durch eine
fast jährlich vorgenommene Änderung der Prämiierungsvorschriften versucht, die Betriebe im Zuge der "Gegenplanung"
an einer Überbietung der Kennziffern zu interessieren.[4]

---

1) Verordnung über die Bildung und Verwendung des Prämienfonds in den volkseigenen und ihnen gleichgestellten Betrieben, volkseigenen Kombinaten, den Vereinigungen
   volkseigener Betriebe (Zentrale) und Einrichtungen für
   die Jahre 1969 und 1970 vom 26.6.1968, Gbl. DDR II, Nr.
   67, S. 490.

2) Vgl. die Verordnung über die Planung, Bildung und Verwendung des Prämienfonds und des Kultur- und Sozialfonds
   für das Jahr 1971 vom 20.1.1971, Gbl. DDR II, Nr. 16, S.
   105.

3) Verordnung über die Planung, Bildung und Verwendung des
   Prämienfonds und des Kultur- und Sozialfonds für volkseigene Betriebe im Jahre 1972 vom 12.1.1972, Gbl. DDR
   II, Nr. 5, S. 49 sowie Erste Durchführungsbestimmung
   hierzu vom 24.5.1972, Gbl. DDR II, Nr. 34, S. 379.

4) Vgl. Anordnung zu den Regelungen für die Arbeit mit Gegenplänen in den Betrieben und Kombinaten zur Erfüllung
   und Überbietung des Volkswirtschaftsplanes 1974 vom 19.
   12.1973, Gbl. DDR (1974) I, Nr. 1, S. 1; Anordnung zu
   den Regelungen für die Arbeit mit Gegenplänen in den Betrieben und Kombinaten bei der Ausarbeitung des Volkswirtschaftsplanes 1975 vom 21.5.1974, Gbl. DDR I, Nr.
   26, S. 261; Anordnung zu den Regelungen für die Arbeit
   mit Gegenplänen in den Betrieben und Kombinaten bei der
   Durchführung des Volkswirtschaftsplanes 1975 vom 20.12.
   1974, Gbl. DDR I, Nr. 63, S. 583; Anordnung zu den Regelungen für die Arbeit mit dem Gegenplan bei der Ausarbeitung der Volkswirtschaftspläne vom 15.7.1977, Gbl.
   DDR I, Nr. 23, S. 293; Anordnung zu den Regelungen für
   die Weiterführung der Arbeit mit Gegenplänen in den Betrieben und Kombinaten bei der Durchführung des Volkswirtschaftsplanes 1977 vom 3.1.1977, Gbl. DDR I, Nr. 1,
   S. 4; Anordnung zu den Regelungen für die Weiterführung
   der Arbeit mit Gegenplänen in Betrieben und Kombinaten

Seit dem Erlaß der Prämienfondsverordnung des Jahres 1982 wirken sich Übererfüllung und Überbietung in gleicher Weise auf die Prämiierung aus, so daß den Betriebsangehörigen kein relativer Vorteil mehr aus der Überbietung im Vergleich zur Übererfüllung erwächst.

Sowohl die wiederholten Rechtsänderungen als auch der 1982 erfolgte Verzicht auf dieses Instrumentarium können als Beleg dafür gewertet werden, daß die Betriebsangehörigen auch bei dessen Einsatz nicht, wie staatlicherseits erwünscht, an der Aufdeckung interner Reserven im Zuge der Planaufstellung interessiert werden konnten. Um dies erklären zu können, muß berücksichtigt werden, daß jegliche Aufdeckung interner Reserven das Planerfüllungsrisiko erhöht. Das Risiko der Planüberbietung ist dabei größer als dasjenige der Planübererfüllung, weil hierbei der in das Entscheidungskalkül einzubeziehende Planungshorizont weiter gesteckt ist als derjenige der Übererfüllung. Nähert sich die Planperiode ihrem Ende, lassen sich die Unwägbarkeiten einer Übererfüllung leichter einschätzen als die Risiken, die bei Überbietung für den gesamten Zeitraum der folgenden Planperiode berücksichtigt werden müssen. Der Erfolg des Versuchs, die Betriebsangehörigen durch eine Sonderprämie an der Überbietung der staatlichen Planaufgaben zu interessieren, hängt somit von der Risikoneigung des betrieblichen Leitungspersonals ab (vgl. Weitzmann 1976). Schätzt dieses die Gefahren, die sich aus der Offenlegung der betriebsinternen Reserven für die Planerfüllung in der gegenwärtigen Planperiode wie auch für die folgenden Perioden höher als die kurzfristige Prämienerhöhung in der Gegenwart ein, so

---

bei der Durchführung des Volkswirtschaftsplanes 1978 vom 5.1.1978, Gbl. DDR I, Nr. 2, S. 37; Anordnung zur Stimulierung der Überbietung der staatlichen Aufgaben für die Ausarbeitung des einheitlichen Planvorschlags zum Volkswirtschaftsplan 1980 vom 22.8.1979, Gbl. DDR I, Nr. 27, S. 247; Anordnung über die Anwendung von Stimulierungssätzen für den Prämienfonds bei Überbietung der staatlichen Aufgaben zur Ausarbeitung der Jahresvolkswirtschaftspläne vom 5.8.1981, Gbl. DDR I, Nr. 25, S. 311.

ist der Sonderprämiierung allenfalls geringer Erfolg beschieden. Im Fall der DDR war er bisher augenscheinlich
gleich Null.

Das jedoch bedeutet insgesamt, daß die betrieblichen
Pflichtzahlungen und die sonstigen "ökonomischen Hebel" die
Motivationsfunktion im Prozeß der Planaufstellung nicht
erfüllen können und somit keine den staatlichen Zielvorstellungen entsprechende allokative Wirkung zeitigen.

5.2.2.3. Der Einfluß der Pflichtzahlungen auf die betrieb-
liche Plandurchführung bei Gültigkeit des Planerfüllungsprinzips

Wenn das Planerfüllungsprinzip dazu führt, daß die Pläne
mittels der "Pflichtzahlungshebel" kaum "gehärtet" werden
können, ist zu fragen, ob mittels dieses wirtschaftspolitischen Instrumentariums zumindest die betriebliche *Plandurchführung* im Sinne der zentralen Zielvorgaben beeinflußt
werden kann. Wie im folgenden gezeigt werden soll, wird
zwar die betriebliche Plandurchführung mittels der Pflichtzahlungen durchaus beeinflußt; ob dies allerdings in der
staatlicherseits gewünschten Weise geschieht, ist selbst
dann zweifelhaft, wenn bei dieser Funktionsanalyse das
Preisproblem unberücksichtigt bleibt.

Im vorangehenden Abschnitt wurde aufgezeigt, daß die
Pflichtzahlungen den tatsächlichen Gewinn nach Maßgabe des
Planerfüllungsverhaltens der Betriebe beeinflussen. Da sich
der tatsächliche damit von dem geplanten Gewinn unterschei-
det und dies zu Prämieneffekten führt, verspricht man sich
seitens der staatlichen Lenkungsinstanzen hiervon eine
wirksame Steuerbarkeit des Verhaltens der Betriebsangehörigen. Um eine möglichst effiziente Plandurchführung zu gewährleisten, sind die Pflichtzahlungen so ausgestaltet, daß
bei Planstörungen der tatsächliche höher als der planmäßige
Pflichtzahlungsbetrag ist und diese Mehrausgaben nicht über

Preissteigerungen kompensiert werden dürfen. Abgesehen vom Beitrag für gesellschaftliche Fonds sind zu diesem Zweck die bei Planstörungen angewandten Sätze höher als die "normalen" Sätze bei Plan(über)erfüllung. Je größer die Differenz zwischen der "normalen" Höhe dieser "Hebel" und derjenigen bei Planstörungen ist, um so größer wird die Differenz zwischen dem geplanten und dem realisierten Gewinn:

- Zusätzlich zu der "normalen" Produktionsfondsabgabe muß dann eine zusätzliche Abgabe entrichtet werden, wenn Investitionen verspätet in Betrieb genommen werden, Umlaufmittelüberbestände auftreten oder die Produktionsanlagen nur ungenügend ausgelastet sind. Daneben wurden bisher manchmal einzelne Grundmittel, an deren Einsparung oder effektiven Nutzung die Betriebe besonders interessiert werden sollen, nicht bei der Planung, wohl aber bei der Ermittlung der tatsächlich zu entrichtenden Produktionsfondsabgabe berücksichtigt.

- Die Bodennutzungsgebühr ist bei planwidriger Bodennutzung wesentlich höher als die "normale" Bodennutzungsgebühr. Werden Rechtsvorschriften zur Bodennutzung verletzt, müssen die Betriebe zudem eine Sanktionszahlung entrichten, die ihrer Natur nach ebenfalls nicht planbar sein kann.

- Bei Gewinn-, Amortisations- und Umlaufmittelabführung soll der "Kredithebel" wirken: Der sogenannte Grundzinssatz für planmäßige Kredite beträgt in der DDR derzeit 5 v.H. Für als besonders wichtig angesehene Investitionen kann der Zinssatz bis auf 1,8 v.H. ermäßigt werden. Werden Kredite nicht rechtzeitig zurückgezahlt oder die Investition nicht in der planmäßig festgelegten Weise durchgeführt, erhöht sich der Kreditzins auf 8 v.H. Benötigen die Betriebe ein Liquiditätsdarlehen, müssen sie hierauf 12 v.H. Zinsen zahlen (Autorenkollektiv 1985b, S. 130 f.).[1]

Die "Pflichtzahlungshebel" sollen also die Planübererfüllung durch wachsende Prämienanreize "stimulieren", zumindest jedoch die Planerfüllung dadurch sichern helfen, daß sie das Prämienrisiko der Betriebsangehörigen, insbesondere das der Betriebsleiter, bei Planstörungen erhöhen.

Wie die Planüberbietung, so bedeutet allerdings auch die Planübererfüllung eine Aufdeckung betriebsinterner Reserven, durch die sich das aus der Unvollkommenheit der zentraladministrativen Plankoordination resultierende Prämienrisiko erhöht. Es muß bezweifelt werden, daß die durch die Pflichtzahlungen und sonstigen "ökonomischen Hebel" hervorgerufenen positiven Prämieneffekte das wachsende Prämienrisiko kompensieren. In der Fachliteratur der DDR wird denn beispielsweise auch beklagt, daß weder die Produktionsfondsabgabe noch der Kreditzins die Betriebe ausreichend an einer Einsparung von Umlaufmitteln interessieren könne. Wesentlich bedeutungsvoller als die durch diese beiden "Hebel" hervorgerufenen Prämieneffekte sei für die Betriebsleiter die Frage, über welchen Mindestbestand an Umlaufmitteln sie verfügen müssen, um trotz Vertragsstörungen und nicht zureichend aufeinander abgestimmter zentraler Bilanzierungsentscheidungen den Produktionsplan erfüllen zu

---

1) Die Plankredite für besonders wichtig angesehene Investitionen werden also nicht deswegen verbilligt, weil man die Betriebe an diesen Investitionsvorhaben interessieren möchte. Zinsverbilligungen hätten bei Gültigkeit des Planerfüllungsprinzips ja, wie weiter oben abgeleitet wurde, keinen Einfluß auf die betriebliche Planung. Die Betriebsleiter sollen durch diese Regelung statt dessen verstärkt an der *Erfüllung* der Investitionspläne interessiert werden: Je niedriger der planmäßige Kreditzins ist, um so größer ist die Differenz zwischen ihm und dem "Strafzins" von 8 v.H., wodurch sich Planstörungen stärker auf den Soll-Ist-Vergleich der Gewinnkennziffer bemerkbar machen, als wenn der planmäßige Investitionskredit zu dem "normalen" Grundzinssatz berechnet würde.

können. Die Schaffung stabiler, störungsfreier Vertragsbeziehungen zwischen den Betrieben und eine exaktere güterwirtschaftliche Bilanzierung als bisher seien daher für eine Effektivierung der betrieblichen Lagerhaltung von weit größerer Bedeutung als der Einsatz von Produktionsfondsabgabe und "Zinshebel" (Richter, Voigt 1986). Analog wird dieses Argument auch für die sonstigen "Ressourcenabgaben" gelten.

Je größer das Prämienrisiko der Betriebsleiter im Zusammenhang mit Planuntererfüllungen durch die Anwendung der "Hebel" wird, um so zurückhaltender werden diese zudem im Zuge der Planaufstellung die betriebliche Leistungsfähigkeit darzustellen versuchen. So haben Hartwig und Thieme (1987, S. 225 ff.) im Zusammenhang mit dem "Kredithebel" darauf aufmerksam gemacht, daß die Betriebsleiter anomal auf Zinssatzvariationen reagieren; anomal zumindest dann, wenn ein marktwirtschaftliches Unternehmenskalkül zugrundegelegt wird: Je höher die Sanktionszinsen für außerplanmäßige Kredite angesetzt werden, um so stärkere Anreize bestehen für die Betriebsleiter, sich bei der Planaufstellung um hohe planmäßige Kreditbewilligungen und damit um "weiche" Kreditpläne zu bemühen. Dieses Verhalten ist ein weiteres Indiz für die in Abschnitt 5.2.2.2. aufgestellte These, daß die "ökonomischen Hebel" die betriebliche Planaufstellung nicht in der staatlicherseits gewünschten Weise beeinflussen können. Analog zu dieser Überlegung kann vermutet werden, daß sich die Betriebsleiter um so stärker um möglichst umfangreiche Zuteilungen von Produktionsfaktoren bemühen, je höher die "Pflichtzahlungshebel" festgelegt sind.

Bereits 1962 wurde aus diesem Grund die Beauflagung einer verzinslichen "Finanzschuld" bei Mindergewinn in der wirtschaftswissenschaftlichen Literatur der DDR kritisiert. Müßten Mindergewinnabführungen in den Folgejahren bei entsprechenden negativen Prämieneffekten verzinst und nachgeholt werden, könne dies die Betriebe zur Aufstellung "weicher" Gewinnpläne bewegen (Kallweit 1962, S, 168 f.).[1] Zutreffend wurde erkannt, daß sich die angestrebte Motivationswirkung dieser Vorschrift unter Umständen in ihr Gegenteil verkehrt. Dieser unerwünschte Effekt ist die tiefere Ursache dafür, daß die Vorschriften zur "Finanzschuld" bisher immer wieder aufs neue eingeführt und sukzessive rückgängig gemacht wurden. Es verwundert daher nicht, wenn in der Fachliteratur der DDR heute wieder die Forderung erhoben wird, die Gewinnabgabe in Abhängigkeit vom tatsächlichen Gewinn zu erheben (Möbius, Streich 1988b, S. 80). Dies bedeutete, daß diese Pflichtzahlung bei einer Unterschreitung des Gewinnplans gekürzt würde, mithin keine Finanzschuld mehr entstünde.

Vor dem Hintergrund dieser Überlegungen erscheint es plausibel, daß die Betriebspläne durch den Einsatz der Pflichtzahlungen und sonstigen "Hebel" im Endeffekt eher noch "weicher" werden. Dieser Effekt ist auch aus einem weiteren Grund wahrscheinlich: Je höher die Normative der Pflichtzahlungen zwecks "Stimulierung" festgelegt sind, um so sinnvoller ist es betrieblicherseits, bei der Planaufstellung einen überhöhten Ressourcenbedarf anzumelden. Je mehr Kapitalgüter bewilligt werden, um so geringer fällt zwar der planmäßige Nettogewinn aus, dieser ist jedoch, wie weiter oben abgeleitet wurde, per se nicht prämienrelevant. Die auf Boden und Arbeitskräfte zu entrichtenden Pflichtzahlungen können, da sie den Plangewinn nicht beeinflussen, ebenfalls keine überhöhten Bedarfsanforderungen der Betriebe verhindern. Je mehr betriebsinterne Faktorreserven durch überhöhte, mittels des Pflichtzahlungsinstrumentariums nicht begrenzbare Bedarfsanmeldungen gebildet werden, um so leichter fällt den Betrieben im Zuge der Plandurchführung deren teilweise Einsparung mit entsprechenden positiven

---

1) Zitiert nach Moock (1969, S. 101). Gurtz (1972, S. 147) stellt in diesem Zusammenhang fest: "Finanzschulden in der bekannten Form führen erfahrungsgemäß oftmals nicht zur Aufholung des eingetretenen Effektivitätsverlusts."

Prämiierungswirkungen. Durch diese "Hebel" kann so zwar eine Aufdeckung betrieblicher Reserven induziert werden - allerdings nur bezüglich derjenigen Produktionsfaktoren, die seitens der Betriebe bewußt und zusätzlich zu dem einzigen Zweck angefordert wurden, sie anschließend prämienwirksam einzusparen.

Beobachtungen über diese der Zielsetzung diametral entgegengesetzte Wirkung der "Pflichtzahlungshebel" wurden in den 60er Jahren im Zusammenhang mit der damaligen Einführung der Produktionsfondsabgabe veröffentlicht: Die Betriebe versuchten, möglichst hohe Planansätze für ihre Produktionsfonds zu erhalten, um diese im Zuge der Plandurchführung leicht "einsparen" und dadurch Übererfüllungsprämien erzielen zu können. Aber selbst die Chance, daß die Betriebe diese zusätzlichen Reserven dann auch offenlegten, wurde auf Grund der damit verbundenen Zunahme des Prämienrisikos als sehr gering veranschlagt (Pelzer 1965; H.J. Schulz 1965a). Was damals der Fall war, wird, da das Grundprinzip der zentraladministrativen Wirtschaftskoordination mit seinen Schwächen (mit kurzer Unterbrechung) beibehalten wurde, auch heute die Regel sein.

Angesichts dieses Befundes überrascht es, wenn festgestellt wird, in der Zeit, in der aus dem Gewinn nur eine Produktions-, aber noch keine Lohnfondsabgabe erhoben wurde, sei eine "einseitige Belastung des Produktionsfaktors Kapital" entstanden. Dies habe denjenigen Betrieb "bevorzugt, der weder Rationalisierungsinvestitionen durchführt noch zusätzliche Investitionen beantragt". Um nicht länger lohnintensives Produzieren zu begünstigen, habe man daher in den staatssozialistischen Zentralverwaltungswirtschaften eine Lohnfondsabgabe gefordert (Haase 1980a, S. 33 und 1983a, S. 79). Wie soeben aufgezeigt, geht von der Produktionsfondsabgabe, sofern sie überhaupt die Planaufstellung beeinflußt, genau der entgegengesetzte Effekt aus: Sie er-

282

möglicht es dem jeweiligen Betrieb, die Prämien ohne Gefährdung der internen Leistungsreserven zu erhöhen.

Fehlurteile der genannten Art sind darauf zurückzuführen, daß die Bedeutung des Planerfüllungsprinzips für die Wirkungslogik der "Hebel" nicht hinreichend beachtet wird. Es werden die Folgen des Umstandes übersehen, daß, um mit F. Böhm (1973, S. 44) zu sprechen, der Staat hier gleichsam mit sich selber Schach spielt. Bei der Beurteilung dieses "Schachspiels" ist daneben zusätzlich zu berücksichtigen, daß die Vorschriften bisher nie so exakt formuliert wurden, daß hierdurch Ausweichstrategien der Betriebe hätten verhindert werden können. Dies bedeutet jedoch, daß selbst eine Erfüllung oder Übererfüllung der Gewinnkennziffer (ungeachtet des Preisproblems) nicht ohne weiteres als Indiz für eine effiziente Plandurchführung gewertet werden darf. In der Fachliteratur der DDR läßt sich hierzu eine Reihe kritischer Hinweise finden:
- Die Ungenauigkeit der finanzrechtlichen Vorschriften begünstigt "betriebsegoistische Manipulationen", mit denen die innerbetriebliche Fondsbildung zu Lasten der Gewinnabgabe ausgedehnt wird (Schützenmeister 1971, S. 266 f. u. S. 278 ff.; vgl. auch Gruschke 1972, S. 63 f.).
- Bei Einführung der Produktionsfondsabgabe wurde beklagt, daß die durch diese Pflichtzahlung hervorgerufenen negativen Gewinneffekte bei Planabweichungen von den Betrieben durch gezielte Manipulationen bei den sonstigen gewinnrelevanten Parametern kompensiert werden konnten (H.J. Schulz 1965b, S. 1791).
- Die Produktionsfondsabgabe ist nur auf im Lager befindliche Umlaufmittel zu entrichten. Mit Einführung der Produktionsfondsabgabe stieg das Volumen der "unterwegs befindlichen", also nicht abgabepflichtigen Umlaufmittel sprunghaft an (Schützenmeister 1971, S. 279).
- Der durchschnittliche Umlaufmittelbestand wird stichtagsbezogen zum Monatsende ermittelt. Bereits während der "experimentellen" Einführung der Produktionsfondsab-

gabe wurde beklagt, daß die Betriebe ihre Zahlungsverpflichtung durch gezielte Manipulationen der kalender-
tägigen Lagerbestände vermindern konnten (Jesse 1964).

- Kritisiert werden auch die vielen Ausnahmeregelungen,
  die den Bereich der von der Produktionsfondsabgabe befreiten Kapitalgüter festlegen: "So mancher Betrieb reduziert nicht durch eine bessere Grundfondsauslastung
  und höhere Umlaufgeschwindigkeit der Umlauffonds die ab-
  zuführende Produktionsfondsabgabe, sondern prüft einsei-
  tig eventuell anwendbare Ausnahmeregelungen, um Abführung an Produktionsfondsabgabe einzusparen" (Rothe, Rudolph 1973, S. 51.).

- Die gleiche Strategie kann im Zusammenhang mit der Bodennutzungsgebühr beobachtet werden: Die Betriebe versuchen oft, die Standortgebundenheit ihres Investitions-
  vorhabens zu belegen, um so eine Gebührenermäßigung bewilligt zu bekommen (Rohde 1981, S. 85).

- Auch haben sie es bisher wiederholt unterlassen, die zuständigen Instanzen von ihrer Zahlungspflicht aus der
  Bodennutzungsgebühr zu informieren und ihr nachzukommen
  (Rohde 1981, S. 85). Unter diesen Umständen kann sich
  diese Abgabe nicht über Effekte auf die Rückflußdauer im
  Investitionskalkül niederschlagen. Daher verwundert
  nicht, daß diese betriebliche Pflichtzahlung (wohl auch
  heute) "noch nicht zu durchgreifenden Erfolgen geführt
  (hat)" (Stenzel, Uebermuth 1978, S. 62).

Die Betriebe können durch die Pflichtzahlungen allenfalls
marginal an einer Planübererfüllung und damit an der Aufdeckung ihrer Ressourcen- und Leistungsreserven interessiert werden. Dies liegt an der gleichen Ursache, an der
bisher regelmäßig auch der Versuch scheiterte, sie an Planüberbietungen zu interessieren: Die Betriebsleiter werden
jedem positiven Prämieneffekt das Risiko zukünftig sinkender Prämien gegenüberstellen. Die Pflichtzahlungen können
zwar den Prämieneffekt erhöhen, daß dies allerdings das
damit verbundene Risiko gänzlich kompensieren kann, ist

unwahrscheinlich. So wurde in den 60er Jahren beklagt, daß auf Grund "gewisser Mangelerscheinungen in der Materialversorgung ... mache Betriebe höhere Zinsen und höhere Produktionsfondabgabe in Kauf (nehmen), um sicher zu sein, daß die vorhandenen Vorräte eine Kontinuität der Produktion garantieren" (Mohn, Zachäus 1967, S. 192). Da das aus Planstörungen resultierende Prämienrisiko zwischenzeitlich nicht vermindert worden ist, kann angenommen werden, daß das in diesem Zitat angesprochene Problem auch heute noch relevant ist. Auch kann der Prämieneffekt der Pflichtzahlungen zudem ausschließlich durch gezielte "Hortungsstrategien" und Regelverstöße verursacht sein, so daß selbst Planübererfüllungen nicht mit einer Steigerung der gesamtwirtschaftlichen Rationalität gleichzusetzen sind. Damit zeigt sich insgesamt, daß sich ordnungsbedingte Ineffizienzen schwerlich durch prozeßpolitische Verrechnungstricks kompensiert werden können.

5.2.2.4. Der Einfluß der Pflichtzahlungen auf die Planaufstellung beim Übergang zum Gewinnprinzip: das Beispiel des ÖSS

Anders als bei Gültigkeit des Planerfüllungsprinzips stellt sich der Wirkungszusammenhang der "Pflichtzahlungshebel" dar, wenn das betriebliche Formalziel nicht die Planerfüllung, sondern die Gewinnmaximierung ist und die Betriebsangehörigen in Höhe eines bestimmten Prozentsatzes (Normativs) des tatsächlichen Gewinns prämiiert werden.

Dies war in der DDR während der Phase des ÖSS zwischen 1968 und 1970 der Fall. Damals wurden die Betriebsangehörigen normativ am jährlichen *Nettogewinnzuwachs* beteiligt. Die

dabei angewandte modifizierte Prämiierungsfunktion kann in
ihren Grundzügen wie folgt formalisiert werden:[1]

$$(2b) \quad Pr_\tau = c\ Pr_{\tau-1} + z\ dG_\tau + \sum_{i=1}^{a} a_i\ (K_{i\,t} - K_{i\,p}).$$

Pr_τ steht für die Prämienfondszuführung des laufenden,
$Pr_{\tau-1}$ für diejenige des vorangegangenen Planjahres; c repräsentiert das Grundzuführungsnormativ, z das am Gewinnzuwachs (dG_τ) anknüpfende Zuwachsnormativ; a_i symbolisiert
den Prämiierungskoeffizienten für die Planerfüllung der Nebenkennziffern ($K_{i\,t}$ - $K_{i\,p}$).

In der Literatur wird der damalige Übergang zu einem (rudimentären) Gewinnprinzip gelegentlich als Indiz für eine
ordnungspolitische Transformation des Wirtschaftssystems
der DDR von einer Zentralverwaltungswirtschaft sowjetischen
Typs hin zu einer sozialistischen Marktwirtschaft gewertet

---

1) Verordnung über die Bildung und Verwendung des Prämienfonds in den volkseigenen und ihnen gleichgestellten
Betrieben und den VVB (Zentrale) für das Jahr 1968 vom
2.2.1967, Gbl. DDR II, Nr. 17, S. 103 sowie die Erste
Durchführungsbestimmung hierzu vom 19.6.1967, Gbl. DDR
II, Nr. 58, S. 371; Verordnung über die Bildung und Verwendung des Prämienfonds in den volkseigenen und ihnen
gleichgestellten Betrieben, volkseigenen Kombinaten, den
VVB (Zentrale) und Einrichtungen für die Jahre 1969 und
1970 vom 26.6.1968, Gbl. DDR II, Nr. 67, S. 490.
In diesen Verordnungen war festgelegt, daß die Gesamtzu-
führung zum Prämienfonds nach zwei miteinander zu kombi-
nierenden Verfahren zu erfolgen hatte: Ein bestimmter
Anteil des jeweils vorjährigen Prämienfonds war als
Grundzuführung zu planen. Daneben wurde ein Zuwachsnormativ festgelegt. Dieses bestimmte den prozentualen
Anteil am Gewinnzuwachs des laufenden Jahres, der ebenfalls dem Prämienfonds zugeführt werden sollte. Das Zuwachsnormativ wurde dabei je VVB, Kombinat und VEB differenziert vorgegeben. 1968 konnte es daneben auch auf
die absolute Gewinnhöhe bezogen werden. Neben der tatsächlichen Höhe des Gewinns oder Gewinnzuwachses hing
die Prämienfondszuführung jedoch weiterhin auch vom
Soll-Ist-Vergleich "materieller" Nebenkennziffern wie
Exportaufgaben, Planaufgaben Wissenschaft und Technik,
Warenproduktion von Fertigerzeugnissen für die Bevölkerung usw. ab.

(Hensel 1973b, S. 157 ff.; Hamel 1975, S. 97.). Für diese
Einschätzung spricht insgesamt die damalige Ausgestaltung
der ordnungspolitischen Konzeption in der DDR: Auch wenn
den Betrieben im Rahmen der staatlichen Strukturplanung von
der Intention her allenfalls "adaptive Unternehmensaufga-
ben" zufallen sollten (Schüller 1985, S. 164), erhielten
sie damals einen erheblich größeren Entscheidungsspielraum
bezüglich ihrer Planaufstellung zugewiesen. So wurde die
neue Rolle der Betriebe in den Jahren des ÖSS von Nick
(1970, S. 201) folgendermaßen charakterisiert: "Der Plan
des Betriebes ist nicht mehr die 'Aufschlüsselung' der
Plankennziffern der VVB. Der Betrieb muß vielmehr auf der
Grundlage der vorgegebenen strukturkonkreten Aufgaben und
normativ festgelegter langfristiger Wirtschaftsbedingun-
gen[1] alle konkreten Zielstellungen, wie die Entwicklung
des Gewinns, der Warenproduktion, der Investitionen usw.,
also die Kennziffern, die er früher durch das übergeordnete
wirtschaftsleitende Organ erhielt, selbst erarbeiten."

Ohne eine Neuformulierung der betrieblichen Zielfunktion
hätten die in Abschnitt 5.2.2.2. beschriebenen Funktionsdefizite der Pflichtzahlungen allein durch die Ausweitung der
betrieblichen Entscheidungsrechte nicht behoben werden können; sie wären allenfalls in ihren negativen Auswirkungen
nur noch gravierender gewesen. Durch die Einführung des
(rudimentären) Gewinnprinzips jedoch änderte sich die Wirkungslogik dieses Instrumentariums grundlegend selbst dann,
wenn, wie beispielsweise bei der Produktionsfondsabgabe,
die einschlägigen Vorschriften unverändert blieben.

Je höher (geringer) bei Gültigkeit des Gewinnprinzips die
erfolgswirksamen Abgabenbelastungen im Vergleich zum Vorjahr sind, um so geringer (höher) ist der Betriebsgewinn
und damit gleichzeitig, d.h. ohne Zwischenschaltung eines

---

1) Hierunter sind die Normative der internen Fondsbildung
   sowie der Pflichtzahlungen zu verstehen, d. Verf.

Soll-Ist-Vergleichs, die Prämienausschüttung an die Betriebsangehörigen. Dann werden die Betriebsleiter die Pflichtzahlungen und sonstigen "ökonomischen Hebel" bereits bei der Aufstellung ihrer Produktions- und Absatzpläne in das Entscheidungskalkül einbeziehen.

Daß man sich in der DDR der Auswirkungen bewußt war, die von der Umgestaltung des betrieblichen Formalziels auf das betriebliche Planungsverhalten und damit auf die Funktionalität der Pflichtzahlungen bewußt war, kann am Beispiel der Produktionsfondsabgabe belegt werden. 1966 hieß es: "Die Produktionsfondsabgabe ist ein ökonomischer Hebel zur direkten Stimulierung eines optimalen Fondseinsatzes und der rationellen Ausnutzung der vorhandenen produktiven Fonds".[1] Diese Wortwahl impliziert, daß mit der Produktionsfondsabgabe vorrangig eine effiziente Kapitalnutzung während der Plandurchführung angestrebt wurde. Im Zuge der fortschreitenden Wirtschaftsreformen wurde diese wirtschaftspolitische Zielsetzung dahingehend erweitert, daß durch die Abgabe nun auch die betriebliche Investitionsrechnung, d.h. die Investitionsplanung selbst, effektiviert werden sollte (Nick 1967, S. 162 ff.). Voraussetzung hierfür war die Neufassung der Prämiierungsvorschriften. Als nach Abbruch der Wirtschaftsreformen das Gewinnprinzip wieder durch das Planerfüllungsprinzip ersetzt wurde, sah man die Aufgabe der Produktionsfondsabgabe konsequenterweise erneut ausschließlich in einer Effektivierung der Plandurchführung (Paschke 1971). Diese Funktionszuweisung ist bis heute beibehalten worden: "Die Produktionsfondsabgabe löst wirksame <?, d. Verf.> Impulse aus, komplex zu rationalisieren, Investitionen termingerecht oder vorfristig in Betrieb zu nehmen, die Fonds rationell zu nutzen, Maschinen und Anlagen mehrschichtig auszulasten und die Umlaufmittel

---

1) Abschn. II der Grundsätze für die Einführung der Produktionsfondsabgabe in ausgewählten VVB der zentralgeleiteten volkseigenen Industrie vom 3.3.1966, Gbl. DDR II, Nr. 42, S. 261.

unter dem Gesichtspunkt einer optimalen Bestandshaltung zu bestimmen" (Autorenkollektiv 1986a, S. 645). All dies sind vorrangig Aspekte der Plandurchführung; die Produktionsfondsabgabe hat daher allenfalls auf die Nutzung bereits investierten Kapitals, nicht dagegen auf die Entscheidungsfindung bei Neuinvestitionen einen Einfluß (Buck 1978, S. 11).

Warum die Wirtschaftsreformen des ÖSS scheiterten, ist in der Literatur wiederholt untersucht worden. Als wohl wesentlichste Ursache hierfür muß das ungelöste Preisproblem angesehen werden. Da die Preissignale nicht mit den Präferenzen der Zentralinstanzen übereinstimmten, führte der damalige "Selbstlauf" der Betriebe zu einer Verschärfung des Principal-Agent-Problems. Aus den Widersprüchen zwischen betrieblicher Sortimentsplanung und zentraler Strukturplanung resultierten zunehmende realwirtschaftliche Disproportionen.

Speziell im Zusammenhang mit der Produktionsfondsabgabe bewirkten die damaligen Preissetzungsvorschriften, daß das betriebliche Investitionsverhalten mittels dieser Abgabe selbst unter den Bedingungen des Prinzips der Gewinnmaximierung nicht zureichend durch die staatlichen Lenkungsinstanzen steuerbar war: Die Dezentralisierung der Preissetzungskompetenzen (vgl. Abschnitt 2.2.) und die Einführung des Industriepreis-Regelsystems (vgl. Abschnitt 2.1.) bewirkten statt der erhofften Preissenkungen überwiegend Preissteigerungen. Eine Ursache hierfür war, daß die Betriebe gegenüber den Preisbewilligungsinstanzen tatsächliche Kostensenkungen verbergen und zur Bildung interner Leistungsreserven nutzen konnten. Darüber hinaus gelang es ihnen unter Berufung auf Kostensteigerungen in den vorgelagerten Produktionsstufen, für neue Produkte hohe Preise bewilligt zu bekommen (Melzer 1985, S. 1036 f.). Der Erfolg dieser betrieblichen Strategien verminderte jedoch den Druck, der von den Pflichtzahlungen auf den Gewinn und damit auf die Prämiierung ausging. Ein Anstieg der Produktionsfondsabgabe konnte relativ leicht aus den solchermaßen gebildeten "Gewinnreserven" finanziert werden. Daher hatte dieser "ökonomische Hebel" trotz der Einführung des (rudimentären) Gewinnprinzips keinen zureichenden Einfluß auf die betrieblichen Investitionsentscheidungen.

5.3. Betriebliche Pflichtzahlungen als Instrument bürokratischer Kontrolle

Auch die bürokratische Kontrolle der Betriebe ist in staatssozialistischen Zentralverwaltungswirtschaften in die Funktionslogik des Planerfüllungsprinzips eingebunden: Soll sich die Kontrolle nicht in einer ausschließlichen Faktensammlung erschöpfen, müssen die Kontrollinformationen in Bezug gesetzt werden zu entsprechenden Normen, damit Abweichungen zwischen tatsächlichem und staatlicherseits erwünschtem Verhalten der Betriebe feststellbar sind. "Jede Kontrolle läßt sich", wie es in einem einschlägigen Lehrbuch der DDR heißt, "allgemein als Vergleich zwischen Soll und Ist auffassen, der durchgeführt wird, um Abweichungen zwischen beiden Größen zu untersuchen und notwendige Entscheidungen für Folgeprozesse vorzubereiten" (Autorenkollektiv 1981b, S. 353). Bei den Normen bzw. Soll-Größen, anhand derer die Betriebe zu kontrollieren sind, handelt es sich vorrangig um die staatlichen Planvorgaben (Autorenkollektiv 1984, S. 42 f.; Autorenkollektiv 1989, S. 28).

5.3.1. Der Informationsgehalt der betrieblichen Pflichtzahlungen unter Kontrollaspekten

In der DDR dient die staatliche Kontrolle vor allem dem Ziel eines effektiven betrieblichen Ressourceneinsatzes (Autorenkollektiv 1981b, S. 179). Wichtigster Maßstab der Betriebseffektivität soll die Erfüllung der betrieblichen Abführungsauflagen sein, und zwar mit Vorrang gegenüber den sonstigen betrieblichen Zahlungsverpflichtungen und der betriebsinternen Fondsfinanzierung.[1]

---

1) § 10 des Gesetzes über die Staatshaushaltsordnung der Deutschen Demokratischen Republik vom 13.12.1968, Gbl. DDR I, Nr. 23, S. 383; vgl. auch Autorenkollektiv 1989, S. 200 f.

Die Planauflagen für die betrieblichen Pflichtzahlungen, deren Erfüllung kontrolliert werden soll, entstehen jedoch, wie in Abschnitt 3.4.1. dargelegt wurde, unter Mitwirkung der Betriebe. Diese Auflagen drücken somit auch die betrieblichen Interessen aus. Die Lenkungs- und Kontrollorgane können daher anhand der planmäßigen Höhe der betrieblichen Pflichtzahlungen ex ante nicht feststellen, ob und in welchem Ausmaß die betrieblichen Pläne "weich" sind. Wären die wirtschaftsleitenden Instanzen hierzu in der Lage, gäbe es das Problem der "weichen Pläne" überhaupt nicht; es würde dann wohl auch in der Politischen Ökonomie des Sozialismus nicht erwähnt: "Die Grenze der Aussagen des Plan-Ist-Vergleichs besteht darin, daß er für sich allein keine Beurteilung über die Qualität des Planes bzw. die Höhe der mit dem Plan gegebenen Zielstellungen zuläßt" (Autorenkollektiv 1981b, S. 384).

So müssen die Betriebe die Produktionsfondsabgabe nicht für die jenigen Kapitalgüter entrichten, die sie effektiv benötigen, sondern für einen Kapitalbedarf, den sie unter Ausnutzung ihres Informationsvorsprungs im Zuge des iterativen Planungsverfahrens gegenüber den wirtschaftsleitenden Instanzen geltend machen können. Der tatsächliche Bedarf des einzelnen Betriebes an Produktionsmitteln wird aus der Höhe der Produktionsfondsabgabe nicht ersichtlich. Das gleiche Kontrollproblem besteht analog auch für die sonstigen "ressourcenbezogenen" Pflichtzahlungen.

Lediglich die Planerfüllung kann kontrolliert werden. Die Planübererfüllung läßt auf versteckte Leistungsreserven schließen und informiert insofern darüber, was bei der Aufstellung des nächsten Volkswirtschaftsplanes von den Betrieben mehr verlangt werden kann. Zu fragen ist allerdings, was diese Überprüfungen für die Kontrollorgane, hier vorrangig die Staatliche Finanzrevision und die Staatsbank, effektiv wert sind. Dieser Frage soll im folgenden für die einzelnen Pflichtzahlungen nachgegangen werden.

Die **Nettogewinnabführung** gilt als Maßstab für die Erfüllung des betrieblichen Gewinnplanes (Autorenkollektiv 1981b, S. 179): Da diese Pflichtzahlung an die Höhe des tatsächlichen Nettogewinns geknüpft ist, ruft eine Abweichung des tatsächlichen vom geplanten Nettogewinn ebenfalls eine Abweichung der tatsächlichen von der geplanten Abführungshöhe hervor. Auf den Nettogewinn wirkt jedoch eine Vielzahl von Einzelfaktoren ein. Daher können die Kontrollorgane aus einer Unplanmäßigkeit im Zusammenhang mit der Gewinnabführung nicht ohne weiteres auf die spezifische(n) Ursache(n) schließen. So kann ein Mindergewinn (und damit eine Minderabführung) verursacht sein durch überplanmäßige Kosten, eine Untererfüllung des Absatzplanes oder einen Mehrbedarf an Kapitalgütern, der die Produktionsfondsabgabe erhöht. Ein Überplangewinn kann durch Kostenunterschreitungen, eine Übererfüllung des Gewinnplanes oder Kapitalgütereinsparungen verursacht sein.

Mehr- oder Minderzahlungen bei der Gewinnabführung sind daher allenfalls ein Indiz dafür, daß die betriebliche Plandurchführung in einzelnen Teilbereichen durch (negative oder positive) Planabweichungen gekennzeichnet ist; deren genauen Ursachen können aus der tatsächlichen Höhe der Gewinnabführung jedoch nicht abgelesen werden und erfordern weitergehende Kontrollaktivitäten. Da sich zudem Über- und Unterschreitungen der einzelnen betrieblichen Teilpläne in ihrer Wirkung auf den Betriebsgewinn kompensieren können, läßt sich von der Erfüllung des Gewinnplanes und des Gewinnabführungsplanes nicht einmal zwingend auf die Planmäßigkeit der betrieblichen Aktivitäten in ihrer Gesamtheit schließen. Aus dem gleichen Grund kann selbst eine Übererfüllung des Gewinn- und damit des Gewinnabführungsplanes nicht zwangsläufig als Indikator dafür genommen werden, daß seitens des jeweiligen Betriebes auch die sonstigen Teilpläne zumindest erfüllt worden sind. So ist, wie Möbius und Streich (1988b, S. 79) zutreffend feststellen, eine "Übererfüllung des Nettogewinns nicht in jedem Falle und automatisch Ausdruck eingehaltener bzw. eingesparter Selbstkosten".[1]

Damit zeigt sich, daß die betriebliche Planerfüllung mittels der Nettogewinnabführung nur in sehr engen Grenzen effektiv kontrolliert werden kann. Ob die Kontrollinstanzen durch die Überprüfung der betrieblichen Nettogewinnabführung überhaupt Informationen über Gewinnplanabweichungen erlangen können, hängt zudem von der spezifischen Ausgestaltung der abgabenrechtlichen Vorschriften ab, von deren möglichen Alternativen hier nur einige wenige exemplarisch beleuchtet werden sollen:

Müssen die Betriebe auch im Falle einer Gewinnplanuntererfüllung ihre Gewinnabführung in voller Höhe des ursprünglichen Planansatzes entrichten, wirken sich Gewinnplanunterschreitungen nicht auf die Höhe dieser Pflichtzahlung aus und können dann nicht mit Hilfe der Gewinnabführung kontrolliert werden. Allerdings müssen die Betriebe in diesem Fall außerplanmäßige Überbrückungskredite aufnehmen, wodurch die kreditgebende Staatsbank als weiteres Kontrollorgan Kenntnis über die Planstörung erhält.

In der DDR ist derzeit nicht der einzelne Betrieb, sondern das Kombinat gegenüber dem Staatshaushalt zahlungspflichtig (vgl. Abschnitt 2.1.). Das bedeutet, daß mit Hilfe der Gewinnabführung an den Staatshaushalt nur die Gewinnplanerfüllung des Kombinats insgesamt, nicht die der einzelnen Betriebe kontrolliert werden kann. Auch dies reduziert die Aussagekraft der Gewinnabführung als Kontrollindikator: Bemißt sich die Gewinnabführung des Kombinats nach dem sal-

---

1) Derartige Überplangewinne können beispielsweise dadurch verursacht sein, daß der einzelne Betrieb sein Produktionssortiment unplanmäßig zugunsten solcher Güter verschiebt, in deren Preisen ein höherer Gewinnzuschlag als in denjenigen des planmäßigen Sortiments kalkuliert ist, die jedoch höhere Produktionskosten verursachen.

dierten Gewinn der Kombinatsbetriebe,[1] wirken sich betriebliche Planabweichungen für den Extremfall, daß sich
Mindergewinne der einen Betriebe und Mehrgewinne der anderen gänzlich ausgleichen, nicht auf die Gewinnabführung
des Kombinats aus. Die Gewinnplanerfüllung des Kombinats
kann daher mit erheblichen Planabweichungen einzelner zum
Nachteil anderer Kombinatsbetriebe verbunden sein. Allerdings ist zu berücksichtigen, daß die Betriebe ihre finanziellen Pläne grundsätzlich mit der jeweils zuständigen
Filiale der Staatsbank abstimmen müssen und auch die kombi-
natsinternen Geldüberweisungen über Konten der Bankfilialen
abgewickelt werden. Dann sind zumindest die staatlichen
Bankfilialen in der Lage, die Gewinnplanerfüllung der Betriebe anhand der entsprechenden Überweisungen von den Betrieben an die Kombinatskonten zu kontrollieren.

Mittels der **produktgebundenen Abgabe** läßt sich, da diese
Pflichtzahlung umsatzbezogen geplant und erhoben wird, der
betriebliche Umsatzplan kontrollieren. Um diese Kontrolle
zu gewährleisten, durften die Betriebe bisher ihre Zahlungsverpflichtungen aus der produktgebundenen Abgabe in
der Regel nicht mit Ansprüchen aus produktgebundenen Zuführungen verrechnen. War eine solche Verrechnung zugelassen, mußten die Betriebe die Finanzverwaltung über die
Bruttohöhe ihrer Zahlungsverpflichtung informieren. Zur
Kontrolle des außenwirtschaftlichen Umsatzplanes unterlagen
in einzelnen Jahren auch die Ex- und Importgüter der produktgebundenen Abgabe.

---

1) Derzeit dürfen formal Gewinnausfälle einzelner Betriebe
   in der Mehrzahl der Kombinate nicht mit Mehrgewinnen
   anderer Betriebe verrechnet werden; somit kann bei den
   Betrieben mit Unterplangewinn der "Kredithebel" automatisch wirksam werden - sofern nicht seitens der Kombinatsleitung zur Vermeidung von Zinsmehrkosten die Planauflage gesenkt wird, was allerdings einer faktischen
   Saldierung der Mehr- und Mindergewinne innerhalb der
   Kombinate gleichkommt; vgl. Möbius, Streich 1988a, S.
   391.

Eine Unterschreitung des Planes der produktgebundenen Abgabe kann dadurch verursacht sein, daß der Umsatzplan
quantitativ nicht erfüllt wird oder daß bei Erfüllung des
Umsatzplanes andere als die geplanten Produktarten bei
niedrigerer "Belastung" mit produktgebundenen Abgaben ab-
gesetzt werden. Mit umgekehrten Vorzeichen rufen die gleichen Ursachen eine etwaige Übererfüllung des planmäßigen
Betrages der produktgebundenen Abgaben hervor. Wie bei der
Gewinnabführung können sich auch hier beide Einflüsse gegenseitig kompensieren; d.h., eine Untererfüllung des Umsatzplanes kann durch eine Verschiebung hin zu Produkten
ausgeglichen werden, in deren Preis eine relativ hohe produktgebundene Abgabe enthalten ist.[1]

Kaum kontrollierbar ist mittels dieser Pflichtzahlung zudem, ob die von den Betrieben hergestellten und abgesetzten
Güter den Qualitätsnormen entsprechen. Da die meisten der
staatseigenen Betriebe Angebotsmonopolisten sind, besteht
seitens der abnehmenden Betriebe kaum ein Interesse, nicht
qualitätsgerechte Güter zurückzuweisen. Zum einen würde
dies die eigene Planerfüllung weit stärker gefährden als
die Nachbesserung auf eigene Rechnung, zum anderen könnte
der Lieferbetrieb aus seiner Monopolstellung heraus Ver-
tragsstreitigkeiten zum Anlaß nehmen, den Abnehmerbetrieb
zukünftig zu diskriminieren (vgl. Derix 1983, S. 195).

Damit zeigt sich, daß auch die Erfüllung der betrieblichen
Umsatzpläne nach Umfang, Struktur und Qualität mittels einer Überprüfung der Planmäßigkeit der Zahlung produktge-
bundender Abgaben wenn überhaupt, dann nur in sehr groben
Zügen kontrolliert werden kann (Bielig, Gurtz 1973, S.
1643). Da in der DDR derzeit auf einen Großteil der Produktionsmittel keine produktgebundene Abgabe erhoben wird,

---

1) Vgl. die hierzu analogen Ausführungen bezüglich der sowjetischen Umsatzsteuer bei Penkaitis 1986, S. 45.

lassen sich zudem die Umsätze dieser Güter mit Hilfe der produktgebundenen Abgabe überhaupt nicht kontrollieren.[1]

Da die **Produktionsfondsabgabe** als Prozentsatz auf die den Betrieben zur Verfügung gestellten Kapitalgüter erhoben wird, können Planabweichungen im Zusammenhang mit dieser Pflichtzahlung als Indikator für Unplanmäßigkeiten im Zusammenhang mit der betrieblichen Produktionsmittelnutzung dienen. Auch hier gilt allerdings, daß dies den Kontrollinstanzen nur sehr unzureichende Informationen über die Planmäßigkeit des betrieblichen Gebarens übermitteln kann. Auf die Höhe der Produktionsfondsabgabe wirken sich vorrangig nur Bestandsänderungen aus. Ob und in welchem Ausmaß die Produktionsmittel dabei effizient eingesetzt werden, läßt sich demgegenüber mittels dieser Pflichtzahlung kaum erfassen (vgl. Bielig, Gurtz 1973, S. 1644). Dies ist allenfalls im Zusammenhang mit der erhöhten Abgabe für verspätet in Betrieb genommene Investitionsvorhaben und für nicht zureichende Schichtauslastung der Produktionsanlagen möglich. Selbst in diesem Fall kann jedoch nicht ausgeschlossen werden, daß etwaige Mehrabführungen durch Minderabführungen auf Grund anderweitiger Einsparungen kompensiert werden, so daß die Gesamtsumme der Produktionsfondsabgabe konstant bleibt. Im Zusammenhang mit der Produktionsfondsabgabe auf Umlaufmittel, d.h. auf Lagerbestände, wurde bereits in den

---

1) Zu der der produktgebundenen Abgabe entsprechenden "Umsatzsteuer" in der Sowjetunion hat Holzman (1955, S. 137) ausgeführt, daß deren Kontrolleffizienz auch auf Grund der spezifischen Interessenlage der Kontrollbeamten - zumindest zur damaligen Zeit - gering war: Wie auch in der DDR zahlten und zahlen die Betriebe des Bergbaus, der Landwirtschaft, der chemischen und der Holzindustrie sowie des Schwermaschinenbaus der UdSSR kaum eine Umsatzsteuer. Wohl nicht zuletzt auf Grund entsprechender Prämienvorschriften waren die Mitarbeiter der staatlichen Finanzorgane damals vorrangig an der Erzielung hoher "Steuereinnahmen" interessiert. Dementsprechend gering war ihr Interesse an einer detaillierten Umsatzkontrolle in den Betrieben der genannten Produktionszweige, die trotz ihrer Größe und gesamtwirtschaftlichen Bedeutung kaum Umsatzsteuer zahlen mußten.

60er Jahren beklagt, daß die Entwicklung dieser Bestände zwischen einzelnen Stichtagen durch diese Pflichtzahlung nicht kontrollierbar ist, da sie jeweils stichtagsbezogen berechnet wird (Jesse 1964).

Die Höhe des **Beitrags für gesellschaftliche Fonds** wird in Abhängigkeit vom betrieblichen Lohnfonds festgelegt. Damit läßt sich diese Pflichtzahlung potentiell als Indikator der betriebsbezogenen Lohnfondskontrolle einsetzen. Jedoch können sich die Kontrollorgane damit nicht vergewissern, ob die in den Betrieben Beschäftigten effizient eingesetzt werden.

Gleiches ist auch für die **Bodennutzungsgebühr** anzunehmen. Planabweichungen setzen die Finanzorgane lediglich davon in Kenntnis, daß der jeweilige Betrieb mehr oder weniger als die planmäßig vorgesehenen Bodenflächen benötigt oder seinen Verpflichtungen zur Remelioration des Bodens und dessen Rückführung in landwirtschaftliche Nutzung nicht nachkommt. Ob dagegen der dem Betrieb zur Verfügung gestellte Boden effizient eingesetzt wird, läßt sich an der tatsächlichen Höhe der Bodennutzungsgebühr nicht ablesen.

Mittels der **Amortisationsabführung** sollen die Erlöse abgeschöpft werden, die den Betrieben aus den in den Abgabepreisen kalkulierten Abschreibungen zufließen und nicht für betriebsinterne Finanzierungszwecke vorgesehen sind. Dementsprechend ließen sich mit dieser Pflichtzahlung die betrieblichen Umsätze kontrollieren: Erfüllt ein Betrieb seinen Absatzplan nicht, so fließen ihm geringere als die planmäßigen Amortisationserlöse zu, was wiederum zu unterplanmäßigen Amortisationsabführungen führt. Dies gilt, analog den Darlegungen zur Gewinnabführung, allerdings nicht für den Fall, daß der Betrieb die Amortisationsabführung auch bei unterplanmäßigen Erlösen grundsätzlich in planmäßiger Höhe entrichten muß. Da der Betrieb dann jedoch zu außerplanmäßiger Kreditaufnahme gezwungen sein wird, um seine Finanzierungspläne zu erfüllen, erlangt in diesem Fall die Staatsbank von der Unplanmäßigkeit Kenntnis (Autorenkollektiv 1985b, S. 77.). Ist nicht der einzelne Betrieb, sondern das Kombinat gegenüber dem Staatshaushalt zahlungspflichtig, läßt sich lediglich das Kombinat als Ganzes kontrollieren. Die einzelnen Betriebe sind in diesem Fall jedoch, wie dies bereits im Zusammenhang mit der Gewinnabführung erläutert wurde, seitens der Staatsbank anhand der entsprechenden Kontenbewegungen kontrollierbar.

Was bezüglich der produktgebundenen Abgabe als Instrument der betriebsbezogenen Umsatzkontrolle ausgeführt wurde, gilt mutatis mutandis auch für die Amortisationsabführung. Damit kann lediglich festgestellt werden, ob der Betrieb seinen Umsatzplan in quantitativer Hinsicht erfüllt hat. Ungeplante Sortimentsverschiebungen und die Qualität der produzierten und abgesetzten Güter sind demgegenüber dieser Kontrolle nicht zugänglich. Auch über "den pfleglichen Umgang mit Grundmitteln" als einem Aspekt der Intensivierungsbemühungen vermittelt diese Pflichtzahlung den Kontrollorganen keine Informationen (Finger, Kühn, Polaschewski 1983, S. 37 f.).

Zumindest bis in die 60er Jahre hinein wurde die Kredit- und "Eigenmittel-"Finanzierung der betrieblichen Lagerbestände mit Hilfe der **Umlaufmittelabführung** an Bestandsschwankungen angeglichen. Damit könnte mit dieser Pflichtzahlung auch die betriebliche Lagerbestandsentwicklung kontrolliert werden. Wie in Abschnitt 2.7. dargelegt, sind jedoch Lagerbestandsminderungen zumeist eher eine Ausnahme gewesen. Die Mehrzahl der Betriebe brauchte daher - und dies gilt wohl auch heutzutage - keine Umlaufmittelabführungen zu entrichten. Schon dies schränkt die Möglichkeiten zentraladministrativer Kontrolle durch diese Pflichtzahlung ein. Zudem wird der Finanzierungsbedarf bezüglich der Lagerbestandshaltung jeweils stichtagsbezogen ermittelt; deshalb kann die betriebliche Lagerbestandsentwicklung zwischen den Stichtagen selbst dann, wenn der jeweilige Betrieb diese Zahlung zu entrichten hat, nicht kontrolliert werden. Heutzutage dient die Umlaufmittelabführung zudem nur noch dazu, die Finanzierungsstruktur der Lagerbestandshaltung zwischen den Betrieben eines Kombinats zu vereinheitlichen; es geht nicht mehr darum, das betriebliche Aufkommen an "eigenen Mitteln" etwaigen Lagerbestandsschwankungen anzugleichen. Die Umlaufmittelabführung als Kontrollindikator ist daher von äußerst geringer Bedeutung. Wesentlich wichtiger ist die Kontrolle durch die Staatsbank: Sie gibt den Betrieben für ihre Umlaufmittelfinanzierung Kredite, und Lagerbestandsschwankungen rufen einen Mehr- oder Minderbedarf an Krediten hervor.

5.3.2. Das Problem der "Rechtskontrolle" als Voraussetzung effizienter Finanzkontrolle

Ungeachtet ihres relativ geringen Gehalts an spezifischen Kontrollinformationen sind die betrieblichen Pflichtzahlungen nur dann wirksame Instrumente der Planerfüllungskontrolle, wenn sich in ihnen etwaige Planabweichungen zutreffend widerspiegeln. Dies wurde bisher stillschweigend angenommen, muß jedoch auf Grund folgender Überlegung in Frage gestellt werden: Die Betriebsangehörigen werden entsprechend dem Grad der Planerfüllung prämiiert; deshalb kann davon ausgegangen werden, daß sie zur Sicherung ihrer Prämieneinkünfte versuchen, eventuelle Planunterschreitungen gegenüber den Kontrollorganen zu kaschieren, indem sie verdeckte Reserven aktivieren oder eine Planerfüllung dadurch vortäuschen, daß Rechtsvorschriften zur Plandurchführung und -abrechnung verletzt werden. Diese Möglichkeit sei noch etwas eingehender behandelt.

Es ist bekannt, daß bei der staatlichen Prüfung der betrieblichen Abschlußbilanzen der Jahre 1968 und 1969 nur 48 bzw. 58 Prozent aller Bilanzen unbeanstandet geblieben

sind. Beanstandet wurde, daß bei der Verbuchung von Einnahmen und Ausgaben zeitlich falsch abgegrenzt, "nicht selbst
erwirtschaftete Gewinne" nicht abgeführt und Preise ohne
gesetzliche Grundlage verändert wurden. Daneben wurde das
Betriebsergebnis nicht exakt auf der Grundlage einer aus-
sagefähigen Kostenrechnung ermittelt (Schützenmeister 1971,
S. 275 ff.; vgl. auch Gruschke 1972, S. 62 ff.).

Auch in neuerer Zeit wird beklagt, daß es den Betrieben
oftmals gelingt, außerplanmäßige und nicht kalkulationsfähige Kosten rechtswidrig als planmäßig zu verbuchen, um
eine Minderung des tatsächlichen Nettogewinns und damit der
Nettogewinnabführung zu verhindern (Möbius 1985, S. 73).

Im Zusammenhang mit der Bodennutzungsgebühr kritisiert Rohde (1981, S. 86), daß es der nicht-landwirtschaftliche Bo-
dennutzer sei, der diese Pflichtzahlung zu berechnen und
die für die Erhebung zuständige Abteilung Finanzen des
Kreises über seine Zahlungspflicht zu benachrichtigen habe.
Die Abteilung Finanzen erhalte die für eine zweckdienliche
Kontrolle notwendigen Informationen also nur dann, wenn sie
der Betrieb bereitwillig gibt, was wohl, wie den Ausführungen Rohdes entnommen werden kann, nicht zureichend gewährleistet ist. In Abschnitt 5.2.2.3. wurden einige weitere
Beispiele für das Bestreben der Betriebe genannt, ihrer
Zahlungsverpflichtung durch Regelverletzungen auszuweichen.
Auch die stereotype Feststellung in den jährlichen Erläuterungen zur Haushaltsrechnung der DDR, wieder einmal sei es
gelungen, die Finanzkontrolle noch wirksamer als zuvor zu
machen, ist im Umkehrschluß das Eingeständnis deren geringer Effizienz.

Angesichts dieses Befundes überrascht es nicht, wenn die
"Vertiefung der Rechtsdisziplin" und die "allseitige Stärkung des Rechtsbewußtseins" als wesentliche Voraussetzung
für die Erfüllung der Funktionen der "sozialistischen Finanzen" angemahnt werden (Gebhardt, Gurtz, Schließer,

Schmidt 1987, S. 39). Ein Instrument für die Erhöhung der "Finanzdisziplin" wird dabei in einer zweckdienlicheren als der bisherigen Ausgestaltung des Instrumentariums der "materiellen Verantwortlichkeit"[1] gesehen (Goldhahn, Oertel 1981, S. 1102 f.).

Ein wesentlicher Aufgabenbereich der staatlichen Kontrollorgane liegt daher in der Überprüfung, ob die Betriebe zwingende Rechtsvorschriften bei Planung, Berechnung und Entrichtung der Pflichzahlungen eingehalten haben. Die Kontrolleffizienz der Pflichtzahlung ist nämlich nur so hoch, wie die Überprüfung der betrieblichen Gesetzestreue durch die Kontrollorgane wirksam ausgeübt werden kann. In der DDR wird in diesem Zusammenhang von Rechtskontrolle gesprochen (Autorenkollektiv 1985b, S. 370 ff.); die wirtschaftsleitenden Zentralinstanzen messen ihr wachsende Bedeutung zu (Förster, Erdmann, Krakat 1983, S. 24 u. 28 f.).

Eine Ursache hierfür liegt in der seit Ende der 70er Jahre forcierten Kombinatsreform. Anfang der 80er Jahre erfolgte eine Kompetenzverlagerung von der zentralen wie auch der betrieblichen Ebene auf die damals neu gegründeten Kombinate (vgl. Hamel 1981, S. 72 ff.). Von der Verminderung der Zahl der zentral zu lenkenden und zu kontrollierenden Produktionseinheiten, d.h. der Verkürzung der "Kontrollspanne", versprachen sich die staatlichen Lenkungsinstanzen eine wirksamere Kontrolle. Es spricht jedoch manches dafür, daß das Management der Kombinatsbetriebe den Verlust an äußerer Kompetenz durch die Bildung von "organizational slack" im Inneren ihrer Betriebe auszugleichen suchten. Ein Interesse der Kombinatsleitungen, dies zu unterbinden, mag vorstellbar sein, ist jedoch nicht durchsetzbar, da die

---

1) Hierunter wird verstanden, daß die Betriebe für die Verletzung von Rechtsvorschriften und sonstigen Pflichten Strafen entrichten müssen, die sich negativ auf die Prämiierung der Betriebsangehörigen auswirken sollen; vgl. Barthel 1986b, S. 6 ff.

Kombinatsleitungen andernfalls mit "Obstruktionsstrategien" seitens des Betriebsmanagements zu rechnen haben. Schon 1971 stellte Schützenmeister (S. 283) zu diesem Problembereich fest:[1] "Die Beispiele von Manipulationen in der Gewinnberechnung lassen deutlich erkennen, daß in dem Maße, wie die ökonomische Kraft und Potenz der Wirtschaftsorganisationen durch die Kombinatsbildung immer bedeutendere Dimensionen annehmen, die Rechtsvorschriften zur Sicherung der Ordnungsmäßigkeit und Gesetzlichkeit des Rechnungswesens ein weitaus größeres Gewicht als bisher erlangen müssen." Aus der Verkürzung der "Kontrollspanne" resultiert also ein erhöhter Bedarf an kombinatsexterner Überwachung, der sich in der starken Betonung der Rechtskontrolle, daneben aber auch in der Schaffung neuer Kontrollinstanzen niedergeschlagen hat. Zudem wurden seit Beginn der 80er Jahre viele der den Kombinatsdirektoren im Zuge der Kombinatsreform übertragenen Kompetenzen faktisch wieder auf die Ebene der Ministerien rezentralisiert (Leipold 1984, S. 262 ff.).

Um die Möglichkeiten einer wirksamen Rechtskontrolle abschätzen zu können, muß berücksichtigt werden, daß es sich bei den ökonomisch relevanten Vorschriften in (staatssozialistischen) Zentralverwaltungswirtschaften, anders als in freiheitlich-marktwirtschaftlichen Ordnungen, durchweg um *zwingendes* Recht handelt (Schüller 1985, S. 174). Dies hat zur Konsequenz, daß letztendlich sämtliche Aktivitäten jedes einzelnen Betriebes auf ihre Vorschriftsmäßigkeit hin überprüft werden müssen. Hieraus resultiert ein immenser Arbeitsaufwand für die Kontrollorgane, dem diese in der Regel auf Grund beschränkter Personalausstattung und knapper Prüfungszeit kaum genügen können (Müller 1980, S. 68 f.). Nicht unwesentlich wird diese Kontrolle dadurch erschwert, daß die prüfungsrelevanten Rechtsvorschriften sehr

---

1) Schützenmeisters Ausführungen beziehen sich auf die Erfahrungen mit der ersten Welle von Kombinatsbildungen in der DDR während des NÖSPL und insbesondere des ÖSS; vgl. hierzu G. Schneider, Tröder 1985, S. 39 ff.

zahlreich, zersplittert, schwer überschaubar, zuweilen widersprüchlich und oft nur sehr kurzlebig sind (Goldhahn 1975, S. 55; Biefeld, Hesse, Schüsseler 1984, S. 639).

Selbst wenn den Kontrollorganen genügend Personal und Zeit zur Verfügung stünden und den Kontrolleuren auch die letzten Feinheiten der allerneuesten Rechtsvorschriften bekannt wären, mangelte es ihnen jedoch immer noch an einer ausreichenden Detailkenntnis der innerbetrieblichen Gegebenheiten. Weder die Mitarbeiter der Staatlichen Finanzrevision noch diejenigen der Staatsbankfilialen werden in der Regel über derartig spezifisches Wissen verfügen (Müller 1980, S. 68 f. u. 103 ff.; Hartwig, Thieme 1987, S. 228). Wären sie derartig umfassend informiert und könnten dementsprechend detailliert kontrollieren, würde das Problem der "weichen" Pläne nicht existieren.

Speziell im Hinblick auf staatliche Bankkontrolle führen Hartwig und Thieme (ebenda) zudem an, daß die Kontrolleure nicht erfolgsabhängig prämiiert werden und deshalb bestrebt sind, Konflikte zu vermeiden. Dies berührt ein allgemeines Problem, das in der "westlichen" Theorie als Capture-Problem bezeichnet wird.[1] Auf zentralverwaltungswirtschaftliche Ordnungsbedingungen übertragen läßt sich die Capture-Theorie dahingehend modifizieren, daß die Mitarbeiter der Kontrollbürokratien ihre Überwachungsfunktionen auf eine allenfalls oberflächliche Weise ausüben, um so Konflikte mit den Branchenverwaltungen zu vermeiden oder seitens der

---

1) Der Capture-Theorie zufolge gibt es in Verkehrswirtschaften einen Markt für staatliche Regulierung. Nachfrager sind Unternehmen bzw. deren Interessengruppen, die sich durch die Erlangung von Regulierungsprivilegien dem wettbewerblichen Anpassungszwang entziehen wollen. Hierfür sichern sie den Politikern als den Anbietern staatlicher Regulierungsprivilegien politische Unterstützung zu. Das Selbstinteresse der Politiker und der mit der Regulierungsaufgabe betrauten Bürokratien führt zu einem tendenziellen Anwachsen der regulierten Bereiche und damit zu einem Absinken der gesamtwirtschaftlichen Koordinationseffizienz; vgl. Eickhof 1985.

Betriebe bzw. der Branchenverwaltungen für den Verzicht auf Detailkontrolle besonders begehrte Mangelwaren oder sonstige informelle Privilegien zu erlangen. Daß die Branchenverwaltungen selbst nur ein geringes Interesse an der strikten Kontrolle "ihrer" Betriebe haben, wurde bereits in Abschnitt 3.4.2. aufgezeigt.

Auch der wiederholte Wechsel zwischen Produktions- und Territorialprinzip bei der Erhebung der betrieblichen Pflichtzahlungen in der DDR kann als Reaktion auf dieses Capture-Problem interpretiert werden: Fließen die betrieblichen Pflichtzahlungen entsprechend dem Produktionsprinzip über die Kombinate und Branchenministerien an den Staatshaushalt, ist das Kontrollinteresse dieser wirtschaftsleitenden Instanzen aus den geschilderten Gründen als nur sehr gering zu veranschlagen. Bei der Erhebung entsprechend dem Territorialprinzip sind dagegen die Finanzabteilungen der Gebietskörperschaften mit der Erhebung und Kontrolle der betrieblichen Pflichtzahlungen vertraut. Auch diese Überwachungsorgane bzw. deren Leitungsinstanzen auf örtlicher oder regionaler Ebene werden jedoch mögliche Konflikte mit den den Betrieben übergeordneten wirtschaftsleitenden Instanzen zu vermeiden suchen. Sind die Betriebe den örtlichen bzw. regionalen Instanzen unterstellt, dann sind diese zudem aus Gründen der eigenen Reputation an einer möglichst störungsfreien, planmäßigen Entwicklung der Betriebe des "eigenen" Verwaltungsgebietes interessiert. Das Capture-Problem wird durch die wechselseitige Ersetzung des Produktions- durch das Territiorialprinzip jeweils nur verlagert, nicht jedoch wirksam gelöst.

Da die Neigung der Betriebsangehörigen zu Regelverletzungen aus dem systemspezifischen Widerspruch zwischen betrieblichen und zentraladministrativen Interessen herrührt, können diese Regelverstöße selbst durch eine Ausdehnung des Kontrollapparates nie gänzlich ausgeschlossen werden. Die externe bürokratische Kontrolle ist der marktwirtschaftlichen

Wettbewerbskontrolle, die am inneren Stimulus des Eigenin-
teresses der Wettbewerbsteilnehmer ansetzt, in ihrer Ef-
fiziens daher zwangsläufig unterlegen (Leibenstein 1978, S.
171 ff.). Das Kontrollproblem in dem Sinne, daß die betrieblichen Aktivitäten im Hinblick auf ihre gesamtwirtschaftliche Effektivität hin überprüft werden, ist bei
Staatseigentum und zentraler Planung auf Grund des Infor-
mations- und Interessenproblems und des damit einhergehenden Bruchs der Wirtschaftsrechnung nicht lösbar (vgl.
Schüller 1985, S. 178 f. und 1986, S. 154 f.). Dem intendierten Steuerungsregelkreis der wirtschaftlichen Rechnungsführung, wie er in Abbildung 7 skizziert ist, fehlt
somit eine wirksame Rückkopplung zwischen betrieblichem
Verhalten und dessen Kontrolle anhand der zentralen Zielsetzungen.

5.4. Betriebliche Pflichtzahlungen als Instrument gesamtwirtschaftlicher und betriebsbezogener Liquiditätssteuerung

Staatssozialistische Zentralverwaltungswirtschaften sind Geldwirtschaften. Zur Vermeidung monetärer Disproportionen muß sichergestellt werden, daß die geldwerten Ansprüche der Betriebe, privaten Haushalte und staatlichen Verwaltungen in Übereinstimmung mit der planmäßigen güterwirtschaftlichen Verteilung gebracht werden. In der Fachliteratur der DDR wird ausgeführt, daß die sogenannte Primärverteilung der Einnahmen, über die die Betriebe und Privathaushalte im Zuge der Plandurchführung verfügen, nach Volumen und Struktur zunächst nicht mit der planmäßig vorgesehenen Verteilung des volkswirtschaftlichen Gesamtprodukts übereinstimmen. Daher sei diese Primärverteilung durch monetäre Redistributionsmaßnahmen in eine mit der planmäßigen güterwirtschaftlichen Verteilung korrespondierende Sekundärverteilung zu transformieren, so daß "den materiellen (in Preisen ausgedrückten) Fonds aus der Verteilung des gesellschaftlichen Gesamtproduktes die Geldfonds in der benötigten Höhe, an der richtigen Stelle und zum notwendigen Zeitpunkt gegenüberstehen" (Stenzel, Uebermuth 1978, S. 15).

Sichergestellt werden muß insbesondere, daß die Verkaufserlöse des einzelnen Betriebs zur Deckung seiner planmäßigen Ausgaben ausreichen; andernfalls muß er entweder Kredite oder Zuschüsse ("Subventionen") aus dem Staatshaushalt erhalten. Grundsätzlich sind aus den Betriebseinnahmen die laufenden Ausgaben für den Bezug von Vorprodukten und für Lohnzahlungen zu bestreiten, bei Gültigkeit des "Eigenerwirtschaftungsprinzips" tritt die Investitionsfinanzierung hinzu. Die Höhe der betrieblichen Verkaufserlöse - und damit gegebenenfalls auch der Umfang der notwendigen Kredite und "Subventionen" - ist dabei von der staatlichen Preisfestlegung abhängig.

Ein weiterer Aufgabenbereich der monetären Redistribution besteht darin, daß die staatlichen Instanzen versuchen können, durch eine Beeinflussung des betrieblichen Zahlungsmittelbestandes die Betriebsaktivitäten, die unter realtypischen Ordnungsbedingungen nicht sämtlich durch güterwirtschaftliche Planvorgaben fixiert werden, in die staatlicherseits gewünschten Bahnen zu lenken. Die monetäre Redistribution soll hier also nicht der güterwirtschaftlichen Detailplanung angepaßt werden, sondern umgekehrt soll letztere mit Hilfe des monetären Umverteilungsinstrumentariums beeinflußt werden. Dies wird in der Politischen Ökonomie des Sozialismus als "aktive Rolle des Geldes" bezeichnet. Unter diesem Blickwinkel läßt sich die betriebsbezogene Liquiditätssteuerung ebenfalls als Instrument der indirekten Betriebssteuerung zur Lösung des Principal-Agent-Problems interpretieren.

Instrument hierfür, wie auch für die Anpassung des betrieblichen Zahlungsmittelaufkommens an explizit vorgegebene Planauflagen, sind neben Krediten und "Subventionen" die Pflichtzahlungen, mit denen staatlicherseits unerwünschte Zahlungsmittelüberschüsse abgeschöpt und über den Staatshaushalt oder über Kombinatskonten gegebenenfalls als "Subventionen" an andere Betriebe mit planmäßigem Zahlungsmittelbedarf weitergeleitet werden.[1]

Bei der betriebsbezogenen Liquiditätssteuerung sind jedoch auch gesamtwirtschaftliche Stabilitätsbelange zu berücksichtigen, da das genannte Instrumentarium Bestandteil des gesamtwirtschaftlichen Geldkreislaufes ist, wie er in Abbildung 11 auf der folgenden Seite skizziert wird.

---

1) Im folgenden werden die Erhebung von Pflichtzahlungen und die Gewährung von "Subventionen" als budgetäre Umverteilung bezeichnet. Hierzu werden auch entsprechende Redistributionsmaßnahmen gezählt, die nicht über den Staatshaushalt, sondern über Konten der Kombinate bzw. früher der VVBs abgewickelt werden.

Abbildung 11:
Das Instrumentarium betriebsbezogener Liquiditätssteuerung
als Bestandteil des gesamtwirtschaftlichen Geldkreislaufs

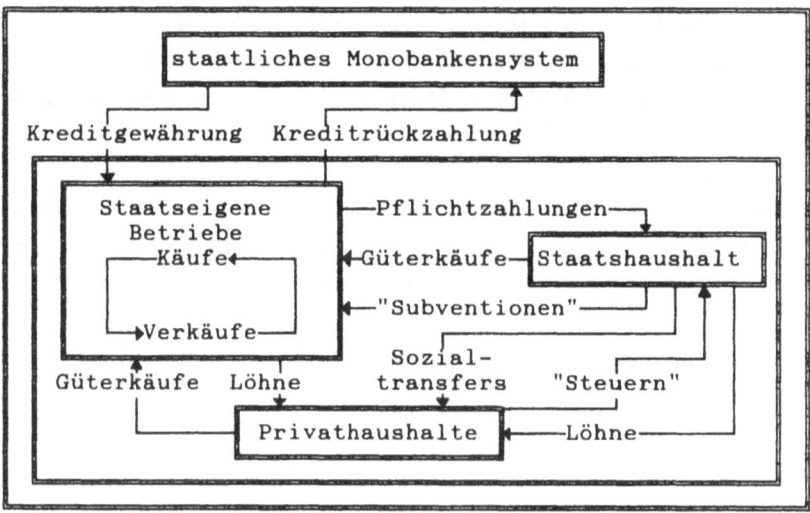

Zu den in dieser Abbildung skizzierten monetären Verflechtungen einige ergänzende Anmerkungen:

a) Die private Nachfrage (der "Kauffonds") muß zwecks Vermeidung monetärer Disproportionen an die Preissumme des
staatlicherseits geplanten Konsumgüterangebots (den "Warenfonds") angepaßt werden. Zum einen werden - vorrangig
aus sozialpolitischen Gründen - auch von den Privathaushalten Pflichtzahlungen ("Steuern") erhoben, und sie erhalten Sozialtransfers (Renten, Stipendien, Kindergeld
usw.), was ihre kaufkräftige Nachfrage, die vorrangig
aus Lohnzahlungen gespeist wird, beeinflußt. Zum anderen
wirken sich die betrieblichen Pflichtzahlungen auf die
Konsumgüterpreise und damit die Preissumme des staatlichen Konsumgüterangebots aus. Daher können die staatlichen Instanzen die betrieblichen Pflichtzahlungen auch
zum Ausgleich von "Kauffonds" und "Warenfonds" einsetzen; zumindest müssen sie bei deren Erhebung berücksichtigen, welche Auswirkungen dies jeweils auf die Preissumme des Konsumgüterangebots hat.

Eine weitere gesamtwirtschaftliche Gleichgewichtsbedingung ist, daß die Staatshaushaltseinnahmen aus Pflichtzahlungen der Betriebe und "Steuern" der Privathaushalte zur Deckung des staatlichen Finanzierungsbedarfs für Lohnzahlungen und Güterkäufe, für Sozialtransfers an die Privathaushalte und für "Subventionen" an die Betriebe ausreichen.

b) Geld wird in den staatssozialistischen Zentralverwaltungswirtschaften im Rahmen eines einstufigen Monobankensystems auf dem Kreditweg geschöpft, d.h., dort ist die dritte der von Eucken (1959, S. 117 ff.) genannten Formen der Geldentstehung realisiert. In der DDR ist die Kreditfinanzierung des Staatshaushalts offiziell untersagt.[1] Die Kreditgewährung an Privathaushalte spielt, abgesehen von quantitativ unbedeutenden Konsumenten- und Wohnungsbaukrediten, keine Rolle. Damit ist als Quelle der Geldschöpfung einzig die Kreditaufnahme der Betriebe gegenüber dem staatlichen Monobankensystem von Bedeutung.[2] Zur Vermeidung eines inflationären Geldüberhangs muß daher sichergestellt werden, daß die Betriebe durch die Erhebung von Pflichtzahlungen und die Gewährung von

---

1) § 11 Absatz 2 des Gesetzes über die Staatshaushaltsordnung der Deutschen Demokratischen Republik vom 13.12. 1968, Gbl. DDR I, Nr. 23, S. 383. Eine Ausnahme vom Kreditierungsverbot staatlicher Ausgaben bildet die Wohnungswirtschaft der Städte und Gemeinden.
Das Staatsbudget der UdSSR wird demgegenüber weit umfassender durch Kreditgeldschöpfung finanziert. Erstmalig für das Haushaltsjahr 1989 werden hierüber detaillierte Zahlenangaben veröffentlicht. Ihnen zufolge beträgt die planmäßige Kreditaufnahme ca. 35 bis 35 Mrd. Rubel. Das kumulierte Staatshaushaltsdefizit der UdSSR soll derzeit 100 Mrd. Rubel betragen; vgl. FAZ vom 30.6.1989, S. 1. Für die vorangehenden Jahre sind lediglich Schätzungen möglich, wie sie z.B. von Birman (1981, S. 199 ff.) vorgenommen worden sind.

2) Dabei bleibt die außenwirtschaftlich induzierte Geldschöpfung unberücksichtigt; vgl. hierzu Cassel, Schubert 1979, S. 193 ff.; Buck 1980. In der DDR entfielen Mitte der 80er Jahre ca. 95 Prozent aller Kredite auf die VEBs; vgl. Hartwig, Thieme 1987, S. 223.

"Subventionen" zu einer solchen Kreditaufnahme gezwungen werden, daß insgesamt so viel Geld geschöpft wird, wie für einen störungsfreien Planvollzug notwendig ist.

In der "westlichen" Wirtschaftswissenschaft läßt sich in diesem Zusammenhang die These finden, daß zwischen Kreditpolitik und Umverteilung durch Pflichtzahlungen und "Subventionen" im makroökonomischen Zusammenhang "ein weitgehend substitutionales Verhältnis" bestehe: Je größeres (geringeres) Gewicht auf Pflichtzahlungen und "Subventionen" gelegt werde, um so weniger (mehr) Bedeutung habe das kreditpolitische Instrumentarium (Hedtkamp, Brodbeck 1981, S. 198).

Die Frage, ob in staatsozialistischen Zentralverwaltungswirtschaften die Notwendigkeit monetärer Umverteilung zwecks Deckung des staatlichen Finanzierungsbedarfs und zur Sicherung monetärer Stabilität, d.h. die Notwendigkeit zur "Steuererhebung" besteht, wird in der "westlichen" Literatur unterschiedlich beantwortet. So gehen Timm (1953) und Haller (1981) davon aus, daß "Steuern" überflüssig sind, da die Zentrale die Güter- und Faktorpreise beliebig festlegen kann. Andere Autoren wie Böttcher (1951a, 1951b) oder Gutmann (1965, 1968) haben demgegenüber darauf verwiesen, daß die staatlichen Instanzen gerade wegen der (arbeitskostenbezogenen) Preissetzung auf eine monetäre Umverteilung und damit auch auf die Erhebung von "Steuern" sowie die Gewährung von "Subventionen" angewiesen sind. Exemplarisch sei zu dieser Position eine Feststellung Birds (1964, S. 201) zitiert: "Fiscal problems in the soviet-type economies are, as a rule, only a reflection of the deeper problems arising from the nature of the planning and pricing process..." Folgt man dieser These, dann war es kein Zufall, wenn in der DDR das "Zwei-Kanäle-System" ab 1953 im Zuge preispolitischer Maßnahmen eingeführt wurde.

Der Zusammenhang zwischen staatlicher Preissetzung und monetärer Umverteilung bei zentraler Volkswirtschaftsplanung wurde für die produktgebundene Abgabe bereits beleuchtet. In Abschnitt 5.4.1. soll diese Interdependenz für sämtliche betrieblichen Pflichtzahlungen aus gesamtwirtschaftlichem Blickwinkel aufgezeigt werden. Untersucht wird dabei, welche Umverteilungsinstrumente die Zentralinstanzen grundsätzlich einsetzen können, welche Konsequenzen dies auf die Preissetzung hat und welcher Einfluß von der jeweils gewählten Alternative auf Volumen und Struktur des gesamtwirtschaftlichen Geldkreislaufes ausgeht. Dabei interessiert auch das Substitutionsverhältnis zwischen der "Besteuerung" der Privathaushalte und der Erhebung betrieblicher Pflichtzahlungen. Angesichts der vielfältigen Umverteilungsmöglichkeiten soll auch geklärt werden, ob für staatssozialistische Zentralverwaltungswirtschaften ein rationales Umverteilungssystem konzipiert werden kann und wie das derzeit in der DDR realisierte "Vier-Kanäle-System" unter Rationalitätskriterien zu beurteilen ist.

Daran anschließend interessieren in Abschnitt 5.4.2. die grundlegenden Beziehungen zwischen monetärer Umverteilung und Geldmengensteuerung. Dabei geht es vorrangig um den Einfluß der budgetären Umverteilung auf die gesamtwirtschaftliche Geldmenge, wobei die weiter oben zitierte These über die Substitutionalität zwischen Kreditpolitik und monetärer Umverteilung qua "Steuern" und "Subventionen" diskutiert werden soll.

In Abschnitt 5.4.3. wird schließlich untersucht, ob und in welchem Ausmaß es den staatlichen Lenkungsinstanzen gelingen kann, das betriebliche Zahlungsmittelaufkommen durch die Erhebung von Pflichtzahlungen so genau zu planen und zu steuern, wie dies für eine zielkonforme zentrale Planaufstellung und einen störungsfreien Planvollzug notwendig ist.

- Hierüber entscheidet zum **ersten** die Effizienz der gesamtwirtschaftlichen Geldmengensteuerung. Besonders interessiert dabei die Möglichkeit eines inflationären
Geldüberhangs, da dieser mit der Gefahr verbunden ist,
daß die Betriebe ihre "überschüssige" Liquidität auf
halb- oder gar illegalem Wege zur Durchführung von
Transaktionen einsetzen, die den Zielen der Zentrale
zuwiderlaufen. In diesem Fall müssen die betrieblichen
Pflichtzahlungen als Instrument der indirekten Betriebslenkung zur Lösung des Principal-Agent-Problems versa-
gen. Ohne daß im Rahmen dieser Untersuchung eine umfassende Inflationstheorie für Zentralverwaltungswirtschaften aufgestellt werden kann,[1] sollen daher in Abschnitt
5.4.3.1. einige Problemfelder zentraladministrativer
Geldmengensteuerung und deren Konsequenzen für die Funktionalität der betrieblichen Pflichtzahlungen skizziert
werden.
- Die Effizienz der Pflichtzahlungen als Instrument betriebsbezogener Liquiditätssteuerung hängt zum **zweiten**
auch davon ab, inwieweit die monetären Redistributionsmaßnahmen zielgerichtet mit den güterwirtschaftlichen
Planaufgaben abgestimmt werden können. In Abschnitt
5.4.3.2. wird daher untersucht, ob die zentralen Planungsinstanzen die "Einheit von finanzieller und materieller Planung" als Voraussetzung zur Lösung dieser
Aufgabe gewährleisten können. Dieser Aspekt ist insbesondere bezüglich der Frage relevant, ob die betrieblichen Pflichtzahlungen, hier vorrangig die Gewinn- und
Amortisationsabführung, in Form langfristiger Normative
ausgestaltet werden können, wie dies in der DDR während
des ÖSS kurzzeitig der Fall war und auch heute wieder
gefordert wird.

---

1) Verwiesen sei hier auf folgende einschlägige Veröffentlichungen: Haffner 1977a; Thieme 1978, 1980, 1983; Jansen 1979 u. 1982; Hartwig, Thieme 1979 u. 1987; Hartwig
1987.

5.4.1. Interdependenzen zwischen staatlicher Preissetzung, güterwirtschaftlicher Planung und monetärer Umverteilung

Ausgangspunkt der folgenden Überlegungen ist die Annahme, daß die staatliche Preissetzung nach der Marxschen Arbeitswertlehre erfolgt, in die Güterpreise jedoch zunächst nur die Lohnkosten und die Materialkosten für Vorleistungen einkalkuliert werden. Da auch diese Vorleistungen jeweils zu ihren Lohnkosten bewertet werden, entspricht die Preissumme aller in einer bestimmten Periode produzierten Güter bei arbeitskostenbezogener Preissetzung der Lohnsumme der in den Betrieben Beschäftigten. Diese Lohnsumme (L_B) entspricht damit dem monetären Nettosozialprodukt bzw. Volkseinkommen[1] (Boettcher 1951a, S. 105 ff.; Gutmann 1965, S. 73). Entsprechend den zentralen Festlegungen werden die Güter in einem bestimmten Verhältnis auf Neu-Investitionen (I_N), auf den staatlichen Konsum (St) für Infrastrukturmaßnahmen, Verteidigung usw. sowie auf den privaten Konsum (C) aufgeteilt.[2]

In dieses Kalkulationsschema müssen dann, wenn auch Ersatzinvestitionen (I_E) durchgeführt werden, Abschreibungen (A) einbezogen werden, wodurch sich die Preissumme des gesellschaftlichen Gesamtprodukts gegenüber der rein lohnkostenbezogenen Preissetzung entsprechend erhöht; sie kann als monetäres Bruttosozialprodukt bezeichnet werden.

Auch die in der Staatsadministration Beschäftigten erhalten Lohneinkünfte (L_{St}). Da diese Löhne bei arbeitskostenbezo-

---

1) Daß auf Grund anderer Abgrenzungen und Ermittlungsmethodik die einzelnen Größen der Volkswirtschaftlichen Gesamtrechnung in Marktwirtschaften und staatssozialistischen Zentralverwaltungswirtschaften nicht deckungsgleich sind und ein jeweils unterschiedlicher Begriffsapparat verwendet wird, ist für die weiteren Darlegungen unerheblich.

2) Unterstellt ist dabei eine geschlossene Volkswirtschaft ohne Außenhandel.

gener Preisbildung nicht in die Güterpreise einbezogen werden, vergrößern sie die Gesamtnachfrage der Privathaushalte
nach Konsumgütern, ohne daß dies mit einer Erhöhung der
Preissumme des staatlichen Konsumgüterangebots verbunden
ist.

Wie Abbildung 12 verdeutlicht, ist die Preissumme der
staatlicherseits bereitgestellten Konsumgüter, der Warenfonds, im Fall rein arbeitskostenbezogener Preissetzung bei
Einbeziehung der betrieblichen Abschreibungen zwangsläufig
geringer als die Lohnsumme und damit als der Kauffonds:

Abbildung 12:
Disproportionen zwischen Kauf- und Warenfonds bei arbeitskostenbezogener Preissetzung

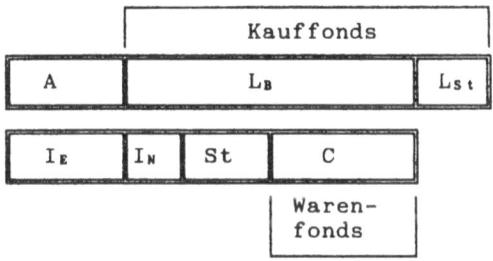

Es ist davon auszugehen, daß die Beschäftigten sehr bald
bemerken werden, daß sie ihre Lohneinkünfte nur teilweise
für Güterkäufe verwenden können. Zwar werden die Privathaushalte aus dem Vorsichtsmotiv heraus und zur Finanzierung teurer Konsumgüter einen bestimmten Anteil ihrer Einkünfte freiwillig sparen; da das private Sparmotiv der Ka-
pitalbildung in einer staatssozialistischen Eigentumsordnung jedoch entfällt, stellt der größte Teil dieser Differenz zwischen Kauf- und Warenfonds für die Privathaushalte Zwangssparen in Form unfreiwilliger Kassenhaltung
dar. Dieser offenkundige Kaufkraftüberhang wirkt sich de-
motivierend auf die Leistungsbereitschaft der Beschäftigten
aus und wird die tatsächliche Arbeitsbereitschaft reduzie-
ren. Diese Reaktion der Privathaushalte vermindert wiederum

den gesamtwirtschaftlichen Output und gefährdet damit die
Erfüllung der zentraladministrativen Planziele mit der
Tendenz zunehmenden Zwangssparens. Zudem werden die Privathaushalte versuchen, ihre unfreiwillige Kassenhaltung
durch Schwarzmarktkäufe zu vermindern. Diese jedoch fördern
tendenziell den illegalen Abzug von Gütern aus dem staatlichen Wirtschaftssektor und beeinträchtigen damit ebenfalls
die Erfüllung der zentraladministrativen Wirtschaftspläne
(Holzman 1955, S. 18 ff.; Hartwig 1982 und 1987, S. 111 f.;
Thieme 1987b).

Für die zentralen Lenkungsinstanzen besteht daher die Notwendigkeit, Kauffonds und Warenfonds einander anzugleichen.
In dieser Aufgabe liegt die "Crux des finanzwirtschaftli-
chen Problems in der UdSSR und ähnlichen Volkswirtschaften"
(Bird 1964, S. 203).[1] Generell stehen den staatlichen Instanzen zur Lösung dieses Problems zwei Möglichkeiten zur
Verfügung: einerseits die Abschöpfung eines Teils der Lohneinkünfte unmittelbar bei den Privathaushalten ("direkte
Besteuerung"), andererseits die Erhöhung der Konsumgüterpreise über den Betrag hinaus, den sie bei rein arbeitswertbezogener Kalkulation hätten, und Abschöpfung dieser
Pflichtzahlungen zur Finanzierung der betrieblichen Erweiterungsinvestitionen und des Staatsverbrauchs ("indirekte
Besteuerung").[2]

Durch diese monetäre Umverteilung soll der zuvor noch offene gesamtwirtschaftliche Geldkreislauf geschlossen werden,
d.h. es soll gewährleistet werden, daß die den Privathaus-

---

1) Übersetzung d. Verf.

2) Da durch die Amortisations- und Umlaufmittelabführung
   lediglich Liquidität zwischen den Betrieben umverteilt
   wird, hierbei also nicht der Ausgleich von Kauf- und Warenfonds im Vordergrund steht, werden beide Pflichtzahlungen im folgenden Abschnitt 5.4.1. nur jeweils am Ran-
   de erwähnt. Nähere Erläuterungen zu ihrer jeweiligen
   betriebsbezogenen Umverteilungsfunktion finden sich in
   den Abschnitten 2.6. und 2.7.

halten entzogene Kaufkraft zur Finanzierung der Erweiterungsinvestitionen, des Staatsverbrauchs und der Entlohnung der Staatsbediensteten ausreicht. Andernfalls wären Betriebe und staatliche Instanzen zur Kreditfinanzierung ihrer Ausgaben gezwungen; dies jedoch führte zu einer inflationären Ausweitung der Geldmenge (vgl. Abschnitt 5.4.2.).

Mittels direkter oder indirekter "Steuern" wird den Privathaushalten also lediglich die Kaufkraft wieder entzogen, die ihnen aus Lohnzahlungen zufließt, die sie jedoch, selbst wenn sie ihnen verbliebe, *auf Grund des staatlichen Planes der Verwendung des Realproduktes* nicht für Güterkäufe einsetzen könnten. Die realen Konsummöglichkeiten der Gesamtheit aller Privathaushalte werden demzufolge dadurch nicht berührt.[1]

Wesentliches Merkmal des Steuerbegriffs innerhalb der "westlichen" Finanzwissenschaft ist vorrangig "der nichtmarktwirtschaftliche Charakter des durch Besteuerung bewirkten Wertetransfers" (Neumark 1977, S. 297). In staatssozialistischen Zentralverwaltungswirtschaften sind, abgesehen von Schwarzmarkttransaktionen, sämtliche Wertetransfers durch die zentraladministrative Planung determiniert und haben damit einen nichtmarktwirtschaftlichen Charakter. Die monetäre Nominalverteilung hat gegenüber der güterwirtschaftlichen Realverteilung "lediglich subsidiären Charakter" (Gutmann 1968, S. 65), d.h. die Entlohnung der Produktionsfaktoren steht, anders als in einer Marktwirtschaft, in keinem unmittelbaren Verhältnis zur Verteilung des Sozialprodukts auf Investitionen, staatlichen und privaten Konsum (Boettcher 1951b, S. 32).

---

1) Indem die Kaufkraft der einzelnen Privathaushalte möglicherweise jeweils unterschiedlich abgeschöpft wird, lassen sich jedoch die relativen Konsummöglichkeiten der einzelnen Privathaushalte beeinflussen; vgl. hierzu weiter unten.

Bedingt durch den Primat der zentraladministrativ-güterwirtschaftlichen Planung haben diese "Steuern" demzufolge
einen gänzlich anderen Charakter als Steuern in Marktwirtschaften. Dort bemißt sich, sofern keine Finanzierung des
Staatsbudgets durch inflationär wirkende Kreditgeldschöpfung betrieben wird, der staatliche Anspruch auf das Sozi-
alprodukt nach der Höhe der erzielbaren Steuereinnahmen und
der von den Privaten gewährten Kredite, wobei diese letztendlich ebenfalls aus Steuereinnahmen zu tilgen sind. Ob
die öffentliche Hand ihre im Staatshaushaltsplan fixierten
Ziele erreichen kann, entscheidet mithin die Ergiebigkeit
der Steuerquellen und der Kreditmärkte. In staatssozialistischen Zentralverwaltungswirtschaften dagegen bemißt sich
genau umgekehrt die "Steuer" nach dem staatlichen Plan der
Güterverwendung. Diese ordnungsspezifischen Zusammenhänge
sind immer zu bedenken, wenn im folgenden die "Besteuerung"
der Privathaushalte in staatssozialistischen Zentralverwaltungswirtschaften näher behandelt wird.[1]

Die angestrebte Angleichung von Kauf- und Warenfonds ändert
zwar nichts an dem Umstand, daß allein die staatlichen Instanzen autonom darüber verfügen, welcher Teil des realen
Sozialprodukts für Investitionen und Staatsverbrauch verwendet und welcher für den privaten Konsum vorgesehen wird;
indem jedoch das für die Privathaushalte offenkundige
Zwangssparen vermieden wird, können dessen demotivierende

---

1) Wird bei der Begriffsbestimmung der Steuern auf den
   Zwangscharakter dieser Zahlungen abgestellt (vgl. Zimmermann, Henke 1987, S. 16), dann handelt es sich in
   Zentralverwaltungswirtschaften auch bei den Abgaben der
   Privathaushalte an den Staatshaushalt einschließlich der
   Sozialversicherung um "Steuern" (mit der oben ausge-
   führten ordnungsbedingten Spezifik), da die sonstigen
   Ausgaben für Konsum usw. im freien Ermessen dieses Per-
   sonenkreises liegt. Demgegenüber unterliegen die "volkseigenen" Betriebe bei ihren sämtlichen Ausgaben staatlicher Reglementierung, so daß der Zwangscharakter der betrieblichen Pflichtzahlungen kein hinreichendes Kriterium für ihre Kennzeichnung als "Steuern" ist.

Effekte umgangen werden; zumindest dann, wenn kein inflationärer Geldüberhang existiert, was hier unterstellt wird.

5.4.1.1. Umverteilung durch "direkte Besteuerung" der Privathaushalte

Eine Möglichkeit zum Ausgleich von Kauf- und Warenfonds bildet die unmittelbare "Besteuerung" der privaten Einkünfte.[1] Die von den Privathaushalten erhobene "Steuersumme" (T) muß zur Finanzierung der Erweiterungsinvestitionen, des Staatsverbrauchs und, da auch die Staatsbeschäftigten der "Besteuerung" unterliegen, deren Nettoentlohnung ausreichen. Die um die "Steuern" verminderten Nettoeinkünfte sämtlicher Beschäftigten (NL) entsprechen damit der Preissumme des staatlichen Konsumgüterangebots. Die Steuereinnahmen fließen an das Budget und werden dort zur Finanzierung der Staatskäufe und Lohnzahlungen benutzt.

Da die Betriebe bei der unterstellten Preissetzung über die Verkaufspreise lediglich die Kosten ihrer laufenden Produktion decken können, sind sie zur Finanzierung ihrer Erweiterungsinvestitionen auf Zahlungen aus dem Staatshaushalt angewiesen. Ein Teil der "Steuereinnahmen" des Budgets muß also, wie in Abbildung 13 auf der folgenden Seite skizziert ist, in einem zweiten Umverteilungsschritt als "Subvention"[2] an die Betriebe weitergeleitet werden.

---

1) Ob die "Besteuerung" dabei unmittelbar an der Entlohnung oder an anderen Tatbeständen oder Vorgängen wie Vermögensbesitz, Erbfällen usw. anknüpft, ist hierbei unerheblich.

2) Auch für die "Subventionen" gilt, daß sie lediglich ein finanzierungstechnischer Reflex auf güterwirtschaftliche Planung und staatliche Preissetzung sind. Sie erfüllen ebenfalls einen gänzlich anderen Funktionskanon als Subventionen in Marktwirtschaften, wo sie dazu dienen, unter einkommens-, verteilungs-, regional-, struktur- oder sonstigen wirtschaftspolitischen Gründen in den Markt-Preis-Mechanismus einzugreifen.

Mit der Verbindungslinie zwischen A und I_E wird in dieser und in den folgenden Abbildungen symbolisiert, daß die betrieblichen Ersatzinvestitionen aus Abschreibungen finanziert werden. Sofern einzelne Betriebe keine Ersatzinvestitionen durchführen, werden ihre Amortisationserlöse gegebenenfalls an andere Betriebe zur Finanzierung ihrer Kapazitätserweiterung umverteilt. Diese Amortisationsumverteilungen haben somit nicht die Aufgabe, Kauf- und Warenfonds anzugleichen, sondern Zahlungsmittel zwischen den einzelnen staatseigenen Wirtschaftseinheiten zu redistribuieren.[1] Zur Vereinfachung der Darstellung bleiben in dieser und den folgenden Abbildungen die Lohnzahlungen aus dem Budget an die Beschäftigten der Staatsadministration unberücksichtigt.

Abbildung 13:
Angleichung von Kauf- und Warenfonds durch "direkte Besteuerung" der Privathaushalte

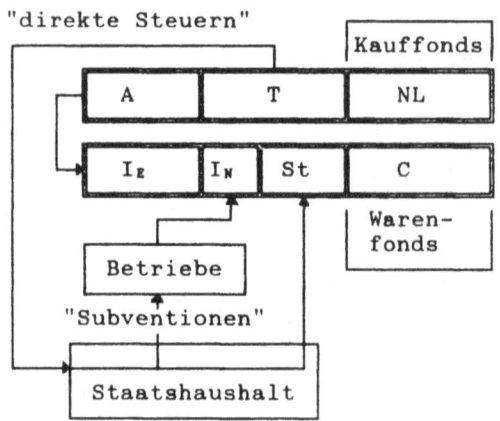

---

1) Gleiches gilt für die Umlaufmittelumverteilung: Den Betrieben fließen bei Lagerdesinvestitionen Verkaufserlöse zu, die mittels Umlaufmittelabführungen und -zuführungen über den Staatshaushalt oder über Kombinatskonten an diejenigen Betriebe umverteilt werden können, die Lagerinvestitionen vornehmen.

Gegen diese Umverteilungsvariante spricht, daß sie mit einer sehr hohen Abgabenquote für die Privathaushalte verbunden ist und daher ähnlich demotivierende Effekte auf das Leistungsverhalten der Beschäftigten hervorrufen wird wie das offenkundige Zwangssparen. Gleichwohl können die staatlichen Instanzen nicht gänzlich auf den Einsatz dieses Instrumentariums verzichten, denn anders, als dies Schumpeter (1942:1980, S. 318) vermutete, ist es *nicht* "offensichtlich sinnlos, wenn das Zentralamt erst Einkommen ausbezahlte und hernach den Empfängern nachliefe, um einen Teil wieder einzutreiben": Diese "direkte Besteuerung" ermöglicht es den staatlichen Lenkungsinstanzen, wesentlich treffsicherer als bei den sonstigen Umverteilungsverfahren, die im folgenden noch darzustellen sind, gegenüber der Bevölkerung ökonomische und sozialpolitische Zielsetzungen zu verfolgen[1]. In der Regel werden die Privathaushalte auch sozialpolitisch motivierte Transfers (Renten, Stipendien, Kindergeld usw.) erhalten, durch die ihre kaufkräftige Nachfrage vergrößert wird. Da "Besteuerung"[2] und Sozialtransfers vorrangig In-

---

1) Da die "Besteuerung" der Privathaushalte nicht Gegenstand dieser Untersuchung ist, müssen hier einige Beispiele genügen; vgl. Haase 1977b, 1981a, 1981b, 1983b: Durch die Steuerbefreiung von Prämien- und Zinseinkünften sollen die Beschäftigten an einer Übererfüllung der Betriebspläne interessiert werden; auch sollen sie überschüssige Kaufkraft nicht als Kasse, sondern auf Sparkonten halten, damit sie der staatlichen Planung besser zugänglich ist. Durch die Ausgestaltung der Progression und Tarifklassen lassen sich einzelne Einkommensbezieher und -arten relativ zu den anderen begünstigen. Beispielsweise unterliegt die private Wirtschaftstätigkeit gegenüber der Beschäftigung im staatlichen Sektor in der DDR einer sehr starken Diskriminierung, die in der SBZ/ DDR bewußt zur wirtschaftlichen Ruinierung der Privatunternehmer nach dem Motto: "Steuerfragen sind Fragen des Klassenkampfes" eingesetzt wurde (vgl. Ernst 1967). Auch familienpolitische Zielstellungen lassen sich mittels Tarifklassen, Freibeträgen usw. verfolgen. Klassisches Beispiel hierfür ist die sowjetische "Junggesellensteuer" (Menz 1960, S. 193).

2) Zur "direkten Besteuerung" sind in diesem Zusammenhang auch die hier nicht näher behandelten Sozialabgaben der Privathaushalte zu zählen.

strumente der monetären Umverteilung zwischen den einzelnen Privathaushalten sind, wird bei ihrem Einsatz die Abstimmung von Kauf-und Warenfonds allenfalls von nachrangiger Bedeutung sein. Allerdings ist der saldierte Nettoeffekt beider Zahlungsströme zwischen Privathaushalten und Staatsbudget auf die kaufkräftige Nachfrage beim Einsatz der sonstigen Umverteilungsinstrumente mit zu berücksichtigen.

5.4.1.2. Umverteilung in Abhängigkeit von der staatlichen Preissetzung

Wie bereits kurz angedeutet, besteht eine zweite Möglichkeit zur Angleichung von Kauf- und Warenfonds darin, die Güterpreise gegenüber dem "Arbeitswert" zu erhöhen, d.h., bei der Preisfestlegung neben Lohnkosten (einschließlich derjenigen für Vorprodukte) und Abschreibungen einen weiteren Preisbestandteil zu kalkulieren. Hierbei kann es sich um produktgebundene Abgaben oder um Gewinnzuschläge handeln, daneben erfüllen aber auch "fondsbezogene" Pflichtzahlungen, wie z.B. der Beitrag für gesellschaftiche Fonds, diese Aufgabe, sofern sie bei der Preiskalkulation als Kostenbestandteil berücksichtigt werden.

Bevor auf die einzelnen Instrumente näher eingegangen wird, sei an dieser Stelle auf einen Umstand hingewiesen, der für die Beurteilung von Wachstumsraten des Sozialprodukts als Indikator wirtschaftlichen Erfolgs staatssozialistischer Zentralverwaltungswirtschaften von Bedeutung ist: Um den jeweils zusätzlich kalkulierten Preisbestandteil erhöht sich der Preisausdruck des Sozialprodukts. Gewinne und produktgebundene Abgaben werden in der DDR als die beiden Hauptbestandteile der gesamtwirtschaftlichen Wertschöpfung (des "Reineinkommens") interpretiert. Selbst dann, wenn der materielle Output nicht steigt, können die staatlichen Lenkungsinstanzen daher ein Sozialproduktwachstum alleine dadurch hervorrufen, daß sie von der Umverteilung mittels "direkter Steuern" zu einer solchen mittels Gewinnanhebung oder betrieblicher Pflichtzahlungen übergehen und damit die "Wertschöpfung" erhöhen.

Auch wenn den genannten preispolitischen Instrumenten gemein ist, daß sie sämtlich preiserhöhend wirken, haben sie allerdings auf Volumen und Struktur der durch sie induzierten Umverteilungsprozesse innerhalb des gesamtwirtschaftlichen Geldkreislaufs eine jeweils andere Wirkung, die im folgenden näher dargelegt werden soll.

5.4.1.2.1. Umverteilung mittels produktgebundener Abgaben

Die produktgebundenen Abgaben (pgA) erhöhen die Verkaufspreise der Konsumgüter und fließen in voller Höhe an den Staatshaushalt. Sie stehen den Betrieben damit nicht unmittelbar zur Investitionsfinanzierung zur Verfügung. Wie bei der "direkten Besteuerung" der Privathaushalte besteht auch hier die Notwendigkeit, daß die staatlichen Instanzen einen Teil ihrer Budgeteinnahmen als "Investitionssubvention" an die Betriebe weiterleiten. Der andere Teil dient zur Finanzierung des Staatsverbrauchs. Die unter diesen Bedingungen notwendigen budgetären Umverteilungen sind in Abbildung 14 auf der folgenden Seite dargestellt.

Abbildung 14:
Angleichung von Kauf- und Warenfonds durch Erhebung produktgebundener Abgaben

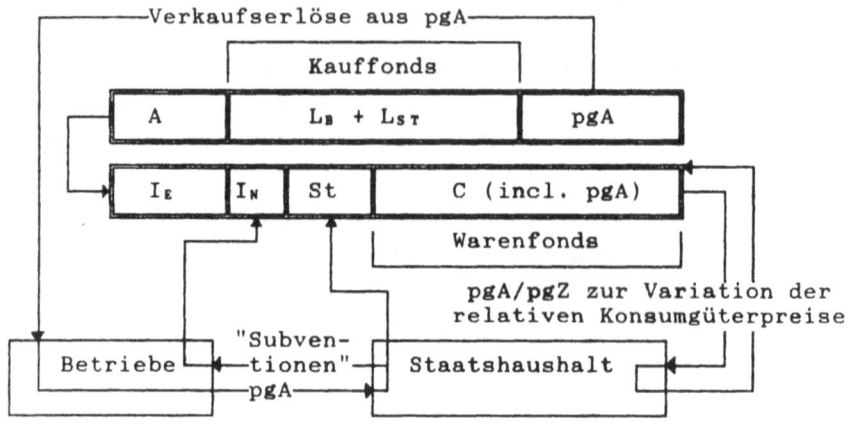

Die produktgebundenen Abgaben sind das Instrumentarium mit der größten Zielgenauigkeit bei der Anpassung von Kauf- und Warenfonds. Voraussetzung hierfür ist allerdings, daß ihre Erhebung auf die Konsumgütersphäre beschränkt bleibt. Werden produktgebundene Abgaben auch auf Vorprodukte, d.h. auf Güter niederen Rangs im Sinne der Mengerschen Güterordnung erhoben, führt dies zu einer Verteuerung auch der Investitionsgüter und der Güter des Staatsverbrauchs als den Gütern höchster Ordnung. Gleiches gilt, wenn auch auf die Investitionsgüter und die Güter des Staatsverbrauchs selbst produktgebundene Abgaben erhoben werden. Zum einen sind dann zur Deckung des solchermaßen steigenden Finanzbedarfs der Betriebe und staatlichen Instanzen zusätzliche güterspezifische Abgaben auf die Konsumgüter notwendig. Da bei nicht umfassender güterwirtschaftlicher Detailplanung unsicher ist, welche der einzelnen Vorprodukte in welchem Umfang in die Güter höchster Ordnung eingehen, können die staatlichen Lenkungsinstanzen zum anderen nicht exakt vorhersehen, wie sich die Verteuerung der Güter niedrigerer Ordnung auf die Preise der Investitionsgüter und des

Staatsverbrauchs und damit auf den staatlichen Finanzierungsbedarf auswirken werden.[1]

Das Instrumentarium der produktgebundenen Abgaben dient
nicht nur zur Angleichung von Kauf- und Warenfonds insgesamt, sondern, im Zusammenspiel mit produktgebundenen
Zuführungen (pgZ), auch zur Beeinflussung der relativen
Konsumgüterpreise und damit der Nachfragestruktur der Privathaushalte (Buck 1982, S. 56 ff.). So werden die Preise
der Güter des "Grundbedarfs" in der DDR aus sozialpolitischen und propagandistischen Gründen sehr niedrig, in der
Regel unter ihren Produktionskosten festgelegt. Die notwendigen Stützungszahlungen können finanziert werden aus
entprechend hohen produktgebundenen Abgaben auf die Konsumgüter, die in den Augen der staatlichen Instanzen dem
gehobenen Bedarf zuzurechnen sind und von ihnen nur in begrenzten Mengen bereitgestellt werden. In der voranstehenden Abbildung 14 ist diese Beeinflussung der relativen Konsumgüterpreise mittels produktgebundener Zu- und Abführungen mitberücksichtigt worden. Auch wenn diese Zu- und Abführungen in der Realität ebenfalls über Betriebskonten
abgewickelt werden, sind sie zur Verdeutlichung ihrer spezifischen Funktion als gesonderte Zahlungsströme eingezeichnet.

Die güterspezifisch differenzierte Festlegung der Abgabenhöhe wirkt sich jedoch nachteilig auf die Plan- und Steuerbarkeit dieser "indirekten Steuer" durch die staatlichen
Lenkungsinstanzen aus. Ob das tatsächliche Aufkommen aus
den produktgebundenen Abgaben auch demjenigen entspricht,
das für die planmäßige Angleichung von Kauf- und Warenfonds

---

1) Die Güter des Staatsverbrauchs sind in der DDR also
nicht deswegen von der produktgebundenen Abgabe befreit,
damit, wie Haase (1978, S. 111) vermutet, die Staatshaushaltseinnahmen eine gegenüber den Zahlungsmitteln
der Privathaushalte höhere Kaufkraft haben; Zweck dieser
Regelung ist vielmehr, das Volumen der gesamtwirtschaftlich notwendigen Umverteilung zu verringern.

notwendig ist, hängt davon ab, ob das tatsächliche Konsum-
verhalten der Privathaushalte den bei der Planung zugrundegelegten Annahmen entspricht. Auf Grund der Konsumwahlfrei-
heit - nicht Konsumentensouveränität - können die staatlichen Lenkungsinstanzen das voraussichtliche Konsumentenver-
halten allenfalls in groben Zügen schätzen. Damit sinkt jedoch die Wahrscheinlichkeit, daß Kauf- und Warenfonds durch
den Einsatz der produktgebundenen Abgaben exakt aufeinander
abgestimmt werden können.

5.4.1.2.2. Umverteilung durch Gewinne und gewinnfinanzierte betriebliche Pflichtzahlungen

Auch die in die Güterpreise einkalkulierten Gewinne, nicht
jedoch die betrieblichen Gewinnabführungen, dienen der Anpassung von Kauf- und Warenfonds, da durch sie die Verkaufspreise der (Konsum-)Güter angehoben werden. Die kalkulierten Gewinne fließen über die Verkaufspreise an die Betriebe und können von diesen zur "eigenerwirtschafteten"
Finanzierung ihrer Erweiterungsinvestitionen verwandt werden. Diese Umverteilungsvariante ist demzufolge Voraussetzung der "Eigenerwirtschaftung".

Sofern die Gewinnkalkulation als einziges Instrument der
Angleichung von Kauf- und Warenfonds benutzt wird, verfügen
die Betriebe jedoch zunächst über mehr Gewinne (G), als sie
zur Finanzierung ihrer planmäßigen Investitionen benötigen,
während die staatlichen Instanzen noch über keine eigenen
Budgeteinnahmen verfügen. Daher müssen die Betriebe in einem zweiten ergänzenden Umverteilungsschritt die nicht für
Investitionszwecke benötigten Gewinnbeträge an die staatlichen Instanzen abführen.[1] In Abbildung 15 wird der monetä-

---

1) Auch wenn kein Gewinnzuschlag in die Güterpreisbildung
   einbezogen würde, führte die Anwendung des Durch-
   schnittsprinzips bei der Preisfestlegung zu einer Gewinnumverteilung zwischen den staatseigenen Betrieben.

re Umverteilungsprozeß skizziert, wie er sich bei Gewinnkalkulation und ergänzender Erhebung betrieblicher Pflichtzahlungen darstellt.

Abbildung 15:
Angleichung von Kauf- und Warenfonds bei Kalkulation von
Betriebsgewinnen mit ergänzender Erhebung gewinnfinanzier-
ter betrieblicher Pflichtzahlungen

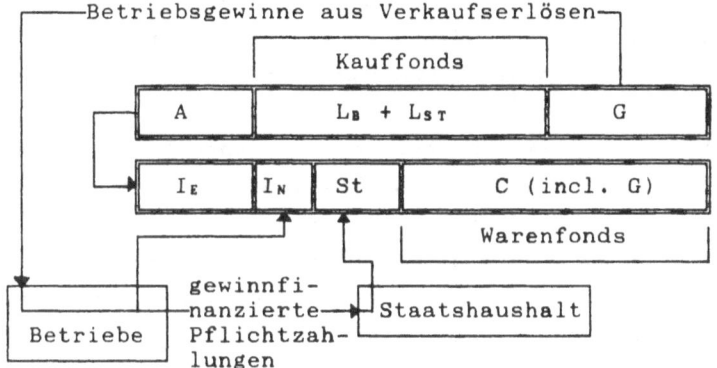

Damit sämtliche Betriebe ihre jeweiligen Erweiterungsinvestitionen aus Gewinnen "eigenerwirtschaften" können, müssen diese auf jeder Produktionsstufe in die Güterpreise
einbezogen werden. Dies führt dazu, daß auch die Investitionsgüter und die Güter des Staatsverbrauchs gegenüber den
Arbeitswertkosten verteuert werden, was ceteris paribus zu

Zumindest vom Grundsatz her sollen jeweils nur die "gesellschaftlich durchschnittlich notwendigen" Kosten bei
der Preiskalkulation berücksichtigt werden. Betriebe,
die kostengünstiger als der Durchschnitt produzieren,
weisen dann einen Gewinn, diejenigen, die kostenungün-
stiger als der Durchschnitt produzieren, weisen einen
Verlust auf, wobei sich Gewinne der einen und Verluste
der anderen Betriebe im Idealfall branchenweise ausgleichen. Damit die Zahlungsfähigkeit der Verlustbetriebe
gesichert werden kann, müssen dann die Gewinne umverteilt werden (Gutmann 1965, S. 65 f.). Diese monetäre
Redistribution zwischen den Betrieben ist jedoch von um
so geringerer Bedeutung, je mehr die Güterpreise auf der
Basis der betriebsindividuellen Kostensituation festgelegt werden.

einem entsprechend höheren Finanzierungs- und damit Umverteilungsbedarf führt. Zudem werden die Gewinnzuschlagssätze
in der Regel branchenspezifisch differenziert festgelegt.
Da die staatlichen Instanzen unter realtypischen Bedingungen nicht exakt vorhersehen können, welches Vorprodukt zu
welchem Anteil in welches Gut höchster Ordnung eingeht,
sind auch die Preiseffekte der Gewinnkalkulation auf die
Preisstruktur der Güter des Endverbrauchs allenfalls in
groben Zügen abschätzbar. Dies erschwert jedoch die planmäßige Angleichung von Kauf- und Warenfonds.

Ansatzpunkt der spezifisch betriebsbezogenen Liquiditätssteuerung ist die ergänzende Umverteilung der Gewinne zwischen den Betrieben bzw. Kombinaten und dem Staatshaushalt.
Instrumente hierfür sind die aus Gewinnen zu finanzierenden
Pflichtzahlungen einerseits sowie "Subventionen" andererer-
seits. "Die Problemstellung besteht darin, die Abgaben und
Abführungen an den Staatshaushalt in ihrer Höhe so zu bemessen, daß in den Kombinaten Geldfonds gebildet werden
können, wie das für die vorgesehene planmäßig proportionale Entwicklung dieser Wirtschaftseinheiten erforderlich
ist" (Finger, Kühn, Polaschewski 1983, S. 39). Für jedes
Kombinat - und jeden Betrieb - muß also eine einzelfall-
bezogene Anpassung der verfügbaren Gewinne an den Investi-
tionsfinanzierungsbedarf erfolgen. Resultat dieser Anpassung muß zudem die Deckung des Finanzierungsbedarfs des
Staatshaushalts sein.[1]

Aus Gewinn müssen die Betriebe in der DDR derzeit die Nettogewinnabführung und die Produktionsfondsabgabe entrich-

---

1) Bei der Festlegung der gewinnfinanzierten Abführungen
   ist zudem zu berücksichtigen, daß die Betriebe in der
   DDR ihre Investitionen grundsätzlich teilweise durch
   Kredite finanzieren müssen; vgl. Abschnitt 5.4.3.

ten,[1] der verbleibende Rest dient der Investitionsfinanzierung.[2] Bei der Produktionsfondsabgabe steht die Erfüllung der Informations- und Motivationsfunktion im Vordergrund, wobei sie als gesamtwirtschaftlich einheitliches
Normativ erhoben wird. Sie kann daher die Aufgabe der betriebsbezogenen Liquiditätssteuerung wie auch der zielge-
nauen Deckung des Finanzierungsbedarfs des Staatshaushaltes
nicht erfüllen (Bielig, Gurtz 1973, S. 1644). Einziges
praktikables Instrument hierfür ist somit die Nettogewinnabführung, sofern deren Höhe betriebsindividuell differenziert und ausreichend flexibel festgelegt wird.

Ausmaß und Struktur der gesamtwirtschaftlich notwendigen
Gewinnumverteilung über den Staatshaushalt oder innerhalb
der Kombinate sind ebenfalls von der staatlichen Preissetzung abhängig, hier speziell von der Festlegung der Gewinnzuschläge. Zwei Bedingungen müssen erfüllt sein, damit die
Betriebe keine Gewinnabführung zu leisten brauchen: **Erstens**
müssen die Budgeteinnahmen, die zur Finanzierung des
Staatsverbrauchs notwendig sind, in voller Höhe über andere
"Kanäle" von den Privathaushalten abgeschöpft werden. Dies
setzt eine entsprechende Festlegung der "direkten Steuern",
der produktgebundenen Abgaben und der aus Kosten zu finanzierenden Pflichtzahlungen (vgl. Abschnitt 5.4.1.2.3.) voraus. **Zweitens** müssen die staatlichen Instanzen die Ge-

---

1) Da die (planmäßige) Bodennutzungsgebühr als Bestandteil
des Investitionsaufwandes aus Gewinn finanziert werden
muß, ist sie ebenfalls Bestandteil dieser ergänzenden
Gewinnumverteilung. Wegen ihres geringen Aufkommens wird
sie hier nicht weiter berücksichtigt.

2) Dies wird als "Nettoprinzip" der Umverteilung bezeichnet. In den Anfangsjahren mußten die Betriebe in der DDR
demgegenüber ihre Gewinne weitestgehend an den Staatshaushalt abführen, von wo aus sie im Gegenzug - unter
Zwischenschaltung der Staatsbank - die Finanzmittel für
ihre Investitionsvorhaben erhielten. Dieses Verfahren,
die Gewinne zunächst (weitestgehend) abzuschöpfen und
sie den Betrieben anschließend als "Subvention" wieder
zuzuführen, wird in der Fachterminologie der DDR als
"Bruttoprinzip" bezeichnet; vgl. Sabelus 1983, S. 58 f.

winnzuschlagssätze für jeden Betrieb individuell und dabei
in Ansehung seines Investitionsplanes so festlegen, daß das
Gewinnaufkommen genau mit dem jeweiligen Investitionsvolumen übereinstimmt.

Da sich dieses und mit ihm auch der betriebliche Finanzierungsbedarf jährlich ändern, müßten die Gewinnzuschläge und
damit die Güterpreise ebenfalls jährlich neu festgelegt
werden. Wohl nicht zuletzt zur Vermeidung des dann notwendigen Verwaltungsaufwandes werden die Gewinnzuschläge in
der DDR jedoch branchenweise festgelegt und längerfristig
konstant gehalten. Da die Gewinne derzeit fondsbezogen kalkuliert werden, erhalten so Betriebe mit hohem Kapitalbe-
stand vergleichsweise mehr, diejenigen mit niedrigem Ka-
pitalbestand weniger Plangewinn, ohne daß das jeweilige Gewinnaufkommen zwangsläufig mit dem planmäßigen Investitionsvolumen übereinstimmt. Gewinnaufkommen und Investitionsbedarf sind insbesondere dann nicht deckungsgleich,
wenn die bisherige Branchenstruktur auf Grund zentraler
Entscheidungen verändert wird. Zudem erhalten die Betriebe
aus Motivationsgründen Gewinnzu- und Gewinnabschläge, bei
deren Festlegung der finanzierungstechnische Aspekt der Liquiditätssteuerung keine Rolle spielt. Unter solchen Bedingungen stimmen Gewinnaufkommen und planmäßiger Finanzierungsbedarf der einzelnen Betriebe allenfalls zufällig
überein. Je weniger die in den Preisen kalkulierten Gewinne
auf den betrieblichen Finanzierungsbedarf abgestimmt sind,
um so stärkere Umverteilungen von Gewinn sind zwischen den
Betrieben notwendig.

Die Gewinnumverteilung kann, wie dies in der SBZ/DDR anfänglich der Fall war, über den Staatshaushalt abgewickelt
werden ("zentralisierte Umverteilung"); sie läßt sich jedoch auch auf Kombinatesebene durchführen ("dezentrali-

sierte Umverteilung").[1] In Abbildung 16 werden beide
Alternativen gegenübergestellt.

Abbildung 16:
Zentralisierte und dezentralisierte Gewinnumverteilung zwischen Betrieben, Kombinaten und Staatshaushalt
<Zahlenangaben willkürlich>

zentralisierte Umverteilung:

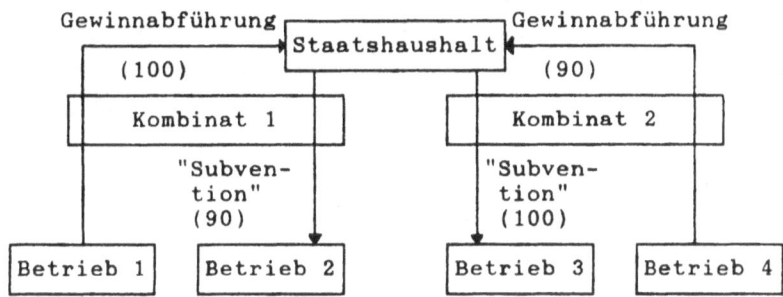

dezentralisierte Umverteilung:

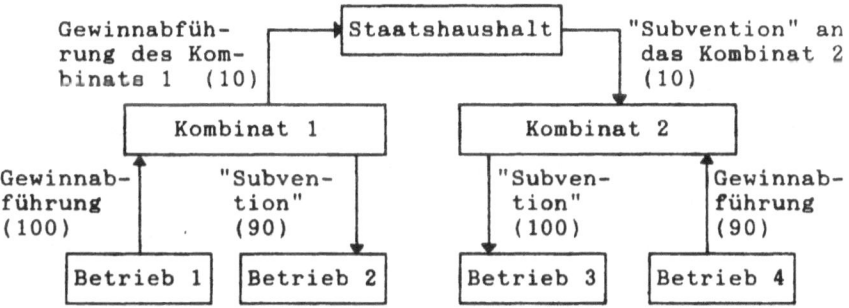

Gänzlich dezentralisiert können die Gewinne umverteilt werden, wenn die Summe des Gewinnaufkommens aller Betriebe eines Kombinats mit dem Finanzierungsbedarf aller dieser Kombinatsbetriebe übereinstimmt. Andernfalls müssen die Ge-

---

1) Da lediglich die Aufgabe der Abführungerhebung auf nachgeordnete Instanzen verlagert bzw. rückverlagert wird, handelt es sich in der Terminologie der "westlichen" Finanzwissenschaft hier eher um konzentrierte bzw. dekonzentrierte Formen der Umverteilung.

winnüberschüsse einzelner Kombinate zentral über den Staatshaushalt an andere Kombinate umverteilt werden, bei denen das Gesamtaufkommen aus Gewinnen nicht zur Finanzierung der Erweiterungsinvestitionen ausreicht.[1] Durch die Verlagerung der Umverteilungsmaßnahmen von der Ebene des Staatshaushalts auf diejenige der Kombinate ändert sich zwar nichts am Gesamteffekt der Gewinnumverteilung zwischen den einzelnen Betrieben, im Falle der Dezentralisierung sinkt jedoch auf Grund der Saldierung von Pflichtzahlungen und "Subventionen" das Volumen der gesamtwirtschaftlich notwendigen Umverteilungsströme über den Staatshaushalt.

Am Beispiel der Gewinnabführungen aus der volkseigenen Wirtschaft läßt sich in diesem Zusammenhang leicht zeigen, daß der Vergleich zwischen Staatsquoten staatssozialistischer Zentralverwaltungswirtschaften und solchen marktwirtschaftlich verfaßter Staaten mit freier Preisbildung keinerlei praktischen Erklärungswert hat. Eine Zunahme der Gewinnabführungen an den Staatshaushalt – und damit gegebenenfalls eine Zunahme der "Staatsquote" – kann nämlich mehrere Ursachen haben:

- **Erstens** kann dies auf eine Erhöhung der Gewinnzuschlagssätze zurückzuführen sein. Zur Vermeidung von Liquiditätsüberhängen werden in diesem Fall von den Betrieben deren dann steigende Gewinne abgeschöpft. Zur Angleichung von Kauf- und Warenfonds auf dem Konsumgüter-

---

1) Diese Aussage gilt analog auch im Zusammenhang mit der Amortisationsabführung, da die Abschreibungssätze branchenunabhängig festgelegt werden. Das Volumen der Umverteilung von Amortisationen über den Staatshaushalt steigt tendenziell, wenn die staatlichen Lenkungsinstanzen eine Änderung der gesamtwirtschaftlichen Branchenstruktur vornehmen. Dann nämlich entstehen in den Betrieben und damit auch in den Kombinaten der schrumpfenden Branchen Abschreibungserlöse, die dort nicht zur Finanzierung von Ersatzinvestitionen verwendet werden sollen. Demzufolge werden sie über den Staatshaushalt an die Kombinate der wachsenden Branchen zur Finanzierung der dortigen Erweiterungsinvestitionen weitergeleitet; vgl. Abschnitt 2.6.

"markt" muß die Erhöhung der Gewinnzuschläge mit einer
größengleichen Minderung der Staatshaushaltseinnahmen
aus den sonstigen "Kanälen" verbunden sein. Es wird also
lediglich eines der Instrumente gesamtwirtschaftlicher
monetärer Umverteilung durch ein anderes substituiert,
die Bilanzsumme des Budgets bleibt unverändert.

- **Zweitens** können steigende Gewinnabführungen aus der
  staatseigenen Wirtschaft Folge des Umstands sein, daß
  die durch die Gewinnzuschlagssätze induzierte Verteilung
  der Gewinne auf die einzelnen Kombinate nicht mit der
  planmäßigen Verteilung der Investitionen übereinstimmt
  und demzufolge entsprechend viel Gewinne zwischen den
  Kombinaten umverteilt werden müssen. Da in diesem Fall
  sowohl die Budgeteinnahmen aus der Gewinnabführung als
  auch die -ausgaben für "Subventionen" steigen, verlängert sich die Staatshaushaltsbilanz.

- **Drittens** schließlich steigen die Einnahmen des Staatshaushaltes aus der Gewinnabführung beim Übergang vom
  "Nettoprinzip" auf das "Bruttoprinzip" und bei der Ersetzung der dezentralisierten durch die zentralisierte
  Methode der Umverteilung. Da jedoch jeweils gleichzeitig
  auch das Volumen der "Subventionen" zunimmt, verlängert
  sich auch in diesem Fall das Staatsbudget, ohne daß
  dies mit einer Veränderung der Verwendungsstruktur des
  güterwirtschaftlichen Realprodukts verbunden ist.

Diese Variationen sind jedoch ausschließlich Folge der realisierten Form staatlicher Preissetzung und der gewählten
Umverteilungsmethode. Damit erweist sich das staatliche
Budgetvolumen als eine in starkem Maß manipulierbare Größe,
von der nicht auf eine Veränderung der "tatsächlichen"
Staatsquote im Sinne güterwirtschaftlicher Verfügungsmög-
lichkeiten geschlossen werden kann.

5.4.1.2.3. Umverteilung durch Kostenmanipulation

Eine letzte Möglichkeit der Angleichung von Kauf- und Warenfonds besteht schließlich darin, bei der Kalkulation einen preiserhöhenden Kostenbestandteil mitzuberücksichtigen, der nicht auf Lohnzahlungen und damit Arbeitskosten zurückgeführt werden kann. Der Beitrag für gesellschaftliche Fonds (BfgF) ist ein solches Instrument monetärer Umverteilung, dies zumindest seitdem diese neue Lohnfondsabgabe weitestgehend in die Abgabepreise einkalkuliert und damit auch auf die Konsumgüterpreise weitergewälzt wird.[1]

Über die Preisanhebungen fließen den Betrieben entsprechend höhere Verkaufserlöse zu, die sie jedoch, anders als die Gewinne abzüglich der gewinnfinanzierten Pflichtzahlungen, nicht für interne Finanzierungzwecke verwenden dürfen, sondern, wie die produktgebundenen Abgaben, vollständig (hier unter Berücksichtigung etwaiger Unter- oder Überschreitungen des Lohnfonds) an das Staatsbudget weiterleiten müssen. Ist der Beitrag für gesellschaftliche Fonds der einzige "Kanal", über den aus der volkseigenen Wirtschaft Liquidität abgeschöpft wird, dann müssen die staatlichen Instanzen den Betrieben wiederum in einem zweiten Umverteilungsschritt die für die Investitionsfinanzierung notwendigen "Subventionen" ausreichen. Der monetäre Kreislauf bei dieser Umverteilungsmethode wird in Abbildung 17 skizziert.

---

1) In gleicher Weise wirken auch die in den Preisen kalkulierten Abschreibungen, sofern die "normative Nutzungsdauer" kürzer und damit der Abschreibungssatz entsprechend höher festgelegt wird, als dies der tatsächlichen durchschnittlichen Nutzungdauer der Kapitalgüter entspricht. Den Betrieben fließen dann mehr Amortisationen zu, als sie zur Finanzierung der Ersatzinvestitionen benötigen, und diese Mehreinnahmen können, gegebenenfalls nach Umverteilung über das Kombinat oder den Staatshaushalt, zur Finanzierung von Erweiterungsinvestitionen verwendet werden - unabhängig vom "Lohmann-Ruchti-Effekt" der Abschreibungsfinanzierung. Auch die neuerdings in einigen Kombinaten aus *Kosten* finanzierte Produktionsfondsabgabe (vgl. Abschnitt 2.3.) ist dieser Verteilungsvariante zuzurechnen.

Dabei zeigt sich, daß er in seiner Grundstruktur mit demjenigen bei Anwendung der produktgebundenen Abgaben übereinstimmt.

Abbildung 17:
Angleichung von Kauf- und Warenfonds durch den Beitrag für gesellschaftliche Fonds

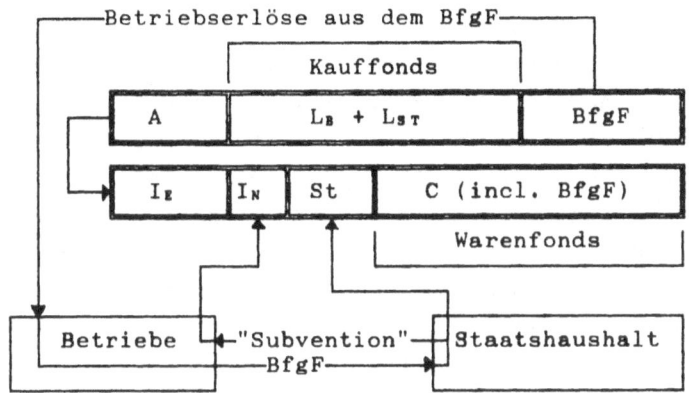

Der Beitrag für gesellschaftliche Fonds wird wie der Gewinn auf sämtlichen Produktionsstufen erhoben, damit er in allen Betrieben als Informations- und Motivationsinstrument auf den Arbeitseinsatz wirken kann. Daher besteht im Zusammenhang mit dieser Lohnfondsabgabe das gleiche Problem, wie es bereits für den Gewinn aufgezeigt wurde: Auf Grund der vielfältigen produktionstechnischen Interdependenzen können die zentralen Lenkungsinstanzen nicht genau vorhersehen, wie sich die durch den Beitrag für gesellschaftliche Fonds verursachten Preiserhöhungen auf die Preise der Güter des privaten und des staatlichen Konsums sowie die der Investitionsgüter auswirken. Damit lassen sich Kauf- und Warenfonds durch diese betriebliche Pflichtzahlung ebenfalls nur in groben Zügen aufeinander abstimmen.

5.4.1.3. Der gebrochene Preiszusammenhang als Ursache zwischenbetrieblichen Umverteilungsbedarfs

Die bisherigen Ausführungen über Volumen und Struktur der gesamtwirtschaftlichen monetären Umverteilung beruhten auf der Prämisse, daß die Güterpreise tatsächlich entsprechend der Marxschen Arbeitswertlehre kalkuliert werden, daß sie also ihrem "Wert" entsprechen. Grundsätzlich ist dies in der DDR für die Betriebspreise auch tatsächlich der Fall; wie im Zusammenhang mit der Problematik (arbeits-)kostenbezogener Preisbildung bereits ausgeführt wurde, werden jedoch die Abgabepreise auch der Produktionsmittel nicht selten unabhängig vom "Wert" (Betriebspreis) der Güter festgelegt, um so die Betriebe z.B. von Preisänderungen auf den Weltmärkten abzuschirmen, in den Betrieben Substitutionsprozesse zu initiieren oder das Nachfrageverhalten der Privathaushalte zu beeinflussen.

Diese "Abweichungen des Preises vom Wert", d.h. die Durchbrechung des kostenbezogenen Preiszusammenhangs, verursachen einen zusätzlichen monetären Umverteilungsbedarf, der neben denjenigen zwecks Anpassung von Kauf- und Warenfonds tritt: Bei den Betrieben, deren Abgabepreise über den kostenbezogenen Betriebspreisen (einschließlich Gewinnzuschlag und Lohnfondsabgabe) festgelegt wird, denen gegenüber dieser höhere Preis jedoch nicht erfolgswirksam werden soll, muß die Differenz zwischen Betriebs- und Abgabepreis abgeschöpft werden. Umgekehrt müssen die Betriebe, deren Abgabepreise geringer als die Betriebspreise fixiert sind, zur Deckung ihrer planmäßigen Ausgaben entsprechende Stützungszahlungen erhalten. Mittels der Zu- und Abführungen soll zum ersten die Lenkungsfunktion der einzelnen Güterpreise auf einen bestimmten Kreis von Betrieben bzw. die Privathaushalte begrenzt werden. Zum zweiten sollen damit Auswirkungen dieser Preisvariationen auf die betriebliche Finanzwirtschaft kompensiert werden. Hierzu sind die produktgebundenen Abgaben bzw. produktgebundenen Zuführungen das zweckmäßigste Umverteilungsinstrument (Bielig, Gurtz 1973, S. 1641). In der folgenden Abbildung 18 sollen die Beziehungen zwischen "wertabweichender" Preissetzung und hierdurch notwendig werdenden Zu- bzw. Abführungen exemplarisch verdeutlicht werden.

Abbildung 18:
Betriebsbezogene Zu- und Abführungen als Folge der Durchbrechung des kostenbezogenen Preiszusammenhangs

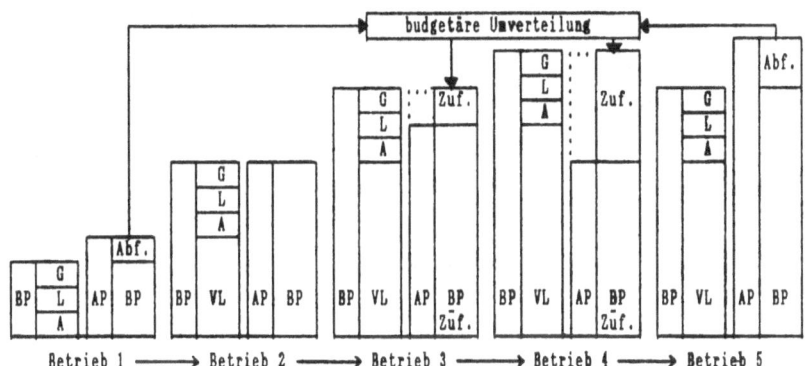

Angenommen wird dabei, daß ein Gut von Betrieb 1 (Urproduktion) bis Betrieb 5 (Endprodukt) in den einzelnen Betrieben jeweils weiterbearbeitet wird. Die Betriebe kalkulieren ihre Betriebspreise (BP) in Höhe der jeweils bezogenen Vorleistungen (VL), der Abschreibungen (A), der Lohnzahlungen (L) und der kalkulatorischen Gewinne (G). Die Vorleistungen werden in der betrieblichen Ergebnisrechnung zu den Abgabepreisen (AP) des jeweiligen Lieferbetriebs bewertet. Abgesehen von Betrieb 2 werden die Abgabepreise sämtlicher Betriebe unabhängig von den jeweiligen Betriebspreisen festgelegt:

Bei Betrieb 1 und 5 übersteigen die Abgabepreise die Betriebspreise, um so beispielsweise Betrieb 2 und die Endabnehmer von Betrieb 5 (z.B. die Privathaushalte) an einer Beschränkung ihrer Nachfrage nach dem betreffenden Gut zu interessieren. Damit von den höheren Abgabepreisen für die beiden Betriebe 1 und 5 kein Anreiz zur Ausweitung ihrer Produktion ausgeht, muß die jeweilige Differenz zwischen Betriebs- und Abgabepreis ergebnisneutral abgeschöpft werden, d.h. beide Betriebe müssen eine Pflichtzahlung (Abführung <Abf.>) an die jeweilige Umverteilungsinstanz leisten. Bei den Betrieben 3 und 4 wird demgegenüber der Abgabepreis unterhalb des Betriebspreises festgelegt. Beide Betriebe können mit diesen Abgabepreisen weder ihre Kosten gänzlich decken noch den Plangewinn erwirtschaften, der z.B zur Finanzierung von Erweiterungsinvestitionen vorgesehen ist. Zur Deckung dieser Finanzierungslücke müssen beide Betriebe daher "Preissubventionen" (Zuführungen <Zuf.>) erhalten.

Der hier exemplarisch dargestellte Umverteilungsbedarf zwischen den einzelnen Betrieben wird in der Realität staatssozialistischer Zentralverwaltungswirtschaften um so größer, je stärker staatlicherseits die Abgabepreise unabhängig von den für die betriebliche Ergebnisrechnung relevanten Betriebspreisen festgelegt werden, je mehr also der Kostenbezug der zentraladministrativen Preisfixierung durchbrochen wird.

In diesem Zusammenhang sei nochmals auf die in Abschnitt 5.1.2. diskutierte These eingegangen, aus den produktgebundenen Abgaben auf Konsumgüter lasse sich eine "Steuerquote" des privaten Verbrauchs ermitteln. Ob und in welcher Höhe eine produktgebundene Abgabe auf Konsumgüter erhoben werden muß, um die monetäre Nachfrage an das staatliche Angebot anzupassen, hängt von der Differenz zwischen dem Betriebspreis des einzelnen Konsumgutes und dem Preis ab, den die Privathaushalte hierfür bei gegebener Mengenrationierung zu zahlen bereit sind (vgl. Abbildung 9 in Abschnitt 5.1.2.). Die Betriebspreise der einzelnen Konsumgüter lassen sich jedoch, wie soeben dargelegt wurde, mittels preispolitischer Maßnahmen auf den Produktionsvorstufen in letztendlich beliebigem Ausmaß manipulieren.

So können die Betriebspreise der Konsumgüter tendenziell durch eine Festlegung der Abgabepreise auf den Produktionsvorstufen unter die jeweiligen Betriebspreise gedrückt werden. Dann muß auf die einzelnen Konsumgüter eine entsprechend hohe produktgebundene Abgabe zwecks Angleichung der privaten Nachfrage an das staatliche Angebot erhoben werden. Diese Einnahmen des Staatshaushalts aus der produktgebundenen Abgabe auf Konsumgüter können dann zur Finanzierung der notwendigen "Preissubvention" der Vorprodukte verwendet werden. Liegen demgegenüber die Abgabepreise der Vorprodukte jeweils über den Betriebspreisen, steigen damit auch die Betriebspreise der Konsumgüter. Entsprechend geringere produktgebundene Abgaben müssen in diesem Fall zur Angleichung von Kauf- und Warenfonds auf diese Konsumgüter erhoben werden. Unter Umständen ist es sogar notwendig, die Abgabepreise einzelner Konsumgüter unterhalb des jeweiligen Betriebspreises festzulegen, damit die Privathaushalte diese Konsumgüter in der staatlicherseits bereitgestellten Menge zu dem administrativ fixierten Abgabepreis kaufen. Finanzieren lassen sich derartige "Preissubventionen" aus den produktgebundenen Abgaben, die in diesem Fall von den Betrieben der Vorproduktionsstufen zu entrichten sind.

Die Höhe der Budgeteinnahmen aus der produktgebundenen Abgabe auf Konsumgüter, wie diejenige der Budgetausgaben für produktgebundene "Preissubventionen", informiert daher allenfalls darüber, in welchem Umfang der kostenbezogene Preiszusammenhang von den Gütern höchster bis hin zu den Gütern erster Ordnung (den Konsumgütern) gebrochen ist, nicht jedoch darüber, wie hoch die kaufkräftige Nachfrage der Privathaushalte durch die produktgebundenen Abgaben als einer "indirekten Steuer" netto abgeschöpft werden. Für diesbezügliche Schlüsse müßte genau bekannt sein, welcher Teil der produktgebundenen Abgaben zum Ausgleich von Kauf- und Warenfonds, welcher Teil zur Veränderung der relativen Konsumgüterpreise zueinander und welcher Teil zur "Subventionierung" von Vorprodukten verwandt wird. Das zugängliche

Zahlenmaterial der Staatshaushaltsgesetze und Haushaltsabrechnungen der DDR ist auf Grund seiner Selektivität und methodischen Variabilität für diesbezügliche Untersuchungen unzulänglich.

5.4.1.4. Die betrieblichen Pflichtzahlungen in der DDR – ein rationales System monetärer Redistribution?

In Übersicht 5 auf der folgenden Seite sind die in der DDR angewandten Instrumente monetärer Redistribution zusammengefaßt. Zu fragen ist, ob sich aus den einzelnen voranstehend beschriebenen Umverteilungsinstrumenten ein rationales System monetärer Redistribution innerhalb des staatseigenen Wirtschaftssektors konzipieren läßt und ob ein solches in der DDR mit dem dortigen "Vier-Kanäle-System" zuzüglich der Amortisations- und Umlaufmittelabführung realisiert ist. Da die "direkten Steuern" in der DDR quantitativ unbedeutend sind und vorrangig zum Zweck sozialpolitisch motivierter Redistribution zwischen den Privathaushalten eingesetzt werden, bleiben sie im folgenden unberücksichtigt.

Unter ausschließlich finanzierungstechnischen Gesichtspunkten kann ein System monetärer Umverteilung in einer staatssozialistischen Zentralverwaltungswirtschaft dann als rational bezeichnet werden, wenn sich das Redistributionsinstrumentarium den Finanzierungsbedürfnissen der Betriebe und des Staatshaushalts flexibel anpassen läßt, es den geringstmöglichen Planungs-, Erhebungs- und Kontrollaufwand verursacht und dabei sowohl in den Kombinaten als auch auf gesamtwirtschaflicher Ebene "unnötige" Umverteilungen vermieden werden (Gurtz 1967, S. S8; Bielig Gurtz 1973, S. 1638; Finger, Kühn, Polaschewski 1983, S. 39).

Übersicht 5:
"Direkte" und "indirekte Steuern" als Instrumente monetärer
Umverteilung in der DDR

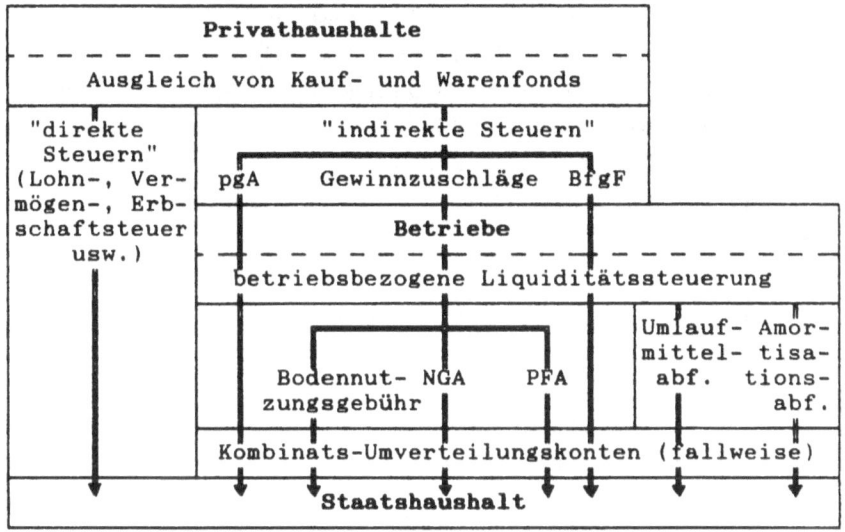

In der Fachliteratur der DDR wird der Minimierung des ver-
waltungstechnischen Aufwands der budgetären Umverteilung
ein dominierendes Gewicht beigemessen und hieraus die Forderung nach einer möglichst geringen Anzahl betrieblicher
Pflichtzahlungen abgeleitet (Gurtz 1967, S. S8; Bielig,
Gurtz 1973, S. 1638). Im Endeffekt könnte dies die Institutionalisierung eines "Ein-Kanal-Systems" bedeuten, was sich
allerdings bei näherer Betrachtung als unzweckmäßig erweist:

Da die Gewinnabführung in der DDR jeweils jährlich gegenüber den Betrieben vorgegeben wird, zeichnet sie sich durch
einen relativ hohen Grad der Flexibilität aus. Werden Kauf-
und Warenfonds jedoch ausschließlich über Gewinnzuschläge
ausgeglichen und damit von den Betrieben nur Gewinnabführungen erhoben, gehen hiervon demotivierende Effekte auf
das Leistungsverhalten der Betriebsangehörigen, insbesondere das der Betriebsleiter aus: Der zum Ausgleich von
Kauf- und Warenfonds notwendige Gewinnzuschlag ist in die-

sem Fall vergleichsweise hoch, so daß die einzelnen Betriebe dann relativ hohe Gewinne kalkulieren werden. Letztere müssen sie jedoch zu einem Großteil an den Staatshaushalt abführen. Wie bereits Holzman aufzeigte (1955, S.
99 f.), wird dies das Interesse der Betriebsleiter an der
Erzielung hoher Plangewinne mindern bzw. Versuche der Abgabenkürzung hervorrufen, die seitens der Zentralinstanzen
nur unter hohem Kontrollaufwand (und, wie in Abschnitt
5.3.2. aufgezeigt wurde, nur unvollkommen) begrenzt werden
können.

Als Alternative zur Gewinnkalkulation und -abführung ist
die monetäre Umverteilung durch Erhebung produktgebundener
Abgaben zu sehen, wobei dies aus Gründen der Plan- und
Steuerbarkeit soweit wie möglich auf die Betriebe konsum-
naher Produktionsstufen beschränkt bleiben sollte. Während
die Gewinnabführung im Verlauf der Planperiode in ihrer
Höhe relativ stark schwankt, fließen demgegenüber die produktgebundenen Abgaben vergleichsweise stetig an den
Staatshaushalt, was dessen störungsfreie Finanzierung erleichtert (Holzman 1955, S. 93 f.; Bielig, Gurtz 1973, S.
1642; Gurtz, Kaltofen 1982, S. 52 f.). Da die produktgebundenen Abgaben in der betrieblichen Ergebnisrechnung nur
durchlaufende Posten sind und gegenüber den Betrieben als
"vorabverfügtes Reineinkommen" interpretiert werden, das
dem Staat kraft seiner Eigentümerstellung zusteht, können
zudem die demotivierenden Wirkungen hoher Gewinnabführungen
vermindert werden. Dies gilt allerdings nur dann, wenn die
Beschäftigten nicht erkennen, daß dem Betrieb trotz teil-
weiser Substitution der Gewinnabführung durch die produkt-
gebungene Abgabe insgesamt keineswegs mehr Liquidität zur
Verfügung steht, wenn sie also einer "Gewinnillusion" unterliegen.

Diesen Vorteilen der produktgebundenen Abgaben steht jedoch
der Nachteil entgegen, daß die betrieblichen Investitionen
dann gänzlich über "Subventionen" aus dem Staatshaushalt

342

finanziert werden müssen, was dem "Prinzip der Eigenerwirtschaftung" zuwiderläuft, wie es in der DDR seit Mitte der 60er Jahre verfolgt wird. Die "Eigenerwirtschaftung" wäre zwar auch unter diesen Bedingungen dann möglich, wenn die Betriebe einen Teil der in die Preise kalkulierten produktgebundenen Abgaben zur Investitionsfinanzierung einbehalten könnten; dies jedoch würde zum einen voraussetzen, daß diese betriebliche Pflichtzahlung auf die Güter sämtlicher Produktionsstufen erhoben würde, damit sämtliche Betriebe hieraus ihre Investitionen "eigenfinanzieren" könnten. Zum zweiten müßten die Abgabensätze nicht nur jeweils güterspezifisch, sondern auch im Hinblick auf den Finanzierungsbedarf jedes einzelnen Betriebes festgelegt werden.

Die Realisierung der ersten Voraussetzung erschwert auf Grund der vielfältigen, für die Zentralinstanzen nur schwer überschaubaren produktionstechnischen Interdependenzen die Plan- und Steuerbarkeit der produktgebundenen Abgabe bei der Angleichung von Kauf- und Warenfonds und weist damit die gleichen Nachteile wie die Gewinnkalkulation auf. Werden zum zweiten die Abgabensätze nicht nur güter-, sondern auch betriebsspezifisch festgelegt, ruft dies bei Planung, Erhebung und Kontrolle der produktgebundenen Abgabe einen hohen Verwaltungsaufwand hervor (Holzman 1955, S. 95). Dies ist nicht zuletzt deswegen zu erwarten, weil sich der Finanzierungsbedarf der einzelnen Betriebe jedes Jahr aufs neue ändert und damit ebenfalls jährlich die betriebsspezifischen Abgabensätze neu festgelegt werden müssen. Die Steuerbarkeit der produktgebundenen Abgabe als Instrument sowohl für die Angleichung von Kauf- und Warenfonds als auch für die betriebsspezifische Beeinflussung der Investitionsfinanzierung wird zudem dadurch erschwert, daß diese Pflichtzahlung zusammen mit den produktgebundenen Zuführungen auch zur Kompensation des gebrochenen Kostenbezugs der Preisfixierung eingesetzt wird.

Angesichts der spezifischen Vor- und Nachteile der beiden
Instrumente bietet es sich an, Gewinnzuschläge und -abfüh-
rungen einerseits sowie produktgebundene Abgaben andererseits nicht jeweils ausschließlich, sondern miteinander
kombiniert einzusetzen. Ein rationales System budgetärer
Umverteilung hat dann folgende idealtypische Grundstruktur:
Der Finanzierungsbedarf der Betriebe für Erweiterungsinvestitionen wird über Gewinnzuschläge in die Güterpreise einkalkuliert, wobei im Idealfall bei der Festlegung des Gewinnzuschlags der tatsächliche Investitionsbedarf jedes
einzelnen Betriebes berücksichtigt wird.

In Höhe des budgetären Finanzierungsbedarfs für den Staatsverbrauch werden daneben produktgebundene Abgaben erhoben.
Geschieht dies vorrangig in den Betrieben der Konsumgüterindustrie, ist hiervon eine relativ geringe Anzahl von Betrieben betroffen, was wiederum den Planungs- und Erhe-
bungsaufwand mindert (Bielig, Gurtz 1973, S. 1642).

Die Budgeteinnahmen aus der produktgebundenen Abgabe können, da diese betriebliche Pflichtzahlung ein Reflex der
staatlichen Preissetzung ist, nur im Zuge von Güterpreisän-
derungen variiert werden. Im Vergleich hierzu weist die
Nettogewinnabführung eine wesentlich höhere Flexibilität
auf; zumindest dann, wenn sie nicht als längerfristig konstantes Normativ, sondern jährlich in veränderlicher, absoluter Höhe vorgegeben wird. Daher ist es sinnvoll, in die
Güterpreise einen etwas höheren Gewinnzuschlag zu kalkulieren, als für die Investitionsfinanzierung selbst notwendig
ist, um so eine disponible "Gewinnreserve" zu erhalten. Die
"überschüssigen" Gewinne können dann nach Maßgabe des jeweils zeitpunktbezogenen Finanzierungsbedarfs des Staatshaushalts variabel von den Betrieben abgeschöpft werden.
Die Gewinnabführung der Betriebe dient damit nicht nur der
betriebsbezogenen Liquiditätssteuerung; sie soll auch nach
Bedarf den Ausgleich des Budgets gewährleisten. In diesem
Zusammenhang wird sie in der DDR als eine "bilanzierende",

d.h. den Staatshaushalt ausgleichende, Pflichtzahlung bezeichnet (Bielig, Gurtz 1973, S. 1646 und 1974, S. 42).

Da bei Institutionalisierung eines solchen "Zwei-Kanäle-Systems" ein Teil der von den Privathaushalten abgeschöpften
Kaufkraft über die produktgebundenen Abgaben an den Staatshaushalt fließt, enthalten die Güterpreise vergleichsweise
geringe Gewinnzuschläge. Dementsprechend gering sind die
Betriebsgewinne. In der Politischen Ökonomie des Sozialismus wird in diesem Zusammenhang davon gesprochen, daß die
Betriebsgewinne mittels der produktgebundenen Abgaben auf
ein (nicht näher bestimmtes) "Normalmaß" reduziert werden
können (Mohn, Zachäus 1967, S. 277). Den vergleichsweise
geringen Gewinnen entspricht eine ebenfalls niedrige Gewinnabführung der Betriebe. Mit einem solchen "Zwei-Kanäle-
System" lassen sich also unter Umständen die demotivierenden Effekte hoher Gewinnabführungen vermeiden[1], wobei
gleichzeitig die "Eigenerwirtschaftung" sichergestellt
werden kann (Holzman 1955, S. 99 f.).

Die Einnahmen aus produktgebundenen Abgaben müssen von den
Betrieben augenblicklich auf Sperrkonten überwiesen werden,
während die Gewinne bis zur späteren Zahlung der Gewinnabführung im Verfügungsbereich der Betriebe verbleiben. Die
finanzielle Disponibilität der Betriebe wird damit um so
mehr eingeschränkt, je stärker bei der monetären Umverteilung das Gewicht auf die produktgebundene Abgabe gelegt
wird.

Damit die Betriebe bei Desinvestitionen die ihnen zufließenden "überschüssigen" Abschreibungs- und Umlaufmitteler-
löse nicht für planwidrige Zwecke einsetzen, müssen ihnen

---

1) Dies ist allerdings nur dann möglich, wenn die Betriebsangehörigen einer "Gewinnillusion" unterliegen; wenn sie
   also nicht bemerken, daß der finanzielle Spielraum des
   Betriebes sowohl bei ausschließlichem Einsatz der Gewinnabführung als auch bei einem "Zwei-Kanäle-System"
   realiter der gleiche ist.

diese entzogen werden. Damit besteht also die Notwendigkeit, neben den beiden genannten "Kanälen" gegebenenfalls
Amortisations- und Umlaufmittelabführungen zu erheben.

Das soeben beschriebene Grundmodell eines rationalen Umverteilungssystems in einer staatssozialistischen Zentralverwaltungswirtschaft ist in Abbildung 19 skizziert.

Abbildung 19:
Grundstruktur eines rationalen Systems budgetärer Umverteilung in einer staatssozialistischen Zentralverwaltungswirtschaft

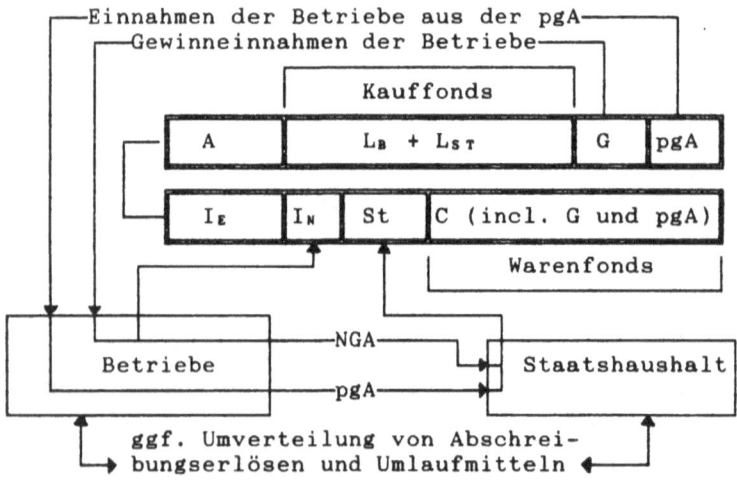

Die Einführung weiterer "Kanäle" mag den staatlichen Lenkungsinstanzen zwar unter dem Aspekt der betriebsbezogenen
Informations-, Stimulierungs- und Kontrollfunktion der "sozialistischen Finanzen" sinnvoll erscheinen. Je mehr betriebliche Pflichtzahlungen institutionalisiert werden, um
so aufwendiger werden jedoch Planung, Durchführung und Kontrolle der gesamtwirtschaftlichen monetären Umverteilung.
Die insbesondere aus Gründen der "Stimulierung" eingeführten Pflichtzahlungen sind dabei in der Regel als gesamtwirtschaftlich einheitliche Normative ausgestaltet. Beispiele hierfür sind in der DDR die Produktionsfondsabgabe,
der Beitrag für gesellschaftliche Fonds und die Bodennut-

zungsgebühr. Die Anpassungsflexibilität dieser fondsbezogenen Pflichtzahlungen ist damit noch geringer als diejenige der produktgebundenen Abgaben, die zumindest im Zuge
planmäßiger Preisänderungen variiert werden können.[1] Die
Einführung zusätzlicher betrieblicher Pflichtzahlungen geht
zwangsläufig immer zu Lasten der Gewinnabführung oder der
produktgebundenen Abgaben, sofern verwaltungsaufwendige
Verrechnungen und "Rücksubventionierungen" wie der "staatliche Erlöszuschlag" oder eine Kreditfinanzierung der zusätzlichen Pflichtzahlung vermieden werden sollen. Mit jeder neuen "Stimulierungsabgabe" sinkt so die Flexibilität
des gesamtwirtschaftlichen Umverteilungssystems.

Je mehr Motivationswirkungen diese Pflichtzahlungen entfalten, um so größere Probleme entstehen zudem im Zusammenhang
mit der planmäßigen Finanzierung des Staatshaushalts: Sparen die Betriebe gegenüber den Planvorgaben Produktionsfonds, Bodenflächen oder Lohnkosten ein, brauchen sie weniger als die planmäßigen Pflichtzahlungen zu leisten. Was
für die Betriebe wünschenswert ist, bedeutet jedoch für die
staatlichen Instanzen unter Umständen Finanzierungsengpässe
bei der Durchführung des Staatshaushaltsplanes (Bielig,
Gurtz 1973, S. 1643 f.).

Je mehr betriebliche Pflichtzahlungen zwecks "Stimulierung"
eingeführt werden, desto geringer wird unter den Aspekten
der Planbarkeit, Aufwandsminimierung und Flexibilität des
Umverteilungssystems dessen Rationalität. Es verwundert daher nicht, wenn in der DDR Ende der 60er/Anfang der 70er
Jahre Stimmen gegen die damals erhobene Forderung laut wurden, neben der Produktionsfondsabgabe noch weitere fondsbezogene Pflichtzahlungen wie beispielsweise eine Lohnfondsabgabe einzuführen (Gurtz 1967; Bielig, Gurtz 1973, S.

---

1) Allenfalls rudimentär kann die Produktionsfondsabgabe
   zur betriebsbezogenen Liquiditätssteuerung eingesetzt
   werden, wenn der Abführungssatz in kapitalintensiven
   Branchen vergleichsweise niedrig festgelegt wird.

1638). Daß Anfang der 80er Jahre der Beitrag für gesellschaftliche Fonds gleichwohl eingeführt wurde, illustriert
anschaulich den Handlungsbedarf, dem sich die zentralen
Lenkungsinstanzen auf Grund geringer Effizienz des Arbeits-
kräfteeinsatzes in der staatseigenen Wirtschaft gegenübergestellt sahen.

Das dritte der weiter oben erwähnten Rationalitätskriterien, die Vermeidung "unnötiger" (verwaltungsaufwendiger)
Umverteilungen, blieb bisher unberücksichtigt. So läßt sich
dem ersten Augenschein nach "ökonomisch kaum noch ein Sinn
darin erblicken, wenn die Staatswirtschaft (der DDR, d.
Verf.) für 1987 verpflichtet wird, rund 20 v.H. mehr Steuern an die Staatskasse zu zahlen, während sie aus derselben
Kasse im gleichen Jahr rund 16 v.H. mehr Subventionen und
Zuschüsse zugeteilt erhalten soll als 1986" (Buck 1987c, S.
388). Ob es tatsächlich sinnlos ist, wenn die Betriebe der
staatseigenen Wirtschaft Pflichtzahlungen an das Budget zu
entrichten haben, gleichzeitig von dort aber auch "Subventionen" erhalten, kann allerdings nicht ohne genauere Analyse der Ursachen dieses Redistributionsbedarfs beurteilt
werden.

Das Volumen der budgetären Umverteilung läßt sich von den
zentralen Lenkungsinstanzen unter den Ordnungsbedingungen
einer staatssozialistischen Zentralverwaltungswirtschaft in
letztendlich beliebiger Höhe festlegen: "Das Staatshaus-
haltssystem ... kann für sich genommen ... eine *beliebige*
Veränderung seines Gesamtumfangs gewährleisten, sofern das
vom Volkswirtschaftsplan vorgesehen ist" (Liberman 1971, S.
1365).

Werden die bisherigen Ausführungen verallgemeinert, dann
zeigt sich, daß es in letzter Konsequenz immer die staatliche Preissetzung ist, von der Volumen und Struktur des betriebsbezogenen monetären Umverteilungsbedarfs abhängen.
Die Erhebung von Pflichtzahlungen ist immer dann notwendig,

wenn die (gegebenenfalls der Zweckbindung unterliegenden) betrieblichen Erlöse die plandeterminierten Ausgaben übersteigen. Umgekehrt müssen die Betriebe dann Zuführungen erhalten, wenn die Erlöse nicht zur Deckung des Finanzierungsbedarfs ausreichen und wenn diese Differenz nicht durch Kreditaufnahme gedeckt werden soll, wovon hier abgesehen wird. Sowohl die Einnahmen als auch die Ausgaben der Betriebe sind jedoch neben den güterwirtschaftlichen Planvorgaben durch die staatlich fixierten Preise determiniert.

Das zur Schließung des monetären Kreislaufs notwendige Ausmaß der betrieblichen Pflichtzahlungen und der an die Betriebe zu leistenden "Subventionen" hängt also nicht nur von der gewählten Grundstruktur des Redistributionsinstrumentariums zwecks Anpassung von Kauf- und Warenfonds, sondern nicht zuletzt auch von der Effizienz der staatlichen Preissetzung als Instrument gesamtwirtschaftlicher monetärer Steuerung ab. So wurde bereits aufgezeigt, daß zwischen den Betrieben und Kombinaten erstens um so mehr Gewinne umverteilt werden müssen, je weniger die in den Güterpreisen kalkulierten Gewinnzuschläge und damit die Betriebsgewinne dem staatlicherseits vorgegebenen Investitionsvolumen angepaßt sind. Je größer die Gruppe der Konsumgüter und der Produktionsmittel ist, bei denen der Kostenbezug der Preisbildung durchbrochen wird, die Abgabepreise somit in anderer Höhe als die Betriebspreise festgelegt werden, um so größer wird zweitens der Bedarf an produktgebundenen Zu- und Abführungen. Die betrieblichen Pflichtzahlungen müssen drittens dann durch "Subventionen" finanziert werden, wenn diese Zahlungsverpflichtungen nicht über entsprechende Preisanhebungen aus den Verkaufserlösen gedeckt werden. Beispiel hierfür ist der Beitrag für gesellschaftliche Fonds, dessen Zahlung durch die Betriebe über mehrere Jahre

nur bei Gewährung des "staatlichen Erlöszuschlags" sichergestellt werden konnte.[1]

Ob derartige Umverteilungen zwischen staatseigener Wirtschaft und Budget sinnvoll sind oder nicht, ist bei näherer
Betrachtung also keine Frage der Rationalität des Umverteilungsinstrumentariums selbst, sondern vielmehr eine Frage
der Effizienz der staatlichen Preisfestlegung im Hinblick
auf ihre Flexibilität und "Paßfähigkeit".[2]

Die zentraladministrative Preissetzung ist auf Grund ihrer
bürokratischen Natur sehr unflexibel und kann daher nur
sehr verzögert an Datenänderungen, wie beispielsweise an
Veränderungen der Investitionsstruktur oder an Preisfluk-
tuationen auf den Weltmärkten, angepaßt werden. Auf Grund
des Informationsproblems kann die staatliche Preisfixierung
zudem allenfalls in groben Zügen auf die spezifischen Finanzierungsbedürfnisse der einzelnen Betriebe abgestimmt
werden. Stellen zudem verschiedene Betriebe das gleiche Gut
her, dann verbietet es der Grundsatz gesamtwirtschaftlich
einheitlicher Preise, bei deren Festlegung die jeweiligen
betriebsspezifischen Finanzierungsbedürfnisse zu berücksichtigen.

---

1) Selbst nachdem die neue Lohnfondsabgabe heutzutage wohl
   weitestgehend in die Konsumgüterpreise einkalkuliert
   worden ist, kann nicht ausgeschlossen werden, daß die
   damit verbundenen Preiserhöhungen für einzelne Konsumgüter mittels einer produktgebundenen Zuführung zumindest
   teiweise neutralisiert werden.

2) Den Zusammenhang zwischen Preissetzung und budgetärem
   Stützungsbedarf illustrieren anschaulich die Auswirkungen der in der DDR durchgeführten Preisreformen: Nach
   der Festlegung der neuen Preise in den 60er Jahren sank
   das Volumen der "Preisstützungen" von 13,5 Mrd. Mark im
   Jahr 1964 auf 7,5 Mrd. Mark im Jahr 1967; vgl. Haase
   1978, S. 245. Die Angleichung der Agrarpreise an die
   Produktionskosten - d.h. ihre Anhebung - im Zuge einer
   Agrarpreisreform seit 1984/1985 führte dazu, daß auch
   die staatlichen "Subventionen" an die Agrarwirtschaft
   seither beträchtlich gesenkt werden konnten; vgl. Buck
   1987c, S. 388.

Die Preise sollen schließlich nicht nur eine finanzierungstechnische Steuerungsfunktion, sondern in ihrer Eigenschaft
als "ökonomische Hebel" auch eine implizite Informations-
bzw. Lenkungsfunktion erfüllen. Da kostenbezogene Preise
hierzu nicht in der Lage sind, muß der kostenbezogene
Preiszusammenhang fortgesetzt durchbrochen werden, wodurch
weitere monetäre Redistributionsmaßnahmen notwendig werden.
Anders herum gewendet: Der Versuch, die zentraladministrative Lenkungsfunktion der Preise durch eine Lockerung des
Kostenbezugs der Preisbildung wirksamer werden zu lassen,
ist nicht nur zum Scheitern verurteilt, sondern führt darüber hinaus zwangsläufig zu einem Anwachsen des monetären
Umverteilungsbedarfs und damit zu einer Erschwerung der
Plan- und Steuerbarkeit der budgetären Redistributionspoli-
tik.

Je weniger es den staatlichen Instanzen gelingt, die Preise
in Übereinstimmung mit den finanzierungstechnischen Anforderungen jedes einzelnen Betriebes festzulegen, bzw. je
stärker der Kostenbezug der Preisbildung gelockert wird und
je schwächer die Preise an die betriebsbezogenen Finanzierungsbedürfnisse angepaßt sind, um so stärker wird daher
selbst ein an sich rationales "Zwei-Kanäle-System" von ergänzenden Umverteilungsmaßnahmen überlagert. Die damit verbundenen Hin- und Herüberweisungen können nur bei Außerachtlassung des ursächlichen Preisproblems als sinnlos erscheinen; sie sind durchaus als rational einzustufen, da
sie den monetären Kreislauf in Abhängigkeit von der unter
finanzierungstechnischen Gesichtspunkten unzureichenden
Preissetzung schließen und damit eine inflationär wirkende
Kreditaufnahme durch die Betriebe verhindern.

Als unrational können derartige Umverteilungstransaktionen
nur dann bezeichnet werden, wenn der bei ihrer Planung,
Durchführung und Kontrolle notwendige Verwaltungsaufwand
größer ist als derjenige, der im Falle von Preisänderungen
entstünde, durch die sich diese Umverteilungen zwar nicht

gänzlich vermeiden, jedoch zumindest teilweise vermindern ließen. Unrational ist die budgetäre Umverteilung auch dann, wenn die Betriebe zur Finanzierung der von ihnen erhobenen Pflichtzahlungen zu einer so hohen Kreditaufnahme gezwungen werden, daß das hierdurch geschöpfte Kreditgeldvolumen das gesamtwirtschaftlich notwendige Maß übersteigt, die budgetäre Umverteilung also Ursache einer (Kassenhaltungs-)Inflation ist. Dieser Punkt wird im folgenden Abschnitt 5.4.2. wieder aufgegriffen.

5.4.2. Interdependenzen zwischen budgetärer Umverteilung und Geldschöpfung

Da Geld in staatssozialistischen Zentralverwaltungswirtschaften die Realisierung güterwirtschaftlich geplanter Transaktionen erleichtern soll, muß die monetäre auf der güterwirtschaftlichen Planung beruhen. Die monetären Transaktionen stellen deshalb im Idealfall ein Spiegelbild der güterwirtschaftlichen Planung dar (Hensel 1972a, S. 131). Diese ist allerdings unter realtypischen Ordnungsbedingungen nur in hochaggregierter Form möglich. Damit können auch die monetären Transaktionen und die zur Durchführung des Volkswirtschaftsplanes notwendige (Kredit-)Geldmenge lediglich global geplant werden.[1]

---

1) Die monetäre Planung beruht ebenfalls auf der Bilanzierungsmethode. In der DDR werden dabei im wesentlichen folgende monetäre Bilanzen aufgestellt: die Bilanz des Staatshaushalts, die Bilanz der Geldeinnahmen und Geldausgaben der staatlichen Wirtschaft, die Bilanz der Einnahmen und Ausgaben der Privathaushalte und der privaten Wirtschaft, die Bilanz der Bargeldeinnahmen und -ausgaben der Betriebe, Banken und staatlichen Institutionen, die Kreditbilanz, die Zahlungsbilanz sowie die Finanzbilanz des Staates. Letztere stellt eine Zusammenfassung der Staatshaushalts-, der Kredit- und der Finanzbilanz der volkseigenen Wirtschaft dar. In diesen Bilanzen werden jeweils die betreffenden Zahlungszu- und -abgänge als Stromgrößen bzw. in der Kreditbilanz das stichtagsbezogene Kreditvolumen als Bestandsgröße erfaßt; vgl. Haffner 1987b; Hartwig 1987, S. 44 ff.

In der DDR ist für die Geldschöpfung einzig die Kreditvergabe an die staatlichen Betriebe von Bedeutung. Jede Kreditaufnahme der Betriebe bedeutet Geldschöpfung und jede
Kreditrückzahlung Geldvernichtung. Die staatlichen Instanzen müssen demzufolge die Kreditpolitik gegenüber den Betrieben so ausgestalten, daß jeweils am richtigen Ort und
zur richtigen Zeit so viel Geld verfügbar ist, wie bei Vermeidung monetärer Über- oder Unterdeckung für einen störungsfreien Planvollzug benötigt wird.

Dieses Prinzip ist allerdings unter realtypischen Bedingungen nicht leicht zu verwirklichen. Bis Mitte der 60er Jahre
wurden in der DDR die Kredite vorrangig zur Überbrückung
von Liquiditätsengpässen und zur Finanzierung der zwischenbetrieblichen Umsätze ausgereicht (Hartwig 1983, S. 179
f.).[1] Dieser Vorgang ist auf Grund der Vielzahl der bei
der Kreditplanung zu berücksichtigenden Einzeltransaktionen
und der vielfältigen Störungsmöglichkeiten im Prozeß des
Planvollzugs nur sehr begrenzt plan- und steuerbar. Leichter ist dies bei Krediten zur Finanzierung von Umlaufmitteln und Investitionen. Insbesondere letztere spielen in
der DDR seit Mitte der 60er Jahre eine zunehmende Rolle.
Auf der Grundlage gesamtwirtschaflich oder branchenspezifisch festgelegter Kreditanteile[2] am Finanzierungsbedarf
sind die staatlichen Lenkungsinstanzen in der Lage, aus den
durchschnittlichen Lagerbeständen und dem Investitionsvolu-

---

1) Die Kreditgewährung erfolgte dabei nach dem "Rechnungs-"
bzw. "Forderungseinzugsverfahren". Der Rechnungsbetrag
wurde dem Lieferbetrieb durch die zuständige Bankfiliale
gegen Vorlage der Lieferdokumente sofort gutgeschrieben.
Da die Gutschrift erst im nachhinein vom Konto des Käu-
ferbetriebs bei der für diesen zuständigen Bankfiliale
abgebucht wurde, war jeder Umsatz mit einer zumindest
kurzfristigen Kreditschöpfung verbunden; vgl. Savitski
1964, S. 38 f. und S. 69; Tiegel 1968, S. 80 ff.

2) Umlaufmittel werden derzeit zu mindestens 45 v.H. über
Kredite finanziert; vgl. Autorenkollektiv 1987, S. 553.
Für Investitionen belief sich der Kreditanteil Anfang
der 80er Jahre auf ca. 35 v.H.; vgl. Jasinski, Sturm,
Wolf 1983, S. 151.

men der Betriebe das Kredit- und damit das Geldvolumen relativ genau zu planen. Der hierzu notwendige Informationsbedarf ist weit geringer als bei detaillierter betriebsindividueller Kassen- und Umsatzplanung. Auch läßt sich der Zeitpunkt der Kredittilgung und damit der Geldvernichtung bei Umlaufmittel- und Investitionskreditierung ziemlich genau prognostizieren; dies erleichtert ebenfalls die Geldmengenplanung.

Dies ist eine Ursache dafür, daß die Betriebe trotz des "Prinzips der Eigenerwirtschaftung" ihre Lagerhaltung und Investitionsvorhaben grundsätzlich zu einem bestimmten Anteil durch Kredite finanzieren müssen. Diese Kredite sind die Basis der gesamtwirtschaftlich notwendigen Geldschöpfung; die "Eigenerwirtschaftung" drückt sich darin aus, daß die Investitionskredite aus Gewinnen und Amortisationen zu tilgen sind.

Wie im folgenden näher zu erläutern ist, hängt der Liquiditätsbedarf der Betriebe, der bei der zentralen Kreditplanung zu berücksichtigen ist, neben der Preissumme des güterwirtschaftlichen Transaktionsvolumens auch von der Ausgestaltung des monetären Redistributionsinstrumentariums ab.

Die Betriebe sind immer dann zur Aufnahme von Krediten seitens der Staatsbank gezwungen, wenn sie ihre planmäßigen Ausgaben für Güterkäufe, Entlohnung und Investitionen sowie zur Finanzierung der Pflichtzahlungen nicht durch planmäßige Verkaufserlöse und staatliche "Subventionen" decken können oder dürfen. Das so geschaffene Geld dient bis zur Kredittilgung innerhalb der Volkswirtschaft als Zahlungsmittel. *Bleiben die Pflichtzahlungen und "Subventionen" zunächst unberücksichtigt*, dann ist die Tilgung dieser Kredite immer dann grundsätzlich gesichert, wenn die durch die betrieblichen Produktions- und Absatzpläne und die staatlichen Preise vorgegebenen Verkaufserlöse die planmäßigen

Ausgaben für den Bezug von Vorprodukten, für die Entlohnung usw. übersteigen. Es ist allerdings realistischerweise damit zu rechnen, daß nicht alle Betriebe ihre Kredite vollständig zurückzahlen können, so daß der Kreislauf Kreditaufnahme-Geldumlauf-Kredittilgung unterbrochen ist. Dann wird ein Teil des Kreditgeldes nicht vernichtet und die Geldmenge steigt dauerhaft an.

Dieser Fall ist bereits in Abschnitt 5.4.1. implizit dargestellt worden: Dort wurde abgeleitet, daß bei rein arbeitskostenbezogener Preisfixierung und ohne "direkte" oder "indirekte Besteuerung" die Privathaushalte zwangsweise sparen müssen. Die Höhe des Zwangssparens hängt unter anderem vom Volumen der Erweiterungsinvestitionen in den staatseigenen Betrieben ab.[1] Die Betriebe müssen diese Investitionen, die bei arbeitskostenbezogener Preissetzung nicht aus Verkaufserlösen bezahlt werden können, durch Kredite finanzieren. Diese Kredite bilden die Grundlage der Geldschöpfung, die sich in der Folge bei den Privathaushalten in Form unfreiwilliger Geldhaltung niederschlägt. Da bei der unterstellten Preisbildung ohne Gewinnkalkulation die Verkaufserlöse nur zur Deckung der laufenden Produktionsaufwendungen ausreichen, können die Betriebe diese Kredite nicht tilgen. Demzufolge wird dieses Kreditgeld nicht vernichtet; im Gegenteil wächst der Geldüberhang mit jeder zusätzlichen Erweiterungsinvestition weiter an.

Dies ist allerdings nicht Ausdruck monetärer Unplanmäßigkeit, sondern Folge der güterwirtschaftlichen Produktions-, Investitions- und Verteilungsplanung in Verbindung mit der staatlichen Preissetzung. Der Abbau dieses Geldüberhangs bei den Privathaushalten, von dem - wie in Abschnitt 5.4.1. beschrieben wurde - ein latentes Störpotential ausgeht,

---

1) Ein weiterer Einflußfaktor ist, sofern das Budget durch Kredite finanziert werden darf, die Kreditaufnahme der staatlichen Instanzen zur Deckung ihres Finanzierungsbedarfs.

wird dadurch möglich, daß von den Privathaushalten "direkte" oder "indirekte Steuern" erhoben werden. Je nach gewählter Form der monetären Redistribution können die Betriebe ihre Investitionskredite nun aus "eigenerwirtschafteten Gewinnen" oder durch "Subventionen" aus dem Staatshaushalt tilgen.

Analog hierzu können auch bei einzelnen Betrieben auf Grund der Produktions- und Absatzvorgaben sowie der staatlichen Preisfixierung die planmäßigen Verkaufserlöse höher als die planmäßigen Ausgaben einschließlich derjenigen für die Kredittilgung sein. Dies ist etwa der Fall, wenn die branchenspezifisch kalkulierten Gewinne den tatsächlichen Investitionsbedarf übersteigen. Bei diesen Betrieben bildet sich damit ein Liquiditätsüberschuß. Der gleiche Effekt tritt ein, wenn die Betriebe trotz ausreichender Verkaufserlöse staatlicherseits dazu verpflichtet werden, ihre Umlaufmittel und Investitionen (anteilig) durch Kredite zu finanzieren. Zur Sicherstellung der Bankkontrolle müssen die Betriebe daneben verschiedene, jeweils zweckgebundene und gegenseitig nicht deckungsfähige Fondskonten unterhalten. Damit besteht auch die Möglichkeit, daß bestimmte Konten der Betriebe Überschüsse, andere gleichzeitig jedoch ein kreditfinanziertes Defizit aufweisen. Wird dieser Liquiditätsüberschuß nicht durch Pflichtzahlungen abgeschöpft, liegt er als "passive Kasse" in Form von Giralgeldguthaben der betreffenden Betriebe bei der Staatsbank brach; dies selbst dann, wenn die Betriebe bei der Staatsbank gleichzeitig Kredite aufnehmen müssen.

Andere Betriebe mögen demgegenüber über weniger planmäßige Verkaufserlöse verfügen, als zur Finanzierung der vorgesehenen Ausgaben einschließlich derjenigen für die Kredittilgung notwendig sind. Diese Betriebe können ihre Kredite nicht oder nur teilweise zurückzahlen, sofern, was hier ebenfalls zunächst unterstellt wird, über den Staatshaushalt keine monetäre Redistribution erfolgt. Eventuell können die Betriebe ihre Kredite auch deswegen nicht tilgen, weil sie auf Grund von Vorschriften zur Fondszweckbindung ihre Erlöse nicht zur Tilgung der aufgenommenen Kredite einsetzen dürfen.

Bei einer Sparquote der Privathaushalte von Null und einem ausgeglichenen Staatshaushalt saldieren sich auf gesamtwirtschaftlicher Ebene die "passiven" Giralgeldbestände der einen und die Kreditschulden der anderen Gruppe von Betrieben zuzüglich der jeweils innerbetrieblich nicht gegenseitig deckungsfähigen Guthaben und Kreditschulden. Die staatliche Kreditbilanz, in der auf der Aktivseite die ausgereichten Kredite und auf der Passivseite die Buch- und Bargeldguthaben der Betriebe, Privathaushalte und staatlichen Instanzen verbucht sind, ist grundsätzlich immer ausgeglichen. Je mehr Kredite die eine Gruppe von Betrieben nicht tilgen kann, um so größer sind automatisch auch die Bankguthaben der Betriebe der anderen Gruppe.[1] Entsprechend verkürzt (verlängert) sich die staatliche Kreditbilanz. Auch die erwähnten Fälle, in denen einzelne Betriebe trotz ausreichender Verkaufserlöse zur (anteiligen) Kreditfinanzierung ihrer Umlaufmittel und Investitionen gezwungen werden oder keine interne Saldierung ihrer einzelnen Fondskonten vornehmen dürfen, erhöhen tendenziell die gesamtwirtschaftliche Kreditbilanz. Den Bankguthaben dieser Betriebe stehen dann ihre eigenen Kreditverbindlichkeiten bei der Staatsbank gegenüber.

Der Umstand, daß die einen Betriebe gegenüber der Staatsbank Schuldner sind, während sich bei den anderen Betrieben gleichzeitig ein Geldüberhang bildet, ist unter den genann-

---

1) Ist die Sparquote der Privathaushalte größer Null und weist der Staatshaushalt einen Überschuß auf, dann stehen den Krediten auf der Aktivseite der Kreditbilanz die Guthaben der Betriebe, der staatlichen Verwaltungen und der Privathaushalte sowie die private Bargeldhaltung auf der Passivseite gegenüber.

ten Prämissen ebenfalls nicht Ausdruck von Planwidrigkeiten; er ist vielmehr dadurch bedingt, daß sich bei güterwirtschaftlichen Planvorgaben und fixierten Preisen die planmäßigen Einnahmen und Ausgaben - einschließlich derjenigen für die Kredittilgung - der einzelnen Betriebe nicht ausgleichen. Ist der einzelne Betrieb sowohl Gläubiger als auch Schuldner der Monobank, liegt dies unter den genannten Bedingungen an den staatlichen Vorschriften zur Umlaufmittel- und Investitionsfinanzierung und zur Fondszweckbindung.

Die auf dem Kreditweg insgesamt geschaffene Geldmenge dient somit nicht gänzlich zur Durchführung der planmäßigen Transaktionen, vielmehr schlägt sich ein Teil hiervon bei einzelnen Betrieben als "passive Kasse" nieder; dies unter Umständen selbst dann, wenn einzelne ihrer Fondskonten ein kreditfinanziertes Defizit aufweisen. Da die Bildung "passiver Kasse" ein Reflex zentraler Produktionsplanung und Preissetzung, aber auch Folge der Finanzierungsvorschriften ist, muß sie bei der planmäßigen Ermittlung des Geldvolumens mitberücksichtigt werden. Das Volumen dieser "passiven Kasse" wie auch ihr Anteil an der insgesamt zu schöpfenden Kreditgeldmenge ist um so größer, je weniger die Einnahmen und Ausgaben der einzelnen Betriebe jeweils übereinstimmen bzw. je weniger betriebsinterne Überschüsse und Defizite miteinander saldiert werden dürfen.

Wie das Zwangssparen der Privathaushalte stellt jedoch auch die "passive Kasse" der Betriebe eine latente Gefahr für die zentralen Lenkunginstanzen dar. Dies deshalb, weil die Betriebsangehörigen vermutlich bestrebt sind, diesen Liquiditätsüberschuß für eigene Ziele zu aktivieren: Das Betriebsmanagement kann versuchen, den Liquiditätsüberschuß zwecks Bilanzverlängerung (Kompetenzexpansion) für außer- und überplanmäßige Investitionsvorhaben einzusetzen, sich über Kostentreiberei die Verfügung über zusätzliche Ressourcen zu sichern oder sich verstärkt in der Schattenwirtschaft zu engagieren. Auf Grund der allenfalls begrenzt wirksamen Bank- und Finanzkontrolle (siehe Abschnitt 5.3.) kann dies nicht gänzlich unterbunden werden, zumal die jeweils übergeordnete Teilbürokratie derartige Versuche im eigenen Interesse im Sinne der Capture-Theorie dulden, wenn nicht gar fördern wird. Derartige spontane Anpassungsprozesse der Betriebe gefährden jedoch den Planvollzug, da sie mit einer planwidrigen Reallokation produktiver Ressourcen verbunden sind. Je größer der betriebliche Liquiditätsüberhang ist, um so stärker macht sich mithin auch von dieser Seite her das Principal-Agent-Problem bemerkbar.

Die zentralen Lenkungsinstanzen müssen folglich daran interessiert sein, das Volumen der "passiven Kasse" möglichst gering zu halten. Dies können sie dadurch erreichen, daß die betrieblichen Einnahmen und Ausgaben jeweils einander angeglichen werden: durch Erhebung von Pflichtzahlungen zur Ausräumung "passiver Kassen" und durch Gewährung von "Subventionen" an die Betriebe mit planmäßigem Finanzierungsdefizit; hierdurch wird die "passive Kasse" gleichsam für den Planvollzug "aktiviert".[1]

Die Umverteilung der "passiven Kasse" vermindert den Kreditbedarf derjenigen Betriebe, die die "Subventionen" erhalten. Hierdurch sinkt die auf dem Kreditweg geschöpfte Geldmenge. Ob und in welchem Umfang der genannte Effekt eintritt, hängt von der technischen Ausgestaltung des monetären Redistributionsinstrumentariums ab; er ist um so größer, je schneller und zielgenauer die "passive Kasse" abgeschöpft und durch budgetäre Umverteilung "aktiviert" wird. Auf Grund ihrer betriebsindividuellen Festlegung können hier insbesondere die Nettogewinn- sowie die Amor-

---

1) Ein solcher "Aktivierungseffekt" träte auch ein, wenn die betrieblichen Fondskonten gegenseitig deckungsfähig gemacht würden. Dies jedoch würde die Bankkontrolle beeinträchtigen und ist wohl deswegen bisher in der DDR unterlassen worden.

tisationsabführung eingesetzt werden. Demgegenüber spielen die faktorbezogenen "Stimulierungsabgaben" durch ihre über-betrieblich-normative Ausgestaltung sowie die produktgebundene Abgabe als vorrangig preispolitisch bedingte Pflichtzahlung hierbei keine Rolle (Gurtz 1972a, S. 147 und 1972b, S. 41 f.).

Je größer umgekehrt die Zeitintervalle sind, innerhalb derer diese Umverteilungsmaßnahmen durchgeführt werden, und je weniger exakt die tatsächlichen Liquiditätsüberschüsse von den einen Betrieben abgeschöpft und an die anderen Betriebe entsprechend ihrem planmäßigen Finanzierungsdefizit weitergeleitet werden, um so wahrscheinlicher wird es, daß einzelne Betriebe trotz der budgetären Umverteilung "passive Kasse" bilden, die an anderer Stelle durch Kreditaufnahme finanziert werden muß.

Wie die betriebsindividuelle Festlegung der Pflichtzahlungen das Volumen der insgesamt gebildeten "passiven Kasse" beeinflußt, soll anhand der in Tabelle 18 auf der folgenden Seite angeführten Modellrechnung für die Gewinnabführung dargestellt werden. Für vier Betriebe (A bis D) sind dabei jeweils Gewinnaufkommen und planmäßiger Investitionsbedarf gegenübergestellt. Unter der Annahme, daß die laufenden Ausgaben dieser Betriebe jeweils durch Verkaufserlöse voll gedeckt sind, bildet sich anfänglich bei den Betrieben B und C aus Gewinn eine "passive Kasse" in Höhe von insgesamt 30 Geldeinheiten, während Betrieb D 30 Geldeinheiten als Investitionskredit aufnehmen muß. Erhält Betrieb D statt dessen eine "Subvention" in Höhe seines negativen Finanzierungssaldos, braucht er keinen Kredit aufzunehmen. Diese "Subvention" muß durch Gewinnabschöpfung bei den Betrieben A, B und C finanziert werden.

Anhand der Variantenberechnungen 1 bis 5 läßt sich zeigen, daß die "passive Kasse" je nach betriebsindividueller Festlegung der Gewinnabgabe in unterschiedlicher Höhe abgebaut

wird: So ist dies bei Variante 5 gänzlich der Fall; bei
Variante 2 dagegen wird die Kreditaufnahme in voller Höhe
auf Betrieb A verlagert, ohne daß sich die insgesamt vorhandene "passive Kasse" vermindert. Bei den sonstigen Varianten wird die "passive Kasse" lediglich teilweise abgebaut.

Tabelle 18:
Interdependenzen zwischen Festlegung der Gewinnabführung
und der Bildung "passiver Kasse"

Betrieb	A	B	C	D	
- Gewinn	100	100	100	60	
- Investitionsbedarf	100	90	80	90	
- Guthaben (+)/ Kredit (-)	0	+10	+20	-30	
- "passive Kasse"					30
Variante 1:					
- Gewinnabführung	10	10	10	0	
- "Subvention"				30	
- Guthaben (+)/ Kredit (-)	-10	0	+10	0	
- "passive Kasse"					10
Variante 2:					
- Gewinnabführung	30	0	0	0	
- "Subvention"				30	
- Guthaben (+)/ Kredit (-)	-30	+10	+20	0	
- "passive Kasse"					30
Variante 3:					
- Gewinnabführung	0	30	0	0	
- "Subvention"				30	
- Guthaben (+)/ Kredit (-)	0	-20	+20	0	
- "passive Kasse"					20
Variante 4:					
- Gewinnabführung	0	0	30	0	
- "Subvention"				30	
- Guthaben (+)/ Kredit (-)	0	+10	-10	0	
- "passive Kasse"					10
Variante 5:					
- Gewinnabführung	0	10	20	0	
- "Subvention"				30	
- Guthaben (+)/ Kredit (-)	0	0	0	0	
- "passive Kasse"					0

Umgekehrt kann auch argumentiert werden, daß, gemessen am Idealfall der Variante 5, sämtliche anderen Umverteilungsalternativen zu einer mehr oder weniger umfangreichen "passiven Kasse" führen. Wie Gurtz (1972a, S. 146) daher zutreffend feststellt, "kann eine relativ hohe Nettogewinnabführung infolge einer falschen Differenzierung eine Überkreditierung <und damit die Bildung 'passiver Kasse', d. Verf.> zur Folge haben, aus der sich schnell Geldumverteilungen entwickeln können, denen es an der notwendigen materiellen Deckung fehlt". Von den staatlichen Lenkungsinstanzen sind zur Vermeidung monetärer Störungen, die von dieser "passiven Kasse" potentiell ausgehen, bei der betriebsindividuellen Festlegung der Pflichtzahlungen daher "nicht zuletzt auch die Belange der Geldstabilität zu berücksichtigen" (Bielig, Gurtz 1973, S. 1646; vgl. auch Gurtz, Kaltofen 1982, S. 41). Vor diesem Hintergrund kann neben den bereits in Abschnitt 5.4.1.4. behandelten Kriterien ein weiterer Beurteilungsmaßstab für die Rationalität des budgetären Umverteilungsinstrumentariums benannt werden: Als unrational ist die budgetäre Umverteilung dann zu bewerten, wenn sie die Bildung "passiver Kasse" in den Betrieben nicht verhindern kann oder diese gar erst hervorruft.

In der Fachliteratur der DDR wird zwar die Forderung erhoben, bei der Festlegung der betrieblichen Pflichtzahlungen den Aspekt der "Währungsstabilität" zu berücksichtigen, d.h. dabei eine inflationäre Ausweitung der Kreditgeldmenge zu vermeiden; nach welchen operationalen Entscheidungsregeln dabei jedoch die betriebsspezifische Differenzierung der Höhe der Pflichtzahlungen erfolgen solle, wird in keiner der dem Autor zugänglichen Quellen angegeben.[1] Auch die bisher in der DDR erlassenen Planungsordnungen lassen hierzu nichts verlauten. Bekannt ist lediglich, daß das Volumen der von der volkseigenen Wirtschaft an den Staats-

---

1) Vgl. z.B. Gurtz 1972a, 1972b; Bielig, Gurtz 1973, S. 1646; Stenzel, Uebermuth 1978, S. 57 f.; Gurtz, Kaltofen 1982, S. 41.

haushalt insgesamt zu entrichtenden Pflichtzahlungen "von oben nach unten" auf die einzelnen Kombinate und von diesen auf die Betriebe aufgeschlüsselt wird, was "tiefen Einblick in die konkrete Situation der Betriebe und der Kombinate" erfordert (Bielig, Gurtz 1973, S. 1645). Den zentralen Lenkungsinstanzen wird dieser "tiefe Einblick" jedoch verwehrt sein, so daß sie sich allenfalls auf Erfahrungswerte aus der Vergangenheit und auf Schätzungen stützen können. Nicht unwahrscheinlich ist es daher, daß die Gewinn- und die Amortisationsabführung nicht betriebsindividuell, sondern in gesamtwirtschaftlich einheitlicher, allenfalls branchenweise differenzierter Höhe festgelegt werden.

Unter dieser Bedingung haben jedoch die staatlichen Instanzen kaum Möglichkeiten, die monetäre Redistribution zielgerichtet zur Verminderung oder gar zum gänzlichen Abbau "passiver Kasse" einzusetzen. Dieses Instrumentarium ist von den Lenkungsinstanzen auf Grund ihrer Informationsdefizite um so schwieriger handhabbar, je mehr "Redistributionskanäle" und Umverteilungsaktivitäten aufeinander abzustimmen sind. Wie Klagen aus der Fachliteratur der DDR belegen (Gebhardt, Plöntzke 1972, S. 40), können denn auch die dortigen staatlichen Lenkungsinstanzen den beschriebenen Geldmengeneffekt der monetären Redistribution nicht zureichend steuern.

Bis zu welchem Grad die "passive Kasse" vermindert werden kann, hängt neben der betriebsbezogenen Differenzierung der Pflichtzahlungsbeträge auch vom Zentralisierungs- bzw. Dezentralisierungsgrad der monetären Redistribution ab: Wird weiterhin eine geschlossene Volkswirtschaft ohne Außenhandel unterstellt, dann stimmen auf gesamtwirtschaftlicher Ebene das Volumen der an die Betriebe ausgereichten Kredite und die insgesamt vorhandene Giral- und Bargeldmenge einschließlich der "passiven Kasse" überein. Auf gesamtwirtschaftlicher Ebene ist es damit zumindest theoretisch möglich, das Ausmaß der "passiven Kassenhaltung" der Betriebe

sowie das Zwangssparen der Privathaushalte durch zentralisierte Umverteilung über den Staatshaushalt gänzlich zu
"aktivieren" und damit abzubauen - zumindest dann, wenn das
Problem der betriebsinternen Fondszweckbindung unberücksichtigt bleibt. Auf Kombinatsebene stimmen demgegenüber
das Volumen der an die Betriebe der einzelnen Kombinate
ausgereichten Kredite und die von diesen Betrieben gehaltene "passive Kasse" allenfalls zufällig überein. Auf Kombinatsebene sind daher die Möglichkeiten zur dezentralisierten "Aktivierung" der in den Kombinatsbetrieben jeweils
vorhandenen "passiven Kasse" begrenzt.

Durch die "Aktivierung" von "passiven" Geldbeständen sinkt
das gesamtwirtschaftliche Kreditvolumen. Während sich die
Kreditbilanz der Staatsbank verkürzt, verlängert sich
gleichzeitig die Bilanz des Staatsbudgets um den Betrag der
erhobenen Pflichtzahlungen und ausgereichten "Subventionen". Dieser Effekt ist um so stärker (schwächer), je mehr
(weniger) die monetäre Redistribution jeweils an das Finanzierungsaufkommen und den Finanzierungsbedarf der einzelnen
Betriebe angepaßt ist und je zentralisierter (dezentrali-
sierter) sie durchgeführt wird.

Auf diesen Zusammenhängen beruht das von Hedtkamp und Brodbeck (1981, S. 198) sowie Gurtz (1972, S. 143) erwähnte,
hier näher erläuterte Substitutionsverhältnis zwischen budgetärer Umverteilung und kreditpolitischem Instrumentarium.
Inwieweit es sich, wie Hedtkamp und Brodbeck vermuten, tatsächlich um ein "weitgehend substitutionales Verhältnis"
handelt, läßt sich allerdings nicht mit Bestimmtheit sagen.
Hierfür bedürfte es eines Meßkonzeptes, um das Verhältnis
von budgetärer Umverteilung und Kreditgewährung bestimmen
zu können. Eindeutig ist nur, daß beide Instrumente nicht
gänzlich gegeneinander austauschbar sind: Läge das Gewicht
eindeutig auf der budgetären Redistribution, müßten die Betriebe zur Gewährleistung der Geldversorgung der Volkswirtschaft gleichwohl Kredite aufnehmen. Auch kann die Staats-

verwaltung nicht gänzlich auf die monetäre Redistribution verzichten, da sie - bei Verbot der Kreditfinanzierung des Budgets - zumindest ihren Finanzierungsbedarf für Güter- und Faktorenbezüge decken muß.

Daneben ist zu beachten, daß die Verlängerung der Staatshaushaltsbilanz auf Grund zunehmender monetärer Redistribution zwischen den Betrieben nicht zwangsläufig mit einer Verkürzung der Kreditbilanz verbunden sein muß: In Abschnitt 5.2.2.3. wurde darauf verwiesen, daß sich die Betriebe im Interesse eines "weichen" Finanzplanes zwecks Minimierung des Prämienrisikos um eine möglichst umfangreiche Kreditgewährung bemühen. Je besser ihnen dies gelingt, um so stärker verlängert sich die staatliche Kreditbilanz, während die Staatshaushaltsbilanz hiervon unberührt bleibt. Vorstellbar ist jedoch auch, daß sich die Betriebe anstelle "weicher" Kreditpläne um die Bewilligung möglichst umfangreicher "Subventionen" aus dem Staatshaushalt bemühen; dies nicht zuletzt deswegen, weil sie Kredite tilgen müssen, "Subventionen" dagegen nicht zurückzuzahlen brauchen. Wird die "Besteuerung" der Privathaushalte nicht angehoben, muß der verstärkte Finanzierungsbedarf des Budgets durch eine Erhöhung der betrieblichen Pflichtzahlungen gedeckt werden. Die Folge wird jedoch sein, daß die Betriebe wiederum, nun unter Hinweis auf hohe Zahlungsverpflichtungen an den Staatshaushalt, vermehrt Kredite fordern. Da den staatlichen Lenkungsinstanzen nicht bekannt ist, wie "weich" die betrieblichen Finanzpläne in Wirklichkeit sind, können sie von den Betrieben bei deren Verlangen sowohl nach "Subventionen" als auch nach Krediten relativ leicht getäuscht werden. Wiederum verlängert sich die Kreditbilanz, mit ihr jedoch auch die Staatshaushaltsbilanz, über die nun vermehrt Pflichtzahlungen und "Subventionen" verbucht werden. Die budgetäre Umverteilung ist hier der Kreditgeldschöpfung gleichsam nur vorgeschaltet und kann diese nicht verhindern. Umgekehrt kann aber auch der Verzicht auf staatliche "Subventionierung", d.h. die Beachtung des "Eigenerwirtschaftungsprinzips", nichts daran ändern, daß die Betriebe "weiche" Finanzpläne aufstellen und dies im Endeffekt zu einer Kreditgeldschöpfung führt, die den tatsächlichen Geldbedarf übersteigt. Diese "offene Kreditflanke" und die Probleme, die sich hieraus für die Funktionalität der betrieblichen Pflichtzahlungen als Instrument der Liquiditätssteuerung auf betrieblicher und gesamtwirtschaftlicher Ebene ergeben, werden im folgenden Abschnitt 5.4.3.1. näher beleuchtet.

Wie anhand der Modellrechnungen der Tabelle 18 aufgezeigt wurde, kann eine Zunahme des gesamtwirtschaftlichen Kreditvolumens auch dadurch verursacht sein, daß die Betriebe auf Grund nicht zielgerichteter budgetärer Umverteilung verstärkt "passive Kasse" bilden.

Zu beachten ist schließlich auch, daß sich das jeweilige Umverteilungsinstrumentarium auf das Preisniveau auswirkt und hierdurch ebenfalls das gesamtwirtschaftlich notwendige Geldvolumen beeinflußt wird: In Abschnitt 5.4.1.2. wurde darauf hingewiesen, daß der Übergang von der "direkten" zur "indirekten Besteuerung" der Privathaushalte durch Gewinne oder produktgebundene Abgaben auf Grund (vermeintlich) ansteigender "Wertschöpfung" zu einem Anstieg der Güterpreise führt. Gleichfalls kann, wie das Beispiel des Beitrags für gesellschaftliche Fonds zeigt, durch die Einführung einer zusätzlichen Pflichtzahlung das gesamtwirtschaftliche Preisniveau angehoben werden. Je nach der Höhe dieses Preiseffektes steigt ceteris paribus auch die Preissumme der güterwirtschaftlichen Transaktionen, für deren Durchführung entsprechend mehr Kreditgeld geschöpft werden muß. Auch hier verlängern sich also sowohl die Staatshaushalts- als auch die Kreditbilanz.

5.4.3. Funktionsdefizite der betrieblichen Pflichtzahlungen im Rahmen der gesamtwirtschaftlichen und betriebsbezogenen Liquiditätssteuerung

In den voranstehenden Abschnitten 5.4.1. und 5.4.2. wurde dargelegt, wie die betrieblichen Pflichtzahlungen in den gesamtwirtschaftlichen Geldkreislauf eingefügt sind und welche Aufgaben sie hierbei zu erfüllen haben: Neben den anderen Instrumenten monetärer Redistribution ("Steuern" der Privathaushalte und "Subventionen") sollen sie erstens diesen Geldkreislauf schließen und ihn dabei sowohl auf gesamtwirtschaftlicher als auch auf einzelwirtschaftlicher (insbesondere betrieblicher) Ebene an den planmäßigen Güterkreislauf anpassen. Intendiert ist hier die Angleichung monetärer Prozesse an die güterwirtschaftlichen Transaktionen, die durch die zentrale Bilanzierungsplanung determinierten sind.

Je globaler die Zentralplanung ist, um so stärker wird die Detailplanung der Betriebe von ihren Finanzierungsmöglichkeiten bestimmt. Zweiter Aufgabenbereich der gesamtwirtschaftlichen wie auch der betriebsbezogenen Liquiditätssteuerung ist also die Entfaltung zielgerichteter, "aktiver" Lenkungswirkungen auf die güterwirtschaftlichen Prozesse. Die (Um-)Verteilung monetärer Ansprüche soll die güterwirtschaftliche Allokation, die von den zentralen Lenkungsinstanzen nicht im Detail vorausgeplant werden kann, gesamtwirtschaftlich koordinieren. Volumen und Struktur der monetären Redistributionsmaßnahmen sollen hierbei mit Hilfe gesamtwirtschaftlicher Verflechtungsrechnungen und hieran anknüpfender Finanzierungsbilanzen ermittelt werden.

Damit das monetäre Instrumentarium, hier insbesondere die betrieblichen Pflichtzahlungen, die beiden genannten Aufgaben erfüllen kann, müssen zwei Voraussetzungen gegeben sein:
- **Erstens** muß eine Überfüllung des Geldkreislaufs vermieden werden. Eine monetäre Überdeckung der Volkswirt-

schaft führt zur Bildung "passiver Kasse" in den Betrieben und zu Zwangssparen der Bevölkerung. Letzteres soll hier jedoch nicht weiter thematisiert werden. "Passive Kassen" sind mit der Gefahr verbunden, daß die Betriebe die ihnen zur Verfügung stehenden Zahlungsmittel im eigenen Interesse "aktivieren", ohne daß dem durch monetäre Redistributionsmaßnahmen wirksam begegnet werden kann. Je globaler die zentrale güterwirtschaftliche Planung ist, um so größere Entscheidungsrechte haben die Betriebe, um so stärkere Lenkungseffekte gehen damit von dem monetären Steuerungsinstrumentarium auf die güterwirtschaftliche Allokation aus. Gelingt es den zentralen Lenkungsinstanzen nicht, das betriebliche Zahlungsmittelaufkommen entsprechend den Zielen des Volkswirtschaftsplanes zu steuern, gefährdet dies die gesamtwirtschaftliche Abstimmung der Detailentscheidungen, die die Betriebe in Ansehung ihrer Finanzierungsmöglichkeiten treffen. Die staatlichen Instanzen müssen die Betriebe also finanziell möglichst knapp halten, sie einer harten Budgetbegrenzung ("hard budget constraint"; Kornai 1980, 1986) unterwerfen. Dies jedoch widerspricht der Funktionslogik zentraladministrativer Wirtschaftsordnungen (Eucken 1955, S. 117). Dieses Problem und die Folgen, die hieraus für die Funktionsfähigkeit der betrieblichen Pflichtzahlungen als Instrument der indirekten Planabstimmung erwachsen, werden in Abschnitt 5.4.3.1. näher dargestellt.

- **Zweitens** müssen die Zentralinstanzen die monetäre möglichst eng und widerspruchsfrei mit der güterwirtschaftlichen Planung abstimmen, also die "Einheit von materieller und finanzieller Planung" gewährleisten. Gelingt dies nicht, resultieren hieraus bei den Betrieben, wie auch bei den übergeordneten Teilbürokratien, diskretionäre Handlungsspielräume. Auf Grund der in sich gebrochenen Wirtschaftsrechnung liegt darin die Gefahr von Planstörungen und Disproportionen gesamtwirtschaftlichen Ausmaßes. In Abschnitt 5.4.3.2. soll aufgezeigt werden, daß die "Einheit von materieller und finanzieller Planung" unter realtypischen Bedingungen nicht erreichbar ist und die betrieblichen Pflichtzahlungen sowie das sonstige monetäre Lenkungsinstrumentarium auch aus diesem Grund nicht wirksam zur gesamtwirtschaftlichen Interessengleichrichtung beitragen können.

5.4.3.1. Das Problem des betrieblichen "soft budget constraint"

Die Effizienz der betrieblichen Pflichtzahlungen als Instrument betrieblicher Liquiditätssteuerung hängt unter anderem davon ab, ob es den zentralen Lenkunginstanzen gelingt, die betriebliche Kreditaufnahme und damit die Kreditgeldschöpfung auf ein solches Maß zu beschränken, daß eine Überliquidität im betrieblichen Sektor verhindert werden kann. Wie in Abbildung 20 auf der folgenden Seite (in Anlehnung an Kornai 1986, S. 34) dargestellt wird, erwächst den Betrieben andernfalls ein diskretionärer Handlungsspielraum, den sie in Verfolgung eigener Ziele bei Gefährdung des Planvollzugs ausnutzen können.

In dieser Abbildung sind für einen Betrieb unter der Annahme einer substitutionalen Produktionsfunktion exemplarisch 2 Isoproduktionskurven (I_1 und I_2) eingezeichnet. Sie geben an, welche gleiche Gütermenge der Betrieb jeweils durch den Einsatz verschiedener Mengenkombinationen der Einsatzfaktoren Arbeit und Kapital produzieren kann. Die Isoproduktionskurven repräsentieren eine jeweils um so höhere Gütermenge, je weiter sie vom Ursprung entfernt sind. Das planmäßige Produktionssoll beläuft sich auf die der Isoproduktionskurve I_1 entsprechende Gütermenge.

Abbildung 20:
"Weiche" Budgetbegrenzungen als Ursache diskretionärer
Handlungsspielräume der Betriebe

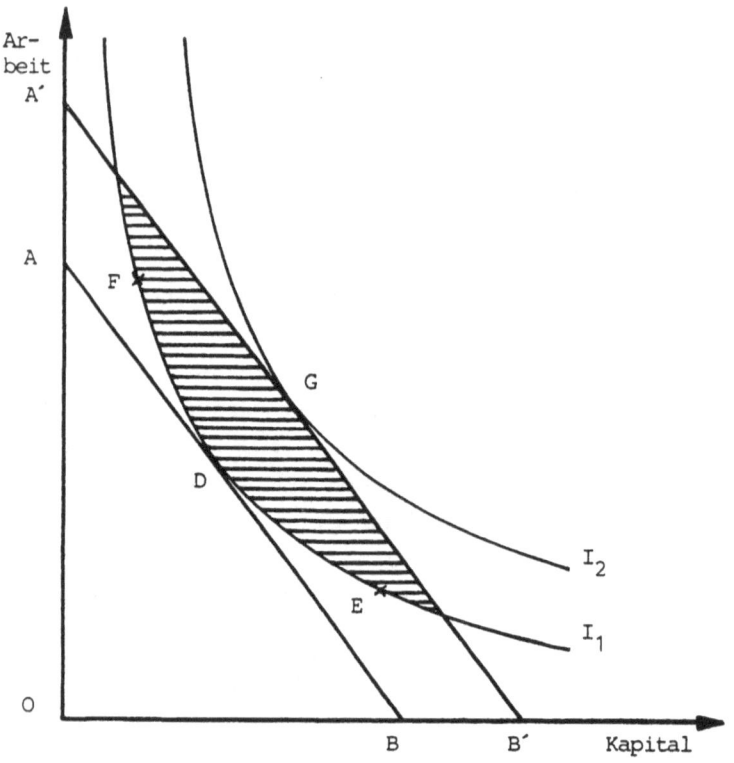

Die Gerade AB repräsentiert die Budgetgerade des Betriebes.
Je weiter sie vom Ursprung entfernt ist, um so mehr Zahlungsmittel stehen dem Betrieb für den Bezug von Arbeits-
leistungen und Kapitalgütern zur Verfügung. Die Steigung
der Gerade repräsentiert das relative Preisverhältnis der
beiden Faktoren Arbeit und Kapital zueinander: Je steiler
die Gerade verläuft, um so teurer sind für den Betrieb die
Kapitalgüter im Vergleich zum Einsatz von Arbeitskräften.
Dieses Preisverhältnis ist durch die staatliche Preissetzung einschließlich der Fixierung der faktorbezogenen
Pflichtzahlungen determiniert und hier als gegeben unterstellt. Die Budgetgerade AB ist so gewählt, daß sie die das

Produktionssoll des Betriebes repräsentierende Isoproduktionskurve I_1 im Punkt D tangiert. Läge sie näher am Ursprung, könnte der Betrieb die zur Planerfüllung notwendigen Inputs nicht gänzlich finanzieren.

Gelingt es dem Betrieb, mehr Kredite zu erhalten, als für die planmäßige Produktionsdurchführung notwendig sind, verschiebt sich seine Budgetgerade nach außen, hier symbolisiert durch die Gerade A'B'. Damit eröffnet sich ihm ein diskretionärer Handlungsspielraum, der durch die schraffierte Fläche symbolisiert ist. Der Betrieb kann diesen Handlungsspielraum auf zweierlei Weise nutzen: Erstens kann er die planmäßige Produktionsmenge mit einem anderen als dem planmäßig vorgesehenen Faktorbündel D erstellen, z.B. mit den Faktorbündeln E oder F. Zweitens kann der Betrieb bei Mehreinsatz der beiden Produktionsfaktoren einen größeren als den planmäßigen Output realisieren, beispielsweise Punkt G auf I_2. Diese Mehrproduktion wiederum kann der Betrieb entweder als Planübererfüllung gegenüber der übergeordneten Lenkungsinstanz offenbaren oder aber auch z.B. für Schwarzmarktaktivitäten nutzen bzw. als verdeckte Lagerreserve zur Überbrückung künftiger Planstörungen zurückhalten. Durch Kombination beider Strategien ist grundsätzlich jeder Punkt auf der schraffierten Fläche realisierbar.

Sämtliche Alternativen sind dadurch gekennzeichnet, daß die betrieblichen Faktoreinsatzmengen und -verhältnisse von den Lenkungsinstanzen durch die Fixierung der (relativen) Faktorpreise bzw. faktorbezogenen Pflichtzahlungen nicht in der gewünschten Weise gelenkt werden können. Welche der Alternativen der Betrieb tatsächlich wählt, hängt nicht zuletzt davon ab, in welchem Ausmaß es ihm gelingt, den Liquiditätsüberschuß auf legalem oder illegalem Wege für zusätzliche Faktorbezüge zu nutzen, die dann unter Umständen an anderer Stelle fehlen und so den gesamtwirtschaftlichen Planvollzug gefährden.

In der DDR ist es offensichtlich bisher nicht gelungen, die Betriebe einer "harten" Budgetbegrenzung zu unterwerfen: So weisen Kinze, Knop und Seifert (1983, S. 320) darauf hin, daß der Kaufkraftüberhang der Betriebe ("zeitweilig freie Geldfonds der Wirtschaft") zwischen 1960 und 1980 noch stärker gestiegen ist als derjenige der Privathaushalte[1]. Dabei muß berücksichtigt werden, daß das hohe Sparvolumen der Privathaushalte in der DDR Ausdruck einer nicht unerheblichen Kassenhaltungsinflation ist.[2] Auch im Bereich der staatseigenen Betriebe der DDR hat sich demzufolge ein beträchtlicher Liquiditätsüberhang angesammelt.

Daher wird von den genannten Autoren gefordert, daß bei der staatlichen Planung des (Kredit-)Geldvolumens sorgfältig zu prüfen sei, "ob die Kreditquellen (Giralgeldbestände; d. Verf.) Ausdruck einer planmäßigen zeitweiligen Nichtinanspruchnahme von Nationaleinkommen sind oder ob sie lediglich durch fehlende materielle Realisierungsmöglichkeiten des Geldes verursacht wurden" (Kinze, Knop, Seifert 1983, S. 323) und damit Ausdruck einer Kassenhaltungsinflation sind.[3] Für eine derartige Prüfung müßten die staatlichen

---

1) Gleiches gelte auch für die Giralgeldguthaben der staatlichen Institutionen.

2) Vgl. hierzu Hartwig, Thieme 1979; Cassel 1987 mit weiteren Literaturangaben.

3) Die Giralgeldbestände werden deshalb als "Kreditquellen" bezeichnet, weil die staatlichen Lenkungsinstanzen in der DDR und in anderen staatssozialistischen Zentralverwaltungswirtschaften davon ausgehen, daß das Volumen der Bankeinlagen der Betriebe und Privathaushalte bei der staatlichen Monobank deren Kreditschöpfungsspielraum determiniert. Angenommen wird, daß diese Bankeinlagen deswegen entstehen, weil die Privathaushalte und Betriebe freiwillig auf die Ausgabe dieser Beträge verzichten. In Höhe des vermuteten "Nachfrageausfalls" könnten Betriebskredite ausgereicht werden; die kreditnehmenden Betriebe entfalteten gleichsam eine kompensierende "Mehrnachfrage".
Die vermutete Logik beruht jedoch auf einem Denkfehler: Abgesehen von der Bargeldhaltung der Privathaushalte führt innerhalb eines Monobankensystems jede zusätzliche Kreditausreichung gleichzeitig auch zur Zunahme der

Instanzen jedoch in der Lage sein, den Zahlungsmittelbedarf
der Betriebe, den diese für die Planrealisierung benötigen,
von demjenigen zu unterscheiden, der eine monetäre Überdeckung darstellt.

Diese Informationen können die staatlichen Instanzen, hier
insbesondere das staatliche Bankensystem, unter realtypischen Bedingungen nur von den Betrieben erhalten. Die Betriebe jedoch sind an "weichen" Finanzplänen interessiert,
um so das Prämienrisiko zu minimieren, das ihnen z.B. aus
der Anwendung des "Zinshebels" und der "Pflichtzahlungshebel" entsteht (vgl. Abschnitt 5.2.2.3.): Bei der konkreten
Kreditplanung melden sie gegenüber der für sie zuständigen
Bankfiliale ihren Kreditbedarf unter Berücksichtigung zentraler Vorgaben, wie dem für die Lagerhaltungs- und Investitionsfinanzierung vorgeschriebenen normativen Kreditanteil, an.[1] Zur Finanzierung ihrer internen Reservenbildung
sowie zur Vermeidung monetärer Planstörungen sind die Be-

Bankeinlagen. Der "Logik" der genannten Argumentation
zufolge erhöhte sich damit wiederum der "Nachfrageausfall", und um so mehr Kredite müßten bei weiter zunehmendem "Nachfrageausfall" ausgereicht werden. Allenfalls
die freiwillige Ersparnisbildung der Privathaushalte
läßt sich als "Nachfrageausfall" interpretieren. Bei dem
Sparvolumen der Privathaushalte handelt es sich jedoch
in einer - empirisch nicht genau bestimmbaren - Höhe
auch um Zwangssparen. Orientiert sich die Staatsbank bei
der Kreditvergabe am Sparvolumen der Privathaushalte,
schöpft sie also wiederum zusätzliches Geld auf der
Grundlage eines bereits vorhandenen Geldüberhangs.
Daher ändert sich das Volumen der inflationären Geldschöpfung in keiner Weise, wenn beispielsweise in der
UdSSR das Defizit des Staatshaushalts künftig nicht mehr
durch "Ingangsetzung der Notenpresse", sondern durch die
"Inanspruchnahme akkumulierter Spargelder" gedeckt werden soll; vgl. NZZ, Fernausgabe vom 6./7. August 1989,
S. 3. Lediglich die Methoden der gesamtwirtschaftlichen
Inflationierung werden hierdurch gegeneinander ausge-
tauscht.

1) Zu den derzeit gültigen Verfahrensvorschriften der Kreditplanung vgl. Anordnung Nr. 3 über die Ordnung der
   Planung der Volkswirtschaft der DDR 1986 bis 1990 vom
   27.2.1987, Gbl. DDR Sdr., Nr. 1190/1n, Teil N., Planung
   der Finanzen des Staates, Abschnitt 3.

triebe an der Zuteilung möglichst hoher Plankredite interessiert, ohne daß dieses wegen der Wirkungslogik des Planerfüllungsprinzips durch das zinspolitische Instrumentarium verhindert werden kann. Da die planmäßigen Kreditzinsen in der DDR in den Güterpreisen enthalten sind, kann es den Betrieben gleichgültig sein, wie hoch die Zinsen sind. Die Folge dessen sind, wie Smietana (1972, S. 152) ausführt, "überhöhte Kreditanforderungen, die ein volkswirtschaftliches Volumen von oft mehreren Mrd. Mark ausmachen...". Die Banken scheinen diese Kreditwünsche in der Regel zu erfüllen (Hartwig 1987, S. 99 f.). Daß die Betriebe somit offenkundig keiner harten Budgetbegrenzung unterliegen, hat verschiedene Gründe:

Als **erstes** ist hier der sehr globale Charakter der staatlichen Kreditplanung zu nennen: Die Kreditbilanz als das "in der Planungspraxis der DDR ... einzige Instrument, mit dem eine ... Festlegung der umlaufenden Geldmenge und der Kredite im volkswirtschaftlichen Maßstab" erfolgt (Autorenkollektiv 1985b, S. 103), wird jeweils stichtagsbezogen aufgestellt. In der Fachliteratur der DDR wird zwar die Forderung erhoben, daß sich das Wachstum der Kreditgeldmenge an der prognostizierten Wachstumsrate des Sozialprodukts orientieren solle (z.B. Hunstock 1979, S. 197; Schmidt, Waldhelm 1984, S. 438), ob diese Forderung in der Planungspraxis berücksichtigt wird, ist jedoch unbekannt. Selbst wenn dies der Fall wäre, könnte das angestrebte Wachstum der Kreditgeldmenge zwar durch eine entsprechende Verlängerung der Bilanzsumme von Stichtag zu Stichtag festgelegt werden, die tatsächlichen Kreditoperationen der staatlichen Banken, die zwischen den einzelnen Stichtagen erfolgen, lassen sich durch diese Bestandsbilanz jedoch nicht erfassen (Haffner 1987b, S. 212). Dadurch erhalten die Staatsbankfilialen einen nicht unerheblichen Spielraum der Kreditgewährung.

Diesen Spielraum werden die Banken wahrscheinlich in Verfolgung eigener Interessen nutzen, so daß als **zweite** Ursache des betrieblichen "soft budget constraint" die Interessenlage der Banken zu nennen ist: Müller (1980, S. 113 ff.) hat in diesem Zusammenhang auf die Prämiierungsvorschriften hingewiesen, denen die Bankbeschäftigten in der DDR unterliegen. Die Bankmitarbeiter erleiden Prämieneinbußen, wenn die Betriebe während der Plandurchführung zur Aufnahme von Überbrückungskrediten gezwungen sind, so daß die Bank ihr planmäßiges Kreditvolumen überschreiten muß.[1] Daher sind die Bankmitarbeiter darum bemüht, die Betriebe möglichst großzügig mit planmäßigen Krediten auszustatten. Trotz detaillierter Rechtsvorgaben (vgl. Autorenkollektiv 1985b, S. 119 ff.) sind sie zudem allenfalls zurückhaltend an einer strikten Überprüfung der Anträge interessiert, mit denen die Betriebe die Notwendigkeit zur Kreditfinanzierung ihrer Umlaufmittel und Investitionen belegen müssen. Je mehr interne Leistungsreserven die Betriebe aufbauen, um so unwahrscheinlicher werden Planstörungen als Ursache einer Überschreitung des planmäßigen Kreditkontingents. Gegen die Annahme einer strikten Überprüfung oder gar Zurückweisung der betrieblichen Kreditanträge spricht auch, daß die Bankbeschäftigten kaum über das notwendige branchen- und betriebsspezifische Detailwissen verfügen und daneben auch Konflikte mit der dem jeweiligen Betrieb übergeordneten Lenkungsinstanz zu vermeiden suchen (Hartwig, Thieme 1987, S. 228).

Damit sind **drittens** auch die Branchenverwaltungen (Ministerien) ursächlich am Zustandekommen des monetären Überhangs beteiligt: Sie bemühen sich in Verfolgung ihrer Expansionsstrategie bei der Aufstellung des Volkswirtschafts- und des Staatshaushaltsplanes um möglichst umfangreiche Ressourcen-

---

1) Im Gegensatz hierzu vermutet allerdings Hartwig (1987, S. 104), daß die Bankbeschäftigten auch bei Überschreitung des planmäßigen Kreditvolumens mit keinerlei Sanktionen zu rechnen haben.

zuteilungen. Die monetären Bedarfsanmeldungen werden in der Regel im Bargaining der Ministerien kaum auf das real verfügbare Ressourcenpotential reduzierbar sein. Dabei entscheiden Macht und Geschick der einzelnen Minister und der ihnen jeweils zugeordneten Kombinate und Betriebe über die tatsächliche Ressourcenallokation, wobei die überhöhten Zuweisungen im nachhinein teilweise über den Umweg der Inflation abgewertet werden (Schüller 1985). Erklärt werden kann diese "Lösung" des Zuteilungskonflikts dadurch, daß die zentralen Koordinationsinstanzen die zukünftigen Kosten der Inflation, die aus monetär verursachten Störimpulsen resultieren, nicht gänzlich abschätzen können und diese dabei niedriger ansetzen als die Aushandlungskosten, die bei einer realistischen Kontingentierung der Ressourcen entstehen (Pickersgill 1982, S.78).

Zwar ist die unmittelbare Finanzierung des Staatshaushaltsplanes durch Kredite in der DDR ausgeschlossen; die Branchenverwaltungen können jedoch ihre Expansionsbestrebungen dadurch finanzieren, daß sie die *betrieblichen* Kreditwünsche gegenüber der Staatsbank unterstützen. Gegebenenfalls muß sich das jeweilige Ministerium um die Erhöhung des Kreditanteils für Investitionen und damit um die Ausdehnung des Kreditvergabespielraums der staatlichen Banken für seinen Verwaltungsbereich bemühen. Zu Gebote steht ihm daneben die Erhebung von Pflichtzahlungen, die dann als "Investitionssubvention" an die unterstellten Betriebe ausgereicht werden. Wie in Abschnitt 5.4.2. gezeigt wurde, führt die verstärkte Einforderung von Pflichtzahlungen jedoch ebenfalls zu einem Anwachsen der betrieblichen Kreditwünsche, die dann wiederum seitens der jeweiligen Branchenverwaltung unterstützt werden. In letzter Konsequenz werden die bürokratischen Expansionsbestrebungen also bei der zweiten Variante ebenfalls durch zusätzliche Geldschöpfung finanziert.[1] Aus dem "soft budget constraint" der Betriebe resultiert mithin indirekt ein ebensolcher der zentralen Lenkungsinstanzen;[2] das Capture-Problem führt daher auch auf dieser Ebene zu Ineffizienzen der zentralen Wirtschaftslenkung.

Im Ergebnis der drei genannten Problemfelder können die Betriebe die Notwendigkeit einer planmäßigen Kreditgewährung wohl relativ leicht mit dem Hinweis auf eine (wachstumsfördernde) Effizienz der über Kredite finanzierten Maßnahmen nachweisen, indem sie z.B. die Kosten von Investitionsvorhaben unter- und deren voraussichtliche Erträge übertreiben. Auf Grund der mangelnden Kontrolleffizienz der Banken wird es den Betrieben auch möglich sein, Kredite für Scheinprojekte genehmigt zu bekommen (Hartwig, Thieme 1987, S. 226). Unter Berufung auf ein potentiell mögliches Wirtschaftswachstum, wie es seitens der Betriebe dargestellt wird, und mit Unterstützung der den Betrieben übergeordneten Instanzen wird es auch den Bankfilialen relativ leicht gelingen, gegenüber den zentralen Lenkungsorganen, hier insbesondere dem Finanzministerium, eine Ausweitung des ihnen eingeräumten Kreditkontingents bewilligt zu bekommen.

Statt die Kreditplanung, wie dies in der DDR gefordert wird, an der Wachstumsrate des Sozialprodukts zu orientieren, beruht sie im Endergebnis wohl unvermeidlich vorrangig

---

1) Sollte es den Branchenministerien nicht gelingen, die Kreditwünsche "ihrer" Betriebe gegenüber der Staatsbank durchzusetzen, könnten sie sich gegenüber dem Preisamt um die Bewilligung höherer Gewinnzuschlagssätze bemühen, so daß die dann steigenden Gewinne zur Deckung des ministeriellen Finanzierungsbedarfs ausreichten. Auch bei dieser Alternative wäre die Staatsbank auf Grund der damit verbundenen Preiserhöhung gezwungen, das Kreditgeldvolumen auszuweiten.

2) Der Umstand, daß das Staatsbudget in der DDR nicht *unmittelbar* durch Kredite finanziert wird, läßt also keine Rückschlüsse auf das Ausmaß monetärer Stabilität innerhalb einer staatssozialistischen Zentralverwaltungswirtschaft zu; vgl. A. Schmitt 1974, S. 66.

auf den Kreditwünschen der Betriebe. Zwar basiert die gesamtwirtschaftliche Planabstimmung auch unter realtypischen Ordnungsbedingungen zumindest teilweise, vorrangig bei den Gütern von herausragender Bedeutung, auf der güterwirtschaftlichen Zentralbilanzierung; ein nicht unerheblicher Teil der Güterallokation wird jedoch von der Fähigkeit der einzelnen Betriebe und ihrer Branchenverwaltungen bestimmt, "weiche" Kreditpläne zu erlangen. Die Konsequenz ist die bereits von Eucken (1955, S. 117) konstatierte Neigung zentralverwaltungswirtschaftlicher Ordnungen zu monetärer Gleichgewichtslosigkeit. Wird der monetäre Überhang durch Pflichtzahlungen und "Subventionen" umverteilt, hängt die Güterallokation in nicht unerheblichem Ausmaß von der Fähigkeit der einzelnen Teilbürokratien ab, den unterstellten Betrieben bei der Planfestlegung möglichst geringe Pflichtzahlungen und möglichst hohe "Subventionen" zu sichern.

Eine **vierte** Ursache der monetären Überdeckung liegt darin, daß die Kreditschöpfung häufig Folge realwirtschaftlicher Planstörungen ist: Die güterwirtschaftliche Koordination hat gegenüber der monetären eindeutigen Vorrang, wie dies in folgendem Zitat zum Ausdruck kommt: "Im System der ökonomischen Stimulierung ist der *Gewinn dem Ziel der bedarfsgerechten Produktion untergeordnet*" (Autorenkollektiv 1982b, S. 27). Der Primat der güterwirtschaftlichen Koordination erfordert es, daß sich monetäre Störungen im Zuge der Plandurchführung nach Möglichkeit nicht auf den realwirtschaftlichen Bereich bei Gefährdung der güterwirtschaftlichen Produktions- und Austauschpläne auswirken.

Ist ein Betrieb auf Grund einer unplanmäßigen Finanzierungslücke, die z.B. auf einen Produktions- oder Vorlieferungsausfall zurückgehen kann, nicht in der Lage, planmäßige Güterbezüge von anderer Seite zu bezahlen, und unterbleibt deshalb diese Lieferung, kann der Betrieb seinen güterwirtschaftlichen Produktions- und Absatzplan in noch geringerem Ausmaß erfüllen, als dies auf Grund der anfänglichen Planstörung schon der Fall ist. Dies wiederum gefährdet die Planerfüllung aller anderen Abnehmer. Bedingt durch die engmaschige Interdependenz aller Betriebspläne wirken sich Planstörungen in einem Betrieb nach Art einer Kettenreaktion letztendlich negativ auf die gesamte Volkswirtschaft aus. Unter Umständen wird hierdurch das Prämieneinkommen der Beschäftigten gemindert, ohne daß diese die Planstörung zu vertreten haben. Diese negativen Motivationseffekte bergen weitere Gefahren für den Planvollzug in sich. Zur Vermeidung dieser Folgewirkungen sehen sich die staatlichen Banken gezwungen, den Betrieben bei Planstörungen Überbrückungskredite zu gewähren. Selbst wenn die planmäßigen Budgetbeschränkungen der Betriebe "hart" sein sollten, werden sie daher spätestens im Zuge der Plandurchführung "aufgeweicht". Deshalb liegt es nahe, zu versuchen, die außerplanmäßige Kreditgeldschöpfung zu begrenzen.

Eine Möglichkeit zur "Härtung" des betrieblichen Budgets wird in der DDR seit Mitte der 60er Jahre in der "Eigenerwirtschaftung" der Investitionsfinanzierung gesehen. Ihre Begründung klingt einleuchtend: Die "kostenlose" Finanzierung der Investitionen über den Staatshaushalt verführt die Betriebe dazu, einen überzogenen Investitionsbedarf anzumelden und mit den Investitionsmitteln unwirtschaftlich umzugehen (Autorenkollektiv 1970, passim; Möbius 1982, S. 63). Dieses Argument deutet darauf hin, daß die Staatshaushaltsorgane, wohl nicht zuletzt auf Grund von Informationsdefiziten, diese betriebliche Strategie nicht verhindern konnten. Das interessenbedingte Kontrollproblem als Ursache der "weichen" Finanzpläne ist allerdings durch die Einführung der "Eigenerwirtschaftung" lediglich von den Staatshaushaltsorganen auf den Bankenapparat verlagert, keinesfalls jedoch gelöst worden.

Eine wesentliche Voraussetzung monetärer Stabilität in einer staatssozialistischen Zentralverwaltungswirtschaft ist insbesondere die termingerechte Durchführung der betrieblichen Investitionspläne: Werden diese nicht eingehalten, fließen dem Betrieb nicht die planmäßigen Verkaufserlöse (Gewinne und Amortisationen) aus dieser Investition zu; der Investitionskredit kann nicht rechtzeitig zurückgezahlt werden. Damit ist die Kreditgeldvernichtung zum festgelegten Zeitpunkt gefährdet. Das planmäßige Kreditgeldvolumen wird überschritten, während das tatsächliche hinter dem planmäßigen Produktionsvolumen zurückbleibt. Die Folge der Planstörung ist ein monetärer Überhang, der sich in einem Anwachsen der "passiven Betriebskassen" niederschlägt.

Die "Eigenwirtschaftung" soll nun die Betriebe an einer planmäßigen Fertigstellung ihrer Investitionsvorhaben "materiell" interessieren. Der Sanktionsmechanismus beruht auf folgender Annahme: Planstörungen gefährden den Gewinn- und Amortisationsplan als Finanzierungsgrundlage der Investitionsvorhaben. Um die Investitionsdurchführung sicherzustellen, müssen außerplanmäßige Kredite aufgenommen werden. Um die Betriebe daran zu hindern, es bis dahin kommen zu lassen, liegen hohe "Sanktionszinsen" nahe. Der "Kredithebel" wirkt allerdings nur in dem Maße, in dem er das Prämieneinkommen der Beschäftigten spürbar bedroht (vgl. Abschnitt 5.2.1.4.). Dies ist in der DDR jedoch nicht der Fall. Die Zinskosten machen in der Regel nicht mehr als ein bis zwei v.H. der betrieblichen Gesamtkosten aus. Deshalb ist, wie in der DDR selbst beklagt wird, "der über den Kreditzins planmäßig zu gestaltende Druck auf volkswirtschaftlich erwünschte Verhaltensweisen der Kombinate und Betriebe im Zusammenhang mit Kreditprozessen nur in bestimmten engen Grenzen möglich" (Autorenkollektiv 1985b, S. 133). Daneben sind die allgemeinen Restriktionen zu beachten, die sich aus dem Planerfüllungsprinzip für die Wirkungslogik der "ökonomischen Hebel" ergeben (vgl. Abschnitt 5.2.2.).

Dem Ziel der Inflationsvermeidung soll ebenfalls die erhöhte Produktionsfondsabgabe dienen, die die Betriebe bei verspäteter Fertigstellung von Investitionen zu entrichten haben. Auch dieser "Hebel" bewegt nicht viel, wenn es, was nicht schwierig sein dürfte, dem Betriebsmanagement gelingt, einen "weichen" Finanzplan zu erlangen. Dann kann die erhöhte Produktionsfondsabgabe durch Aktivierung interner "Gewinnreserven" kompensiert werden, so daß dies die offiziell ausgewiesene Gewinnplanerfüllung nicht oder nur in geringem Umfang beeinträchtigt.[1]

Hinzu kommt, daß die Prämiierung der Betriebsangehörigen überwiegend von der Erfüllung güterwirtschaftlicher Kennziffern abhängt; deshalb spielt die Höhe der überplanmäßigen Kreditkosten in ihrem Entscheidungskalkül keine nennenswerte Rolle. Daher kann die Nachfrage der Betriebe nach außerplanmäßigen Überbrückungskrediten durch "Strafzinsen" kaum wirksam begrenzt werden. Leptin zufolge (1977, S. 13 f.) sind die Banken selbst an der Ausreichung außerplanmäßiger Kredite mit Zinsaufschlägen interessiert, da sie durch höhere Zinseinnahmen ihre Gewinnkennziffer leichter erfüllen können.[2] Die Gewährung außerplanmäßiger Kredite wird schließlich auch auf die wohlwollende Unterstützung durch die übergeordnete Lenkungsinstanz stoßen, deren Reputation von der betrieblichen Planerfüllung abhängt. Aus

---

1) Die erhöhte Produktionsfondsabgabe ist gleichzeitig auch ein Indiz dafür, daß die Betriebe trotz "Eigenerwirtschaftung" allem Anschein nach nicht ausreichend an der planmäßigen Fertigstellung ihrer Investitionsprojekte interessiert sind.

2) Wie die Betriebe müssen auch die Banken einen Teil ihrer Gewinne an das Staatsbudget abführen; in welchem Ausmaß dies der Fall ist, lassen die gesetzlichen Vorschriften nicht erkennen. Für die Staatsbank heißt es lediglich, daß "die Beziehungen zum Staatshaushaltsplan ... mit dem Finanzplan geregelt (werden)"; vgl. § 19 des Gesetzes über die Staatsbank der Deutschen Demokratischen Republik vom 19.12.1974, Gbl. DDR I, Nr. 62, S. 580.
Leptin unterstellt implizit, daß die Bankbelegschaft bei Überschreitung des Kreditkontingents keine Prämieneinbußen erleidet. Da auch die einschlägigen Prämiierungsvorschriften nicht bekannt sind, sind hierzu nur Spekulationen möglich.

diesem Grund ist ebenfalls kaum anzunehmen, daß die Banken sich diesen außerplanmäßigen Kreditanträgen verschließen.

Die Praxis der außerplanmäßigen Kreditierung berührt die Frage, ob und wie im Rahmen der "Eigenerwirtschaftung" die planmäßig festgelegte Höhe der betrieblichen Pflichtzahlungen im Fall von Gewinnplanabweichungen modifiziert werden soll. Wie Abschnitts 2. gezeigt hat, war dieser Aspekt bisher vorrangiger Gegenstand wiederholter Neuregelungen, insbesondere der Vorschriften über die Nettogewinn- und die Amortisationsabführung. Anhand des Beispiels der Nettogewinnabführung seien die hierbei zu beachtenden Interdependenzen näher beleuchtet.[1] Bleibt die Möglichkeit der Kreditfinanzierung zunächst unberücksichtigt, dann lassen sich grundsätzlich zwei Alternativen der abgabenrechtlichen Behandlung von Gewinnplanabweichungen unterscheiden:

Erstens kann festgelegt werden, daß der Betrieb in jedem Fall die planmäßige Gewinnabführung zu entrichten hat. Überplangewinne verbleiben ihm dann und können u.a. zur Produktionsausweitung genutzt werden. Bei Unterplangewinnen muß der Betrieb eigene Fonds liquidieren und hieraus die Zahlungsverpflichtung erfüllen. Dies jedoch bedeutet das Brachliegen von Produktionskapazitäten und damit die Gefährdung gesamtwirtschaftlicher Planziele.

Bei dieser Regelung beeinflussen Gewinnplanabweichungen über eine Ausdehnung bzw. Begrenzung des betrieblichen Finanzierungsspielraums den Umfang der güterwirtschaftlichen Transaktionen der Betriebe. Durch die damit verbundene Unter- oder Übererfüllung der güterwirtschaftlichen Pläne wird das Prämieninteresse der Betriebsbeschäftigten positiv berührt. Zudem erhält das Budget in jedem Fall die vorgesehenen Einnahmen, so daß der Vollzug des Staatshaushaltspla-

---

1) Für die Amortisationsabführung gelten die folgenden Ausführungen analog.

nes nicht gestört wird. Als negativ ist zu werten, daß die Gewinnabführung den Budgetorganen keine Kontrollinformationen über die betriebliche Gewinnplanerfüllung vermittelt (vgl. Abschnitt 5.3.1.). Besonders nachteilig für die Koordinationslogik einer staatssozialistischen Zentralverwaltungswirtschaft ist jedoch der Umstand, daß von der Finanzierungssphäre allokative Wirkungen auf die realwirtschaftliche Produktions- und Austauschsphäre ausgehen, die von den zentralen Lenkungsinstanzen nicht planmäßig gesteuert werden können.

Letzteres kann vermieden werden, wenn alternativ hierzu **zweitens** festgelegt wird, daß die Betriebe ihren "freien Gewinnrest", d.h. den tatsächlich erwirtschafteten Gewinn, den sie nicht zur Finanzierung ihrer planmäßigen Ausgaben benötigen, abführen müssen. Unterschreitet ein Betrieb seinen Gewinnplan, sinkt dementsprechend der zu entrichtende "freie Gewinnrest", überschreitet der Betrieb seinen Gewinnplan, muß er entsprechend mehr Gewinn abführen. Bei dieser Alternative wirken sich Gewinnplanabweichungen nicht unmittelbar auf den güterwirtschaftlichen Planvollzug des betreffenden Betriebes aus. Da jedoch in jedem Fall der "freie Gewinnrest" der Betriebe abgeschöpft wird, haben die Betriebsangehörigen kaum ein Interesse an der Erfüllung oder gar Übererfüllung der Gewinnkennziffer, was unter Umständen das Auftreten auch güterwirtschaftlicher Planstörungen begünstigt. Zudem variieren die Einnahmen des Budgets in Abhängigkeit von der betrieblichen Gewinnplanerfüllung, was Störungen des Haushaltsvollzugs hervorrufen kann.

Angesichts der jeweils spezifischen Vor- und Nachteile beider Alternativen stehen die staatlichen Lenkungsinstanzen vor folgendem Dilemma: Bei der ersten Alternative entsprechen der positiven Motivationswirkung und der gesicherten Planmäßigkeit des Budgetvollzugs zunehmende güterwirtschaftliche Unplanmäßigkeiten. Bei der zweiten Alternative geht die Sicherstellung der güterwirtschaftlichen Planmä-

ßigkeit zu Lasten sinkender Motivation und steigender Störanfälligkeit des Haushaltsvollzugs.

Ein Ausweg aus diesem Dilemma wird in der Politischen Ökonomie des Sozialismus in einer Regelung gesehen, nach der
der finanzielle Effekt von Gewinnplanabweichungen durch
eine Modifizierung der Gewinnabführung zwischen Betrieben
und Staatshaushalt aufgeteilt wird (Gurtz 1972a, S. 146 f.;
1972b, S. 41): Bei Gewinnplanübererfüllung soll den Betrieben ein Teil des Mehrgewinns verbleiben; eine Gewinnplanuntererfüllung soll nicht gänzlich durch eine größengleiche
Verminderung der Gewinnabführung kompensiert werden. In
diesem Fall müssen die Betriebe zur Finanzierung der Gewinnabführung einen außerplanmäßigen Kredit aufnehmen, damit Störeffekte auf den güterwirtschaftlichen Planvollzug
unterbunden, zumindest minimiert werden.

Diese Zielsetzung mag erklären, warum die planmäßige Gewinnabführung in der DDR bisher zwar überwiegend in absoluter Höhe festgelegt wurde, dieser Betrag jedoch um einen
bestimmten Prozentanteil (Normativ) der Über- oder Untererfüllung des Gewinnplans korrigiert wird. Bei dieser Regelung variieren nämlich die tatsächliche Gewinnabführung und
das den Betrieben verbleibende Gewinnaufkommen in Abhängigkeit von der Gewinnplanerfüllung. Allerdings gibt es für
die Aufteilung der finanziellen Auswirkungen von Planabweichungen zwischen Betrieben und Staatshaushalt keinen objektiven Maßstab. Dies erklärt auch die vielfältigen Änderungen, denen die einschlägigen Rechtsvorschriften bisher unterlagen. Während die normative "Beteiligung" des Staatshaushalts an Überplangewinnen über einen langen Zeitraum
hinweg mit 50 v.H. vergleichsweise konstant geblieben ist,
wurde die "Beteiligung" im Falle von Unterplangewinnen seit
den 50er Jahren wiederholt geändert. Dies lag wohl vorrangig daran, daß zum einen die jeweils intendierte Motivationswirkung nicht eintrat und daß dabei zum anderen die
durch die jeweilige Vorschrift induzierte Kreditschöpfung

unerwünschte inflationäre Wirkungen zeitigte. Je weniger
nämlich die Gewinnabführung bei Planunterschreitungen gesenkt wird, desto stärker wird der jeweilige Betrieb "in
die Bank gezwungen"; dies nicht nur zur Finanzierung der
Pflichtzahlung, sondern auch der sonstigen Ausgaben, für
die andernfalls erlassene Gewinnabführungsbeträge zur Verfügung stünden. Damit steigt das Kreditgeldvolumen an, ohne
daß dies mit einer Erhöhung des güterwirtschaftlichen Out-
puts verbunden ist. Der solchermaßen verursachte monetäre
Geldüberhang wiederum gefährdet die Erfüllung der güterwirtschaftlichen Pläne noch weiter und ist damit unter Umständen potenzierende Ursache eines zusätzlichen Anstiegs
der betrieblichen Kassenhaltungsinflation. Zwischen Motiva-
tions- und Liquiditätssteuerungsfunktion der Gewinn- (und
der Amortisations-)abführung besteht mithin ein fundamentaler Gegensatz.

Aus den bisherigen Ausführungen folgt insgesamt, daß es in
letzter Konsequenz die Betriebe selbst sind, die mit Unterstützung der ihnen übergeordneten Branchenverwaltungen darüber entscheiden, wieviel Geld ihnen auf dem Kreditwege zur
Verfügung gestellt wird (Hartwig 1987; Hartwig, Thieme
1979, 1985, 1987; Thieme 1983). Ein Indikator dafür, wie
"weich" die betrieblichen Budgetbeschränkungen sind, ist
das Volumen der von den Betrieben außerplanmäßig durchgeführten Investitionsprojekte: Es erreichte Ende der 70er
Jahre "Milliardenhöhe" (Mittag 1978, S. 3). Dies läßt sich
nur dadurch erklären, daß es den staatlichen Instanzen
nicht gelungen ist, das betriebliche Investitionsvolumen
durch strikte Kreditkontingentierung zu begrenzen. Damit
jedoch büßen auch die betrieblichen Pflichtzahlungen, hier
insbesondere Gewinn- und Amortisationsabführungen, ihre
Funktionsfähigkeit als Instrument zur Steuerung des betrieblichen Investitionsverhaltens im Sinne der "vollständigen wirtschaftlichen Rechnungsführung" ("Eigenerwirtschaftung") ein. Wohl aus diesem Grund wird in der DDR
gefordert, "in der Wirtschaftspraxis alle Geldquellen zu

verstopfen, die sich gegen die Proportionalität auswirken
können..." (Groche 1980, S. 35) und es wird die in der DDR
praktizierte Regelung beklagt, daß "am fehlenden Geld
nichts scheitern dürfe" (Autorenkollektiv 1986c, S. 362).
Wenn es aber richtig ist, daß außerplanmäßige Überbrük-
kungskredite im Dienste des Primats der güterwirtschaftlichen Planziele stehen, wer sollte dann an ihrer Begrenzung
ein vorrangiges Interesse haben?

Ist schon, wie weiter oben angemerkt wurde, der "ausgegli-
chene Staatshaushalt" der DDR (einschließlich eines planmäßigen Budgetüberschusses) kein Zeichen monetärer Stabilität, gilt dies erst recht für die außerplanmäßigen Budgetüberschüsse, wie sie in der DDR jährlich zu verzeichnen
sind und die in Tabelle 19 auf der folgenden Seite für die
Zeit seit 1965 zusammengestellt wurden.

Angesichts des bürokratiespezifischen Expansionsstrebens
können diese Budgetüberschüsse schwerlich Ausdruck vorneh-
mer Zurückhaltung der Staatsadministration bei der Inanspruchnahme von Ressourcen sein. Die Ausgabenzurückhaltung
der Staatsorgane, wie sie in diesen Zahlen zum Ausdruck
kommt, kann nur dadurch erklärt werden, daß den bei Planstörungen unter Umständen sogar steigenden Budgeteinnahmen
auf Grund realwirtschaftlicher Planstörungen keine ausreichende "Warendeckung" gegenübersteht (Buck 1987c, S. 384).
Sie sind damit ebenfalls ein Indikator gesamtwirtschaftlicher Überliquidität.

Die Bildung von Budgetüberschüssen in Staaten wie der Sowjetunion oder der DDR wird in der "westlichen" Wirtschaftswissenschaft als ein bewußt eingesetztes Instument
der dortigen staatlichen Lenkungsinstanzen zur Verminderung
der betrieblichen Kassenhaltungsinflation verstanden (Hodgman 1960, S. 109; Hartwig, Thieme 1987, S. 219; Hartwig
1987, S. 107). Dies setzt den zielgerichteten Einsatz des

Pflichtzahlungsinstrumentariums voraus, wogegen jedoch mehrere Überlegungen sprechen.

Tabelle 19:
Entwicklung des Budgetüberschusses in der DDR seit 1965
<in Mio. Mark>

Jahr	planmäßiger Budgetüberschuß	tatsächlicher Budgetüberschuß
1965	75,0	602,1
1966	86,2	497,6
1967	96,0	516,2
1968	76,0	678,0
1969	48,0	776,6
1970	52,0	664,6
1971	46,0	1.081,1
1972	57,0	1.187,2
1973	63,0	1.669,5
1974	45,0	1.353,3
1975	57,0	501,8
1976	63,0	459,7
1977	68,0	440,3
1978	54,0	508,9
1979	63,0	410,8
1980	65,0	369,0
1981	70,0	306,4
1982	75,0	764,6
1983	100,0	720,4
1984	120,0	1.756,3
1985	140,0	1.142,6
1986	160,0	645,0
1987	165,0	281,6
1988	175,0	233,4
1989	115,4	

Quellen: Staatshaushaltsgesetze und Haushaltsrechnungen der DDR; vgl. Anhang.

Müssen die Betriebe auch bei Planuntererfüllung ihre Gewinn- und Amortisationsabführung in planmäßiger Höhe entrichten, wird ihnen hierdurch zwar Liquidität entzogen; da die Betriebe diese Pflichtzahlungen allerdings in der Regel durch Kredite finanzieren können, wird auf diese Weise lediglich diejenige Liquidität abgeschöpft, die zur Finanzierung der Pflichtzahlung selbst erst geschaffen worden ist. Ein effektiver Liquiditätsentzug wäre nur dann möglich, wenn die Betriebe bei Planstörungen zur Finanzierung ihrer

Pflichtzahlungen nicht auf Kredite zurückgreifen könnten.
Dies bewirkte jedoch, daß die Betriebe in Zahlungsschwierigkeiten kämen und daher, wie weiter oben ausgeführt wurde, in der Folge ihre güterwirtschaftlichen Transaktionen
nicht mehr finanzieren könnten. Damit breitete sich die
monetäre Störung auf den güterwirtschaftlichen Planvollzug
aus; auch ließe sich der "Zinshebel" nicht als Motivationsinstrument einsetzen. Da es sich in beiden Fällen um unerwünschte Konsequenzen handelt, sind Gewinn- und Amortisationsabführung für eine zielgerichtete Abschöpfung betrieblicher Überliquidität nicht geeignet.

Gleiches gilt für die drei faktorbezogenen Pflichtzahlungen
Produktionsfondsabgabe, Beitrag für gesellschaftliche Fonds
und Bodennutzungsgebühr: Planstörungen bei der betrieblichen Faktornutzung wie Überplanbestände an Anlage- und Umlaufmitteln, verspätete Inbetriebnahmen der Investitionen,
eine Überschreitung des Arbeitskräfteplans, verspätete Bo-
denrekultivierung usw. führen zu einer Erhöhung der betrieblichen Zahlungsverpflichtung. Je umfangreicher die
Planstörungen sind, um so größer werden ceteris paribus
zwar das Volumen dieser Zahlungsverpflichtungen und damit
auch der im Budgetüberschuß "neutralisierte" Geldüberhang;
wie bei Gewinn- und Amortisationsabführung werden die dann
auftretenden betrieblichen Finanzierungsengpässe jedoch zur
Begrenzung der güterwirtschaftlichen Störungen durch zusätzliche Kredite überbrückt. Mittels dieser Pflichtzahlungen können also ebenfalls kaum betriebliche Überliquidi-
täten vermieden werden.

Die produktgebundenen Abgaben werden in Abhängigkeit vom
tatsächlichen Umsatz erhoben. Kann ein Betrieb seinen Umsatzplan nicht erfüllen, muß er demzufolge auch weniger als
den ursprünglich vorgesehenen Abgabenbetrag zahlen, so daß
den Betrieben mittels dieser Pflichtzahlungen ebenfalls
keine überschüssige Liquidität entzogen werden kann. Aller-

dings entsteht hier auf Grund der Abgabenkürzung auch kein
Bedarf an zusätzlicher Kreditgeldschöpfung.[1]

Als "spezielle Abführungen" müssen die Betriebe am Jahresende denjenigen Teil der ihnen zugewiesenen Investitionsmittel an den Staatshaushalt abführen, den sie auf Grund
von Planstörungen nicht verwenden können. Gleiches gilt bezüglich der von den Kombinaten nicht verwendeten Mittel des
Gewinn- und des Amortisationsumverteilungsfonds (vgl. Abschnitte 2.1 und 2.6.). Angesichts des Interessen- und des
Informationsproblems kann allerdings davon ausgegangen werden, daß es den Betrieben und Kombinaten in der Regel gelingen wird, diesen Liquiditätsüberhang entweder zur Finanzierung außerplanmäßiger Transaktionen zu verwenden oder
sein Vorhandensein gegenüber den Kontrollinstanzen zu ver-
schleiern.[2] Selbst wenn die Betriebe bzw. Kombinate tatsächlich diese "speziellen Abführungen" leisten müssen, erfolgt dies allerdings erst im nachhinein zum Abschluß der
Planperiode. Um zur Sicherung des Planvollzugs monetäre
Störungen zu vermeiden, müßte der betriebliche Liquiditäts-

---

1) Die produktgebundene Abgabe kann allerdings im Zusammenhang mit einer Erhöhung der Konsumgüterpreise dazu genutzt werden, einen unplanmäßigen Kaufkraftüberhang der
   Privathaushalte abzuschöpfen.
   Thieme zufolge (1989, S. 181) können auch überplanmäßige
   Gewinne der VEBs durch eine Erhöhung der produktgebundenen Abgabe neutralisiert werden. Dies setzt jedoch voraus, daß die Betriebspreise während der laufenden Planperiode gesenkt werden, was in der DDR grundsätzlich
   vermieden wird. Darüber hinaus wird diese Pflichtzahlung
   im wesentlichen nur auf Konsumgüter erhoben, so daß ein
   Liquiditätsüberhang im Bereich der Investitionsgüterin-
   dustrie mittels der produktgebundenen Abgabe nicht ab-
   schöpfbar ist.

2) Gleiches ist auch für die sonstigen "speziellen Abführungen" anzunehmen: Die Betriebe werden in der Regel
   nachweisen können, daß ihre Gewinne "auf eigenen ökonomischen Leistungen" beruhen, daß die hergestellten Produkte den Qualitätsvorschriften entsprechen oder daß die
   Überschreitung des Lohnfonds aus gesamtwirtschaftlichen
   Gründen unabdingbar ist.

überhang jedoch über die gesamte Planperiode hinweg ab-schöpfbar sein.

Die Bankgewinne steigen um so stärker, je mehr außerplanmä-ßige und damit hochverzinsliche Überbrückungskredite ausge-reicht werden, je gestörter also der gesamtwirtschaftliche Planvollzug verläuft. Diese Gewinnabführungen entziehen zwar den Bankfilialen Liquidität und erhöhen, da sie auf Grund der Planstörungen nicht für eine Ausweitung des Staatskonsums genutzt werden können, den Budgetüberschuß; den Betrieben wird jedoch auf diese Weise keine überschüs-sige Kaufkraft entzogen, da die ansteigenden Zinseinnahmen der Bankfilialen von diesen selbst durch eine Erhöhung des an die Betriebe ausgereichten Kreditvolumens finanziert werden.

Die Pflichtzahlungen der Betriebe, wie auch die der Bankfi-lialen, können somit seitens der staatlichen Lenkungsin-stanzen nicht dazu benutzt werden, zielgerichtet einen vor-handenen Geldüberhang im betrieblichen Sektor abzuschöpfen, um monetäre Störungen zu vermeiden und sie als überplanmä-ßige Budgetüberschüsse stillzulegen. Diese Überschüsse sind nicht Folge eines zielgerichteten Einsatzes des Abführungs-instrumentariums zur Neutralisierung der monetären Effekte von Planstörungen, vielmehr handelt es sich bei ihnen le-diglich um ein Symptom der Planstörungen.

5.4.3.2. Die Problematik gesamtwirtschaftlicher Planung als Ursache von Funktionsdefiziten der betrieblichen Pflichtzahlungen

Die betrieblichen Pflichtzahlungen müssen so in den gesamtwirtschaftlichen Planungszusammenhang integriert sein, daß
zum einen das betriebliche Zahlungsmittelaufkommen zur Finanzierung der zentral bilanzierten güterwirtschaftlichen
Transaktionen ausreicht und daß, im Sinne der "aktiven Rolle der Finanzen", zum anderen auch die nicht zentral bilan-
zierbaren betrieblichen Produktions- und Austauschaktivitä-
ten durch den Einsatz des monetären Lenkungsintrumentariums
koordiniert werden. Hieraus erwächst den staatlichen Lenkungsinstanzen die Aufgabe, güterwirtschaftliche und monetäre Planung aufeinander abzustimmen (vgl. Abschnitt
4.2.4.). Selbst unter der (unrealistischen) Prämisse, daß
die Betriebe einem "hard budget constraint" unterliegen,
kann, wie im folgenden gezeigt werden soll, diese "Einheit
von materieller und finanzieller Planung" unter realtypischen Ordnungsbedingungen nicht gewährleistet werden.[1]

5.4.3.2.1. Inkongruenzen zwischen güterwirtschaftlicher und monetärer Planung

In der Politischen Ökonomie des Sozialismus wird im Rahmen
der güterwirtschaftlichen Koordination zwischen "gebrauchs-
wertbezogener" und "wertbezogener" Planung unterschieden
(Autorenkollektiv 1975, S. 64 ff.).

Als "gebrauchswertbezogene" Planung wird die ausschließli-
che Naturalrechnung, d.h. die güterwirtschaftliche Bilanzierung, als das tragende Fundament zentraladministrativer

---

1) Da die Frage der zentralen Planbarkeit der monetären
Prozesse die Funktionalität des betrieblichen Pflichtzahlungsinstrumentariums im allgemeinen betrifft, werden
im folgenden - mit wenigen Ausnahmen - diese Abgaben
nicht mehr im einzelnen behandelt.

Plankoordination bezeichnet. Die produktionstechnischen Verflechtungen zwischen den einzelnen Erzeugnisgruppen und Wirtschaftszweigen können bei der güterwirtschaftlichen Planung nur durch sehr globale Aufwandskoeffizienten berücksichtigt werden. Diese Aufwandskoeffizienten geben an, wieviel Mengen an unterschiedlichen Vorprodukten zur Produktion eines bestimmten Gutes notwendig sind; sie repräsentieren damit zusammengefaßt die jeweilige Produktionsfunktion.

Unter "wertbezogener" Planung wird die gesamtwirtschaftliche Verflechtungsbilanzierung mittels Input-Output-Rechnungen verstanden. Sie ist eine Preisrechnung und basiert auf der "gebrauchswertbezogenen" Naturalrechnung, die sie ergänzen soll. Die "gebrauchswertbezogene" Naturalrechnung läßt sich nur dadurch, daß die einzelnen Güter(bündel) mit Preisen ("Werten") berücksichtigt werden, in die gesamtwirtschaftliche Verflechtungsbilanzierung integrieren.

Die gesamtwirtschaftlichen Input-Output-Rechnungen dienen den zentralen Lenkungsinstanzen dazu, die wachstumsoptimale Produktionsstruktur, die Aufteilung des Sozialprodukts auf staatlichen und privaten Konsum und auf Investitionen sowie die Verteilung der Investitionssumme auf die einzelnen Branchen zu ermitteln (vgl. Kinze, Knop, Seifert 1983, S. 189 ff.).

Diese Berechnungen bilden die Grundlage für die Aufstellung der mehrjährigen und jährlichen Volkswirtschaftspläne. In der DDR wird heutzutage, so wie dies bereits einmal während der Wirtschaftsreformen der 60er Jahre der Fall war, angestrebt, den Fünfjahrplan zum Hauptinstrument der gesamtwirtschaftlichen Koordination zu machen; die Jahrespläne stellen dann, zumindest von der Konzeption her, jeweils Abschnitte dieses Fünfjahrplanes dar.

Die gesamtwirtschaftliche Verflechtungsbilanzierung ist auch die Basis für die Aufstellung der zentralen Finanzplanung mittels monetärer Planbilanzen, in denen u.a. die voraussichtlichen Umverteilungsmaßnahmen in ihren Grundzügen erfaßt werden. Die im Zusammenhang mit der gesamtwirtschaftlichen und betriebsbezogenen Liquiditätssteuerung wichtigste Bilanz der Finanzplanung ist die des Staatshaushaltes[1]: Haben die Lenkungsinstanzen z.B. festgelegt, welcher Teil der gesamtwirtschaftlichen Wertschöpfung auf den privaten Konsum entfallen soll, ist zur Anpassung von "Kauf- und Warenfonds" die Erhebung der "direkten" und "indirekten Steuern" zu planen. Der Betrag der in die Konsumgüterpreise einzukalkulierenden Gewinne, produktgebundenen und sonstigen Abgaben der Betriebe als den "indirekten Steuern" muß der Investitionssumme und dem Wert des Staatskonsums abzüglich der von den Privathaushalten erhobenen "direkten Steuern" entsprechen (vgl. Abschnitt 5.4.1.). Aus der sektoralen Aufteilung des Investitionsvolumens ergibt sich das Ausmaß der zwischen den Zweigen (Branchen) und deren Betrieben vorzunehmenden Gewinn- sowie gegebenenfalls Amortisations- und Umlaufmittelumverteilung. Da die staatliche Preissetzung über Umfang und Struktur der notwendigen monetären Redistribution bestimmt, ist sie das verbindende Element zwischen "Wert-" und "Finanzplanung".

Über die Finanzbilanz des Staates soll die Staatshaushaltsbilanz mit den sonstigen monetären Planbilanzen, wie insbesondere der Kreditbilanz, abgestimmt werden. Ziel dabei ist, die wechselseitigen Einflüsse von budgetärer Umverteilung und Krediteinsatz auf Volumen und Struktur des Staats-

---

1) Zum derzeit gültigen Verfahren der Staatshaushaltsplanung vgl. Anordnung Nr. 3 über die Ordnung der Planung der Volkswirtschaft der DDR 1986 bis 1990 vom 27.2.1987, Gbl. DDR Sdr., Nr. 1190/1n, Teil N, Planung der Finanzen des Staates, Abschnitt 1 und 2.; siehe auch Brietsche, Oelschlägel, Wilde 1975, S. 28; Gurtz, Kaltofen 1982, S. 103 und S. 130 ff.; Akademie für Staats- und Rechtswissenschaft der DDR 1987, S. 100 ff.

haushalts, der Kreditbilanz und der betrieblichen Fonds zu-
sammenzufassen (Gebhardt 1974a; Hunstock, Keller 1976, S.
736 f.; Kinze, Knop, Seifert 1983, S. 241 ff.). Als Ergebnis dieser Berechnungen erhalten die einzelnen Branchenverwaltungen längerfristige Globalvorgaben über Volumen und
Struktur ihrer Einnahmen und Ausgaben, einschließlich der
einzelnen betrieblichen Pflichtzahlungen. Ein vollzugsver-
bindlicher Fünfjahresplan des Staatshaushaltes wird im Gegensatz zum Volkswirtschaftsplan nicht aufgestellt. Die Berechnungen der mehrjährigen globalen Finanzplanung bilden
allerdings die Grundlage für die Aufstellung des jährlichen
Staatshaushaltsplanes. Die soeben beschriebenen Beziehungen
zwischen güterwirtschaftlicher und monetärer Planung sind
in der folgenden Übersicht 6 dargestellt.

Übersicht 6:
Beziehungen zwischen güterwirtschaftlicher und monetärer
Planung

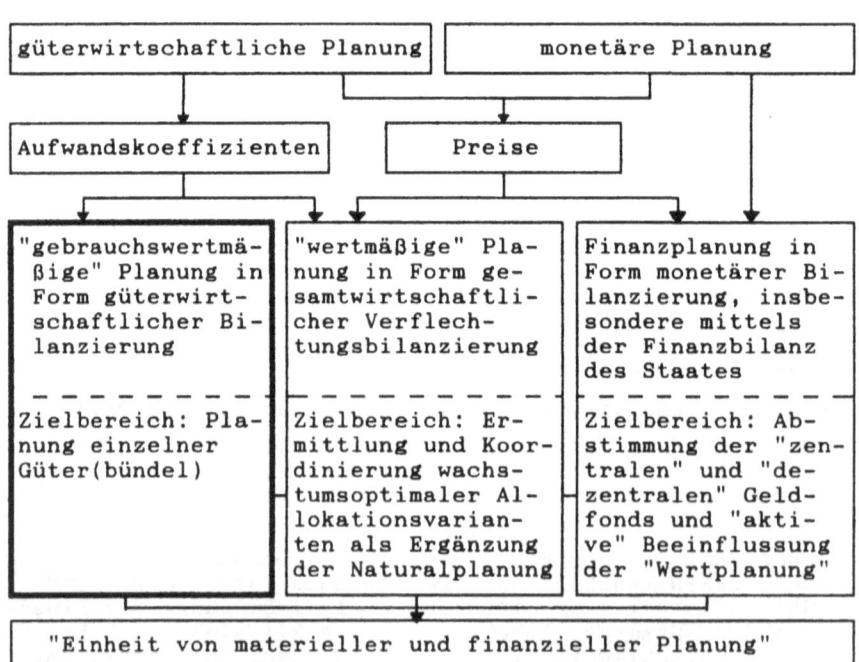

(in Anlehnung an Hoß, Schilling 1972, S. 659)

Damit die Pflichtzahlungen als zielgerichtete Instrumente gesamtwirtschaftlicher und betriebsbezogener Liquiditätssteuerung eingesetzt werden können, muß die Planung der budgetären Umverteilungsmaßnahmen schlüssig in die güterwirtschaftliche Planung als dem tragenden Fundament staatssozialistischer Wirtschaftskoordination integriert werden. Wie die folgenden Ausführungen zeigen sollen, ist dies jedoch unter realtypischen Ordnungsbedingungen aus mehreren Gründen, die sich gegenseitig verstärken, unwahrscheinlich.

Ein **erstes** Hindernis für die Abstimmung von güterwirtschaftlicher und monetärer Planung liegt in dem hohen Aggregationsgrad der gesamtwirtschaftlichen Verflechtungsbilanz, der auf Grund des begrenzten Informationsstands der Zentralinstanzen hinsichtlich des Mikrogeschehens unvermeidlich ist. So beinhaltet die zentrale Verflechtungsbilanz in der DDR derzeit nur ca. 600 Bilanzpositionen, die ungefähr 75 v.H. des gesamtwirtschaftlichen Produktionvolumens repräsentieren (Fischer, Schwarz 1985, S. 32). Die dabei verwandten Aufwandskoeffizienten vermitteln allenfalls einen sehr groben Eindruck von den tatsächlichen güterwirtschaftlichen Verflechtungen (Kinze, Knop, Seifert 1983, S. 204). Ein Opportunitätskostenkalkül zur Beurteilung von Substitutionsmöglichkeiten stellen sie nicht dar. Deshalb fehlt es den gesamtwirtschaftlichen Input-Output-Rechnungen an konkreten *ökonomischen* Informationen, etwa an realistischen Knappheitsmaßstäben.

Da das Sammeln und Verarbeiten der planungsrelevanten Informationen Zeit kostet, geht die zentraladministrative Planung **zweitens** regelmäßig von einer veralteten Datenbasis aus, die zudem höchst selektiv ist. Weil nämlich sämtliche planungsrelevanten Daten schon wegen begrenzter Kapazitäten nicht zentralisierbar sind, muß eine Auswahl getroffen werden, für die jedoch kein eindeutiges Kriterium ableitbar ist (Watrin 1981, S. 118). Selbst die zentralisierbaren Informationen werden dabei in aller Regel auf Grund des geschilderten Interessenproblems systematisch verfälscht sein (Gutmann 1977, S. 95 f.; Beyer 1983, S. 23 ff.). Damit beruhen ,jedoch auch die volkswirtschaftliche Gesamtrechnung sowie die auf ihrer Grundlage durchgeführte monetäre Planung auf unzulänglichen Daten und tragen eher skizzenhafte Züge.

Je länger der Planungszeitraum der Verflechtungsbilanzierung ist, um so wahrscheinlicher wird es **drittens,** daß die Aufwandskoeffizienten die tatsächlichen güterwirtschaftlichen Produktionsbedingungen, die von (unvorhersehbaren) Datenänderungen beeinflußt werden, nicht zutreffend widerspiegeln. Obwohl der Fünfjahrplan in der DDR zumindest verbal das Hauptinstrument der Wirtschaftskoordination sein soll, zeigt die bisherige Erfahrung, daß die aktuellen Zielstellungen der einzelnen Jahrespläne allenfalls in groben Zügen auf denjenigen des jeweils gültigen Fünfjahrplanes beruhen. Der Grund dafür ist, daß die zentralen Lenkungsinstanzen weder praktisch noch theoretisch in der Lage sind, zukünftige planungsrelevante Datenänderungen zutreffend zu antizipieren (vgl. Gutmann 1977, S.99 ff.). In der Planungspraxis der DDR werden die Fünfjahrespläne als Aneinanderreihung der einzelnen zukünftigen Jahrespläne ermittelt, wobei, wie auch in der DDR eingeräumt wird, "die Jahresrechnungen auf eine wissenschaftlich noch wenig ausgewertete Weise miteinander verbunden (werden)" (Koziolek, Matthes, Schwarz 1988, S. 112).

Je unsicherer die Datenbasis der gesamtwirtschaftlichen Planung ist, um so wahrscheinlicher wird es damit auch, daß die auf dieser Basis getroffenen strukturpolitischen Entscheidungen sowie die hieraus abgeleitete Finanzplanung nicht den tatsächlichen Anforderungen entsprechen. Läßt sich beispielsweise die künftige Aufteilung des Sozialproduktes auf Investitionen sowie privaten und staatlichen Konsum nur in groben Zügen und mit einer nicht unerheblichen Fehlermarge ermitteln, sind auch "Kauf- und Warenfonds" in Volumen und Struktur nicht mit der notwendigen Genauigkeit planbar. Entgegen der Zielsetzung bleibt daher der jeweils jährlich neu aufgestellte Volkswirtschaftsplan das Hauptinstrument der Wirtschaftskoordination. Ausgangspunkt der Jahresplanung ist dabei nicht der Fünfjahrplan, sondern der Plan des vorangegangenen Jahres (Fischer, Schwarz 1985, S. 32).

Da die Jahresplanung in der Regel bereits Mitte des Vorjahres durchgeführt wird,[1] reichen jedoch selbst diese Plandaten häufig nicht an die faktischen Daten heran. Beispielsweise fehlt es den zentralen Planungsinstanzen zu diesem Zeitpunkt noch an gesicherten Kenntnissen bezüglich des Gewinn- und Amortisationsaufkommens der Kombinate und deren Betriebe; dann können diese Pflichtzahlungen auch nicht betriebsindividuell so festgelegt werden, daß hieraus keine inflationäre "Überkreditierung" folgt (vgl. Abschnitt 5.4.2.). Auch die für die Jahresplanung notwendigen Zukunftsannahmen sind somit keine wissenschaftlich fundierten Prognosen, sondern stellen selbst dann, wenn sie auf der Grundlage von Fortschreibungen (gleitender Durchschnitt, Trendextrapolation usw.) gebildet werden, allenfalls Spekulationen dar.[2]

---

1) In der DDR wurde in der Vergangenheit bereits im April oder Mai mit der Ausarbeitung von Staatshaushalts- und Volkswirtschaftsplan begonnen. Für das Jahr 1989 wurde der Beginn der Planausarbeitung auf Ende September verschoben; vgl. die Anordnung über den terminlichen Ablauf der Ausarbeitung des Volkswirtschaftsplanes und des Staatshaushaltsplanes 1989 vom 15.9.1988, Gbl. DDR I, Nr. 19, S. 217. Bereits für das darauffolgende Jahr ist der Planungsbeginn jedoch wieder auf Anfang August vorverlegt worden; vgl. die Anordnung über den terminlichen Ablauf der Ausarbeitung des Volkswirtschaftsplanes und des Staatshaushaltsplanes 1990 vom 7.7.1989, Gbl. DDR I, Nr. 13, S. 175.

2) Diese grundsätzliche Planungsunsicherheit ist die Ursache dafür, daß in der DDR, obwohl dort ja die Rolle des Fünfjahrplanes erhöht werden soll, zum Beginn des Jahres 1985 eine Monatsplanung eingeführt wurde. Seit 1986 werden für einzelne betriebliche Kennziffern sogar 10-Ta-

Viertens ist die aggregierte Verflechtungsbilanzierung, unabhängig von den bereits genannten Problemen, kaum für eine zielgerichtete Strukturplanung geeignet: Zum einen lassen sich die einzelnen Branchen einer Volkswirtschaft kaum zweifelsfrei und eindeutig gegeneinander abgrenzen. Zum anderen sind die Güter(gruppen) in den Input-Output-Tabellen nicht nach ökonomischen, sondern nach damit nicht deckungsgleichen technischen Gesichtspunkten zusammengefaßt. Deshalb können die strukturpolitischen Entscheidungen im krassen Gegensatz zur Bedeutung der einzelnen Güter für die Zielerreichung der Zentralinstanz stehen (vgl. Watrin 1981, S. 118). So kann ein Betrieb technisch einer Branche zugeordnet sein, die den zentralen strukturpolitischen Zielen nach schrumpfen soll, obwohl er (auch) Güter produziert, die den strukturpolitischen Prioritäten zufolge vermehrt verfügbar sein müßten.

Die monetären Prozesse, die mit Hilfe der gesamtwirtschaftlichen Verflechtungsbilanzierung koordiniert werden sollen, hängen nicht nur von den güterwirtschaftlichen Plänen, sondern auch von den Güterpreisen ab. Daher sind die Planungsinstanzen bei der monetären Planung auch auf Informationen über die Preise der einzelnen Güter angewiesen. Im Rahmen der volkswirtschaftlichen Verflechtungsbilanzierung werden jedoch lediglich aggregierte Erzeugnisgruppen mittels globaler Preisindizes zusammengefaßt. Dies führt **fünftens** dazu, daß die gesamtwirtschaftliche Verflechtungsbilanzierung nicht auf den tatsächlichen Güterpreisen beruht, die der einzelwirtschaftlichen Planung zugrunde liegen. Daher "können die Berechnungsergebnisse der Verflechtungsbilanzen nicht mit den Bedarfs- und Aufkommensrechnungen für die einzelnen Erzeugnisse bzw. Erzeugnisgruppen ... verbunden

---

ges-Pläne aufgestellt; vgl. Anordnung über die Quartals- und Monatsplanung sowie über die Freisetzung und effektive Verwendung materieller Fonds vom 3.12.1984, Gbl. DDR I, Nr. 35, S. 417 sowie Anordnung über die Dekadenplanung ausgewählter staatlicher Plankennziffern vom 30.10.1985, Gbl. DDR I, Nr. 28, S. 320.

398

werden..." (Kinze, Knop, Seifert 1983, S. 204). Wie auch in
der DDR beklagt wird, kann daher mit Hilfe der auf der Verflechtungsbilanzierung beruhenden Finanzplanung kein zielgerichteter Einfluß auf gewünschte realwirtschaftliche Prozesse in den Betrieben ausgeübt werden (Naumann 1976, S.
71).

Dies ist auch deshalb wahrscheinlich, weil die Planungsinstanzen weder in der Lage sind, im Rahmen der Langfristpla-
nung Preisänderung zutreffend zu prognostizieren, noch unvorhergesehene Preisänderungen, die im Laufe der Fünfjahr-
planperiode eintreten, bei der jährlichen Finanzplanung zu
berücksichtigen. Da Preise in der DDR kostenorientiert
festgelegt werden, müssen die Planungsinstanzen zur Ab-
schätzung der weiteren Preisentwicklung die künftigen Produktionskosten prognostizieren. Da sich die realwirtschaftlichen Prozesse nicht zutreffend antizipieren lassen, fehlt
den Zentralinstanzen die Basis, an Hand derer sie die zukünftige Entwicklung der Kostenstrukturen und damit die der
kostenbezogenen Preise abschätzen können. Dieses Prognose-
problem wird um so gravierender, je mehr Preise aus Gründen
impliziter Lenkung kostenunabhängig festgelegt werden. Eine
andere als die vorhergesehene Preisentwicklung wird daher
die Regel sein. Da die Preise eine Grundlage der zentralen
Entscheidungsfindung im Rahmen der Verflechtungsbilanzierung sind (Ambrée 1983), erhöht die Unsicherheit der Preisplanung wiederum diejenige der güterwirtschaftlichen Planung; beide Unsicherheitsfaktoren verstärken sich mithin
gegenseitig.

Selbst dann, wenn bei der jährlichen Volkswirtschaftplanung
im Rahmen einer Fünfjahresplanperiode zwischenzeitliche
Preisänderungen berücksichtigt werden,[1] lassen sich die

---

1) Der Fünfjahrplan wird in der DDR auf der Basis sogenannter Basispreise ("Preisbasis 1") aufgestellt. Dies sind
   Preise, die zu Beginn der Planperiode gelten und über
   den Verlauf der gesamten Planperiode hinweg konstant ge-

Einflüsse, die hiervon auf den gesamtwirtschaftlichen Geldkreislauf und damit auch auf den budgetären Umverteilungsbedarf ausgehen, innerhalb der hochaggregierten Verflechtungsbilanzierung ebenfalls nicht zureichend erfassen (Autorenkollektiv 1975, S. 77; Gebhardt 1977, S. 186). So wird
in der DDR zwar versucht, die Effekte, die von Preisverän-
derungen bei einzelnen Erzeugnisgruppen auf die Produktionskosten und damit Preise der anderen Erzeugnisgruppen
ausgehen, mit Hilfe sogenannter Preisverflechtungsbilanzen
zu ermitteln (Kinze, Knop, Seifert 1983, S. 242 ff.); doch
sind auch diese Bilanzen viel zu global, als daß aus ihnen
die für die monetäre Detailplanung notwendigen Einzelinfor-
mationen abgeleitet werden könnten. Das "Einfrieren" der
Preise über den gesamten Fünfjahreszeitraum hinweg als mög-
licher Ausweg aus dieser Problematik verbietet sich, da die
Preise dann nicht mehr als Informations- und Motivationsinstrument eingesetzt werden können (Möbius 1982, S. 121 f.).

In der Politischen Ökonomie des Sozialismus selbst wird
eingestanden, daß "die an Waren- und Dienstleistungsbezie-
hungen gebundenen Geldbeziehungen hinsichtlich ihrer Ver-
flechtung nicht im Detail bekannt sind. So entsteht kein
umfassendes Gesamtbild des Geldflusses und der Verzahnung
zwischen den Leitungsbereichen" (Gebhardt 1977, S. 186).
Die auf der gesamtwirtschaftlichen Verflechtungsbilanzierung beruhende zentrale Finanzplanung ist daher aus den genannten Gründen heraus viel zu ungenau, als daß sie einen
zielgerichteten und treffsicheren Einsatz der Pflichtzahlungen im Dienst betriebsbezogener Liquiditätssteuerung
ermöglichen könnte. Dies wird wohl auch in der DDR so gesehen, denn es wird dort beklagt, daß die betriebliche Fi-

---

halten werden. Die Jahrespläne werden demgegenüber zu
sogenannten Planpreisen ("Preisbasis 2") aufgestellt,
bei denen die zwischenzeitlichen Preisänderungen, allerdings nur im Rahmen hochaggregierter Preisindizes,
berücksichtigt werden; vgl. Ambrée 1983. Die "Preisbasis
2" repräsentiert die Preise, die zum Ende des jeweiligen
Vorjahres gelten.

nanzplanung zu lückenhaft sei, als daß mit ihrer Hilfe die
staatliche Finanzbilanz "von unten nach oben" ermittelt
werden könnte (Gebhardt 1977, S. 186). In der Fachliteratur
der DDR wird zudem kritisiert, daß eine zusammenfassende
volkswirtschaftliche Gesamtrechnung für eine integrierte
monetäre Planung fehlt (Gebhardt 1977, S. 186; Plöntzke,
Radke, Thümmler, Zschockelt 1980, S. 1124).

Dies bedeutet allerdings in letzter Konsequenz, daß die
zentralen Lenkungsinstanzen nicht in der Lage sind, im Rahmen der monetären Planung zwischen dem Bereich betrieblicher Aktivitäten, innerhalb dessen die zur Verfügung gestellten Zahlungsmittel den Planvollzug "passiv" vermitteln
sollen, und dem Bereich, innerhalb dessen das Geld implizit
eine "aktive" Rolle spielen soll, zu unterscheiden. "Wert-"
und "gebrauchswertbezogene" Planung müssen also letztendlich unverbunden nebeneinander durchgeführt werden; güterwirtschaftliche und monetäre Planung lassen sich nicht im
Wege gesamtwirtschaftlicher Verflechtungsbilanzierung si-
multan aufeinander abstimmen, wie dies für die postulierte
"Einheit" notwendig wäre.

Diese Abstimmung soll daher von den beteiligten Bürokratien
(Staatliche Plankommission, Ministerium der Finanzen, Branchenverwaltungen, Staatsbank, Amt für Preise usw.) iterativ
vorgenommen werden. Entgegen der Zielsetzung werden jedoch
selbst hier die monetären und güterwirtschaftlichen Pläne
nicht selten unabhängig voneinander aufgestellt (Rösler
1978, S. 255 f.). Wenn es in der Fachliteratur der DDR
heißt, die iterative Abstimmung zwischen den einzelnen Planungsinstanzen werde "zunehmend besser beherrscht" (Autorenkollektiv 1975, S. 76), dann wird damit nur eingeräumt,
daß die Abstimmung nicht mit der notwendigen Genauigkeit
erfolgt. Als Grund für diese "Abstimmungsbarriere" wird angeführt, daß der notwendige Informationsaustausch zwischen
den einzelnen Planungsinstanzen noch durchaus verbesse-
rungsfähig sei. Die beobachteten Störungen des Informati-

onsaustausches werden vor allem auf den noch unzureichenden Einsatz elektronischer Datenverarbeitungs- und Kommunikationssysteme zurückgeführt (Koziolek, Matthes, Schwarz 1988, S. 112).

Diese Erklärung erfaßt jedoch nicht den Kern des Problems: Selbst wenn es nicht an der Kommunikationstechnologie mangelte, bliebe das in Abschnitt 3.4.2. aufgezeigte Problem der bürokratiespezifischen Interessenlage der einzelnen Teilverwaltungen, das deren Kooperationsbereitschaft beeinträchtigt, bestehen. Die Ursachen der Koordinationsbarrieren zwischen den einzelnen Bürokratien als dem **sechsten** Problem der **gesamtwirtschaftlichen Planabstimmung** liegen in letzter Konsequenz in der segmentierten, strukturell gebrochenen Wirtschaftsrechnung und dem Staatseigentum an den Produktionsmitteln. Beides versetzt die einzelnen Teilbürokratien erst in die Lage, innerhalb des eigenen Verwaltungsbereichs diskretionäre, auf die gesamtwirtschaftliche Effizienz hin nicht überprüfbare Handlungsspielräume aufzubauen und **gegenüber** anderen Teilbürokratien durch die Errichtung von "Koordinationsbarrieren" zu schützen.

Die Forderung des seinerzeitigen Generalsekretärs der SED Honecker (1986, S.6), die "Einheit von materieller und finanzieller Planung" sei "weiter zu festigen", muß angesichts der beschriebenen Probleme daher als eine euphemistische Umschreibung der Tatsache gewertet werden, daß diese "Einheit" bisher nicht erreichbar ist. Dann können aber auch die betrieblichen Pflichtzahlungen nicht dazu eingesetzt werden, um als "indirekte Steuern" ein monetäres Gleichgewicht auf dem "Konsumgütermarkt" sicherzustellen. Auch können sie auf mikroökonomischer Ebene nicht so an die betriebsindividuellen Finanzierungsgegebenheiten angepaßt werden, daß sich die betrieblichen Entscheidungsspielräume in eine Gleichrichtung mit den Wünschen der Zentralinstanzen bringen lassen. Die tiefere Ursache hierfür liegt in dem grundsätzlich nicht lösbaren Problem der hinreichenden

402

Informationszentralisierung und in den interessenbedingten
Informationsverfälschungen durch die Betriebe und wirtschaftsleitenden Fachverwaltungen, die unter den zentralverwaltungswirtschaftlichen Ordnungsbedingungen unvermeid-
bar sind.

5.4.3.2.2. Zur Problematik längerfristig konstanter Pflichtzahlungsnormative

Die Erfahrungen mit den Wirtschaftsreformen der DDR in den
60er Jahren zeigen, daß das Störpotential, das von der man-
gelnden Übereinstimmung güterwirtschaftlicher und monetärer
Planung ausgeht, um so größer ist, je mehr die zentralen
Lenkungsinstanzen das Gewicht von der güterwirtschaftlichen
Detailbilanzierung auf die monetäre Rahmenplanung legen.

Damals wurde die Detailbilanzierung auf "strukturkonkrete
Aufgaben" beschränkt. Die hierdurch gewachsenen Entscheidungsspielräume der Betriebe sollten mit Hilfe eines monetären Lenkungsinstrumentariums in den Gleichlauf der Interessen mit der Zentrale gebracht werden. Typisch für die
hierzu modifizierten indirekten "Hebel" war die Einführung
längerfristig konstanter Normative der Gewinn- und Amortisationsabführung (vgl. Abschnitte 2.1 und 2.6.). Die Fest-
schreibung der Normative für zunächst zwei, dann, so war es
zumindest geplant, für fünf Jahre, sollte der betrieblichen
Planungssicherheit und Investitionsfreudigkeit bei günstigen Gewinnerwartungen dienen.

Die Normative sollten branchenweise so festgelegt werden,
daß die Betriebe mit dem ihnen verbleibenden Finanzierungsaufkommen dasjenige Investitionsvolumen verwirklichen konnten, das zur Realisierung der zentralen Strukturziele notwendig war. Auf Grund der beschriebenen Mängel der gesamtwirtschaftlichen Rahmenplanung gingen von diesen Pflichtzahlungsnormativen jedoch sehr bald unerwünschte Lenkungs-

wirkungen aus: Die unzureichende Kenntnis der betriebsspezifischen Gegebenheiten, unvorhergesehene Preis- und Ko-
stenentwicklungen, die Aktivierung betriebsinterner Reserven (vgl. Hensel 1972a, S. 168 f.) wie auch unvorhergesehene Strukturveränderungen führten dazu, daß die monetäre
Rahmenplanung, auf deren Grundlage die Normative ermittelt
worden waren, sehr bald zur Makulatur wurde. Die Allokation
der produktiven Kräfte erfolgte nicht mehr nach den strukturpolitischen Zielen der Zentralinstanzen, sondern nach
dem betrieblichen Finanzierungsaufkommen, das durch die
Normative nicht mehr zureichend steuerbar war (Holluba,
Nordhausen 1972, S. 77 ff.; Bielig, Gurtz 1973, S. 1645).

Die Lenkungswirkungen dieser Pflichtzahlungsnormative kol-
lidierten somit in immer stärkerem Ausmaß mit der zentraladministrativen Koordinationslogik (Haase 1980a, S. 62). Da
mit Ausnahme der produktgebundenen Abgabe sämtliche quantitativ bedeutenden betrieblichen Pflichtzahlungen als langfristige Normative ausgestaltet waren, konnte das staatliche Finanzsystem nicht mehr flexibel genug an Datenänderungen angepaßt werden; es mußte unter diesem Gesichtspunkt
als nicht funktionsfähig bezeichnet werden (vgl. Abschnitt
5.4.1.4.). Daher war die alsbaldige wirtschaftspolitische
Kehrtwende zum Ende des Jahres 1970 folgerichtig. Durch sie
wurde das Hauptgewicht der gesamtwirtschaftlichen Koordination wieder auf die güterwirtschaftliche Detailbilanzierung
gelegt; die betrieblichen Gewinn- und Amortisationsabführungen wurden wieder jährlich in absoluter Höhe festgelegt.

Angesichts dieser Erfahrungen stellte Gurtz (1972c, S. 43)
fest, "daß der Staatshaushalt als Instrument der zentralen
staatlichen Planung ... seine notwendige Reaktionsfähigkeit
... nicht durch überspitzte Forderungen nach längerfristigen Bindungen einengen lassen kann. Haushaltsbeziehungen
langfristig normativ zu binden, kann ... nur da sinnvoll
sein, wo eine proportionale und effektive Entwicklung langfristig nur auf diesem Wege gesichert werden kann, von der

langfristigen Planung her die Voraussetzungen dafür gegeben
sind und die Interessen der zentralen staatlichen Leitung
und Planung nicht verletzt werden. Vorstellungen von einer
eigenständigen 'Steuerungsfunktion' solcher Normative erweisen sich ... als haltlos."

Noch Anfang der 80er Jahre wurde in der Politischen Ökonomie des Sozialismus die (zutreffende) Auffassung vertreten,
daß eine mehrjährige Fixierung monetärer Steuerungsgrößen
auf Grund der Unzulänglichkeiten längerfristiger Globalpla-
nung auch in absehbarer Zeit nicht möglich sei (Stenzel
1980, S. 119). Um so bemerkenswerter ist es, wenn seit Anfang 1987 in einigen "Experimentierkombinaten" der DDR die
betriebliche Investitionsfinanzierung bei neuerlicher Betonung des "Eigenerwirtschaftungsprinzips" wieder an längerfristig konstante Normative der Gewinnverwendung gebunden wird (Cornelsen, Scherzinger 1989).[1] Lotze (1988, S.

---

1) In der UdSSR wird derzeit (Mitte 1989) in einigen wenigen Vereinigungen (Kombinaten) ebenfalls mit dem Plan
experimentiert, die betrieblichen Pflichtzahlungen im
Rahmen der "Perestroika" beim Übergang der Betriebe auf
die "Eigenerwirtschaftung" als einheitliche und längerfristig konstante Normative auszugestalten. Dies betrifft insbesondere die Gewinnabführung und die Produktionsfondsabgabe; beide werden in der UdSSR traditionell
betriebsindividuell festgelegt und in ihrer Höhe nach
Bedarf verändert. Auch in der UdSSR stand die Bildung
längerfristig konstanter Normative Ende der 60er Jahre
schon einmal - vergeblich - auf der Reformagenda; vgl.
Liberman 1971. Entgegen der derzeitigen Reformprogram-
matik ist auch der neuerliche Realisierungsversuch noch
nicht sehr weit gediehen; vgl. Seidenstecher 1988.
Wie am Beispiel der DDR aufgezeigt wurde (vgl. Abschnitt
2.3.), müssen für eine Vereinheitlichung des Produkti-
onsfondsnormativs zunächst die "Fondsrentabilitäten"
vereinheitlicht werden. Dies setzt jedoch eine - bisher
unterlassene - Neufestlegung der Preisbildungsvorschrif-
ten (für den "fondsbezogenen Preis"), also eine generelle Preisreform, voraus. Gegen die Bildung längerfristig
konstanter Pflichtzahlungsnormative wendet auch der sowjetische Ökonom Manewitsch (1988, S. 43) zutreffend
ein, daß "vereinigungs- und betriebsindividuelle Normative, die die Umverteilung der angesammelten Mittel
zwischen den Zweigen und innerhalb der Zweige entsprechend dem Umverteilungsbedarf regeln sollen, ... ihrem

8) zufolge sollen diese Normative zunächst bis 1990 unverändert bleiben und der Geltungsbereich der längerfristigen
Normativfixierung soll danach auch auf andere Kombinate
ausgedehnt werden.

Dieser Neuregelung wird, wie zu Zeiten des ÖSS, das Ziel
zugrunde liegen, die Kombinate und "ihre" Betriebe zur Aufstellung "anspruchsvoller" Investitionspläne zu bewegen.
Daß sich die wirtschaftsleitenden Zentralinstanzen der
hiermit verbundenen Gefahren bewußt sind, zeigt sich daran,
daß die Kombinate und deren Betriebe heute durchweg vollzugsverbindliche Planaufgaben erhalten, die auf der Basis
güterwirtschaftlicher Bilanzierung und iterativer Planabstimmung ermittelt werden, und daß die administrativen Ge-
nehmigungs- und Kontrollverfahren im Zusammenhang mit der
Investitionsplanung und -durchführung erheblich ausgebaut
wurden.[1]

Wenn der Wirtschaftsprozeß mittels güterwirtschaftlicher
Detailbilanzierung nicht umfassend geplant und die monetäre
Planung nicht widerspruchsfrei mit der güterwirtschaftlichen Planung verbunden werden, dann fehlt den staatlichen
Lenkungsinstanzen in letzter Konsequenz auch der Maßstab,
um die betrieblichen Investitionsentscheidungen im Hinblick
auf ihre gesamtwirtschaftliche Rationalität hin zu überprüfen. Da bei gebrochener Wirtschaftsrechnung ein gesamtwirtschaftliches Rationalitätskriterium fehlt, beruhen die verbleibenden bürokratischen Entscheidungs- und Kontrollverfahren zwangsläufig auf politischen Beurteilungskriterien
und sind deshalb mit allen einschlägigen Nachteilen behaf-
tet (vgl. Pfeiffer 1985, S. 210 ff. u. S. 248 ff.).

Wesen nach nicht stabil sein (können), ändert sich doch
der Bedarf, dessen Deckung mit den Normativen der Gewinnverwendung angestrebt wird".

1) Vgl. die Verordnung über die Vorbereitung und Duchfüh-
rung von Investitionen vom 3. 11.1988, Gbl. DDR, Nr. 26,
S. 287.

Auch dann, wenn die Betriebe jährlich vollzugsverbindliche Planauflagen erhalten, die güterwirtschaftlich zentral bilanziert werden, läßt sich nicht verhindern, daß von längerfristig fixierten Pflichtzahlungsnormativen über kurz oder lang unerwünschte Lenkungswirkungen ausgehen: Sehr bald stimmen diese Normative nicht mehr mit den güterwirtschaftlichen Planauflagen überein, und auch der monetäre Redistributionsbedarf, der durch unvorhergesehene Preisentwicklungen hervorgerufen wird, kann bei langfristiger Normativfixierung nicht berücksichtigt werden. Wie in Abschnitt 5.4.2. aufgezeigt wurde, führt dies zu einem Anwachsen der "passiven Kasse" in den Betrieben. Gerade weil die Normative längerfristig fixiert sind, kann der betriebliche Liquiditätsüberhang jedoch nicht durch eine Zunahme der monetären Redistribution flexibel abgebaut werden. Da die Betriebe versuchen werden, die "passive Kasse" im eigenen Interesse und damit höchstwahrscheinlich entgegen den Planvorgaben einzusetzen, gefährdet der im Zeitverlauf wachsende betriebliche Liquiditätsüberhang den gesamtwirtschaftlichen Planvollzug. Die längerfristige Festlegung der Pflichtzahlungsnormative wird daher auch bei jährlicher Festlegung güterwirtschaftlich bilanzierter Planauflagen sehr bald unerwünschte Allokationseffekte hervorrufen. Diese "experimentelle Vervollkommnungsmaßnahme" wird daher ebenfalls nicht von langer Dauer sein.

6. Zusammenfassung und Schlußfolgerungen

Die Arbeit untersucht am Beispiel der DDR die wirtschaftspolitische Funktionalität der Pflichtzahlungen, die die Betriebe an den Staatshaushalt entrichten müssen.

Die betrieblichen Pflichtzahlungen sind als "ökonomische
Hebel" Bestandteil sowohl der betrieblichen wirtschaftlichen Rechnungsführung als auch der gesamtwirtschaftlichen
Geld- und Finanzordnung, des "Finanzsystems". Weitere
"ökonomische Hebel" der wirtschaftlichen Rechnungsführung
sind die Güter- und Faktorpreise, Kreditzinsen sowie Ge-
winnverwendungs- und Prämiierungsvorschriften. Instrumente
der gesamtwirtschaftlichen Geld- und Finanzordnung sind neben den betrieblichen Pflichtzahlungen die staatliche Kreditgewährung, vorrangig gegenüber den Betrieben, die "Besteuerung" der Privathaushalte, die an diese geleisteten
Sozialtransfers sowie die den Betrieben gewährten "Subventionen". Dieses monetäre Instrumentarium soll die güterwirtschaftliche Bilanzierung als Hauptform der gesamtwirtschaftlichen Plankoordination ergänzen. Die große gesamtwirtschaftliche Bedeutung der betrieblichen Pflichtzahlungen drückt sich darin aus, daß sie derzeit ca. 75 Prozent aller Einnahmen des Staatshaushaltes als dem "Haupt-
finanzierungsinstrument" der Volkswirtschaft erbringen.
Deshalb verdient die Frage der Funktionslogik der betrieblichen Pflichtzahlungen im Zusammenspiel mit dem gesamten
Instrumentarium der wirtschaftlichen Rechnungsführung und
des gesamtwirtschaftlichen Finanzsystems besondere Beachtung.

Das grundlegende Koordinationsverfahren in staatssozialistischen Zentralverwaltungswirtschaften ist die güterwirtschaftliche Planung mit Hilfe der Bilanzierungsmethode. Daß
in derartigen Wirtschaftsordnungen gleichwohl die Notwendigkeit zum Einsatz "ökonomischer Hebel" als monetärer Len-

kungsinstrumente besteht, ergibt sich aus dem Informations-
und dem Interessenproblem als den beiden grundlegenden Pro-
blembereichen zentraladministrativer Wirtschaftskoordination:

Da die planungsrelevanten Informationen nur in begrenztem
Maße zentralisierbar sind, beschränkt sich die güterwirtschaftliche Bilanzierung auf einen Teil des Ressourcenpo-
tentials, und dies auch nur in Form hochaggregierter, als
strukturbestimmend eingeschätzter Güterbündel. Zur Ausfül-
lung und Ergänzung dieses Grobrasters zentraler güterwirtschaftlicher Planung sind die zentralen Lenkungsinstanzen
auf die Mitarbeit der Betriebe angewiesen. Ihnen werden zu
diesem Zweck begrenzte operative Entscheidungsrechte im
Rahmen eines zweistufigen iterativen Planungsverfahrens sowie bei der Plandurchführung eingeräumt, die sie im Rahmen
zentraler Vorgaben ausüben sollen.

Diese für Zentralverwaltungswirtschaften typische Verfü-
gungsrechtsstruktur führt zwangsläufig zum Principal-
Agent-Problem, d.h. zur Aufgabe, durch institutionelle und
prozeßpolitische Vorkehrungen einzelwirtschaftliche und
gesamtwirtschaftliche Interessen gleichzurichten. Das Dilemma entsprechender Versuche liegt in den im einzelnen
dargelegten systembedingten Umständen, die aus dem Streben
nach "weichen" Plänen trotz seiner gesamtwirtschaftlich
nachteiligen Folgen ein einzelwirtschaftliches Rationali-
tätspostulat machen. Neben der Problematik der Interessengleichrichtung im vertikalen Aufbau des Wirtschaftsgesche-
hens bestehen tiefgreifende Interessendivergenzen in regionaler, funktionaler und branchenspezifischer Hinsicht, die
unter dem Einfluß unvermeidlich großer diskretionärer Entscheidungsspielräume der beteiligten Lenkungsbürokratien
zur Segmentierung des gesamtwirtschaftlichen Rechnungszusammenhangs führen.

Damit die betriebliche Planaufstellung und -durchführung in den gesamtwirtschaftlichen Rechnungszusammenhang einbezogen werden kann, erhalten die Betriebe güterwirtschaftliche Planvorgaben als explizite Bindungsnormen. Die nicht zentral planbaren Aktivitäten sind über die Instrumente der wirtschaftlichen Rechnungsführung implizit (indirekt) zu steuern. Im Anschluß an von Hayek (1963) können die güterwirtschaftlich bilanzierten Planvorgaben als "Befehle", die Instrumente der wirtschaftlichen Rechnungsführung als "Regeln" interpretiert werden, die das betriebliche Verhalten bei Wahrnehmung operativer Entscheidungsrechte im Sinne der zentralen Lenkungsinstanzen steuern sollen. Zur Lösung der zentraladministrativen Informations- und Interessenproblematik müssen die betrieblichen Pflichtzahlungen zusammen mit den übrigen "ökonomischen Hebeln der wirtschaftlichen Rechnungsführung" folgende vier Funktionen erfüllen:

a) Die Aufgabe der impliziten Lenkung erfordert es, daß die "ökonomischen Hebel" erstens eine **Informationsfunktion** erfüllen, d.h. den Betrieben zutreffende Informationen über die (relative) Knappheit der Güter und Faktoren entsprechend den zentralen Präferenzen und über sonstige staatliche Zielvorstellungen übermitteln. Neben den Güterpreisen erfüllen auch die faktorbezogenen Pflichtzahlungen (Produktionsfondsabgabe, Beitrag für gesellschaftliche Fonds und Bodennutzungsgebühr) eine solche Informationsfunktion, da sie als Preis interpretierbar sind, den die Betriebe für die Nutzung der Produktionsfaktoren Kapital, Arbeit und Boden zu entrichten haben.

b) Die "ökonomischen Hebel" sollen zweitens eine **Motivationsfunktion** erfüllen, d.h sie sollen die Betriebsangehörigen durch Prämienanreize dazu veranlassen, ihre operativen Entscheidungsrechte so wahrzunehmen, daß "anspruchsvolle" Pläne und ein möglichst störungsfreier Planvollzug zustande kommen. Mit Ausnahme der produktgebundenen Abgabe beeinflussen sämtliche Pflichtzahlungen direkt oder (über

den "Kredithebel") indirekt die prämienrelevante Gewinnkennziffer und können damit potentiell diese Motivationsfunktion erfüllen.

c) Drittens sollen die "ökonomischen Hebel" gegenüber den
Betrieben eine **Kontrollfunktion** ausüben. Die durch diese
"Hebel", speziell durch die Erhebung der betrieblichen
Pflichtzahlungen, induzierten Zahlungsströme sollen im Rah-
men der "Kontrolle durch die Mark" (bzw. durch den Rubel)
durch die staatlichen Kontrollorgane (Finanzrevision und
Staatsbank) der Überwachung der Planmäßigkeit der betrieb-
lichen Aktivitäten dienen.

d) Eine vierte Aufgabe des monetären Instrumentariums der
wirtschaftlichen Rechnungsführung besteht schließlich in
der gesamtwirtschaftlichen und betriebsbezogenen **Liquiditätssteuerung.** Dabei sollen die durch die betrieblichen
Pflichtzahlungen induzierten Zahlungsströme so in den
volkswirtschaftlichen Geldkreislauf integriert werden, daß
als Resultat sowohl auf gesamtwirtschaftlicher als auch auf
betrieblicher Ebene jeweils die zur Verfügung stehenden
Zahlungsmittel zur Finanzierung des Wirtschaftsprozesses
ausreichen. Dieser Aufgabenbereich umfaßt zwei Teilaspekte:
- In Abhängigkeit von der staatlichen Preissetzung erfordert die Schließung des Geldkreislaufs mehr oder weniger
  umfangreiche Umverteilungsmaßnahmen innerhalb der Volkswirtschaft. Diese müssen mit dem kreditpolitischen Instrumentarium und der "Besteuerung" der Privathaushalte
  abgestimmt werden, wobei zwischen betrieblichen Pflichtzahlungen und "indirekter Besteuerung" der Privathaushalte zahlreiche Überschneidungen bestehen. Mit Hilfe
  der genannten Instrumente soll der gesamtwirtschaftliche
  Geldkreislauf so strukturiert werden, wie dies für den
  Planvollzug notwendig ist.
- Da nicht sämtliche güterwirtschaftlichen Aktivitäten der
  Betriebe durch zentrale Detailbilanzierung koordiniert
  werden können, soll durch diese Umverteilungsmaßnahmen

gleichzeitig eine "aktive Rolle der Finanzen" vermittelt werden. Der Grundgedanke ist dabei, daß die betriebliche Plankonkretion über die Beeinflussung des den Betrieben zur Verfügung stehenden Zahlungsmittelaufkommens durch Pflichtzahlungen und "Subventionen" ebenfalls implizit gelenkt werden kann. Dies betrifft vorrangig die Lenkung der betrieblichen Investitionsplanung mittels der Gewinn- und Amortisationsabführung.

Zusammenfassend läßt sich das monetäre Lenkungsinstrumentarium der wirtschaftlichen Rechnungsführung als ein Hilfsverfahren der zentraladministrativen Plankoordination charakterisieren, das dem grundlegenden Verfahren der güterwirtschaftlichen Planbilanzierung untergeordnet ist. Es hat ein um so größeres Spektrum an Lenkungsaufgaben abzudecken, je weniger die betrieblichen Aktiviäten durch güterwirtschaftliche Planvorgaben seitens der zentralen Lenkungsinstanzen direkt gebunden sind.

Das große, letztendlich unlösbare Problem beim Einsatz der monetären Hilfsinstrumente liegt darin, daß selbst dann, wenn die Plankoordination, soweit dies nur irgend möglich ist, auf der zentralen Güterbilanzierung basiert, die Lenkungswirkungen der "ökonomischen Hebel" nicht zureichend mit den Anforderungen des güterwirtschaftlichen Planungszusammenhangs abgestimmt sind. Bedingt ist dies ebenfalls durch das Informations- und das Interessenproblem, d.h. durch die gleichen Ursachen, die den Einsatz des Instrumentariums der wirtschaftlichen Rechnungsführung erst notwendig machen. In der Untersuchung werden diese Problembereiche speziell bezüglich der betrieblichen Pflichtzahlungen dargelegt.

a) Zur Informationsfunktion: Aus theoretischen und praktischen Gründen fehlen die Voraussetzungen, um ein System relativer Preise festzulegen, das die realwirtschaftlichen Knappheiten und zentraladministrativen Zielstellungen zu-

412

treffend widerspiegelt. Dies gilt nicht nur für die Güterpreise, sondern auch für die faktorbezogenen Pflichtzahlungen, deren Höhe mangels eines anderen Beurteilungsmaß-
stabes primär unter Finanzierungs- und Motivationsgesichts-
punkten festgelegt wird. Sie können den Betrieben daher
keine zutreffenden Knappheitsinformationen vermitteln, und
das auf diesen "Faktorpreisen" beruhende Opportunitätskostenkalkül der Betriebe führt allenfalls zufällig zu einem
gesamtwirtschaftlich optimalen Faktoreinsatz. Hinzu kommt,
daß güterwirtschaftliche Planauflagen und Preise den Betrieben widersprüchliche Knappheitsinformationen mit der
Folge weiterer Inkongruenzen vermitteln.

Da den zentralen Lenkungsinstanzen bei der Preisfixierung
und der ergänzenden Festlegung betrieblicher Pflichtzahlungen vielfältige Ausgestaltungsmöglichkeiten zu Gebote stehen, bietet das quantitative Aufkommen insbesondere der
produktgebundenen Abgaben keinen sinnvollen Maßstab, anhand
dessen sich "Ost-West-Vergleiche" z.B. bezüglich der Steuerbelastung der Privathaushalte durchführen ließen.

b) Zur Motivationsfunktion: Da die Pflichtzahlungen als
"ökonomische Hebel" in die Wirkungslogik des Planerfüllungsprinzips eingebunden sind, können die Betriebsangehörigen im Zuge der zweistufigen iterativen Planung mit ihrer
Hilfe nicht an der Aufstellung "anspruchsvoller" Pläne interessiert werden. Entgegen der Zielsetzung ist sogar eher
damit zu rechnen, daß der durch die "Pflichtzahlungshebel"
bedingte Anstieg des Prämienrisikos die Betriebsangehörigen
an noch "weicheren" Plänen interessiert, als dies ohne Einsatz dieser "ökonomischen Hebel" ohnehin schon der Fall
ist. Da der Gewinn in der DDR als prämienrelevante Kennziffer bisher oft eine nur untergeordnete Rolle spielte, konnten die betrieblichen Pflichtzahlungen auch aus diesem
Grund nur unzureichende Motivationswirkungen entfalten.

Ersetzen die Zentralinstanzen das Planerfüllungsprinzip durch das Gewinnprinzip, wie dies in der DDR während der ÖSS-Reformen kurzfristig und rudimentär der Fall war, kann das motivationale Funktionsdefizit der Pflichtzahlungen zwar behoben werden; dies allerdings nur um den Preis, daß die nicht knappheitsbezogen "Faktorpreise" (und die Güterpreise) um so mehr einzelwirtschaftliche Lenkungswirkungen entfalten, die auf Grund des in sich gebrochenen Rechnungszusammenhangs gesamtwirtschaftlich nicht aufeinander abgestimmt werden können.

c) Zur Kontrollfunktion: Die über die Pflichtzahlungen vermittelten Kontrollinformationen sind zu global, als daß die Zentralinstanzen hierdurch einen detaillierten Einblick in die betrieblichen Produktions- und Austauschprozesse erhalten könnten. Lediglich kann die Erfüllung von Plankennziffern überprüft werden, an deren Formulierung die Betriebsangehörigen jedoch unter Verfolgung ihrer Prämieninteressen mitbeteiligt sind. Die gesamtwirtschaftliche Effizienz der Betriebspläne ist daher mit Hilfe dieses Instrumentariums ebenfalls nicht kontrollierbar.

Zudem sind die Betriebsangehörigen in Verfolgung ihrer Erfolgsinteressen darum bemüht, etwaige Planstörungen durch gezielte Regelverstöße zu überdecken. Auf Grund der Vielzahl zwingender Rechtsvorschriften, die oft geändert werden sowie nicht immer stimmig und übersichtlich sind, wie auch bedingt durch mangelnde betriebsbezogene Detailkenntnisse der Kontrollorgane sind letztere kaum in der Lage, diese Regelverstöße zu erkennen. Die Kontrolleffizienz wird auch dadurch beeinträchtigt, daß die den Betrieben übergeordneten Bürokratien kaum zureichend an einer Aufdeckung betriebsinterner Leistungsreserven und Planstörungen interessiert sind.

d) Zur Funktion der Liquiditätssteuerung: Der "soft budget constraint" der Betriebe und Probleme gesamtwirtschaftli-

414

cher Planabstimmung führen dazu, daß die betrieblichen
Pflichtzahlungen auch in diesem Bereich Funktionsdefizite
aufweisen.

Die Betriebe sind zur Minimierung des Prämienrisikos an einer möglichst großzügigen Kreditzuteilung interessiert und
werden hierin von den wirtschaftsleitenden Teilbürokratien
aus deren Bestrebungen zur Sicherung und Ausdehnung des eigenen Kompetenzbereichs unterstützt. Das zinspolitische Instrumentarium versagt auf Grund der Planerfüllungslogik bei
der Begrenzung der betrieblichen Kreditwünsche; den Banken
fehlen die notwendigen Detailkenntnisse, um gerechtfertigte
von ungerechtfertigten Kreditwünschen der Betriebe zu unterscheiden. Zudem erfordert es der Primat der güterwirtschaftlichen Plankoordination, daß monetäre Störungen durch
außerplanmäßige Kreditschöpfung aufgefangen werden, da andernfalls der güterwirtschaftliche Planvollzug (zusätzlich)
gefährdet ist. Die zentralverwaltungswirtschaftliche Infor-
mations- und Interessenproblematik führt so dazu, daß die
Betriebe einem "soft budget constraint" unterliegen. Die
Folge ist ein gesamtwirtschaftlicher Geldüberhang. Dieser
Geldüberhang kann auch dadurch mitverursacht sein, daß die
Betriebe auf Grund mangelnder Abstimmung zwischen betrieblicher und gesamtwirtschaftlicher Finanzplanung durch die
Erhebung von Pflichtzahlungen erst zu einer Kreditaufnahme
gezwungen werden, die den planmäßigen Geldbedarf über-
steigt.

Sollte es den Einzelbürokratien einmal nicht gelingen, den
unterstellten Betrieben möglichst großzügige Kredite zu sichern, haben sie auch die Möglichkeit, sich bei der Aufstellung des Staatshaushaltsplans um möglichst niedrige
Pflichtzahlungen und möglichst hohe "Subventionen" für ihren Verwaltungsbereich zu bemühen. Auch die solchermaßen
verursachten Mehrausgaben des Staatshaushaltes müssen durch
Kreditgeldschöpfung finanziert werden und erhöhen ebenfalls
den inflationären Geldüberhang.

Können sich die Betriebe auf dem Kreditweg relativ leicht
"refinanzieren", dann muß der Versuch scheitern, die betrieblichen Aktivitäten insbesondere im volkswirtschaftlich
strukturbestimmenden Bereich der Investitionsplanung und
-durchführung zielgerichtet durch die Erhebung von Pflichtzahlungen (bzw. die Gewährung von "Subventionen") auf gesamtwirtschaftlicher Ebene zu koordinieren. Zudem gefährdet
der Geldüberhang den Planvollzug, da vermutet werden kann,
daß ihn die Betriebe, soweit sie hierzu auf Grund von Pla-
nungs- und Kontrollücken in der Lage sind, im eigenen Interesse zu planwidrigen Zwecken einsetzen. Dieser Geldüberhang kann über die Erhebung von Pflichtzahlungen und die
Bildung von Staatshaushaltsüberschüssen grundsätzlich nicht
neutralisiert werden.

Schließlich verwehren es die unbehebbaren Informationsdefizite den zentralen Lenkungsinstanzen, die monetären Prozesse sowohl auf gesamtwirtschaftlicher als auch auf betrieblicher Ebene widerspruchsfrei zu planen und mit der güterwirtschaftlichen Planung abzustimmen. Die gesamtwirtschaftliche Abstimmung der betrieblichen Aktivitäten erfolgt damit im Spannungsfeld zweier letztendlich unverbunden neben-
einanderstehender Koordinationsverfahren, die zudem auf
verschiedenen Methoden der Wirtschaftsrechnung beruhen: zum
einen auf der güterwirtschaftlichen Bilanzierung, zum anderen auf der monetären Input-Output-Rechnung, in die keine
konkreten güterwirtschaftlichen Knappheitsinformationen
einfließen. Daher sind die auf der Grundlage gesamtwirtschaftlicher Verflechtungsberechnungen ermittelten Umverteilungsaktivitäten (Erhebung von Pflichtzahlungen, Gewährung von "Subventionen" usw.) kaum mit den güterwirtschaftlich bilanzierten Planzielen abgestimmt.

Insgesamt weisen die betrieblichen Pflichtzahlungen - wie
auch die sonstigen "ökonomischen Hebel" - somit bei jeder
der vier Aufgabenbereiche erhebliche Funktionsdefizite auf.
Die konstruktivistisch-utilitaristische Festlegung "ökono-

mischer Hebel" als Instrument zur impliziten Ausrichtung
der betrieblichen Aktivitäten auf die durch zentrale Planung gesetzten Ziele hin erweist sich so als Ausdruck einer
fundamentalen "Regulierungsillusion" (Antal 1979; Kornai
1983). Dies ist die zwangsläufige Folge des Umstandes, daß
die wirtschaftliche Rechnungsführung die güterwirtschaftliche Plankoordination ergänzen soll, neben der güterwirtschaftlichen Bilanzierung bei (zwangsläufigem) Fehlen
marktwirtschaftlicher Koordination keine dritte Form der
Wirtschaftsrechnung zur Verfügung steht, an der man sich
bei der Festlegung der "Hebel" orientieren könnte. Damit
läßt sich dieses implizite Lenkungsinstrumentarium in keinen konsistenten gesamtwirtschaftlichen Rechnungszusammenhang integrieren.

Auf Grund der Zweigleisigkeit der gesamtwirtschaftlichen
Planung können die Lenkungsinstanzen nicht den Bereich betrieblicher Aktivitäten, in dem die Zahlungsmittel lediglich den güterwirtschaftlichen Planvollzug "passiv" vermitteln sollen, von denjenigen Wirkungsbereichen unterscheiden, innerhalb derer das Geld eine "aktive Rolle" zu
erfüllen hat. Je zahlreicher die Planungs- und Kontroll-
lücken sind, um so "aktivere" (im Sinne unerwünschter und
unvorhergesehener) Lenkungswirkungen werden die Pflichtzahlungen und sonstigen "ökonomischen Hebel" während des Planvollzugs auch in den Bereichen entfalten, in denen das Geld
vom Grundsatz her eine "passive" Funktion erfüllen soll.

Damit stehen die Lenkungsinstanzen staatssozialistischer
Zentralverwaltungswirtschaften vor einem Dilemma, das sich
in einer permanenten Reformzyklik manifestiert: Seit Jahrzehnten können dort sich jeweils abwechselnde De- und Re-
zentralisierungen ökonomischer Entscheidungsrechte von den
Zentralinstanzen auf die Betriebe und wieder zurück beobachtet werden. Sie sind in der Regel verbunden mit Veränderungen der bürokratischen Verwaltungsstruktur und des Instrumentariums der wirtschaftlichen Rechnungsführung.

Derartige Dezentralisierungsbemühungen sind eine Reaktion der wirtschaftsleitenden Instanzen auf die Feststellung, daß sie an die Grenzen hochgradig zentralisierter Wirtschaftskoordination stoßen.[1] Angesichts des sich weltweit beschleunigenden technischen Wandels und des hierdurch induzierten ökonomischen Anpassungsdrucks auf die nationalen Volkswirtschaften verwundert es daher nicht, wenn heutzutage beispielsweise in der DDR wieder einmal, wie mit gewisser Regelmäßigkeit bereits seit Jahrzehnten, gefordert wird, die staatliche Planung auf die Grundfragen der ökonomischen Entwicklung zu beschränken und den staatseigenen Produktionseinheiten größere Entscheidungsrechte im konkreten Einzelfall, allerdings nur im Rahmen staatlicher Grundsatzfestlegungen, zuzugestehen (vgl. Steeger 1988; Koziolek, Reinhold 1988).

Wie die Aufwertung der wirtschaftlichen Rechnungsführung in der DDR seit Ende der 70er Jahre im Zuge der (partiellen) Verlagerung der Entscheidungsrechte von den zentralen Planungsinstanzen auf die Kombinatsebene, aber auch die Betonung des Chosrastschot-Prinzips der Gorbatschowschen "Perestroika",[2] zeigen, wird in diesen staatssozialistischen Ländern zutreffend erkannt, daß im Zuge derartiger Dezen-

---

1) In der "westlichen" Betriebswirtschaftslehre ist das hier angesprochene Dilemma zwischen expliziter Regelbindung als Instrument organisationsinterner Stabilisierung einerseits und der damit einhergehenden Abnahme der Anpassungsflexibilität eines Unternehmens andererseits als "Substitutionsgesetz der Organisation" bekannt; vgl. Gutenberg 1951:1983, S. 239 ff.

2) Ein Kernstück der sowjetischen "Perestroika" ist ebenfalls die Ausweitung betrieblicher Entscheidungsrechte, wie das Gesetz über den staatlichen Betrieb (Vereinigung) aus dem Jahr 1987 zeigt; vgl. Schüller, Peterhoff 1988, S. 341 ff. Verbunden werden soll dies mit dem Übergang zur "Eigenerwirtschaftung" der Investitionen ("vollständige wirtschaftliche Rechnungsführung") und der indirekten Steuerung von Gewinnaufkommen und -verwendung der Betriebe durch längerfristig konstante, gesamtwirtschaftlich einheitliche Normative; vgl. Fedorenko, Perlamutrow 1987.

tralisierungsmaßnahmen die Rolle "der Finanzen", d.h. des impliziten monetären Lenkungsinstrumentariums, zur Wahrung der Planungsdominanz der Zentralinstanzen wachsen muß (Gebhardt, Thümmler 1978b; Ehlert 1980; Gebhardt 1980).

Die Erfahrungen mit den bisherigen Dezentralisierungsreformen, beispielsweise in der DDR während des NÖSPL und des ÖSS, zeigen, daß es dabei bisher immer zu einem durch die zentralen Lenkunginstanzen nicht hinreichend steuerbaren "Selbstlauf" der Betriebe kam. Auf Grund der in der zentraladministrativen Wirtschaftsordnung angelegten Informations- und Interessenproblematik wurde selbst ein unter Umständen kurzfristig zu verzeichnender positiver Reformeffekt sehr bald durch unvorhergesehene Folgewirkungen zunichte gemacht.

Zum einen liegt dies an den ungewollten Lenkungswirkungen der wirtschaftlichen Rechnungsführung. Hieraus resultiert ein permanenter Bedarf an kompensierenden Regulierungsmaßnahmen. Diese eröffnen den Teilbürokratien vielfältige Möglichkeiten zu diskretionär-dirigistischen Einzeleingriffen in den eigenen Verwaltungsbereich und damit zum Ausbau der eigenen Leitungsmacht (vgl. Schüller 1990). Zum anderen tritt in dem Maße, in dem das Gewicht bei der gesamtwirtschaftlichen Koordination auf die wirtschaftliche Rechnungsführung gelegt wird, an die Stelle des bürokratischen Kampfes um möglichst hohe Ressourcenzuteilungen das Bemühen um möglichst vorteilhafte "Hebel": Jede einzelne Teilbürokratie wird bestrebt sein, für ihren eigenen Verwaltungsbereich jeweils solche Einzelregelungen der wirtschaftlichen Rechnungsführung zu sichern, die für ihre Kompetenzsicherung und -expansion förderlich sind (ebenda).

So wird in der Untersuchung wiederholt dargelegt, daß die Funktionsfähigkeit der wirtschaftlichen Rechnungsführung wesentlich dadurch beeinträchtigt wird, daß die den Betrieben übergeordneten Teilbürokratien oftmals in der Lage sind, die allgemeine Regelbindung der wirtschaftlichen Rechnungsführung im eigenen Interesse in Richtung eines Einzeldirigismus aufzulockern. Speziell im Hinblick auf die Pflichtzahlungen kann dies die Festlegung möglichst niedriger Abführungssätze bei gleichzeitiger Forderung nach möglichst hohen "Subventionen", Gewinnzuschlagssätzen und Betriebskrediten beinhalten.

Konsequenz dessen ist insgesamt eine Tendenz zur Segmentierung der wirtschaftlichen Rechnungsführung, bei der jede Teilbürokratie gleichsam ihre eigenen "Regeln" impliziter Betriebslenkung setzt. Nicht nur besteht ein Bruch zwischen güterwirtschaftlicher und monetärer Wirtschaftsrechnung; gleichzeitig ist damit auch die monetäre Wirtschaftsrechnung in sich gebrochen. Einerseits erhöht dies die Störanfälligkeit der gesamtwirtschaftlichen Planabstimmung und damit den Bedarf an diskretionären Einzeleingriffen; andererseits läßt sich deren gesamtwirtschaftliche Rationalität auf Grund des gebrochenen Rechnungszusammenhangs nicht überprüfen und fördert so dessen Segmentierung im Interesse der einzelnen Teilbürokratien nur noch weiter.

Reaktion auf den solchermaßen verursachten "Selbstlauf" der Betriebe und die damit einhergehenden Disproportionen gesamtwirtschaftlichen Ausmaßes war bisher regelmäßig eine Rezentralisierung der Entscheidungsrechte zurück auf die Ebene der staatlichen Zentralinstanzen sowie die neuerliche Betonung der Güterbilanzierung als Hauptform der gesamtwirtschaftlichen Plankoordination. Aber auch dies ist nicht Endpunkt der Reformzyklik: Die dann wieder hochgradig zentralisierte Entscheidungsstruktur stößt sehr bald erneut an die Grenzen ihrer geringen Anpassungsflexibilität. Zugleich läßt sich auch bei hoher Zentralisierung der Entscheidungsstrukturen nicht verhindern, daß von den "ökonomischen Hebeln" unerwünschte Lenkungswirkungen ausgehen. Dies ist dann wiederum der Anlaß für neuerliche (vorübergehende) Dezentralisierungsreformen und eine weitere "Vervollkommnung der ökonomischen Hebel".

Da die Ursachen dieses Reformbedarfs im Zusammentreffen der unlösbaren Informations- und Interessenprobleme liegen, kann auch die Modifizierung der wirtschaftlichen Rechnungsführung nie in Kenntnis aller relevanten Informationen und unter Ausschluß sich widersprechender Partialinteressen erfolgen. Das angestrebte Ziel der Interessengleichrichtung zwischen "principal" und "agents" läßt sich im Rahmen der beschriebenen Organisationsstrukturen einer staatssozialistischen Zentralverwaltungswirtschaft und damit ohne systemüberschreitende Reformen nicht realisieren.

Gerade das zuletzt aufgezeigte Problem der interessenbedingten Segmentierung der wirtschaftlichen Rechnungsführung zeigt, daß bei der Beantwortung der Frage, ob in Zentralverwaltungswirtschaften eine rationale Wirtschaftsrechnung möglich ist, das institutionelle Umfeld mitberücksichtigt werden muß, innerhalb dessen diese Wirtschaftsrechnung durchzuführen ist. In den idealtypischen Modellen, mit deren Hilfe das von Misessche Unmöglichkeitstheorem theoretisch widerlegt werden sollte, wurde dieser Aspekt nicht berücksichtigt oder mittels "heroischer" Modellprämissen neutralisiert (vgl. Abschnitt 3.2.). Betrachtet man jedoch realtypische staatssozialistische Zentralverwaltungswirtschaften, dann zeigt sich, daß der gebrochene Rechnungszusammenhang nicht nur die Entstehung effizienter institutioneller Arrangements behindert (Schüller 1986, S. 147 ff.), sondern daß umgekehrt die geringe institutionelle Effizienz, wie sie sich insbesondere in dem unlösbaren Principal-Agent-Problem manifestiert, die Segmentierung des Rechnungszusammenhangs begünstigt. Institutionelle Ineffizienzen und gebrochener Rechnungszusammenhang bedingen bzw. verstärken sich zwangsläufig gegenseitig, so daß unter realtypischen Ordnungsbedingungen eine rationale Wirtschaftsrechnung weder theoretisch noch praktisch möglich ist.

Die einer staatssozialistischen Zentralverwaltungswirtschaft eigene Informations- und Interessenproblematik läßt
sich somit nicht durch prozeßpolitische Maßnahmen mildern
oder gar lösen. Wie die vorangegangene Analyse belegt, ist
die wirtschaftliche Rechnungsführung hierfür auf Grund ihrer theoretischen und praktischen Funktionsdefizite unge-
eignet. Folglich sind grundlegende, an den Ursachen anset-
zende institutionelle Änderungen, insbesondere der Pla-
nungs- und Eigentumsordnung, zur Lösung dieser systemimma-
nenten Problematik erforderlich - und das heißt nach den
bisherigen ordnungstheoretischen Erkenntnissen: Transformation des zentral-administrativen Planungs- und Leitungssys-
tems in ein dezentrales marktwirtschaftliches System.

Literaturverzeichnis

Akademie für Staats- und Rechtswissenschaften der DDR (1987) (Hrsg.): Die weitere Vervollkommnung der Leitung, Planung und wirtschaftlichen Rechnungsführung zur Durchsetzung der Erfordernisse der umfassenden Intensivierung. Aktuelle Beiträge der Staats- und Rechswissenschaft, H. 321, Potsdam.

Ambrée, K. (1965): Die Anforderungen des sozialistischen Preistyps an die Verrechnung des Reineinkommens, Wirtschaftswissenschaft, H. 4, S. 548 - 561.

Ambrée, K. (1966a): Technische Revolution und Preistyp, Berlin (Ost).

Ambrée, K. (1966b): Ökonomisierung des Fondsvorschusses durch fondsbezogenen Preis, Die Wirtschaft, H. 10, S. 14 f.

Ambrée, K. (1983): Der Preis in der volkswirtschaftlichen Planansatzrechnung, Wissenschaftliche Zeitschrift der Hochschule für Ökonomie "Bruno Leuschner", H. 2, S. 16 - 21.

Antal, L. (1979): Development - with some Digression (The Hungarian Economic Mechanism in the Seventies), Acta Oeconomica, Vol. 23, Nr. 3-4, S. 257 - 273.

Autorenkollektiv (1960): Die Volkswirtschaft der Deutschen Demokratischen Republik, Berlin (Ost).

Autorenkollektiv (1970): Eigenerwirtschaftung der Mittel im ökonomischen System des Sozialismus, Berlin (Ost).

Autorenkollektiv (1974): Die wirtschaftliche Rechnungsführung im Außenhandel der DDR, Berlin (Ost).

Autorenkollektiv (1975): Zur Einheit von materieller und finanzieller Planung, Berlin (Ost).

Autorenkollektiv (1976): Geldzirkulation und Kredit in der sozialistischen Planwirtschaft, Berlin (Ost).

Autorenkollektiv (1978): Das sozialistische Finanzwesen der DDR, Berlin (Ost).

Autorenkollektiv (1980): Zur aktiven Rolle der Finanzen, Abhandlungen der Akademie der Wissenschaften der DDR, Veröffentlichungen der Wissenschaftlichen Räte W6 1979, Berlin (Ost).

Autorenkollektiv (1981a): Der Gewinn - seine Grundlagen und Funktionen, Berlin (Ost).

Autorenkollektiv (1981b): Sozialistische Finanzwirtschaft, Berlin (Ost).

Autorenkollektiv (1982a): Sozialistische Betriebswirtschaft Industrie, (1. Aufl.), Berlin (Ost).

Autorenkollektiv (1982b): Stimulierung in Industriebetrieben und Kombinaten, Berlin (Ost).

Autorenkollektiv (1984): Sozialistische Finanzkontrolle, Berlin (Ost).

Autorenkollektiv (1985a): Wirtschaftsrecht, Berlin (Ost).

Autorenkollektiv (1985b): Geld und Kredit in der Deutschen Demokratischen Republik, Berlin (Ost).

Autorenkollektiv (1985c): Grundfragen der sozialistischen Wirtschaftsführung, 2., überarb. Aufl., Berlin (Ost).

Autorenkollektiv (1986a): Politische Ökonomie des Kapitalismus und des Sozialismus, 12. Aufl., Berlin (Ost).

Autorenkollektiv (1986b): Wirtschaftsrecht, Grundriß, Berlin (Ost).

Autorenkollektiv (1986c): Geldtheoretische Fragen der Gestaltung der intensiv erweiterten sozialistischen Reproduktion, Wirtschaftswissenschaft, H. 3, S. 358 - 373.

Autorenkollektiv (1987): Sozialistische Betriebswirtschaft Industrie, 2., wesentlich überarb. Aufl., Berlin (Ost).

Autorenkollektiv (1988): Haushalts- und Finanzwirtschaft in den Kreisen, Städten und Gemeinden, 2. überarb. Aufl., Berlin (Ost).

Autorenkollektiv (1989): Wirtschaftskontrolle im Binnenhandel, Berlin (Ost).

Bardmann, M. (1986): Die Preistypdebatte, ihre Grundlagen und ihr Einfluß auf die praktische Ausgestaltung des Preissystems der DDR, Berlin.

Barone, E. (1935): The Ministry of Production in the Collectivistic State, in: F. A. von Hayek (ed.), Collectivistic Economic Planning, London, S. 245 - 290.

Barthel, A. (1986a): Der "Beitrag für gesellschaftliche Fonds" - eine Lohnsummensteuer?, Deutschland Archiv, H. 4, S. 381 - 388.

Barthel, A. (1986b): Zum Problem der Unternehmenshaftung in der DDR, Arbeitsberichte zum Systemvergleich der For-

schungsstelle zum Vergleich wirtschaftlicher Lenkungssysteme, Nr. 9, Marburg.

Bayerl, V.; Strauß (1964): Im Experiment zu klären - Inhalt
und Methoden des Experiments Produktionsfondsabgabe mit
zahlreichen Problemen verbunden, Die Wirtschaft, H. 32,
S. 22.

Becher, J.; H. Richter (1986): Planmäßigkeit und Ware-Geld-
Beziehungen in der entwickelten sozialistischen Gesellschaft, Berlin (Ost).

Beyer, A. (1973): Die Reformpolitik der DDR in den Partei-
beschlüssen, in: L. Bress; K. P. Hensel u.a. (1973),
Wirtschaftssysteme des Sozialismus im Experiment - Plan
oder Markt, Frankfurt a.M., S. 107 - 148.

Beyer, A. (1983): Die Einheit von materieller und finanzieller Planung. Theoretischer Anspruch und wirtschaftliche Praxis, in: G. Gutmann (Hrsg.), Basisbereiche der
Wirtschaftspolitik in der DDR - Geld-, Finanz- und
Preispolitik, Asperg bei Stuttgart, S. 11 - 42.

Biefeld, C.; K. Hesse; R. Schüsseler (1984): Vervollkommnung der wirtschaftlichen Rechnungsführung und Entwicklung des Wirtschaftsrechts, Staat und Recht, H. 8, S.
630 - 641.

Bielig, W.; J. Gurtz (1973): Wesen und Bedeutung der
Staatseinnahmen aus der volkseigenen Wirtsohafl, Wirtschaftswissenschaft, H. 7, S. 1634 - 1649.

Bielig, W.; J. Gurtz (1974): Die Staatseinnahmen aus der
volkseigenen Wirtschaft, Sozialistische Finanzwirtschaft, H. 16, S. 41 f.

Bielig, W.; H. Plöntzke (1977): Die Anforderungen an die
wirtschaftliche Rechnungsführung in den Betrieben und
Zweigen für die Durchsetzung einer hohen volkswirtschaftlichen Effektivität und Proportionalität, in: Autorenkollektiv (1977), S. 77 - 93.

Bird, R. (1964): The possibility of fiscal harmonization in
the communist bloc, Public Finance, H. 3, S. 201 - 224.

Birman, I. (1981): Secret Incomes of the Soviet State Budget, The Hague, Boston, London.

Böhm, F. (1973): Eine Kampfansage an Ordnungstheorie und
Ordnungspolitik, ORDO, Bd. 24, S. 1 - 45.

Boettcher, E. (1951a): Das System der Planung und Lenkung
und der Bedeutungswandel verkehrswirtschaftlicher Grundbegriffe in der sowjetischen Wirtschaftsordnung, Diss.,
Kiel.

Boettcher, E. (1951b): Veränderte Begriffsinhalte im sowjetischen Steuersystem, Wirtschaftsdienst, H. 7, S. 32
- 36.

Brietsche, G.; W. Oelschlägel; W. Wilde (1975): Staatsfi-
nanzen - Bestandteil der Planung des Produktionsprozesses, Sozialistische Finanzwirtschaft, H. 7, S. 27 - 30.

Buck, H. F. (1969): Technik der Wirtschaftslenkung in kommunistischen Staaten, 2 Bände (Bd. I: S. 1 - 536; Bd.
II: S. 537 - 1041), Coburg.

Buck, H. F. (1973): Informationsleistungen der Preise in
der Zentralplanwirtschaft sowjetischen Typs unter Bezug
auf die Verhältnisse in Marktwirtschaften, in: Chr. Watrin (Hrsg.), Information, Motivation und Entscheidung,
Schriften des Vereins für Socialpolitik N.F., Bd. 70,
Berlin, S. 11 - 78.

Buck, H. F. (1977): Das finanzwirtschaftliche Kontroll- und
Revisionswesen gegenüber dem Staatsapparat und der
Staatswirtschaft der DDR, in: Betriebswirtschaftliche
Probleme in der DDR und in anderen RGW-Ländern, Sonder-
heft der FS-Analysen zum 65. Geburtstag von Professor
Dr. Wolfgang Förster, Berlin, S. 15 - 32.

Buck, H. F. (1978): Monetäre Wirtschaftslenkung in der DDR
- Manipulierte Zinsen als "ökonomische Hebel" der staatlichen Wirtschaftsführung -, als Manuskript vervielfäl-
tigte Veröffentlichung des Gesamtdeutschen Instituts,
Bonn.

Buck, H. F. (1980): Stabilisierung der Außenwirtschaftsbe-
ziehungen von administrativ-sozialistischen Wirtschafts-
systemen durch Zahlungsbilanz- und Finanzpolitik, in: A.
Schüller, U. Wagner (Hrsg.): Außenwirtschaftspolitik und
Stabilisierung von Wirtschaftssystemen, Stuttgart, New
York, S. 143 - 176.

Buck, H. F. (1982): Steuerpolitik im Ost-West-Systemver-
gleich: Umsatz- und Verbrauchsteuern als Instrumente zur
Einnahmenbeschaffung und Wirtschaftslenkung in den Ländern der Europäischen Gemeinschaft und in den RGW-Staaten, Berlin.

Buck, H. F. (1985): Stichwort "Steuern" in: DDR-Handbuch,
Bd. 2, 3., überarb. u. erw. Aufl., Köln, S. 1311 - 1331.

Buck, H. F. (1987a): Zur Struktur der Staatsausgaben des
öffentlichen Gesamthaushalts der DDR - Schwerpunkte der
Ausgabenpolitik 1986, Deutschland Archiv, H. 12, S. 1274
- 1287.

Buck, H. F. (1987b): Der Staatshaushalt der DDR für 1986
und neue finanzpolitische Versuche zur Verbesserung des

wirtschaftspolitischen Lenkungsinstrumentariums, Analysen und Berichte des Gesamtdeutschen Instituts Nr. 9/1987, Bonn.

Buck, H. F. (1987c): Der Staatshaushalt der DDR für 1987 und die Finanzpolitik der DDR-Staatsführung bis 1990, Deutschland-Archiv, H. 4, S. 382 - 401.

Buck, H. F. (1988): Staatshaushalt und Finanzpolitik der DDR-Regierung für das Wirtschaftsjahr 1988, Analysen und Berichte des Gesamtdeutschen Instituts Nr. 3/1988, Bonn.

Bühler, R. (1971): Die Problematik der Kontrolle betriebswirtschaftlicher Leistungen in Zentralverwaltungswirtschaften. Dargestellt an der volkseigenen Wirtschaft der DDR, Stuttgart.

Cassel, D. (1987): Inflation und Inflationswirkungen in sozialistischen Planwirtschaften, in: H. J. Thieme (Hrsg.) (1987a), Geldtheorie: Entwicklung, Stand und systemvergleichende Anwendung, 2. Aufl., Baden-Baden, S. 263 - 294.

Cassel, D.; M. Schubert (1979): Außenwirtschaftlich induzierte Instabilitäten, in: H. J. Thieme (Hrsg.), Gesamtwirtschaftliche Instabilitäten im Systemvergleich, Stuttgart, New York, S. 187 - 202.

Cornelsen, D. (1987): Zur Lage der DDR-Wirtschaft an der Jahreswende 1986/87, DIW-Wochenbericht, Nr. 5, S. 57 - 63.

Cornelsen, D. (1989): Die Lage der DDR-Wirtschaft zur Jahreswende 1988/89, DIW-Wochenbericht, Nr. 5, S. 53 - 61.

Cornelsen, D.; M. Melzer; A. Scherzinger (1984): DDR-Wirtschaftssystem: Reform in kleinen Schritten, DIW (Hrsg.), Vierteljahreshefte zur Wirtschaftsforschung, H. 2, S. 200 - 223.

Cornelsen, D.; A. Scherzinger (1989): Eigenverantwortung versus Kontrolle - der Zwiespalt in der Reformpolitik der DDR, DIW-Wochenbericht, Nr. 21, S. 237 - 243.

Czuganow-Schmitt, N. (1988): Das Einnahmensystem der Sowjetunion als Instrument zur Verbesserung des Wirtschaftssystems, München.

Davies, R. M. (1958): The Development of the Soviet Budgetary System, Cambridge (U.K.).

DDR-Handbuch (1985a): 3., überarb. u. erw. Aufl., Bd. 1 (A - L), Köln.

DDR-Handbuch (1985b): 3., überarb. u. erw. Aufl., Bd. 2 (M - Z), Köln.

Derix, H. H. (1983): Die Konzeption des Wirtschaftsrechts der DDR - Grundzüge, Probleme, Perspektiven, in: G. Gutmann (Hrsg.), Das Wirtschaftssystem der DDR, Stuttgart, New York, S. 173 - 208.

Downs, A. (1967): Inside Bureaucracy, Boston.

Ebert, G.; F. Matho; H. Milke (1968), Optimalpreis und fondsbezogener Preis, Wirtschaftswissenschaft, H. 11, S. 1761 - 1776.

Ebert, G.; G. Tittel (1987): Das Ökonomische Grundgesetz des Sozialismus, Berlin (Ost).

Ehlert, W. (1980): Die aktive Rolle von Geld und Finanzen bei der Gestaltung und Vervollkommnung der entwickelten sozialistischen Gesellschaft, Wirtschaftswissenschaft, H. 9, S. 1062 - 1074.

Ehlert, W.; G. Gebhardt; K. Tannert (1972): Einige Fragen des Geldes und des Kredits in der sozialistischen Planwirtschaft, Sozialistische Finanzwirtschaft, H. 7, S. 28 - 32.

Ehlert, W.; K. Kolloch; W. Schließer; K. Tannert (1982): Geldzirkulation und Kredit im Sozialismus, Berlin (Ost).

Ehrensperger, G. (1989): Zur umfassenden Eigenerwirtschaftung der Mittel als Bestandteil der sozialistischen Planwirtschaft in der DDR, Einheit, H. 6, S. 504 - 512.

Eickhof, N. (1985): Wettbewerbspolitische Ausnahmebereiche und staatliche Regulierung, Jahrbuch für Sozialwissenschaft, Bd. 36, S. 63 - 79.

Ellmann, M. (1968): Optimal Planning, Soviet Studies, Vol. XX, No. 1, S. 112 - 136.

Erdmann, K. (1978): Aktuelle Probleme des Investitionsbereichs der Betriebe in der DDR, FS-Analysen, H. 6-1978, S. 49 - 85.

Erdmann, K. (1983): Beitrag für gesellschaftliche Fonds - Neue Abgabe der DDR-Betriebe an den Staatshaushalt, Deutschland Archiv, H. 9, S. 973 - 977.

Ernst, D. (1967): Die Besteuerung privater Industriebetriebe in Mitteldeutschland, Köln, Berlin, Bonn, München.

Eucken, W. (1955): Grundsätze der Wirtschaftspolitik, 2. Aufl., Tübingen.

Eucken, W. (1959): Grundlagen der Nationalökonomie, 7. Aufl., Berlin, Göttingen, Heidelberg.

Fedorenko, N. P. (1985): Planung und Leitung - wie sollte sie sein? Sowjetwissenschaft. Gesellschaftswissenschaftliche Beiträge, H. 4, S. 355 - 364.

Fedorenko, N. P.; W. L. Perlamutrow (1987): Die wirtschaftliche Rechnungsführung - Entwicklung und Perspektiven, Sowjetwissenschaft. Gesellschaftswissenschaftliche Beiträge, H. 5, S. 479 - 487.

Fehl, U. (1974): Kapitalzins und Akkumulation: Zum Kardinalfehler der Marxschen Arbeitswerttheorie, Zeitschrift für die gesamte Staatswissenschaft, Bd. 139, Nr. 2, S. 297 - 324.

Finger, H.; M. Kühn, E. Polaschewski (1983): Probleme der Finanzierung in den Kombinaten und Betrieben, Wissenschaftliche Zeitschrift der Hochschule für Ökonomie "Bruno Leuschner", H. 4, S. 37 - 39.

Fischer, K. (1950): Die Gewinnabführung der volkseigenen Betriebe, Sozialistische Finanzwirtschaft, H. 5, S. 13 f.

Fischer, H.; R. Schwarz (1985) (Hrsg.): Mathematische Methoden in der sozialistischen Wirtschaft, Berlin (Ost).

Fischer, M.; D. Koch (1987): Stärkere Eigenverantwortung der Kombinate - wachsende Ansprüche an die Gewinnerwirtschaftung, Sozialistische Finanzwirtschaft, H. 5, S. 13 f.

Förster, W. (1955): Strukturwandlungen im Steuerrecht der sowjetischen Besatzungszone Deutschlands, Die Wirtschaftsprüfung, H. 11, S. 245 - 249.

Förster, W. (1964): Preise im Gestrüpp, SBZ-Archiv, H. 10, S. 145 -148.

Förster, W. (1967): Rechnungswesen und Wirtschaftsordnung, Berlin.

Förster, W.; K. Erdmann; K. Krakat (1983): Wirtschaftskontrolle in der DDR, FS-Analysen, Nr. 4-1983, Berlin.

Frank, P. (1973): Reformen des Außenhandelssystems, in: L. Bress, K. P. Hensel u.a., Wirtschaftssysteme des Sozialismus im Experiment - Plan oder Markt, Frankfurt a.M., S. 275 - 321.

Frenkel, E. (1953): Steuerverwaltung und Steuerrecht in der Sowjetischen Besatzungszone, Bonn.

Frenkel, E. (1956): Steuerpolitik und Steuerrecht in der Sowjetischen Besatzungszone, (3., grundlegend überarb. u. erw. Aufl. von Frenkel (1953)), Bonn.

Friebe, S. (1959): Zur Produktions-, Dienstleistungs- und Handelsabgabe (PDHA) in der sowjetischen Besatzungszone Deutschlands, Finanzarchiv N.F., Bd. 19 (1958/1959), S. 280 - 283.

Friedel, R. (1952): Thesen über die Möglichkeit und die Notwendigkeit einer umfassenden Abgabenplanung, Deutsche Finanzwirtschaft, H. 3, S. 123 - 126.

Friedel, R. (1958): Staatseinnahmen und Preisbildung, Deutsche Finanzwirtschaft, Reihe Staatshaushalt, S. S470 - S473.

Friedrich, H.; U. Küchler (1986): Ökonomische Interessen der Kombinate, Betriebe und ihrer Kollektive als Triebkräfte in der sozialistischen Planwirtschaft, Deutsche Zeitschrift für Philosophie, H. 5, S. 396 - 404.

Gebhardt, G. (1974a): Finanzbilanz des Staates, Sozialistische Finanzwirtschaft, H. 2, S. 47 f.

Gebhardt, G. (1974): Sozialistische Finanzen, Sozialistische Finanzwirtschaft, H. 11, S. 41 f.

Gebhardt, G. (1977): Zur Rolle der finanziellen Bilanzierung bei der Sicherung der Übereinstimmung von materieller und finanzieller Planung, in: Autorenkollektiv (1977), Geld und Finanzen in der sozialistischen Reproduktion, Berlin (Ost) S. 176 - 190.

Gebhardt, G. (1980): Theoretische und methodische Grundfragen der aktiven Rolle der Finanzen im entwickelten Sozialismus, Wirtschaftswissenschaft, H. 9, S. 1075 - 1084.

Gebhardt, G.; H. Plöntzke (1972): Wechselbeziehungen zwischen materieller und finanzieller Planung, Sozialistische Finanzwirtschaft, H. 8, S. 38 - 41.

Gebhardt, G.; W. Thümmler (1978a): Inhalt und Funktionen der Finanzen im Sozialismus, Wirtschaftswissenschaft, H. 9, S. 1097 - 1106.

Gebhardt, G.; W. Thümmler (1978b): Die Ausnutzung der Finanzen und des Finanzsystems durch den sozialistischen Staat bei der Gestaltung der entwickelten sozialistischen Gesellschaft, Wirtschafswissenschaft, H. 10, S. 1209 - 1220.

Gebhardt, G.; J. Gurtz; W. Schließer; W. Schmidt (1987): Finanzen und Finanzsystem im Sozialismus, Berlin (Ost).

Goldhahn, E. (1975): Probleme der gegenwärtigen und künftigen Regelung der Finanzbeziehungen der volkseigenen Wirtschaft der DDR, Diss. an der Humboldt-Universität zu Berlin (Ost).

Goldhahn, E.; H. Oertel (1981): Zur rechtlichen Ausgestaltung der Finanzbeziehungen der Kombinate, Staat und Recht, H. 12, S. 1097 - 1107.

Goldschmidt, R.; E. Langner (1965): Die Produktionsfondsabgabe, Berlin (Ost).

Graf, H.; F. Jellinek (1970): Einige wirtschaftsrechtliche Probleme beim Aufbau und bei der Tätigkeit vom Kombinaten, Wirtschaftsrecht, H. 10, S. 608 - 611.

Groche, B. (1980): Einführungsvortrag auf der 28. Tagung des Wissenschaftlichen Rates für die wirtschaftswissenschaftliche Forschung, in: Autorenkollektiv (1980a), Zur aktiven Rolle des Geldes, Abhandlungen der Akademie der Wissenschaften der DDR, Veröffentlichungen der Wissenschaftlichen Räte, H. W6 1979, Berlin (Ost), S. 34 - 44.

Grumbkow, G. v. (1977): Die Ausnutzung der Finanzen bei der Kontrolle der Effektivität der Volkswirtschaft, in: Autorenkollektiv (1977), Geld und Finanzen in der sozialistischen Reproduktion, Berlin (Ost), S. 107 - 120.

Gruschke, R. (1972): Die Funktionen der Finanzrevision in den volkseigenen Industriebetrieben Mitteldeutschlands, Berlin.

Gurtz, J. (1965): Produktionsfondsabgabe und Staatshaushalt, Deutsche Finanzwirtschaft, H. 17, S. 11 f.

Gurtz, J. (1966): Die Stimulierungsfunktion der Finanzen und ihre Bedeutung für den Staatshaushalt, Sozialistische Finanzwirtschaft, Reihe Staatshaushalt, H. 16, S. S13 - S15.

Gurtz, J. (1967): Staatseinnahmen - Hebelvielfalt oder rationelles System?, Deutsche Finanzwirtschaft, Reihe Staatshaushalt, H. 6, S. S6 - S8.

Gurtz, J. (1972a): Einige Fragen des Zusammenhanges von Staatshaushalt, Geldumlauf und Kredit, in: Zu einigen Problemen der Ausnutzung von Geld und Kredit in der sozialistischen Planwirtschaft, Wissenschaftliche Schriftenreihe der Humboldt-Universität zu Berlin, Berlin (Ost), S. 141 - 147.

Gurtz, J. (1972b): Staatshaushalt, Geldumlauf und Kredit, Sozialistische Finanzwirtschaft, H. 9, S. 40 - 42.

Gurtz, J. (1972c): Probleme des Staatshaushaltes im Lichte des VIII. Parteitags, Sozialistische Finanzwirtschaft, H. 10, S. 41 - 44.

Gurtz, J.; L. Burghardt (1965): Zur Weiterentwicklung der Haushaltsbeziehungen der volkseigenen Wirtschaft, Deutsche Finanzwirtschaft, H. 2, S. 13 - 17.

Gurtz, J.; G. Kaltofen (1977): Der Staatshaushalt der DDR - Grundriß, (erste Aufl.), Berlin (Ost).

Gurtz, J.; G. Kaltofen (1982): Der Staatshaushalt der DDR - Grundriß, 2., wesentlich überarb. Aufl., Berlin (Ost).

Gutenberg, E. (1951:1983): Grundlagen der Betriebswirtschaftslehre, Bd. 1: Die Produktion, 24. Auflage (1. Aufl. 1951), Berlin, Heidelberg, New York.

Gutmann, G. (1965): Theorie und Praxis der monetären Planung in der Zentralverwaltungswirtschaft, Stuttgart.

Gutmann, G. (1968): Zum Verteilungsproblem in der Zentralverwaltungswirtschaft, Weltwirtschaftliches Archiv, Bd. 100, S. 41 - 71.

Gutmann, G. (1977): Funktionsprobleme der sowjetischen Zentralverwaltungswirtschaft, ORDO, Bd. 28, S. 78 - 107.

Gutmann, G. (1982): Zentralgeleitete Wirtschaft, in: Handwörterbuch der Wirtschaftswissenschaft, Bd.9, Stuttgart, New York u.a., S. 599 - 616.

Gutmann, G. (1983a) (Hrsg.): Das Wirtschaftssystem der DDR, Stuttgart, New York.

Gutmann, G. (1983b): Die Wirtschaftsordnung der DDR im Reformexperiment - Bemerkungen aus theoretischer Sicht, in: G. Gutmann (1983a) (Hrsg.), Das Wirtschaftssystem der DDR, Stuttgart, New York, S. 3 - 19.

Gutmann, G. (1983c) (Hrsg.): Basisbereiche der Wirtschaftspolitik in der DDR. Geld-, Finanz- und Preispolitik, Asperg bei Stuttgart.

Gutmann, G. (1987): "Ökonomische Hebel" in Zentralverwaltungswirtschaften - Ersatz für Marktpreisbildung?, in: M. Borchert, U. Fehl, P. Oberender (Hrsg.), Markt und Wettbewerb, Festschrift für Ernst Heuß zum 65. Geburtstag, Bern, Stuttgart, S. 569 - 580.

Gutmann, G.; W. Klein (1984): Wirtschaftspolitische Konzeptionen sozialistischer Planwirtschaften, in: D. Cassel (Hrsg.), Wirtschaftspolitik im Systemvergleich, München, S. 93 - 116.

Haase, H. E. (1977a): Die Abgaben der volkseigenen Wirtschaft als ökonomische Hebel der wirtschaftlichen Rechnungsführung, in: Betriebswirtschaftliche Probleme in der DDR und in anderen RGW-Ländern, Sonderheft der FS-Analysen zum 65. Geburtstag von Professor Dr. Wolfgang Förster, Berlin, S. 97 - 110.

Haase, H. E. (1977b): Steuern im Abgabensystem der DDR, FS-Analysen H. 1/1977, Berlin.

Haase, H. E. (1978): Grundzüge und Strukturen des Haushaltswesens der DDR, Berlin.

Haase, H. E. (1980a): Hauptsteuern im sozialistischen Wirtschaftssystem, Berlin.

Haase, H. E. (1980b): Entwicklungstendenzen der DDR-Wirtschaft für die 80er Jahre. Eine Prognose der Probleme, Berichte des Osteuropa-Instituts an der Freien Universität Berlin, H. 124, Berlin.

Haase, H. E.(1981a): Zur Besteuerung der Einkommen privater Haushalte in alternativen Wirtschaftssystemen, Osteuropa-Wirtschaft, H. 2, S. 88 - 104.

Haase, H. E. (1981b): Die Einkommensteuersysteme der europäischen RGW-Staaten, Osteuropa-Wirtschaft, H. 3, S. 232 - 241.

Haase, H. E. (1983a): Die Funktionen der öffentlichen Finanzwirtschaft in der DDR, in: G. Gutmann (Hrsg.) (1983c), Basisbereiche der Wirtschaftspolitik in der DDR: Geld-, Finanz- und Preispolitik, Asperg bei Stuttgart, S. 71 - 90.

Haase, H. E. (1983b): Stichwort "Deutsche Demokratische Republik", in: Handbuch der Finanzwissenschaft, 3., gänzlich neubearb. Aufl., Bd. IV, Tübingen, S. 543 - 575.

Haase, H. E. (1987): Direct Taxes in East and West, Bulletin for International Fiscal Documentation, H. 7, S. 304 - 317.

Haffner, F. (1977a): Institutionelle Ursachen und Hemmnisse für inflationäre Prozesse in sozialistischen Planwirtschaften, Zeitschrift für Wirtschafts- und Sozialwissenschaften, H. 2, S. 95 - 129.

Haffner, F. (1984): Theorie und Praxis der Preisbildung in der Sowjetunion und in der DDR, in: A. Bohnet (Hrsg.), Preise im Sozialismus, Kontinuität im Wandel, Teil II: Zur Theorie und Praxis gesamtwirtschaftlicher Preissysteme, Berlin, S. 41 - 67.

Haffner, F. (1985): Die Bedeutung der Politischen Ökonomie des Sozialismus für die Wirtschaftstheorie und wirtschaftliche Praxis in der DDR, in: Ideologie und gesellschaftliche Entwicklung in der DDR, 18. Tagungsband zum Stand der DDR-Forschung in der Bundesrepublik Deutschland, Köln, S. 158-174.

Haffner F. (1987a): Preise und Preispolitik, in: Materialien zum Bericht zur Lage der Nation im geteilten Deutschland, Bundestagsdrucksache 11/11 vom 18.2.1987, Bonn, S. 147-152.

Haffner, F. (1987b): Monetäre Zentralplanung und Volkswirtschaftsplanung, in: H. J. Thieme (Hrsg.) (1987a), Geldtheorie: Entwicklung, Stand und systemvergleichende Anwendung, 2. Aufl., Baden-Baden, S. 194 - 216.

Haker, R. (1987): Weitere Stärkung der volkswirtschaftlichen Verantwortung der Kombinate und Betriebe für die Modernisierung und Rekonstruktion der Grundfonds durch Eigenerwirtschaftung der Mittel, Wirtschaftsrecht, H. 2, S. 32 - 34.

Haller, H. (1981): Die Steuern: Grundlinien eines rationalen Systems öffentlicher Abgaben, 3., überarb. Aufl., Tübingen.

Hamel, H. (1966): Das sowjetische Herrschaftsprinzip des demokratischen Zentralismus in der Wirtschaftsordnung Mitteldeutschlands, Berlin.

Hamel, H. (1975): Sozialistische Marktwirtschaft in der DDR? Hinwendung und Abkehr, in: H. Leipold (Hrsg.), Sozialistische Marktwirtschaften, München, S. 72 - 103.

Hamel, H. (1981): Sozialistische Unternehmenskonzentration und Managerverhalten - Die Kombinatsbildung in der DDR als Effizienzproblem, in: G. Hedtkamp (Hrsg.), Anreiz- und Kontrollmechanismen in Wirtschaftssystemen, Schriften des Vereins für Socialpolitik N.F., Bd. 117/I, Berlin, S. 67 - 97.

Hamel, H. (1983): Reformen des Wirtschaftsmechanismus, in: G. Gutmann (1983a) (Hrsg.), Das Wirtschaftssystem der DDR, Stuttgart, New York, S. 27 - 50.

Hamel, H.; H. Leipold (1987): Wirtschaftsreformen in der DDR - Ursachen und Wirkungen -, Arbeitsberichte zum Systemvergleich der Forschungsstelle zum Vergleich wirtschaftlicher Lenkungssysteme, H. 10, Marburg.

Hartwig, H.-H. (1982): Output- und Beschäftigungswirkungen einkommens- und währungspolitischer Maßnahmen in sozialistischen Planwirtschaften: Ein rationierungstheoreti-

scher Ansatz, Zeitschrift für Wirtschafts- und Sozialwissenschaften, H. 3, S. 363 - 380.

Hartwig, K.-H. (1983): Aufbau und Funktionsweise des Wäh-
rungssystems in der DDR, in: G. Gutmann (1983c) (Hrsg.),
Basisbereiche der Wirtschaftspolitik in der DDR: Geld-,
Finanz- und Preispolitik, Asperg bei Stuttgart, S. 167
- 185.

Hartwig, K.-H. (1987): Monetäre Steuerungsprobleme in sozialistischen Planwirtschaften, Stuttgart, New York.

Hartwig, K.-H.; H. J. Thieme (1979): Schwankungen von Geldmenge, Umlaufgeschwindigkeit und Inflationsrate: Diagno-
se und Meßprobleme in unterschiedlichen Wirtschaftssystemen, in: H. J. Thieme (Hrsg.), Gesamtwirtschaftliche
Instabilitäten im Systemvergleich, Stuttgart, New York,
S. 97 - 115.

Hartwig, K.-H.; H. J. Thieme (1984): Determinanten der Ver-
mögensstruktur und Anpassungsprozesse im Systemvergleich, in: H.-G. Krüsselberg (Hrsg.), Vermögen im Systemvergleich, Stuttgart, New York, S. 89 - 104.

Hartwig, K.-H.; H. J. Thieme (1985): Monetary Goals, Tar-
gets, and Indicators in Centrally Planned Economies: The
Example of the GDR, in: Jahrbuch der Wirtschaft Osteuropas, Bd. 11, S. 173 - 186.

Hartwig, K.-H.; H. J. Thieme (1987): Determinanten des
Geld- und Kreditangebots in sozialistischen Planwirt-
schaften, in: H. J. Thieme (Hrsg.) (1987a), Geldtheorie:
Entwicklung, Stand und systemvergleichende Anwendung, 2.
Aufl., Baden-Baden, S. 217 - 240.

Hax, H. (1965): Die Koordination von Entscheidungen. Ein
Beitrag zur betriebswirtschaftlichen Organisationslehre,
Köln, Berlin, Bonn, München.

Hayek, A. von (1963): Arten der Ordnung, ORDO, Bd. 14, S. 2
- 20.

Hayek, A. von (1975): Die Anmaßung von Wissen, ORDO, Bd.
26, S. 12 - 21.

Hayek, A. von (1976): Die Verwertung des Wissens in der Gesellschaft, in: ders., Individualismus und wirtschaftliche Ordnung, 2., erweit. Aufl., Salzburg, S. 103 - 121.

Hedtkamp, G. (1959/1960): Das Steuersystem im Dienste der
sowjetischen Staats- und Wirtschaftsordnung, Finanzarchiv N.F., Bd. 20, S. 181 - 198.

Hedtkamp, G. (1965a): Finanzen und Geldwesen, Osteuropa-
handbuch Sowjetunion, Köln, Graz, S. 236 - 289.

Hedtkamp, G. (1965b): Finanzwirtschaft der Sowjetischen Besatzungszone, in: Handwörterbuch der Sozialwissenschaften, Bd. 12, Tübingen, Göttingen, S. 585 - 591.

Hedtkamp, G. (1987): Die öffentliche Finanzwirtschaft als
Systemelement, in: Materialien zum Bericht zur Lage der
Nation im geteilten Deutschland 1987, Bundestagsdruck-
sache 11/11 vom 18.2.1987, Bonn, S. 192 - 204.

Hedtkamp, G.; K. H. Brodbeck (1981): Öffentliche Finanzwirtschaft III: Finanzwirtschaft der DDR, in: Handwörterbuch der Wirtschaftswissenschaft, Bd. 3, Stuttgart,
New York u.a., S. 195 - 211.

Hedtkamp, G.; N. Czuganow-Schmitt (1983): Union der Sozialistischen Sowjetrepubliken, in: Handbuch der Finanzwissenschaft, 3., gänzlich neubearb. Aufl., Bd. IV, Tübingen, S. 689 - 737.

Hedtkamp, G.; N. Penkaitis (1974): Das sowjetische Finanzsystem, Berlin.

Heidborn, J. (1970): Betriebswirtschaftliche Aspekte der
Produktionsfondsabgabe in Mitteldeutschland, Berlin.

Hensel, K. P. (1954:1979): Einführung in die Theorie der
Zentralverwaltungswirtschaft, 1. Aufl. 1954; zitiert
nach der 3., unveränderten Aufl. (1979), Stuttgart, New
York.

Hensel, K. P. (1972a): Grundformen der Wirtschaftsordnung,
Marktwirtschaft - Zentralverwaltungswirtschaft, München.

Hensel, K. P. (1972b): Über die gesamtwirtschaftliche Bedeutung der Systeme betrieblicher Ergebnisrechnung, in:
K. P. Hensel; U. Wagner; K. Wessely (1972)(Hrsg.), Das
Profitprinzip - seine ordnungspolitischen Alternativen
in sozialistischen Wirtschaftssystemen, Stuttgart, S.
1 - 3.

Hensel, K. P. (1973a): Der systemimmanente Widerspruch der
wirtschaftlichen Erfolgsinteressen, in: L. Bress; K. P.
Hensel u.a., Wirtschaftssysteme des Sozialismus im Experiment - Plan oder Markt, Frankfurt a.M., S. 149
- 169.

Hensel, K. P. (1977): Der Zwang zum wirtschaftspolitischen
Experiment in zentral gelenkten Wirtschaften, in: ders.:
Systemvergleich als Aufgabe (posthum herausgegeben von
H. Hamel), Stuttgart, New York, S. 173 - 182.

Hensel, K. P.; U. Wagner; K. Wessely (1972) (Hrsg.): Das
Profitprinzip - seine ordnungspolitischen Alternativen
in sozialistischen Wirtschaftssystemen, Stuttgart.

Hodgman, D. R. (1960): Soviet Monetary Controls Through the Banking System, in: G. Grossman (ed.), Value and Plan, Westport/Connecticut, S. 105 - 131.

Hollicki, A.; J. Stoller (1967): Einige Probleme der Eigenerwirtschaftung von Investitionsmitteln, Deutsche Finanzwirtschaft, H. 1., S. 5.

Holluba, K.; B. Nordhaus (1972): Thesen zur Gestaltung der Nettogewinnabführung an den Staat, Wissenschaftliche Zeitschrift der Hochschule für Ökonomie "Bruno Leuschner", H. 1, S. 77 - 86.

Holzman, F. D. (1955): Soviet Taxation, Cambrigde (Mass.).

Holzman, F. D.; P. J. Pettibone (1972): Stichwort "Steuern" in: Sowjetsystem und demokratische Gesellschaft, eine vergleichende Enzyklopädie, Bd. VI, Freiburg, Basel, Wien, Sp. 248 - 260.

Honecker, E. (1986): Bericht des Zentralkomitees der Sozialistischen Einheitspartei Deutschlands an den XI. Parteitag der SED, Neues Deutschland vom 18.4.1986, S. 3 - 9.

Hoß, P.; G. Schilling (1972): Die inhaltlichen Fragen der Einheit von materieller und finanzieller Planung, Wirtschaftswissenschaft, H. 5, S. 653 - 668.

Hoß, P.; E. Seifert (1987): Zur Entwicklung der Triebkräfte der Intensivierung durch die weitere Qualifizierung der Leistungsbewertung, Wissenschaftliche Zeitschrift der Hochschule für Ökonomie "Bruno Leuschner", H. 2, S. 49 - 52.

Hunstock, D. (1979): Die Entwicklung der Geldeinkommen, der Geldfonds und des Geldwertes als Ausdruck der planmäßigen Gestaltung der Währungsbeziehungen im Sozialismus, in: W. Schließer (Hrsg.), Wertgesetz und Wertkategorien in der sozialistischen Planwirtschaft, Berlin (Ost), S. 107 - 124.

Hunstock, D.; H. Keller (1976): Die Aufgaben der finanziellen Bilanzierung bei der Leitung und Planung der sozialistischen Volkswirtschaft, Wirtschaftswissenschaft, H. 5, S. 727 - 737.

Hutchings, R. (1983): The Soviet Budget, London, Basingstroke.

Institut für Finanzwesen der Wirtschaftswissenschaftlichen Fakultät der Humboldt-Universität Berlin (1952): Entspricht unser gegenwärtiges Abgabensystem dem Stande der Entwicklung in der DDR?, Deutsche Finanzwirtschaft, H. 4, S. 180 -184; H. 16, S. 844 - 847; H. 17, S. 909 - 913.

Jansen, P. (1979): Ursachen von Preis- und Kassenhaltungsinflation, in: H. J. Thieme (Hrsg.), Gesamtwirtschaftliche Instabilitäten im Systemvergleich, Stuttgart, New York, S. 119 - 132.

Jansen, P. (1982): Das Inflationsproblem in der Zentralverwaltungswirtschaft, Stuttgart, New York.

Jasinski, K.-H.; M. Sturm; P. Wolf (1983): Planung und Finanzierung von Investitionen, Berlin (Ost).

Jesse, W. (1964): Die Produktionsfondsabgabe wirkt nicht im Umlaufmittelbereich, Deutsche Finanzwirtschaft, H. 21, S. 19.

Kaemmel, E. (1950): Steuersystem und volkseigene Wirtschaft, Deutsche Finanzwirtschaft, H. 21, S. 402 - 405.

Kaemmel, E. (1954): Die Abgaben in der volkseigenen Wirtschaft der "Deutschen Demokratischen Republik", Zeitschrift für Betriebswirtschaft, H. 4, S. 304 - 315.

Kaemmel, E. (1958): Das Finanzsystem der Deutschen Demokratischen Republik, in: Handbuch der Finanzwissenschaft, 2. Aufl., Bd. 2, S. 396 - 419.

Kaiser, K. (1951): Wie sieht es aus mit der Besteuerung der volkseigenen Betriebe?, Deutsche Finanzwirtschaft, H. 24, S. 569 f.

Kaiser, K. (1952): Die Methoden der Errechnung der differenzierten Umsatzsteuer, Deutsche Finanzwirtschaft, H. 17, S. 913 - 915.

Kaiser, K. (1955): Die Amortisations- und Gewinnverwendung in den Betrieben - ein ökonomischer Hebel im Kampf um die Planerfüllung, Deutsche Finanzwirtschaft, H. 24, S. 1029 - 1031.

Kallweit, W. (1962): Die Stellung des sozialistischen Finanzsystems in der volkseigenen Wirtschaft der Deutschen Demokratischen Republik, Habil., Berlin (Ost); zitiert nach Moock (1969).

Keller, A. (1965): Erkenntnisse aus dem ökonomischen Experiment "Produktionsfondsabgabe", Deutsche Finanzwirtschaft, H. 24, S. 16 f.

Kindler, R. (1972): Arbeitskräftefonds und fondsbezogener Preistyp, Wirtschaftswissenschaft, H. 1, S. 44 - 61.

Kinze, H.-H.; H. Knop; E. Seifert (1978) (Hrsg.): Volkswirtschaftsplanung, 2., überarb. und erw. Aufl., Berlin (Ost).

Kinze, H.-H.; H. Knop; E. Seifert (1983) (Hrsg.): Sozialistische Volkswirtschaft, Hochschullehrbuch, Berlin (Ost).

Kinze, H.-H.; R. Poller (1987): Entwicklungstendenzen der Volkswirtschaft der DDR im Zeitraum 1981 bis 1985 und Grundrichtungen der sozialen und ökonomischen Entwicklung im Fünfjahrplanzeitraum 1986 bis 1990, Wissenschaftliche Zeitschrift der Hochschule für Ökonomie "Bruno Leuschner", H. 3, S. 77 - 83.

Kitsche, A. (1960): Das Steuersystem in der Sowjetischen Besatzungszone, Gelsenkirchen-Buer.

Klapproth, E. (1952): Zur Reform der Verbrauchsbesteuerung in der VEW, Deutsche Finanzwirtschaft, H. 12, S. 640 - 649.

Klapproth, E. (1954): Zur Einführung der Produktionsabgabe in der VEW, Deutsche Finanzwirtschaft, H. 6, S. 321 - 323.

Klapproth, E. (1955): Die Produktionsabgabe und ihre ökonomischen Funktionen, Deutsche Finanzwirtschaft, H. 5, S. 184 - 189.

Knauff, R. (1970): Der fondsbezogene Preis in der DDR - Ein neuer Lösungsversuch des Problems der Preisfindung im Sozialismus, Diss. rer. pol., Marburg.

Knauff, R. (1973): Reformen des Preissystems, in: L. Bress, K. P. Hensel u.a., Wirtschaftssysteme des Sozialismus im Experiment - Plan oder Markt, Frankfurt a.M., S. 221 - 271.

Knauthe, E.; H. Spiller (1987): The Structure of the Obligatory Payments to the National Budget and the Management of the Socialist Economy, Bulletin for International Fiscal Documentation, No. 7, S. 329 - 336.

Koch, W. (1957): Preisausgleich und Produktionsabgabe im Außenhandel, Der Außenhandel, H. 8, S. 294 f.

Koenig, E. (1952): Zur notwendigen Reform der Besteuerung der VEW, Deutsche Finanzwirtschaft, H. 11, S. 595 - 597.

Kornai, J. (1980): Economics of Shortage, Vol. B, Amsterdam, New York, Oxford.

Kornai, J. (1983): Comments on the present State of the Prospects of the Hungarian Economic Reforms, Journal of Comparative Economics, Vol. 7, No. 3, S. 225 - 252.

Kornai, J. (1986): Contradictions and Dilemmas, Studies on the Socialist Economy and Society, Cambridge (Mass.), London.

Koziolek, H. (1988): Produktivkraft und Gewinn im Sozialismus, Einheit, H. 6, S. 501 - 509.

Koziolek, H. (1989): Erfordernisse zur Erhöhung der produktiven Akkumulation, Einheit, H. 5, S. 424 - 430.

Koziolek, H.; B. Matthes, R. Schwarz (1988): Grundzüge einer Systemanalyse von Reproduktionskreisläufen, Berlin (Ost).

Koziolek, H.; O. Reinhold (1989): Plan und Markt im System unserer sozialistischen Planwirtschaft, Einheit, H. 1, S. 16 - 26.

Krause, E. (1985): Zur neuen Verordnung über die Produktionsfondsabgabe, Sozialistische Finanzwirtschaft, H. 6, S. 2 f.

Krelle, W. (1953): Über die Möglichkeit der Wirtschaftsrechnung in verschiedenen Wirtschaftsordnungen, in: Jahrbücher für Nationalökonomie und Statistik, Bd. 165, S. 123 - 160.

Lange, O. (1977): Zur ökonomischen Theorie des Sozialismus in: ders., Ökonomisch-theoretische Studien, herausgegeben von H. Jaroslawska, Frankfurt a.M., S. 259 - 293.

Langer, H. (1957): Produktionsabgabe und Preis, Deutsche Finanzwirtschaft, H. 1, S. 15 - 18.

Langner, E.; H. Nick (1965): Warum Produktionsfondsabgabe?, Berlin (Ost).

Leibenstein, H. (1978): General X-Efficiency Theory and Economic Development, New York, London, Toronto.

Leipold, H. (1983a): Der Einfluß von Property Rights auf hierarchische und marktliche Transaktionen in sozialistischen Wirtschaftssystemen, in: A. Schüller (Hrsg.), Property Rights und ökonomische Theorie, München, S. 185 - 217.

Leipold, H. (1983b): Eigentumsrechte, Öffentlichkeitsgrad und Innovationsschwäche - Lehren aus dem Systemvergleich, in: A. Schüller, H. Hamel, H. Leipold (Hrsg.), Innovationsprobleme in Ost und West, Stuttgart, New York, S. 51 - 64.

Leipold, H. (1984): Die Kombinatsreform in der DDR im Lichte der Transaktionskostenökonomie, in: Jahrbuch für Neue Politische Ökonomie, 3. Bd., S. 252 - 267.

Leipold, H. (1988): Wirtschafts- und Gesellschaftssysteme im Vergleich, 5. Aufl., Stuttgart.

Leipold, H.; A. Schüller (1986): Unternehmen und Wirtschaftsrechnung: Zu einem integrierten dynamischen Erklärungsansatz, in: H. Leipold; A. Schüller (Hrsg.), Zur Interdependenz von Unternehmens- und Wirtschaftsordnung, Stuttgart, New York, S. 3 - 40.

Lenin, W. I. (1922:1962): An das Volkskommissariat für Finanzen (1922), in: Lenin-Werke, Bd. 35, Berlin (Ost), S. 524.

Leptin, G. (1977): Der öffentliche Haushalt in der DDR, Berichte des Bundesinstituts für ostwissenschaftiche und internationale Studien, Nr. 1977/3, Köln.

Lexikon der Wirtschaft (1970): Bd. Industrie, Berlin (Ost).

Lexikon der Wirtschaft (1986): Bd. Finanzen, Berlin (Ost).

Liberman, J. G. (1962): Plan - Gewinn - Prämie, Presse der Sowjetunion, Nr. 108, S. 2331 - 2335.

Liberman, J. G. (1971): Lenkung und Leitung der Akkumulation und Stimulierung einer hohen Akkumulationseffektivität durch den Staatshaushalt, Wirtschaftswissenschaft, H. 9, S. 1367 - 1371.

Lohse, R. (1963a): Die Außenhandelsrentabilität und einige theoretische Fragen des sogenannten Zweikanälesystems der Mobilisierung von Staatseinnahmen aus der volkseigenen Wirtschaft, Wissenschaftliche Zeitschrift der Martin-Luther-Universität Halle-Wittenberg, gesellschafts- und sprachwissenschaftliche Reihe, H. 2, S. 199 - 208.

Lohse, R. (1963b): Probleme der Industriepreisreform, Deutsche Finanzwirtschaft, H. 11, S. 4 - 7.

Lohse, R. (1967): Was wird aus der Produktionsabgabe?, Deutsche Finanzwirtschaft, H. 11, S. 12 f.

Lotze, H.-J. (1988): Zur Entwicklung der Volkswirtschaft der DDR und ihres Wirtschaftsmechanismus, Forschungsberichte des Wiener Instituts für internationale Wirtschaftsvergleiche, Nr. 147 (Juli 1988), Wien.

Majewski, E. (1967a): Zur Weiterentwicklung des Inlandspreissystems für Export- und Importwaren nach Abschluß der Industriepreisreform, Der Außenhandel, H. 4, S. 8 - 11.

Majewski, E. (1967b): Zur Schaffung eines dynamischen Inlandspreissystems bei Importerzeugnissen, Der Außenhandel, H. 9, S. 17 - 21.

Manewitsch, W. J. (1988): Erneuerung des Kredit- und Finanzsystems, Sowjetwissenschaft. Gesellschaftswissenschaftliche Beiträge, H. 1, S. 38 - 46.

Mann, H. (1975): Die planmäßige Preisbildung als Instrument
zur Förderung des wissenschaftlich-technischen Fortschritts, Wirtschaftswissenschaft, H. 6, S. 826 - 842.

Mann, H., J. Stromberg (1987): Der Widerspruch zwischen
Wert und Gebrauchswert und seine Konsequenzen für die
Preisbildung, Wissenschaftliche Zeitschrift der Hoch-
schule für Ökonomie "Bruno Leuschner", H. 2, S. 42 - 48.

Marx, H.; F. Matho; U. Möller; G. Schilling (1984): Die
wirtschaftliche Rechnungsführung, 3., wesentlich überarb. Aufl., Berlin (Ost).

Meier, H. (1960): Die Entwicklung des Haushaltswesens in
der sowjetischen Besatzungszone Deutschland, Berlin.

Meimberg, R.; F. Rupp (1951): Die öffentlichen Finanzen in
der sowjetischen Besatzungszone und im Sowjetsektor von
Berlin, Bonn.

Melzer, M. (1977): Zur Altersstruktur des industriellen An-
lagevermögens in der DDR, DIW-Wochenbericht, Nr. 37, S.
321 - 324.

Melzer, M. (1980): Probleme und voraussichtliche Entwicklung der Industrie in der DDR. Prognose des Wachstums
bis 1990, DIW-Vierteljahreshefte zur Wirtschaftsforschung, H. 3/4, S. 361 - 376.

Melzer, M. (1983): Wandlungen im Preissystem der DDR, in:
G. Gutmann (1983a) (Hrsg.), Das Wirtschaftssystem der
DDR, Stuttgart, New York, S. 51 - 69.

Melzer, M. (1985): Preissystem und Preispolitik, in: DDR-
Handbuch (1985b), S. 1032 - 1043.

Menz, G. (1960): Die Entwicklung der sowjetischen Besteuerung unter besonderer Berücksichtigung ihrer ordnungspolitischen Funktionen, Berlin.

Meßbauer, R.; A. Hollicki (1979) (Hrsg.): Wirtschaftliche
Rechnungsführung in der Industrie, Berlin (Ost).

Meyer, Chr. (1987): Instrumente der Planung und Informa-
tionsgewinnung, in: Materialien zum Bericht zur Lage der
Nation im geteilten Deutschland 1987, Bundestagsdrucksache 11/11 vom 18.2.1987, Bonn, S. 127 - 134.

Mises, L. von (1920/1921): Die Wirtschaftsrechnung im sozialistischen Gemeinwesen, Archiv für Sozialwissenschaften, 47. Bd., S. 86 - 121.

Mises, L. von (1932:1981): Die Gemeinwirtschaft, Untersuchungen über den Sozialismus, unveränderter Nachdruck der 2. Aufl. (Jena 1932), München.

Mises, L. von (1940:1980): Nationalökonomie, Theorie des Handelns und Wirtschaftens, unveränderter Nachdruck der 1. Aufl. (Genf 1940), München.

Mittag, G. (1978): Beschlüsse des IX. Parteitages werden konsequent verwirklicht, Neues Deutschland Nr. 123 vom 27./28. Mai 1978, S. 3.

Mittag, G. (1984): Theoretische Verallgemeinerung der Erfahrungen der Entwicklung der Kombinate für die Leistungssteigerung in der Volkswirtschaft, insbesondere bei der Nutzung der qualitativen Faktoren des Wachstums, Wirtschaftswissenschaft, H. 1, S. 5 - 60.

Möbius, R. (1982): Das rechtliche Regime der finanziellen Fonds der Kombinate, Diss. A an der Hochschule für Ökonomie "Bruno Leuschner", Berlin (Ost).

Möbius, R. (1985): Die rechtliche Verantwortlichkeit im System der wirtschaftlichen Rechnungsführung, Wissenschaftliche Zeitschrift der Hochschule für Ökonomie "Bruno Leuschner", H. 2, S. 70 - 74.

Möbius, R.; R. Streich (1988a): Die wirtschaftsrechtliche Gestaltung der wirtschaftlichen Rechnungsführung, Gerhard Pflicke zum 65. Geburtstag, Staat und Recht, H. 5, S. 387 - 394.

Möbius, R.; R. Streich (1988b): Aufgaben des Wirtschaftsrechts bei der Gestaltung der Einheit von materieller und finanzieller Entwicklung, Wissenschaftliche Zeitschrift der Hochschule für Ökonomie "Bruno Leuschner", H. 4, S. 77 - 82.

Moock, D. (1969): Die Bedeutung der Produktions-, Dienstleistungs- und Handelsabgabe für das Wirtschafts- und Finanzsystem der DDR, Diss. an der Freien Universität, Berlin.

Mohn, U.; R. Zachäus (1967): Die Gestaltung eines in sich geschlossenen Systems ökonomischer Hebel der Gewinnverwendung zur wissenschaftlichen Führung der VVB und VEB, dargestellt am Beispiel einer VVB der Leichtindustrie, (Gemeinschafts)Diss. an der Deutschen Akademie für Staats- und Rechtswissenschaften "Walter Ulbricht", Potsdam.

Mülhaupt, L.; Fox, U. (1971): Das Bankwesen der Deutschen Demokratischen Republik, Wiesbaden.

Müller, D. (1980): Die staatliche Finanzkontrolle der Industriebetriebe in der DDR, Stuttgart, New York.

Musgrave, R. A. (1968): Tax Policy under decentralized Socialism - a Summary, Public Finance, Vol. XXIII, No. 1., S. 203 - 211.

Musgrave, R. A. (1969): Fiscal Systems, New Haven, London.

Naumann, D. (1976): Inhaltliche und methodologische Fragen der Funktionen der sozialistischen Finanzen, Diss. an der Humboldt-Universität zu Berlin (Ost).

Neumark, F. (1977): Steuern I: Grundlagen, in: Handwörterbuch der Wirtschaftswissenschaft, Bd. 7, S. 295 - 309.

Newcity, M. A. (1986): Taxation in the Soviet Union, New York.

Nick, H. (1963a): Die Produktionsfondsabgabe - der wichtigste ökonomische Hebel zur rationellen Nutzung der produktiven Fonds, Deutsche Finanzwirtschaft, H. 9, S. 10 - 13.

Nick, H. (1963b): Zur Bezugsbasis für die Produktionsfondsabgabe, Deutsche Finanzwirtschaft, H. 22, S. 13 - 16.

Nick, H. (1965a): Zum ökonomischen Experiment Produktionsfondsabgabe, Die Wirtschaft, H. 9, S. 24.

Nick, H. (1965b): Produktionsfondsabgabe und Kreditzins, Deutsche Finanzwirtschaft, H. 14, S. 6 - 8.

Nick, H. (1966): Harte Größe der Ökonomie, Neues Deutschland vom 3.12.1966, S. 9.

Nick, H. (1967): Technische Revolution und Ökonomie der Produktionsfonds, Berlin (Ost).

Nick, H. (1970): Gesellschaft und Betrieb im Sozialismus, Berlin (Ost).

Ökonomisches Lexikon (1967a): 1. Aufl., Bd. A-K, Berlin (Ost).

Ökonomisches Lexikon (1967b): 1. Aufl., Bd. L-Z, Berlin (Ost).

Ökonomisches Lexikon (1970): 2. Aufl., Bd. A-K, Berlin (Ost).

444

Oelschlägel, W.; E. Seidel (1965): Erste Ergebnisse des ökonomischen Experiments Produktionsfondsabgabe, Die Wirtschaft, H. 27, S. 20 f.

o. V. (1956): Der Staatshaushaltsplan der sowjetischen Besatzungszone, DIW-Wochenbericht, Nr. 12/13, S. 50 - 53.

o. V. (1957): Der Betrieb soll über die vollen Amortisationen verfügen, Deutsche Finanzwirtschaft, Teilreihe Finanzen und Buchführung, H. 10, S. 294 - 296.

o. V. (1964): Erste Etappe der Industriepreisreform beschlossen: Ab 1. April neue Preise für wichtige Grundstoffe, Die Wirtschaft, H. 7, S. 8 - 10.

Paraskewopoulos, S. (1986): Möglichkeiten und Grenzen der Wirksamkeit ökonomischer Parameter bei der Steuerung des Verhaltens staatseigener Betriebe in Zentralverwaltungswirtschaften, Zeitschrift für Wirtschaftspolitik, Wirtschaftspolitische Chronik, 35. Jhrg., S. 301 - 315.

Paschke, F. (1971): Produktionsfondsabgabe und wirtschaftliche Rechnungsführung, Sozialistische Finanzwirtschaft, H. 5, S. 28 - 30.

Pelzer, M. (1965): Hochschulgespräch über Produktionsfondsabgabe, Deutsche Finanzwirtschaft, H. 2, S. 17.

Penkaitis, N. (1986): Volkswirtschaftliche Aspekte der sowjetischen Umsatzsteuer, Berlin.

Pfeiffer, M. (1985): Eigeninteresse der Wirtschaftsbürokratie in der DDR, dargestellt am Beispiel der Investitionsplanung; Eine Studie aus ordnungs- und bürokratietheoretischer Sicht, Diss. rer. pol., Marburg.

Pickersgill, J. (1982): Die Politische Ökonomie der sowjetischen Inflation, in: H. Vogel (Hrsg.), Wirtschaftsprobleme Osteuropas in der Analyse. Ausgewählte Beiträge zum 2. Weltkongreß für Sowjet- und Osteuropastudien, Schriftenreihe der Deutschen Gesellschaft für Osteuropakunde, Bd. 8, Berlin, S. 65 - 90.

Plöntzke, H.; G. Radke; W. Thümmler; W. Zschockelt (1980): Theoretische und und methodische Probleme von Geld und Finanzen in der entwickelten sozialistischen Gesellschaft, Wirtschaftswissenschaft, H. 9, S. 1122 - 1131.

Pryor, F. L. (1963): The Communist Foreign Trade System, London.

Pütz, M. (1978): Die Staatsbank der Deutschen Demokratischen Republik, Frankfurt a.M.

Richter, G. (1966): Sparen wir richtig? Neues Deutschland vom 12.11.1966, S. 11.

Richter, H.; H. Voigt (1986): Zur Ökonomie des Fondskreislaufs, insbesondere der materiellen Umlaufmittel, bei der umfassenden Intensivierung in Industriekombinaten, Wirtschaftswissenschaft, H. 3, S. 374 - 385.

Rösler, J. (1978): Die Herausbildung der sozialistischen Planwirtschaft in der DDR, Berlin (Ost).

Rohde, E.; H. Fengler (1959): Der Staatshaushalt der Deutschen Demokratischen Republik, Berlin (Ost).

Rohde, G. (1976): Der besondere Schutz des landwirtschaftlichen Bodens vor der Beschränkung und dem Entzug seiner Nutzung für nichtlandwirtschaftliche Zwecke, in: Autorenkollektiv (1976), S. 373 - 414.

Rohde, G. (1981): Die Bereitstellung von Boden für Investitionen, 2., überarb. und erw. Aufl., Berlin (Ost).

Rohde, G. (1988): Modernisierung, Bodenbereitstellung, Entschädigung, Berlin (Ost).

Roppel, U. (1979): Ökonomische Theorie der Bürokratie, Freiburg i. Br.

Rose, H.-U. (1986): Bessere zeitliche Auslastung der Grundfonds, Sozialistische Finanzwirtschaft, H. 1, S. 37 f.

Rost, H. (1987): Wirtschaftliche Rechnungsführung noch enger mit dem Kreislauf der intensiv erweiterten Reproduktion verbinden, Sozialistische Finanzwirtschaft, H. 6, S. 2.

Roth, E. K. (1952): Zur Neuordnung unseres Steuersystems in der volkseigenen Wirtschaft, Deutsche Finanzwirtschaft, H. 6, S. 288 - 292.

Rothe, I.; H. Rudolph (1973): Einige Aspekte zur weiteren Anwendung der Produktionsfondsabgabe, Sozialistische Finanzwirtschaft, H. 13, S. 50 - 52.

Rumpf, W. (1956): Die Aufgaben der Finanzorgane im zweiten Fünfjahrplan, Deutsche Finanzwirtschaft, H. 12, S. 517 - 530.

Rzesnitzek, F. (1953): Zur Neuregelung des Abgabensystems in der DDR, Deutsche Finanzwirtschaft, H. 1, S. 6 - 10.

Rzesnitzek, F. (1959): Theorie und Entwicklung der Staatseinnahmen in der Deutschen Demokratischen Republik, Berlin (Ost).

Sabelus, O. (1983): Zu Problemen des konzentrierten Einsatzes von Investitionsmitteln im Kombinat, Wissenschaftliche Zeitschrift der Hochschule für Ökonomie "Bruno Leuschner", H. 4, S. 57 - 59.

Sachse, E. (1988): Grundfragen der Arbeit und der Leitung und Planung des Arbeitsvermögens, Sozialistische Arbeitswissenschaft, H. 5, S. 352 - 356.

Sawitzki, E. (1964): Das Geld- und Kreditwesen in Mitteldeutschland, Frankfurt a.M.

Schließer, W.; U. Zufelde (1985): Zu den Funktionen des Geldes in der sozialistischen Planwirtschaft, Wirtschaftswissenschaft, H. 5, S. 692 - 712.

Schmalenbach, E. (1947/1948): Pretiale Wirtschaftslenkung, 2 Bde., Bremen-Horn.

Schmidt, A. (1974): Das Haushaltsgleichgewicht im Zielsystem der Volkswirtschaft, Acta Oeconomica, Vol. 13 (1), S. 65 - 74.

Schmidt, J. (1953): Wirtschaftliche Rechnungsführung und Besteuerung, Berlin (Ost).

Schmidt, M. (1964): Zur Problematik des wirtschaftspolitischen Inhalts und der Berechnung der Produktionsfondsabgabe, Einheit, H. 2, S. 278 - 291.

Schmidt, W.-D. (1973): Zielkonformität der sowjetischen Betriebssteuern, Berlin.

Schmidt, H.; J. Waldhelm (1984): Die aktive Rolle des Geldes bei der planmäßigen Ausnutzung der ökonomischen Gesetze des Sozialismus für die effektive und proportionale Gestaltung der intensiv erweiterten Reproduktion, Wirtschaftswissenschaft, H. 3, S. 437 - 443.

Schneider, D. (1987): Allgemeine Betriebswirtschaftslehre, 3., neu bearb. und erw. Aufl., München, Wien.

Schneider, G. (1987): Arbeitsbedingungen und Einkommen 1981-1985 in der DDR, Deutschland Archiv, H. 4, S. 402 - 409.

Schneider, G.; M. Tröder (1985): Zur Genesis der Kombinate der zentralgeleiteten Industrie in der Deutschen DR, Berlin.

Schneider, H. (1963): Die Rolle der Produktionsabgabe bei der Festpreisbildung für Erzeugnisse der chemischen Industrie, Wissenschaftliche Zeitschrift der Martin-Luther-Universität Halle-Wittenberg, gesellschafts- und sprachwissenschaftliche Reihe, H. 2, S. 209 - 212.

Schneider, O. (1957): Erweiterung des Systems fester Preise ab 1. Januar 1957, Deutsche Finanzwirtschaft, H. 3, S. 39 f.

Schöne, W. (1957): Subvention, Preisausgleich und Produktionsabgabe im Außenhandel, Der Außenhandel, H. 1, S.18 f.

Schramm, E. (1969): Die Bodennutzungsgebühr - ein Stimulus zum Schutz des land- und forstwirtschaftlichen Bodenfonds, Wirtschaftswissenschaft, H. 5, S. 685 - 708.

Schüller, A. (1980): Probleme einer Theorie der unvollkommenen Planwirtschaft, ORDO, Bd. 31, S. 243 - 254.

Schüller, A. (1985): Zur Effizienz sozialistischer Marktwirtschaften, in: A. Rauscher (Hrsg.), Selbstinteresse und Gemeinwohl, Berlin, S. 159 - 227.

Schüller, A. (1986): Der theoretische Institutionalismus als Methode des Systemvergleichs, in: G. Gutmann, S. Mampel (Hrsg.), Probleme systemvergleichender Betrachtung, Berlin, S. 131 - 162.

Schüller, A. (1988a): Ökonomik der Eigentumsrechte in ordnungstheoretischer Sicht, in: D. Cassel, B.-Th. Ramb, H. J. Thieme (Hrsg.), Ordnungspolitik, München, S. 155 - 184.

Schüller, A. (1988b): Das Marktgeschehen, in: H. Fisch (Hrsg.), Fischer Kolleg Sozialwissenschaften, 8. Aufl., Frankfurt a.M., S. 241 - 284.

Schüller, A. (1990): Die Sowjetunion auf dem Weg zur Marktwirtschaft?, in: Ludwig-Erhard-Stiftung (Hrsg.), Marktwirtschaft im Sozialismus, Stuttgart und New York, S. 33 - 68.

Schüller, A.; R. Peterhoff (1988): Gorbatschov-Reform - Modell für Osteuropa?, in: H. Giger, W. Linder (Hrsg.): Sozialismus - Ende einer Illusion. Zerfallserscheinungen im Lichte der Wissenschaften, Zürich, S. 323 - 355.

Schützenmeister, H. O. (1971): Die Rechtsnatur der Pflichtabführungen der zentralgeleiteten Industriebetriebe an den Staatshaushalt und das System ihrer rechtlichen Regelungen unter den Bedingungen des entwickelten gesellschaftlichen Systems des Sozialismus in der DDR, Diss. jur. B, Jena.

Schulz, H. J. (1965a): Zum ökonomischen Experiment Produktionsfondsabgabe, einige Ergebnisse in der VVB Elektrogeräte, Die Wirtschaft, H. 9, S. 24.

Schulz, H. J. (1965b): Einige Probleme der Vervollkommnung des Wirkens der Produktionsfondsabgabe im System der ökonomischen Hebel, Wirtschaftswissenschaft, H. 11, S. 1790 - 1808.

Schulz, D. (1979): Modellüberlegungen zur Stimulierung des rationellen Einsatzes der Arbeitskräfte, Sozialistische Arbeitswissenschaft, H. 6, S. 476 - 480.

Schulz, W. (1956): Zu einigen Problemen im Zusammenhang mit der Verlagerung der Produktionsabgabe, Deutsche Finanzwirtschaft, H. 16, S. 764 - 766.

Schumpeter, J. A. (1942:1980): Capitalism, Socialism and Democracy, New York 1942, zitiert nach der deutschen Übersetzung "Kapitalismus, Sozialismus und Demokratie", 5. Aufl., München 1980.

Seidenstecher, G. (1988): Zum Stand der Finanz- und Kreditreform im Rahmen der Perestroika, Berichte des Bundesinstituts für ostwissenschaftliche und internationale Studien, Nr. 33-1988, Köln.

Smietana, H. (1972): Zur Bedeutung der Kreditquellenplanung für die planmäßige Beherrschung des Geldumlaufs, in: Zu einigen Problemem der Ausnutzung von Geld und Kredit in der sozialistischen Planwirtschaft, Wissenschaftliche Schriftenreihe der Humboldt-Universität zu Berlin (Ost), S. 141 -147.

Steeger, H. (1988): Über die staatliche Leitung als unverzichtbares Element unserer sozialistischen Planwirtschaft, Einheit, H. 8, S. 691 - 696.

Stenzel, H.-W.; H. Uebermuth (1978): Finanzen und Preise, Grundkenntnisse für den Betriebswirtschaftler, Berlin (Ost).

Stiemerling, K.-H. (1966): Probleme der Bilanzierung von Staatshaushalt und Kredit in der Deutschen Demokratischen Republik, Einheit, H. 3, S. 312 - 320.

Stinglwagner, W. (1981): Preispolitik in der DDR und in Ungarn: Wirtschaftspolitische Varianten sozialistischer Warenproduktion, Frankfurt a.M.

Stobbe, N. (1989): Das Wagenstandgeld als Sanktion zur Durchsetzung der Ladedisziplin im Eisenbahntransport, Wirtschaftsrecht, H. 1, S. 11 - 13.

Tannert, K. (1975): Geld- und Kreditvolumen, Sozialistische Finanzwirtschaft, H. 1, S. 53 f.

Thalheim, K. C. (1962): Grundzüge des sowjetischen Wirtschaftssystems, Köln.

Thalheim, K. C. (1964): Die Wirtschaft der Sowjetzone in Krise und Umbau, Berlin.

Thalheim, K. C. (1981): Wirtschaftswachstum in Theorie und Ideologie des DDR-Systems, in: Wirtschaftswachstum in Theorie und Praxis des DDR-Systems, FS-Analysen, H. 9-1981, S. 5 - 32.

Thalheim, K. C. (1985): Gegenwärtige Reformansätze im Wirtschaftssystem der DDR - Renaissance des Neuen Ökonomischen Systems?, Deutschland Archiv, H. 2, S. 140 - 146.

Thieme, H. J. (1978): Inflation in westlichen Marktwirtschaften und östlichen Planwirtschaften, List Forum, Bd. 9, H. 6, S. 290 - 309.

Thieme, H. J. (1980): Probleme der Definition und Messung von Inflationen in Systemen zentraler Planung, in: K. E. Schenk (Hrsg.), Lenkungsprobleme und Inflation in Planwirtschaften, Berlin, S. 45 - 70.

Thieme, H. J. (1983): Geldpolitik im Wirtschaftssystem der DDR, in: G. Gutmann (1983c) (Hrsg.), Basisbereiche der Wirtschaftspolitik in der DDR. Geld-, Finanz- und Preispolitik, Asperg bei Stuttgart, S. 187 - 212.

Thieme, H. J. (1987a) (Hrsg.): Geldtheorie: Entwicklung, Stand und systemvergleichende Anwendung, 2. Aufl., Baden-Baden.

Thieme, H. J. (1987b): Produktions- und Beschäftigungseffekte monetärer Impulse in sozialistischen Planwirtschaften, in: H. J. Thieme (1987a) (Hrsg.), Geldtheorie: Entwicklung, Stand und systemvergleichende Anwendung, 2. Aufl., Baden-Baden, S. 295 - 318.

Thieme, H. J. (1989): Gesamtwirtschaftliche Instabilitäten und wirtschaftspolitische Steuerung, in: H. Hamel (Hrsg.), Soziale Marktwirtschaft - Sozialistische Planwirtschaft, 5. Aufl., München, S. 153 - 199.

Tiegel, D. (1968): Zum Problem der Geldversorgung bei zentraler Lenkung des Wirtschaftsprozesses, Diss. rer. pol., Marburg.

Timm, H. (1953): Steuern im Sozialismus, in: F. Voigt (Hrsg.), Beiträge zur Finanzwissenschaft und zur Geldtheorie - Festschrift für Rudolf Stucken, Göttingen, S. 66 - 93.

Töben, T. (1985): Die Besteuerung des deutsch-deutschen Wirtschaftsverkehrs, Baden-Baden.

Tullock, G. (1955): The Politics of Bureaucracy, Washington D.C.

Vortmann, H.; U. Weißenburger (1986): Der Staatshaushalt der DDR 1980 - 1985, DIW-Wochenbericht, Nr. 42/86, S. 525 - 534.

Wagner, U. (1967): Interessenkonflikte zwischen politischer Führung und Betriebsleitung in sowjetischen Zentralverwaltungswirtschaften, dargestellt am Beipiel der Industrie Mitteldeutschlands, Diss. rer. pol., Marburg.

Wagner, U. (1972): Funktionswandel des Gewinns im Wirtschaftssystem der DDR, in: K.P. Hensel; U. Wagner; K. Wessely (Hrsg.), Das Profitprinzip - seine ordnungspolitischen Alternativen in sozialistischen Wirtschaftssystemen, Stuttgart, S. 52 - 83.

Wanless, P. T. (1985): Taxation in Centrally Planned Economies, London, Sidney.

Watrin, Chr. (1981): Stichwort "Planung I: volkswirtschaftliche", in: Handwörterbuch der Wirtschaftswissenschaft, Bd. 6, S. 109 - 121.

Weber, W.; Chr. Seidl (1971): Zur Interdependenz von Steuer- und Wirtschaftssystem, Osteuropa-Wirtschaft, H. 1, S. 1 - 30.

Weitzmann, M. (1976): The New Soviet Incentive Model, Bell Journal of Economics, Nr. 7, S. 251 - 257.

Wemmer, K. (1953): Die Änderung unseres Abgabensystems unter besonderer Berücksichtigung der Probleme der differenzierten Produktionsabgabe, Deutsche Finanzwirtschaft, H. 8, S. 402 - 405; H. 9, S. 464 - 466; H. 10, S. 512-514.

Wötzel, R. (1989): Zu einigen Aspekten der territorialen Reproduktion im Bezirk Leipzig, Wirtschaftswissenschaft, H. 5, S. 660 - 670.

Zander, N. (1956): Nochmals zur Frage des ökonomischen Wesens der Produktionsabgabe und des Systems ihrer Einziehung, Deutsche Finanzwirtschaft, H. 14, S. 634 - 637.

Zimmermann, H.; K.-D. Henke (1987): Finanzwissenschaft: eine Einführung in die Lehre von der öffentlichen Finanzwirtschaft, 5., überarb. und erg. Aufl., München.

Anhang I:

Fundstellen der Staatshaushaltsgesetze der DDR

Haushalts-jahr	Datum des Haushaltsgesetzes	Fundstelle
1949	12.05.1949	ZVoBl. SBZ I (1949), Nr.49, S.413
1950	9.02.1950	Gbl. DDR (1950), Nr.17, S.111
1951	13.04.1951	Gbl. DDR (1951), Nr.45, S.283
1952	19.07.1952	Gbl. DDR (1952), Nr.79, S.483
1953	9.02.1953	Gbl. DDR (1953), Nr.17, S.257
1954	16.02.1954	Gbl. DDR (1954), Nr.23, S.205
1955	21.05.1955	Gbl. DDR I (1955), Nr.42, S.345
1956	20.02.1956	Gbl. DDR I (1956), Nr.19, S.165
1957	23.05.1957	Gbl. DDR I (1957), Nr.40, S.316
1958	9.01.1958	Gbl. DDR I (1958), Nr. 5, S. 66
1959	21.01.1959	Gbl. DDR I (1959), Nr. 4, S. 52
1960	16.12.1959	Gbl. DDR I (1959), Nr.69, S.891
1961	25.03.1961	Gbl. DDR I (1961), Nr. 4, S. 16
1962	28.03.1962	Gbl. DDR I (1962), Nr. 3, S. 34
1963	20.11.1962	Gbl. DDR I (1962), Nr.11, S.103
1964	3.10.1963	Gbl. DDR I (1963), Nr.14, S.161
1965	14.01.1965	Gbl. DDR I (1965), Nr. 2, S. 60
1966	21.01.1966	Gbl. DDR I (1966), Nr. 6, S. 63
1967	9.12.1966	Gbl. DDR I (1966), Nr.16, S.164
1968	15.12.1967	Gbl. DDR I (1967), Nr.18, S.153
1969	13.12.1968	Gbl. DDR I (1968), Nr.22, S.377
1970	17.12.1969	Gbl. DDR I (1969), Nr.15, S.264
1971	14.12.1970	Gbl. DDR I (1970), Nr.23, S.367
1972	20.12.1971	Gbl. DDR I (1971), Nr.11, S.197
1973	14.12.1972	Gbl. DDR I (1972), Nr.20, S.288
1974	19.12.1973	Gbl. DDR I (1973), Nr.56, S.570
1975	19.12.1974	Gbl. DDR I (1974), Nr.62, S.574
1976	5.12.1975	Gbl. DDR I (1975), Nr.46, S.746
1977	15.12.1976	Gbl. DDR I (1976), Nr.47, S.535
1978	21.12.1977	Gbl. DDR I (1977), Nr.37, S.419
1979	15.12.1978	Gbl. DDR I (1978), Nr.42, S.462
1980	21.12.1979	Gbl. DDR I (1979), Nr.45, S.462
1981	17.12.1980	Gbl. DDR I (1980), Nr.35, S.359
1982	9.12.1981	Gbl. DDR I (1981), Nr.35, S.419
1983	3.12.1982	Gbl. DDR I (1982), Nr.39, S.629
1984	8.12.1983	Gbl. DDR I (1983), Nr.33, S.323
1985	30.11.1984	Gbl. DDR I (1984), Nr.32, S.395
1986	29.11.1985	Gbl. DDR I (1985), Nr.30, S.343
1987	27.11.1986	Gbl. DDR I (1986), Nr.36, S.471
1988	18.12.1987	Gbl. DDR I (1987), Nr.30, S.295
1989	14.12.1988	Gbl. DDR I (1988), Nr.27, S.318

Anhang II:

Fundstellen der Haushaltsrechnungen der DDR

Haushalts- jahr	Fundstelle
1958	Volkskammerdrucksache Nr. 62 (2. Wahlperiode)
1959	Volkskammerdrucksache Nr. 11 (3. Wahlperiode)
1960	Volkskammerdrucksache Nr.116 (3. Wahlperiode)
1961	Volkskammerdrucksache Nr.161 (3. Wahlperiode)
1962	Volkskammerdrucksache Nr. 2 (4. Wahlperiode)
1963	Volkskammerdrucksache Nr. 28 (4. Wahlperiode)
1964	Volkskammerdrucksache Nr. 47 (4. Wahlperiode)
1965	Volkskammerdrucksache Nr. 76 (4. Wahlperiode)
1966	Volkskammerdrucksache Nr. 9 (5. Wahlperiode)
1967	Volkskammerdrucksache Nr. 46 (5. Wahlperiode)
1968	Volkskammerdrucksache Nr. 60 (5. Wahlperiode)
1969	Volkskammerdrucksache Nr. 81 (5. Wahlperiode)
1970	Volkskammerdrucksache Nr. 93 (5. Wahlperiode)
1971	Volkskammerdrucksache Nr. 19 (6. Wahlperiode)
1972	Volkskammerdrucksache Nr. 33 (6. Wahlperiode)
1973	Volkskammerdrucksache Nr. 46 (6. Wahlperiode)
1974	Volkskammerdrucksache Nr. 61 (6. Wahlperiode)
1975	Volkskammerdrucksache Nr. 75 (6. Wahlperiode)
1976	Volkskammerdrucksache Nr. 29 (7. Wahlperiode)
1977	Volkskammerdrucksache Nr. 39 (7. Wahlperiode)
1978	Volkskammerdrucksache Nr. 50 (7. Wahlperiode)
1979	Volkskammerdrucksache Nr. 72 (7. Wahlperiode)
1980	Volkskammerdrucksache Nr. 6 (8. Wahlperiode)
1981	Volkskammerdrucksache Nr. 21 (8. Wahlperiode)
1982	Volkskammerdrucksache Nr. 40 (8. Wahlperiode)
1983	Volkskammerdrucksache Nr. 47 (8. Wahlperiode)
1984	Volkskammerdrucksache Nr. 60 (8. Wahlperiode)
1985	Volkskammerdrucksache Nr. 65 (8. Wahlperiode)
1986	Volkskammerdrucksache Nr. 17 (9. Wahlperiode)
1987	Volkskammerdrucksache Nr. 28 (9. Wahlperiode)
1988	Neues Deutschland vom 9. Juni 1989, S. 3 f.

Arbeitsberichte zum Systemvergleich

Nr. 1: Karl von Delhaes und Reinhard Peterhoff:
Zur Reform der polnischen Wirtschaftsordnung, Juli 1981,
Nachdruck 1985: ISBN 3-923647-00-X, 152 S., 10,50 DM.

Nr. 2: Alfred Schüller:
Produktionsspezialisierung als Mittel der Integrationspolitik
im RGW, Oktober 1981, Nachdruck 1986: ISBN 3-923647-01-8,
46 S., 6,40 DM.

Nr. 3: Hannelore Hamel, Helmut Leipold und Reinhard Peterhoff:
Zur Reform der polnischen Unternehmensverfassung, Mai 1982:
ISBN 3-923647-02-6, 68 S., 7,20 DM.

Nr. 4: Karl von Delhaes:
Zur Diskussion über die Funktion der Preise im Sozialismus,
Januar 1983: ISBN 3-923647-07-4, 27 S., 4,20 DM.

Nr. 5: Béla Csikós-Nagy:
Liquiditätsprobleme und die Konsolidierung der ungarischen
Wirtschaft, September 1983: ISBN 3-923647-04-2, 19 S.,
4,20 DM.

Nr. 6: Alfred Schüller und Hannelore Hamel:
Zur Mitgliedschaft sozialistischer Länder im Internationalen
Währungsfonds (IWF), Oktober 1984: ISBN 3-923647-05-0, 25 S.,
6,30 DM.

Nr. 7: Grundbegriffe zur Ordnungstheorie und Politischen Ökonomik; mit
Beiträgen von Ulrich Freyn u.a., April 1985, Nachdruck: 1986,
1988, 1989: ISBN 3-923647-06-9, 132 S., 11,80 DM.

Nr. 8: Unternehmensverhalten und Beschäftigung; mit Beiträgen von Volker
Beuthien u.a., Juni 1985: ISBN 3-923647-07-7, 80 S., 9,00 DM.

Nr. 9: Alexander Barthel:
Zum Problem der Unternehmenshaftung in der DDR, September
1986: ISBN 3-923647-08-5, 67 S., 8,90 DM.

Nr. 10: Hannelore Hamel und Helmut Leipold:
Wirtschaftsreformen in der DDR - Ursachen und Wirkungen,
Januar 1987: ISBN 3-923647-09-3, 43 S., 7,40 DM.

Nr. 11: Ordnungstheorie: Methodologische und institutionentheoretische
Entwicklungstendenzen; mit Beiträgen von Karl-Hans Hartwig
u.a., September 1987: ISBN 3-923647-10-7, 168 S., 12,80.

Nr. 12: Hannelore Hamel und Helmut Leipold:
Perestrojka und NÖS: Funktionsprobleme der sowjetischen Wirt-
schaftsreform und die Erfahrungen der DDR in den sechziger
Jahren, Juni 1989: ISBN 3-923647-11-5, 63 S., 8,80 DM.

Nr. 13: Heinz Lampert:
Theorie und Praxis der Sozialpolitik in der DDR
August 1989: ISBN 3-923647-12-3, 32 S., 6,90 DM.

alle Preisangaben unter Vorbehalt

Zu beziehen durch:

Forschungsstelle zum Vergleich
wirtschaftlicher Lenkungssysteme
der Philipps-Universität Marburg
Barfüßertor 2, D-3550 Marburg/Lahn, Telefon (06421) 28 31 96

Schriften zum Vergleich von Wirtschaftsordnungen

Preisänderungen vorbehalten

GUSTAV FISCHER
STUTTGART · NEW YORK
SEMPER BONIS ARTIBUS